CECA
CHINA ELECTRONIC COMMERCE ASSOCIATION
中国电子商务协会

中国电子商务年鉴
（2011）

中国电子商务协会　编

電子工業出版社
Publishing House of Electronics Industry
北京・BEIJING

图书在版编目（CIP）数据

中国电子商务年鉴. 2011/中国电子商务协会编. —北京：电子工业出版社，2013.2
ISBN 978-7-121-19474-0

Ⅰ. ①中… Ⅱ. ①中… Ⅲ. ①电子商务－中国－2011－年鉴 Ⅳ. ①F724.6-54

中国版本图书馆 CIP 数据核字（2013）第 016290 号

责任编辑：徐蕾薇
特约编辑：王 纲 劳嫦娟
印 刷：涿州市京南印刷厂
装 订：涿州市京南印刷厂
出版发行：电子工业出版社
北京市海淀区万寿路 173 信箱 邮编 100036
开 本：880×1 230 1/16 印张：22.25 字数：710 千字 彩插：14
印 次：2013 年 2 月第 1 次印刷
定 价：268.00 元

凡所购买电子工业出版社图书有缺损问题，请向购买书店调换。若书店售缺，请与本社发行部联系，联系及邮购电话：（010）88254888。

质量投诉请发邮件至 zlts@phei.com.cn，盗版侵权举报请发邮件至 dbqq@phei.com.cn。

服务热线：（010）88258888。

《中国电子商务年鉴（2011）》
编委会名单

《中国电子商务年鉴（2011）》编辑说明

1.《中国电子商务年鉴（2011）》编辑出版宗旨

《中国电子商务年鉴（2011）》是全面反映我国电子商务发展的大型专业资料工具书。本年鉴是在国家发展和改革委员会、科技部、工业和信息化部、商务部、中国人民银行和国家统计局等有关部门的指导下，由中国电子商务协会负责组织编辑，旨在全面、系统、准确地反映中国电子商务发展的总体状况，有关政策、法规、市场信用等环境建设，各地区、各行业、企业应用方面取得的重大进展，总结发展电子商务的经验教训，探索电子商务未来的发展方向，以推动我国电子商务健康发展。

2.《中国电子商务年鉴（2011）》主要内容

《中国电子商务年鉴（2011）》记录了2010年和2011年中国电子商务发展的历程，可为政府、行业管理、广大科研人员、大专院校师生、企业经营管理人员及广大关注电子商务的社会各界人士提供参考和信息服务。今后每年年鉴记录当年的情况。

本年鉴由概况篇、环境篇、市场篇、应用篇、地区篇、国际篇、协会篇组成。

概况篇：包括综述、专文、2010年和2011年大事记。

环境篇：介绍政策法律环境、市场信用建设、电子支付环境、物流环境、电子商务技术标准化环境、人文环境。

市场篇：介绍电子商务市场规模及电子商务交易额的调查统计数据。

应用篇：介绍行业电子商务应用、中小企业电子商务应用、基础网络服务及交易类服务等电子商务服务企业。

地区篇：介绍我国电子商务区域发展概况。

国际篇：介绍国外电子商务发展情况。

协会篇：介绍中国电子商务协会相关工作情况。

3.《中国电子商务年鉴（2011）》参编单位

参加本年鉴的编写单位如下。

① 政府机构：部分中央部委及下属单位、部分省市政府、行业信息化和电子商务主管部门等有关单位。

② 从事电子商务的科研院所、高等院校、行业协会及电子商务服务的企事业单位。

③ 电子商务应用企业：国有大中型企业、民营企业、部分中小企业。

在此，我们向为《中国电子商务年鉴（2011）》提供各类资料、稿件的有关单位领导、科技及业务管理人员表示衷心感谢，向各编委、专家、编辑出版的工作人员表示衷心感谢。

同时，我们要感谢北京网库互通信息技术有限公司和上海商贸服务业知识服务中心给予的支持。

中国电子商务年鉴编委会编辑部
2012年12月

目 录 Contents

第一篇 概 况 篇

第二篇 环 境 篇

第四篇　应　用　篇

第五篇　地　区　篇

第六篇 国 际 篇

第七篇 协 会 篇

第一篇

概况篇

第 1 章　2010—2011 年中国电子商务发展

2010 年到 2011 年，中国各级政府高度重视电子商务的发展，电子商务进入规模化快速发展的新阶段：B2C、C2C 电子商务网站交易规模成倍增长；中小企业电子商务应用规模迅速扩大；电子商务已经广泛渗透到国民经济各个领域，成为促进 GDP 增长的新动力；电子商务服务业呈现出多元化快速发展态势。本章概括性地总结了中国电子商务在 2010—2011 年的发展概况。

1.1　概况

1.1.1　电子商务发展的基础条件明显改善

根据中国互联网络信息中心（CNNIC）的调查，截至 2011 年 12 月 31 日，中国网民数达到 5.13 亿人，互联网普及率攀升至 38.3%。手机网民规模达到 3.56 亿，在总体网民中的比例达到 69.3%[1]。

截至 2011 年 11 月，我国互联网宽带接入用户达到 1.55 亿户，3G 网络已经覆盖全国所有县城和大部分乡镇，3G 用户达到 11873 万户。硬件设施的不断完备为互联网深入普及提供了良好的外部环境。

截至 2011 年 12 月底，中国网站数量达到 230 万个。国家在 2010 年加大互联网领域的安全治理力度后，中国网站数量有所下降，但整体质量得到了提高。在此基础上，2011 年网站数量重新开始稳步回升[2]。

2010 年，中国电子商务网站数量继续保持增长。到 2010 年年底，中国电子商务网站数量达到 1.86 万个，与年初相比增长了 16.13%[3]。在 2011 年上半年，电子商务网站总数依然在快速增长。截至 6 月底，我国电子商务网站总数为 2.32 万家，相比 1 月增长了 21.38%。

2011 年，中国网络购物（网购）人数达到 1.94 亿人，较 2011 年底增长 20.8%，使用率提升至 37.8%；网上支付用户和网上银行用户也增长了 21.6%和 19.2%，用户规模分别为 1.67 亿和 1.66 亿[4]。

1 中国互联网络信息中心. 第 29 次中国互联网络发展状况统计报告[R/OL](2012-01-16)[2012-03-20]. 中国互联网络信息中心网站：http://www.cnnic.net.cn/dtygg/dtgg/201201/W020120116337628870651.pdf

2 中商情报网. 2006—2011 年中国网站数量变化情况[EB/OL]（2012-01-16）[2012-10-20]. 中商情报网：http://www.askci.com/news/201201/16/161712450741.shtml

3 CNZZ 数据中心. 2010 年电子商务行业网站年终盘点[R/OL]（2010-12-30）[2012-10-20]. http://data.cnzz.com/type/content.php?tid=2724&type=47

4 中国互联网络信息中心. 第 29 次中国互联网络发展状况统计报告[R/OL](2012-01-16)[2012-03-20]. 中国互联网络信息中心网站：http://www.cnnic.net.cn/dtygg/dtgg/201201/W020120116337628870651.pdf

1.1.2 电子商务交易额突破 5 万亿元

2010 年，中国电子商务市场交易额达 4.55 万亿元，同比增长 23.7%。2011 年，中国电子商务交易额继续创出新高，交易总额突破 5 万亿元，达到 5.83 万亿元，同比增长 28.4%[1]。

在电子商务全部交易额中，中国大中型企业电子商务交易额 2010 年达到 1.42 万亿元，较 2009 年的 1.31 万亿元同比增长 8.1%，整体保持稳定的发展态势[2,3]。2011 年估计达到 1.69 万亿元，同比增长 19.1%。

2010 年，中小企业电子商务交易额达到 2.53 万亿元，较 2009 年的 1.99 万亿元增长 27.1%；2011 年估计达到 3.21 万亿元，同比增长 26.9%。

网络零售呈现出爆发式增长的态势。2010 年中国网络零售市场交易规模达 5091.04 亿元，较 2009 年 2586 亿元增长 96.7%；2011 年中国网络零售市场交易规模达 7825.6 亿元，同比增长 53.7%。2010 年中国网络零售市场交易规模占社会消费品零售总额（15.45 万亿元）的比重增至 3.30%，2011 年占社会消费品零售总额（18.12 万亿元）达到 4.32%，增长了 1 个百分点。

1.1.3 电子商务交易服务市场规模稳步增长

2010 年中国电子商务服务市场规模（代运营市场交易规模）为 108.9 亿元，同比增长 119.3%[4]。2011 年年底，整个电子商务服务业的营业收入超过 1200 亿元，支撑了 3 万亿元电子商务交易规模[5]。目前中国电子商务交易服务行业仍然处在发展初期，未来具有非常大的发展空间。

2011 年，中国 B2B 电子商务运营商营业收入规模达到 131.0 亿元，同比增长 35.1%[6]。稳定增长的主要原因：一是企业对电子商务的渗透率逐年提升，中小企业纷纷加大线上推广费用，加强对增值服务的用户体验；二是核心运营商的业务模式逐渐拓展，付费会员、在线交易、增值服务等业务保持稳定增长，提价措施又将整个 B2B 电子商务行业的准入门槛抬高，提升服务质量，一定程度上避免恶性价格战。

目前中国大部分 B2B 电子商务运营商都是行业信息服务商，未来几年它们将逐渐从传统的信息服务提供商转变为综合的交易服务解决商，为用户提供物流配送、信用担保、金融融资、精准营销、行业咨询等综合的电子商务解决方案。面对 4500 多万中小企业的多样化需求，B2B 电子商务细分服务市场潜力巨大。

1.1.4 第三方网上支付规模突破 2 万亿元

2011 年，我国电子商务支付体系进一步完善。中国人民银行根据《非金融机构支付服务管理办法》的要求，分三批给 101 家企业发放了第三方支付牌照，促进了这一行业的规范有序发展。2011 年，中国第三方网上支付交易规模突破 2 万亿元大关，达到 21610 亿元[7]，已连续五年增速接近或超

1 商务部. 中国电子商务报告（2010—2011）. 北京：清华大学出版社，2012
2 国家统计局 2009 年和 2010 年信息化情况表
3 艾瑞咨询. 中国中小企业 B2B 电子商务行业年度监测报告 [R/OL](2011-04-29)[2012-04-03]. 艾瑞网站：http://report.iresearch.cn/1528.html#
4 艾瑞咨询. 2010-2011 年中国电子商务第三方服务市场研究报告[R/OL](2011-04-13)[2012-04-03]. 艾瑞网站：http://report.iresearch.cn/1517.html
5 阿里巴巴. 2011 年中国电子商务服务业报告[R/OL](2011-04-13)[2012-04-03]. 阿里研究中心网站：http://www.aliresearch.com/index.php?m-cms-q-view-id-69131.html
6 艾瑞咨询. 2011 年中国互联网市场年度总结报告标准版[R/OL](2012-01-16)[2012-04-03]. 艾瑞网站：http://report.iresearch.cn/1653.html#
7 易观智库. 行业数据：2011 年中国第三方互联网支付市场继续保持高速发展[EB/OL](2012-02-18)[2012-04-01]. 易观智库：http://www.enfodesk.com/SMinisite/maininfo/articledetail-id-314334.html

过 100%，远远超过同期社会商品零售额的增速。

随着电子商务的快速发展，越来越多的第三方支付机构借助互联网、移动电话、数字电视等信息技术广泛参与支付市场，提供前端支付、后台操作甚至全程支付服务，改进了企业、公众的日常支付体验，使现代支付服务的广度和深度不断延伸。

2011 年 12 月 28 日，经民政部批准，中国支付清算协会宣布成立银行卡基支付工作委员会、网络支付应用工作委员会、预付卡工作委员会。新成立的三个工作委员会的业务范围都是当前支付清算行业的热点，与百姓生活和民生服务联系密切。工作委员会将建立和完善相关业务的自律管理体系，引导成员加强内控制度建设，完善风险防范机制，规范行业服务行为，进一步推动我国新型支付业务的创新和发展。

1.1.5 电子商务企业物流配送模式基本形成，网络零售带动快递业务快速发展

在电子商务物流发展过程中，中国企业逐渐形成了三种主要的配送形式。

① 外包模式：大部分中小型电子商务企业，没有力量自建物流渠道，均采取这种物流操作模式。淘宝网上的卖家大都采取这种模式。

② 自建模式：当前各品类较大的电子商务销售企业基本上都采取自建模式进行物流运作（自建模式主要是针对仓储、终端配送进行自建，干线运输依然是外包给专业的物流公司操作），以凡客诚品、京东商城为典型代表。

③ 混合模式：此模式是自建模式与外包模式的融合，现已经成为大中型电子商务企业的主流模式，诸如当当网、麦考林等之前完全将物流服务外包的电子商务企业都逐步改变成为混合模式。

2011 年，中国已有超过 6800 家的企业取得了快递业务经营许可证，占快递市场 90%以上份额的快递企业依法获得了经营许可。营业网点达 6.4 万处，从业人员超过 70 万人，日均处理量从 2007 年的 300 万件增长到 2011 年的 1300 万件；市场规模位居世界第三，达到 715 亿元；2007—2011 年快递业务量年均增长率达到 27.23%[1]。

2011 年中国网络零售交易额达到 7825.6 亿元，其中 70%%以上的网购货物必须依靠快递来完成。按照网购快递占到全部快递业务量 50%估算，由网络零售带动的快递业务量突破 350 亿元。电子商务在提高快递业务发展水平、扩大就业方面发挥着越来越重要的作用。

1.2 2010—2011 年中国电子商务发展的特点

1. 中国电子商务进入规模化快速发展新阶段

2011 年，中国电子商务进入规模化快速发展新阶段。这一特征突出表现在以下三个方面。

① B2C、C2C 电子商务网站交易规模成倍增长。2010 年 11 月 11 日当天淘宝商城的支付宝交易额达到 9.36 亿元，2011 年 11 月 11 日猛增到 33.6 亿元。京东商城 2010 年销售额为 102 亿元，2011

1 马军胜．在 2011 年度“中国快递论坛”上的致辞[EB/OL](2011-11-22)[2012-04-03]．国家邮政局网站：http://www.spb.gov.cn/folder108/folder2537/folder2543/2011/11/2011-11-2396989.html

年翻了3倍，达到309.6亿元。苏宁易购2010年销售额为20亿元，2011年实现了70亿元的销售目标。2011年1号店取得了年销售额27.2亿元的成绩，较2010年的8.05亿元增长超过3倍。其他网上商店，如凡客诚品、新蛋网、当当网等，也都有非常出色的表现。

② 中小企业电子商务应用规模迅速扩大。2009年中国中小企业电子商务交易额达到19900亿元，同比增长20.3%；2010年为25300亿元，同比增长36.4%；2011年中国中小企业电子商务交易额为32100亿元，同比增长26.9%。中小企业电子商务稳定增长的原因主要有二：一是企业对电子商务的渗透率逐年提升，中小企业纷纷加大线上推广费用，加强对增值服务的用户体验；二是核心运营商的业务模式逐渐拓展，付费会员、在线交易、增值服务等业务保持稳定增长，提价措施又将整个B2B电子商务行业的准入门槛抬高，提升服务质量，一定程度上避免恶性价格战。中国中小企业电子商务应用规模的扩大，极大地提升了中小企业的竞争能力，使得中小企业在外部环境恶化的状况下仍然保持了较快的增长速度。

③ 大批传统流通企业涌入电子商务领域。在苏宁易购零售模式转型的示范效应下，越来越多的传统流通企业涌入电子商务领域。较大的零售企业纷纷自办电子商务网站，国美电器网上商城、百联E城、家乐福在线商城、欧尚网购、西单igo5、哈尔滨中央商城等都已成为业界颇有影响的网上商城。而更多的商家通过各类电子商务平台涉足电子商务。淘宝网2011年9月进入电子商务领域的企业或零售商数量就达到42609家，是2010年同期的11倍多。

2. 电子商务广泛渗透到国民经济各个领域，成为促进GDP增长的新动力

电子商务已经广泛渗透到国民经济的各个领域。2010年中国电子商务交易额（4.55万亿元）已经相当于国内生产总值（397983亿元）的11.4%；2011年电子商务交易额（5.83万亿元）相当于国内生产总值（471564亿元）的12.4%。电子商务在拉动经济增长、促进经济发展方式转变、加快中国经济增长等方面正在发挥越来越重要的作用。

3. 电子商务服务业蓬勃发展

电子商务服务业是朝阳产业，代表了未来服务业发展的一个方向。伴随着互联网的大范围普及，2010—2011年我国电子商务服务业呈现出多元化快速发展的态势。

第三方电子商务交易平台呈现出多元化发展形态，成为日益活跃的电子商务服务业的主要形态。2011年，直接服务B2B、B2C、C2C电子商务的第三方平台规模达到历史最高点；团购网站的崛起，创造了电子商务的一种新的营运模式。

2011年，整个电子商务服务业的营业收入超过1200亿元，超5.9万多家服务商接入淘宝开放平台（截至2012年2月），是2011年同期的7.32倍；超过156万淘宝卖家付费购买专项服务，平均订购工具类软件2.75个；90%的中国网络零售交易额通过电子商务（交易）服务平台完成（2008—2011年）。

2011年，我国直接服务于电子商务的非金融机构企业达到101家。截至2011年9月，支付宝注册用户突破6亿，日交易额超过30亿元人民币，日交易笔数超过1100万笔，成长为全球最领先的第三方支付公司之一。

电子认证服务正在逐步推开。“十一五”期间我国有效证书持有量增长2.3倍，截至2011年12月底，我国有效证书持有量达到3102.8万张。环比增长3.45%[1]。

网络购物快递市场呈现爆发式发展态势。据统计，我国已有规模不等的快递公司2万余家，快递业务量每年以60%～120%的速度递增。但由于快递企业行业规模较小，快递市场远不能满足网络购物带来的需求。部分企业已着手建立自己的物流配送公司，使得网络购物快递市场呈现出新的

1 工信部信息安全司. 2011年12月份电子认证服务业统计数据[EB/OL](2012-01-15)[2012-03-25]. http://www.miit.gov.cn/n11293472/n11293832/n11294132/n12858477/12979633.html

格局。

4. 电子商务开始对整个社会产生巨大影响

电子商务在增收节支、扩大市场、拉动经济增长、促进经济发展方式转变、加快中国经济增长等方面正在发挥越来越重要的作用。2010—2011 年，人们已切身感觉到电子商务对整个社会产生的巨大影响。

① 网购已成为我国居民一种重要的消费方式，网络购物正在从沿海地区向内陆地区渗透。

② 电子商务服务业已经延伸到多个经济领域，交易服务、支撑服务已延伸到金融、物流配送及社会服务等领域。

③ 网络营销已成为我国企业重要的营销手段。2011 年网络广告市场规模达到 511.9 亿元，已超过报纸广告 58.3 亿元。

④ 电子商务成为就业与创业的重要渠道。截至 2011 年年底，淘宝网就提供了 270.8 万个直接就业机会。

2011 年 10 月，淘宝商城公布的《2012 年招商标准》提高了网上开店的租金标准。淘宝商城的“涨租”行为立即引起中小卖家的强烈不满，并出现了过激行为。涨租事件震动了整个电子商务业界，产生了较大的影响。商务部及时表态，使得涨租事件迅速平息。

2011 年 12 月，国内最大的程序员社区 CSDN 上 600 万用户资料被公开，人人网、开心网、7k7k 等网站用户信息也被黑客公布，涉及用户资料近 5000 万份。该消息一经报道，立即引起了媒体、网民、政府主管部门等多方的高度关注。

上述事件说明，网络经济已经成为我国经济发展的一个重要部分，并从各个方面对整个社会发展产生巨大影响。从国家社会经济发展的高度，深刻认识发展互联网经济的重要性，自觉维护网络市场正常运作，已经成为我国电子商务健康发展的重要环节。

5. 各级政府高度重视电子商务的发展

2010—2011 年，中国各级政府深刻认识到，加快推进电子商务发展是贯彻落实科学发展观，加快转变发展方式的要求；是应对经济全球化挑战、把握发展主动权、提高国际竞争力的必然选择。温家宝总理在 2010 年政府工作报告（十一届人大三次会议）中明确指出：积极发展电子商务[1]；在 2011 年政府工作报告（十一届人大四次会议）中再次强调，要“积极发展电子商务、网络购物、地理信息等新型服务业态”[2]。

2011 年 4 月，工业和信息化部等五部委联合印发《关于加快推进信息化与工业化深度融合的若干意见》，支持制造业企业以电子商务为手段提高供应链协同和商务协同水平，带动产业链上下游企业发展。2011 年 10 月，商务部发布的《商务部“十二五”电子商务发展指导意见》[3]提出了“十二五”期间我国电子商务发展的主要目标；2011 年 12 月，工业和信息化部印发的《电子商务“十二五”发展规划》[4]提出了发展电子商务的九项重点任务。2011 年 11 月国家发改委、商务部等八部委批准北京、上海等 21 个城市为全国首批国家电子商务示范城市，在全国大中城市开展大规模电子商务推广活动。

1 新华社. 温家宝所作政府工作报告（十一届人大三次会议）[R/OL]. (2010-03 -15)[2012-04-03]. 中央政府门户网站：http://www.gov.cn/2010lh/content_1555767.htm

2 新华社. 温家宝在十一届人大四次会议上所作政府工作报告[R/OL]. (2011-03 -15)[2012-04-03]. 中央政府门户网站：http://www.gov.cn/2011lh/content_1825233.htm

3 商务部. 商务部“十二五”电子商务发展指导意见[R/OL]. (2011-10-19)[2012-04-03]. 中央政府门户网站：http://www.gov.cn/gzdt/2011-10/19/content_1973303.htm

4 工业和信息化部. 工信部发布国家《电子商务“十二五”发展规划》[EB/OL]. (2011-12 -10)[2012-04-03]. 国家电子商务工作简报：http://gjdzsw.drcnet.com.cn/gjdzsw/DocView.aspx?docid=2720073&leafid=14477&chnid=1070

各省市相关部门也都研究制定了省市“十二五”电子商务发展规划。2011 年 9 月发布的《浙江省电子商务产业“十二五”发展规划》首次将电子商务确定为战略性新兴服务业；2011 年 7 月发布的《上海商业“十二五”发展规划》将“网上国际贸易中心”的建设列为上海未来发展一大主攻目标；2011 年 9 月重庆市出台了《关于印发重庆市加快电子商务产业发展有关优惠政策的通知》，20 余条优惠措施助力电子商务快速发展；2011 年 11 月发布的《江西省加快电子商务发展的指导意见》成为中部地区第一个发布电子商务发展指导意见的省份。

各级政府的高度重视，使中国电子商务在 2010—2011 年得到健康、快速发展。同时，随着各级政府支持力度的不断加大，该领域的竞争也越来越激烈。

（根据商务部《电子商务报告（2010—2011）》第 1 章摘编）

第 2 章　专　　文

本章收集了 2010—2011 年国家政府部门有关电子商务政策文件。

2.1　2010 年专文

2.1.1　国家工商总局：网络商品交易及有关服务行为管理暂行办法（第 49 号）

2010 年 5 月 31 日

第一章　总则

第一条　为规范网络商品交易及有关服务行为，保护消费者和经营者的合法权益，促进网络经济持续健康发展，依据《合同法》、《侵权责任法》、《消费者权益保护法》、《产品质量法》、《反不正当竞争法》、《商标法》、《广告法》、《食品安全法》和《电子签名法》等法律、法规，制定本办法。

第二条　网络商品经营者和网络服务经营者在中华人民共和国境内从事网络商品交易及有关服务行为，应当遵守中华人民共和国法律、法规和本办法的规定。

第三条　本办法所称的网络商品经营者，是指通过网络销售商品的法人、其他经济组织或者自然人。

本办法所称的网络服务经营者，是指通过网络提供有关经营性服务的法人、其他经济组织或者自然人，以及提供网络交易平台服务的网站经营者。

第四条　工商行政管理部门鼓励、支持网络商品交易及有关服务行为的发展，实施更加积极的政策，促进网络经济发展。提高网络商品经营者和网络服务经营者的整体素质和市场竞争力，发挥网络经济在促进国民经济和社会发展中的作用。

第五条　工商行政管理部门依照职能为网络商品交易及有关服务行为提供公平、公正、规范、有序的市场环境，提倡和营造诚信的市场氛围，保护消费者和经营者的合法权益。

第六条　网络商品经营者和网络服务经营者在网络商品交易及有关服务行为中不得损害国家利益和公众利益，不得损害消费者的合法权益。

第七条　网络商品经营者和网络服务经营者在网络商品交易及有关服务行为中应当遵循诚实信用的原则，遵守公认的商业道德。

第八条　网络商品经营者和网络服务经营者在网络商品交易及有关服务行为中应当遵循公平、公正、自愿的原则，维护国家利益，承担社会责任。

第九条　鼓励、支持网络商品经营者和网络服务经营者成立行业协会，建立网络诚信体系，加强行业自律，推动行业信用建设。

第二章　网络商品经营者和网络服务经营者的义务

第十条　已经工商行政管理部门登记注册并领取营业执照的法人、其他经济组织或者个体工商户，通过网络从事商品交易及有关服务行为的，应当在其网站主页面或者从事经营活动的网页醒目位置公开营业执照登载的信息或者其营业执照的电子链接标识。

通过网络从事商品交易及有关服务行为的自然人，应当向提供网络交易平台服务的经营者提出申请，提交其姓名和地址等真实身份信息。具备登记注册条件的，依法办理工商登记注册。

第十一条　网上交易的商品或者服务应当符合法律、法规、规章的规定。法律法规禁止交易的商品或者服务，经营者不得在网上进行交易。

第十二条　网络商品经营者和网络服务经营者向消费者提供商品或者服务，应当遵守《消费者权益保护法》和《产品质量法》等法律、法规、规章的规定，不得损害消费者合法权益。

第十三条　网络商品经营者和网络服务经营者向消费者提供商品或者服务，应当事先向消费者说明商品或者服务的名称、种类、数量、质量、价格、运费、配送方式、支付形式、退换货方式等主要信息，采取安全保障措施确保交易安全可靠，并按照承诺提供商品或者服务。

网络商品经营者和网络服务经营者提供电子格式合同条款的，应当符合法律、法规、规章的规定，按照公平原则确定交易双方的权利与义务，并采用合理和显著的方式提请消费者注意与消费者权益有重大关系的条款，并按照消费者的要求对该条款予以说明。

网络商品经营者和网络服务经营者不得以电子格式合同条款等方式作出对消费者不公平、不合理的规定，或者减轻、免除经营者义务、责任或者排除、限制消费者主要权利的规定。

第十四条　网络商品经营者和网络服务经营者提供商品或者服务，应当保证商品和服务的完整性，不得将商品和服务不合理拆分出售，不得确定最低消费标准以及另行收取不合理的费用。

第十五条　网络商品经营者和网络服务经营者向消费者出具购货凭证或者服务单据，应当符合国家有关规定或者商业惯例；征得消费者同意的，可以以电子化形式出具。电子化的购货凭证或者服务单据，可以作为处理消费投诉的依据。

消费者要求网络商品经营者和网络服务经营者出具购货凭证或者服务单据的，经营者应当出具。

第十六条　网络商品经营者和网络服务经营者对收集的消费者信息，负有安全保管、合理使用、限期持有和妥善销毁义务；不得收集与提供商品和服务无关的信息，不得不正当使用，不得公开、出租、出售。但是法律、法规另有规定的除外。

第十七条　网络商品经营者和网络服务经营者发布的商品和服务交易信息应当真实准确，不得作虚假宣传和虚假表示。

第十八条　网络商品经营者和网络服务经营者提供商品或者服务，应当遵守《商标法》、《反不正当竞争法》、《企业名称登记管理规定》等法律、法规、规章的规定，不得侵犯他人的注册商标专用权、企业名称权等权利。

第十九条　网络商品经营者和网络服务经营者不得利用网络技术手段或者载体等方式，实施损害其他经营者的商业信誉、商品声誉以及侵犯权利人商业秘密等不正当竞争行为。

第三章　提供网络交易平台服务的经营者的义务

第二十条　提供网络交易平台服务的经营者应当对申请通过网络交易平台提供商品或者服务的法人、其他经济组织或者自然人的经营主体身份进行审查。

提供网络交易平台服务的经营者应当对暂不具备工商登记注册条件，申请通过网络交易平台提供商品或者服务的自然人的真实身份信息进行审查和登记，建立登记档案并定期核实更新。核发证明个人身份信息真实合法的标记，加载在其从事商品交易或者服务活动的网页上。

提供网络交易平台服务的经营者在审查和登记时，应当使对方知悉并同意登记协议，并提请对方注意义务和责任条款。

第二十一条　提供网络交易平台服务的经营者应当与申请进入网络交易平台进行交易的经营者签订合同（协议），明确双方在网络交易平台进入和退出、商品和服务质量安全保障、消费者权益保护等方面的权利、义务和责任。

第二十二条　提供网络交易平台服务的经营者应当建立网络交易平台管理规章制度，包括：交易规则、交易安全保障、消费者权益保护、不良信息处理等规章制度。各项规章制度应当在其网站显示，并从技术上保证用户能够便利、完整地阅览和保存。

提供网络交易平台服务的经营者应当采取必要的技术手段和管理措施以保证网络交易平台的正常运行，提供必要、可靠的交易环境和交易服务，维护网络交易秩序。

第二十三条　提供网络交易平台服务的经营者应当对通过网络交易平台提供商品或者服务的经营者，及其发布的商品和服务信息建立检查监控制度，发现有违反工商行政管理法律、法规、规章的行为的，应当向所在地工商行政管理部门报告，并及时采取措施制止，必要时可以停止对其提供网络交易平台服务。

工商行政管理部门发现网络交易平台内有违反工商行政管理法律、法规、规章的行为，依法要求提供网络交易平台服务的经营者采取措施制止的，提供网络交易平台服务的经营者应当予以配合。

第二十四条　提供网络交易平台服务的经营者应当采取必要手段保护注册商标专用权、企业名称权等权利，对权利人有证据证明网络交易平台内的经营者实施侵犯其注册商标专用权、企业名称权等权利的行为或者实施损害其合法权益的不正当竞争行为的，应当依照《侵权责任法》采取必要措施。

第二十五条　提供网络交易平台服务的经营者应当采取必要措施保护涉及经营者商业秘密或者消费者个人信息的数据资料信息的安全。非经交易当事人同意，不得向任何第三方披露、转让、出租或者出售交易当事人名单、交易记录等涉及经营者商业秘密或者消费者个人信息的数据。但是法律、法规另有规定的除外。

第二十六条　提供网络交易平台服务的经营者应当建立消费纠纷和解和消费维权自律制度。消费者在网络交易平台购买商品或者接受服务，发生消费纠纷或者其合法权益受到损害的，提供网络交易平台服务的经营者应当向消费者提供经营者的真实的网站登记信息，积极协助消费者维护自身合法权益。

第二十七条　鼓励提供网络交易平台服务的经营者为交易当事人提供公平、公正的信用评估服务，对经营者的信用情况客观、公正地进行采集与记录，建立信用评价体系、信用披露制度以警示交易风险。

第二十八条　提供网络交易平台服务的经营者应当积极协助工商行政管理部门查处网上违法经营行为，提供在其网络交易平台内进行违法经营的经营者的登记信息、交易数据备份等资料，不得隐瞒真实情况，不得拒绝或者阻挠行政执法检查。

第二十九条　提供网络交易平台服务的经营者应当审查、记录、保存在其平台上发布的网络商品交易及有关服务信息内容及其发布时间。经营者营业执照或者个人真实身份信息记录保存时间从经营者在网络交易平台的登记注销之日起不少于两年，交易记录等其他信息记录备份保存时间从交易完成之日起不少于两年。

提供网络交易平台服务的经营者应当采取数据备份、故障恢复等技术手段确保网络交易数据和资料的完整性和安全性，并应当保证原始数据的真实性。

第三十条　提供网络交易平台服务的经营者应当按照国家工商行政管理总局规定的内容定期向所在地工商行政管理部门报送网络商品交易及有关服务经营统计资料。

第三十一条　为网络商品交易及有关服务行为提供网络接入、服务器托管、虚拟空间租用等服务的网络服务经营者，应当要求申请者提供经营资格和个人真实身份信息，签订网络服务合同，依法记录其上网信息。申请者营业执照或者个人真实身份信息等信息记录备份保存时间不得少于60日。

第四章　网络商品交易及有关服务行为监督管理

第三十二条　网络商品交易及有关服务行为的监督管理由县级（含县级）以上工商行政管理部门负责。

第三十三条　县级以上工商行政管理部门应当建立信用档案。记录日常监督检查结果、违法行为查处等情况；根据信用档案的记录，对网络商品经营者和网络服务经营者实施信用分类监管。

第三十四条　在网络商品交易及有关服务行为中违反工商行政管理法律法规规定，情节严重，需要采取措施制止违法网站继续从事违法活动的，工商行政管理部门应当依照有关规定，提请网站许可地通信管理部门依法责令暂时屏蔽或者停止该违法网站接入服务。

第三十五条　工商行政管理部门对网站违法行为作出行政处罚后，需要关闭该违法网站的，应当依照有关规定，提请网站许可地通信管理部门依法关闭该违法网站。

第三十六条　网络商品交易及有关服务违法行为由发生违法行为的网站的经营者住所所在地县级以上工商行政管理部门管辖。网站的经营者住所所在地县级以上工商行政管理部门管辖异地违法行为人有困难的，可以将违法行为人的违法情况移交违法行为人所在地县级以上工商行政管理部门处理。

第三十七条　县级以上工商行政管理部门应当建立网络商品交易及有关服务行为监管责任制度和责任追究制度，依法履行职责。

第五章　法律责任

第三十八条　违反本办法规定，法律、法规有处罚规定的，依照法律、法规的规定处罚。

第三十九条　违反本办法第十条第一款、第二十八条、第二十九条、第三十条规定的，予以警告，责令限期改正，逾期不改正的，处以一万元以下的罚款。

第四十条　违反本办法第二十条规定的，责令限期改正，逾期不改正的，处以一万以上三万元以下的罚款。

第四十一条　违反办法第十六条、第二十五条，侵犯消费者个人信息的，予以警告，责令限期改正，逾期不改正的，处以一万元以下的罚款。

违反办法第二十五条，侵犯经营者商业秘密的，按照《反不正当竞争法》和《关于禁止侵犯商业秘密行为的若干规定》处理。

第六章　附则

第四十二条　本办法由国家工商行政管理总局负责解释。

第四十三条　省级工商行政管理部门可以依据本办法的规定制定网络商品交易及有关服务行为实施指导意见。

第四十四条　本办法自2010年7月1日起施行。

2.1.2 中国人民银行：非金融机构支付服务管理办法

中国人民银行令〔2010〕第2号（2010年6月14日）

第一章 总则

第一条 为促进支付服务市场健康发展，规范非金融机构支付服务行为，防范支付风险，保护当事人的合法权益，根据《中华人民共和国中国人民银行法》等法律法规，制定本办法。

第二条 本办法所称非金融机构支付服务，是指非金融机构在收付款人之间作为中介机构提供下列部分或全部货币资金转移服务：

（一）网络支付；

（二）预付卡的发行与受理；

（三）银行卡收单；

（四）中国人民银行确定的其他支付服务。

本办法所称网络支付，是指依托公共网络或专用网络在收付款人之间转移货币资金的行为，包括货币汇兑、互联网支付、移动电话支付、固定电话支付、数字电视支付等。

本办法所称预付卡，是指以营利为目的发行的、在发行机构之外购买商品或服务的预付价值，包括采取磁条、芯片等技术以卡片、密码等形式发行的预付卡。

本办法所称银行卡收单，是指通过销售点（POS）终端等为银行卡特约商户代收货币资金的行为。

第三条 非金融机构提供支付服务，应当依据本办法规定取得《支付业务许可证》，成为支付机构。

支付机构依法接受中国人民银行的监督管理。

未经中国人民银行批准，任何非金融机构和个人不得从事或变相从事支付业务。

第四条 支付机构之间的货币资金转移应当委托银行业金融机构办理，不得通过支付机构相互存放货币资金或委托其他支付机构等形式办理。

支付机构不得办理银行业金融机构之间的货币资金转移，经特别许可的除外。

第五条 支付机构应当遵循安全、效率、诚信和公平竞争的原则，不得损害国家利益、社会公共利益和客户合法权益。

第六条 支付机构应当遵守反洗钱的有关规定，履行反洗钱义务。

第二章 申请与许可

第七条 中国人民银行负责《支付业务许可证》的颁发和管理。

申请《支付业务许可证》的，需经所在地中国人民银行分支机构审查后，报中国人民银行批准。

本办法所称中国人民银行分支机构，是指中国人民银行副省级城市中心支行以上的分支机构。

第八条 《支付业务许可证》的申请人应当具备下列条件：

（一）在中华人民共和国境内依法设立的有限责任公司或股份有限公司，且为非金融机构法人；

（二）有符合本办法规定的注册资本最低限额；

（三）有符合本办法规定的出资人；

（四）有5名以上熟悉支付业务的高级管理人员；

（五）有符合要求的反洗钱措施；

（六）有符合要求的支付业务设施；

（七）有健全的组织机构、内部控制制度和风险管理措施；

（八）有符合要求的营业场所和安全保障措施；

（九）申请人及其高级管理人员最近3年内未因利用支付业务实施违法犯罪活动或为违法犯罪活动办理支付业务等受过处罚。

第九条　申请人拟在全国范围内从事支付业务的，其注册资本最低限额为1亿元人民币；拟在省（自治区、直辖市）范围内从事支付业务的，其注册资本最低限额为3000万元人民币。注册资本最低限额为实缴货币资本。

本办法所称在全国范围内从事支付业务，包括申请人跨省（自治区、直辖市）设立分支机构从事支付业务，或客户可跨省（自治区、直辖市）办理支付业务的情形。

中国人民银行根据国家有关法律法规和政策规定，调整申请人的注册资本最低限额。

外商投资支付机构的业务范围、境外出资人的资格条件和出资比例等，由中国人民银行另行规定，报国务院批准。

附：27家公司获得央行颁布的首批第三方支付牌照。

2010年6月，央行正式对外公布《非金融机构支付服务管理办法》对国内第三方支付行业实施正式的监管。根据相关规定，非金融机构提供支付服务需要按规定取得《支付业务许可证》，成为支付机构，而2011年9月1日成为第三方支付机构获得许可证的最后期限，逾期未取得的企业将不得继续从事支付业务。

详细名单如下：

许可证编号	公司名称	发证日期
Z2000133000019	支付宝（中国）网络技术有限公司	2011年5月18日
Z2000231000010	银联商务有限公司	2011年5月18日
Z2000311000013	北京商服通网络科技有限公司	2011年5月18日
Z2000444000013	深圳市财付通科技有限公司	2011年5月18日
Z2000531000017	通联支付网络服务股份有限公司	2011年5月18日
Z2000611000010	开联通网络技术服务有限公司	2011年5月18日
Z2000711000019	北京通融通信息技术有限公司	2011年5月18日
Z2000831000014	快钱支付清算信息有限公司	2011年5月18日
Z2000931000013	上海汇付数据服务有限公司	2011年5月18日
Z2001031000010	上海盛付通电子商务有限公司	2011年5月18日
Z2001111000013	钱袋网（北京）信息技术有限公司	2011年5月18日
Z2001231000018	上海东方电子支付有限公司	2011年5月18日
Z2001344000012	深圳市快付通金融网络科技服务有限公司	2011年5月18日
Z2001444000011	广州银联网络支付有限公司	2011年5月18日
Z2001511000019	北京数字王府井科技有限公司	2011年5月18日
Z2001611000018	北京银联商务有限公司	2011年5月18日
Z2001731000013	杉德电子商务服务有限公司	2011年5月18日
Z2001811000016	裕福网络科技有限公司	2011年5月18日
Z2001912000014	渤海易生商务服务有限公司	2011年5月18日
Z2002044000013	深圳银盛电子支付科技有限公司	2011年5月18日
Z2002131000017	迅付信息科技有限公司	2011年5月18日
Z2002211000010	网银在线（北京）科技有限公司	2011年5月18日
Z2002346000018	海南新生信息技术有限公司	2011年5月18日

（续表）

许可证编号	公 司 名 称	发 证 日 期
Z2002431000014	上海捷银信息技术有限公司	2011年5月18日
Z2002511000017	北京拉卡拉网络技术有限公司	2011年5月18日
Z2002631000012	上海付费通信息服务有限公司	2011年5月18日
Z2002744000016	深圳市壹卡会科技服务有限公司	2011年5月18日

2.1.3　商务部：商务部关于促进网络购物健康发展的指导意见

商商贸发〔2010〕239号（2010年6月24日）

各省、自治区、直辖市、计划单列市及新疆生产建设兵团商务主管部门：

网络购物是依托互联网和信息技术的新型零售形式，具有流通环节少、交易费用低、资金周转快、流通效率高、销售范围广、消费者购买方便等优势。发展网络购物，有利于企业拓展营销方式、刺激消费、扩大内需、转变发展方式，有利于带动创业就业，有利于促进上下游关联企业协同发展、健全产业链。近年来，我国网络购物市场呈现消费群体不断扩大，消费规模快速增长的良好局面。同时，也存在相关政策法规、管理能力和服务水平不适应网络购物发展需要等现实问题。为促进网络购物健康发展，现提出以下意见：

一、指导思想和主要目标

（一）指导思想。以科学发展观为指导，以发展为宗旨，以市场为导向，以企业为主体，加强政府引导，创新工作方式，寓引导于服务，以服务促发展，在发展中规范，进一步发挥网络购物在拉动内需、扩大消费中的积极作用，促进国民经济健康协调发展。

（二）主要目标。完善服务与管理体制，健全法律与标准体系，改善交易环境，培育市场主体，拓宽网络购物领域，规范交易行为，推进网络购物发展，满足消费者需要，力争到“十二五”期末网络购物交易额达到我国社会消费品零售总额的5%，部分电子商务发展起步较早的地区达到10%左右。

二、工作任务

（三）培育网络市场主体。鼓励生产、流通和服务企业发展网络销售，积极开发适宜网络销售的商品和服务。培育一批信誉好、运作规范的网络销售骨干企业。发展交易安全、服务完善、管理规范、竞争有序的网络购物商城。建设安全可信、高效便捷的第三方网络购物平台，鼓励中小企业和个人创业者利用平台开拓市场。促进网络购物群体快速成长。

（四）拓宽网络购物领域。拓宽网络购物商品和服务种类，拓展网络购物渠道，满足不同层次消费需求。扩大服装、家电、家居装潢、图书音像、通讯数码、电脑及配件、汽车等商品销售。大力发展铁路、公路、民航、船舶客票、旅游及酒店网络预订与服务。积极拓展房地产、药品、保健品、远程教育、家政服务等适宜网络交易的商品和服务。整合社区商业服务资源，发展社区电子商务。支持移动电子商务发展。

（五）鼓励线上线下互动。鼓励流通企业以门店销售支撑网络销售，以网络销售带动门店销售。利用流通企业已有品牌优势、实体网点资源和物流配送体系，为网络销售提供丰富的商品、良好的信誉和优质的服务。积极探索“线上市场”与“线下市场”互动营销方式，扩大销售。鼓励企业面向国际市场在线销售和采购，开拓国际市场。

（六）重视农村网络购物市场。从农村互联网应用的现实条件出发，依托“新农村商网”，结合“万村千乡”、“双百市场工程”构建农村现代流通体系，促进农产品进城和工业品下乡双向流通，拓展促进农民增收、扩大农村消费的新渠道。鼓励从事网络销售的企业和个人根据农村消费特点组织供应质优价廉、适销对路的商品和服务。鼓励企业以家电下乡、家电以旧换新等经营网点为依托，积极开展面向农村消费者的网络销售。鼓励销地生产和流通企业利用网络开展农产品销售和配送经营。

（七）完善配套服务体系。推进网络基础服务规范统一，促进网络接入标准和费用标准合理化，推广可靠电子签名应用。推进银行支付业务与网络购物有机结合，加快网上银行互联系统建设，促进第三方在线支付业务健康发展。支持物流企业加强网络和信息化建设，开发与网络购物相适应的配送服务，加快实物配送与网络销售信息系统融合。完善面向电子商务应用企业的软件开发、创意设计、技能培训、管理咨询、信用评级、电子认证、融资担保、广告宣传等配套服务体系。鼓励服务提供商进一步增强专业化服务能力，优化服务模式、完善服务手段、拓展服务范围、降低服务成本，促进相关领域深化电子商务应用。鼓励高校、科研机构和企业培养适应电子商务研究开发、应用推广需要的技术和管理人才，建立健全产学研互动结合的电子商务人才培养机制。

（八）保护消费者合法权益。引导第三方网络交易平台健康发展，实施网络商品经营（服务）企业工商登记制度，要求利用网络平台从事经营活动的个人实名注册，具备条件时对网络销售个人逐步实施工商登记制度。健全网站安全保障措施、信息安全保密管理制度、用户信息安全管理制度。完善网络购物售后服务体系，建立购物风险警示和消费者投诉受理机制，推行先行赔付制度。

（九）规范网络市场秩序。会同有关部门切实贯彻落实《合同法》、《产品质量法》、《消费者权益保护法》、《邮政法》、《对外贸易法》、《拍卖法》、《电子签名法》、《互联网管理条例》、《对外贸易经营者备案登记管理条例》、《期货交易管理条例》、《无照经营查处取缔办法》等法律、法规、规章，健全网络市场监管体系。严厉打击利用网络销售非法出版物、违禁品、假冒伪劣商品，禁止非法融资、变相期货、信用卡套现、网络诈骗、网络传销、危害国家利益、提供消费者信息牟利等违法违规行为。对涉及行政许可类商品和服务的经营，须按有关规定依法取得相应批准证书后方可开展经营活动。引导从事网络海外代购业务的对外贸易经营者合法经营。

三、保障措施

（十）加强政策支持。建立健全适应网络购物发展需要的多元化、多渠道投融资体制。有效利用财政资金引导信誉好、运营规范的网络购物企业加快发展，鼓励各地研究制定配套政策措施，加大网络基础设施建设和科技创新投入力度。鼓励企业和金融机构开展面向网络购物群体的信用销售和消费信贷业务。鼓励第三方电子商务服务平台与有条件的地区建立区域性电子商务平台，支持举办综合性和专业性网络交易会、展览会。

（十一）健全制度体系。认真贯彻实施《商务部关于网上交易的指导意见（暂行）》（2007 年第 19 号公告）、《商务部关于促进电子商务规范发展的意见》（商改发〔2007〕490 号）、《商务部关于加快流通领域电子商务发展的意见》（商商贸发〔2009〕540 号）等规范性文件和《电子商务模式规范》、《网络交易服务规范》等国内贸易行业标准。研究制定网络购物中信息管理、电子合同、交易行为、商品配送、隐私权保护等重要环节的相关管理制度和标准，推进网络购物法制化、标准化进程。加快建立全国统一的信用信息资源共享机制，完善信用监督约束和失信惩戒机制。健全电子商务统计制度，开展网络购物分析评估工作。

（十二）完善工作机制。各地商务主管部门要牵头建立网络购物工作相关部门联系制度，按照职责分工，加强协作配合，落实目标任务，完善政策措施，加强监督指导，研究新情况，解决新问题，推进网络购物健康发展。充分发挥有关中介组织、行业协会的桥梁纽带作用，加强行业自律，完善监督、协调、服务功能。多形式、多渠道加强网络购物宣传引导、知识普及和安全教育，提高企业和消费者网络购物参与意识、风险意识。

2.1.4 商务部：打击侵犯知识产权和制售假冒伪劣商品专项行动网络购物领域实施方案

商商贸发〔2010〕517 号（2010 年 6 月 24 日）

为全面贯彻全国知识产权保护与执法工作电视电话会议精神，落实《国务院办公厅关于印发打击侵犯知识产权和制售假冒伪劣商品专项行动方案的通知》（国办发〔2010〕50 号）和《国务院办公厅关于贯彻落实全国知识产权保护与执法工作电视电话会议精神任务分工的通知》（国办函〔2010〕169 号）要求，根据全国打击侵犯知识产权和制售假冒伪劣商品专项行动领导小组的统一部署，商务部、工业和信息化部、公安部、人民银行、海关总署、工商总局、质检总局、新闻出版总署（版权局）、知识产权局决定于 2010 年 12 月至 2011 年 3 月在全国范围内开展打击网络购物领域侵犯知识产权和制售假冒伪劣商品行动。具体实施方案如下：

一、工作目标和重点

通过开展网络购物领域打击侵犯知识产权和制售假冒伪劣商品行动，查处一批网络购物领域侵犯知识产权和制售假冒伪劣商品的案件，曝光一批违法违规企业；增强网络购物企业诚信守法意识，提高消费者识假辨假能力，形成自觉抵制假冒伪劣商品、重视知识产权保护的社会氛围。

本次行动要坚持标本兼治、突出重点、打防结合、上下联动、分工协作、务求实效。以保护商标权、著作权以及专利权为重点内容，以新闻出版业、日用消费品为重点整治领域；以图书、音像、电器、服装、化妆品、食品、药品、母婴用品等为重点查处产品，坚决遏制和打击网络购物领域侵犯知识产权违法犯罪行为，大力净化网络购物市场环境。

二、工作任务和分工

（一）加强网络购物平台监管。工商部门要求网络交易平台对申请通过平台提供商品或者服务的自然人严格执行实名登记制，确保经营者身份信息真实、准确、可追溯；要求网络交易平台建立内部监管系统，认真处理有关侵犯知识产权和假冒商品的投诉举报，排查可疑商品，一经查实立即删除相关信息直至关闭店铺。对于制售假冒伪劣商品情况严重的网络交易平台和网站，通信管理部门根据《互联网站管理协调工作方案》规定的违法网站查处流程，配合对网站进行停止接入服务和域名解析服务。

（二）加强网络购物交易主体监管。新闻出版（版权）部门加大对网上销售侵犯著作权产品的打击力度，继续开展“剑网行动”。人民银行加强对银行和支付机构的指导，对有违法行为的企业和个人，银行和支付机构依法协助公安机关采取冻结账户、全部或部分停止为其办理结算业务等措施。工商部门要求通过网络从事商品交易及有关服务行为的自然人必须实名登记，符合条件的必须在工商部门登记注册，已经工商部门登记注册并领取营业执照的法人、其他经济组织或个体工商户，通过网络从事商品交易及有关服务行为的，应当在其网站主页面或者从事经营活动的网页醒目位置公开营业执照登载的信息或者其营业执照的电子链接标识。要求网络交易经营者不得侵犯他人商标权、著作权、专利权、企业名称专用权，不得对所经营商品的商标、产地、生产商等作虚假宣传和虚假表示。

（三）建立交易商品准入制度。工商部门要求提供网络交易平台服务的经营者建立商品与服务信息的检查监控制度，要求网络交易平台内的网络商品经营者和网络服务经营者向消费者提供商品或者服务，应当事先向消费者说明商品或者服务的名称、种类、数量、质量、价格、运费、配送方式、支付形式、退换货方式等主要信息，采取安全保障措施确保交易安全可靠，并按照承诺提供商品或者服务。对涉及行政许可类商品和服务的经营，须按有关规定依法取得相应经营批准证书或文件后方可开展经营活动。通信管理部门要根据相关管理规定，依法按程序配合对未履行商品准入制度的购物平台采取关闭整顿等处理措施。网络购物平台和相关企业要建立健全相关管理制度，切实采取技术保障措施，并接受相关部门监管和社会监督。

（四）加大刑事司法打击力度。公安机关对网络购物领域侵犯知识产权和制售假冒伪劣商品犯罪及相关商业贿赂犯罪活动及时立案侦查，重点查办情节严重、影响恶劣的网络购物领域侵犯知识产权犯罪案件。海关、出入境检验检疫部门加大对进出口环节侵犯知识产权及制售假冒伪劣商品的打击力度。要加强行政执法和刑事司法的有效衔接，防止有案不送、以罚代刑，坚决依法追究侵犯知识产权犯罪分子的刑事责任。知识产权、工商、新闻出版（版权）、商务等部门在行政执法过程中，对符合刑事立案追诉标准、涉嫌犯罪的，要及时移送公安机关；对现场查获、行为人可能逃匿或销毁证据的涉嫌犯罪案件，要立即商请公安机关提前介入调查。公安机关要对行政执法部门移送的涉嫌犯罪案件或线索及时审查，对涉嫌犯罪的及时依法立案侦查。有关部门要主动支持配合检察机关履行审查批捕、审查起诉、诉讼监督和立案监督职责；支持配合法院做好侵犯知识产权和制售假冒伪劣商品案件的审理工作。

（五）加强消费引导。有关部门要大力倡导品牌消费、绿色环保、健康安全的消费理念，把保护知识产权与消费者维权相结合，引导消费者牢固树立尊重知识产权和创造发明的思想观念，自觉保护知识产权，抵制侵权商品。

（六）加强知识产权保护宣传。有关部门要大力宣传加强网络购物领域知识产权保护的意义、措施和成效，及时报道专项行动的进展和成果。全面宣传网络购物领域知识产权事业取得的成绩，报道尊重知识产权、重视创新、自觉守法的典型，加强正面宣传，营造保护知识产权、自觉抵制侵犯知识产权和制售假冒伪劣商品的良好社会氛围。引导企业履行社会责任，大力推动诚信体系建设。加强舆情分析研判，针对社会关注的网络购物领域制售假冒伪劣商品等热点问题，主动组织电子商务知名企业开展“诚信上网、规范经营”倡议活动，组织新闻发布、访谈报道，及时解疑释惑，回应社会关切，增强舆论引导的针对性、实效性。

（七）建立网络购物知识产权保护长效机制。结合此次行动，有关部门要认真研究网络购物立法工作，完善相关标准体系，明确网络购物参与方责任义务，推进网络购物健康规范发展，从根本上建立网络购物知识产权保护和促进消费的长效机制。相关行业协会和企业要加强行业自律，健全知识产权保护和商品（服务）先行赔付制度，提高网络购物诚信水平，营造网络购物良好的市场环境。

三、工作要求

（一）加强组织领导。在全国打击侵犯知识产权和制售假冒伪劣商品专项行动领导小组领导下，商务部、工业和信息化部、公安部、人民银行、海关总署、工商总局、质检总局、新闻出版总署（版权局）、知识产权局有关司局共同组织全国开展网络购物领域打击侵犯知识产权和制售假冒伪劣商品行动。各省级商务、通信、公安、人民银行、海关、工商、质检、新闻出版（版权）、知识产权主管部门要高度重视，在当地打击侵犯知识产权和制售假冒伪劣商品专项行动领导小组领导下，积极开展网络购物领域打击侵犯知识产权和制售假冒伪劣商品行动，相关协调工作由各地商务主管部门负责。

（二）加强工作配合。各省级商务、通信、公安、人民银行、海关、工商、质检、新闻出版（版权）、知识产权主管部门要密切配合，形成合力，将本次行动与日常开展的保护知识产权工作相衔接，确保打击侵犯知识产权和制售假冒伪劣商品专项行动取得实效。

（三）加强督导检查。各地要切实落实实施方案的各项任务，加大执法力度、提高执法的严肃性和有效性。商务部、工业和信息化部、公安部、人民银行、海关总署、工商总局、质检总局、新闻出版总署（版权局）、知识产权局将组成联合检查组，适时对本次行动进行督导检查。地方各级商务、通信、公安、海关、工商、质检、新闻出版（版权）、知识产权主管部门要将整治工作进展情况、阶段性效果以及案件查处情况及时上报。

（四）加强社会监督。发挥“12330”知识产权维权援助与举报投诉电话、“12312”商务举报投诉电话、“12315”消费者投诉举报电话、“12390”侵权盗版举报电话、“12365”产品质量投诉举报电话等举报电话以及互联网不良与垃圾信息举报受理中心的作用，提供快速、便捷的举报、投诉、申诉和咨询渠道，及时发现违法犯罪行为线索。

四、时间安排

根据全国打击侵犯知识产权和制售假冒伪劣商品专项行动领导小组的统一安排，网络购物领域打击侵犯知识产权和制售假冒伪劣商品行动分三个阶段进行：

（一）动员部署阶段（2010 年 12 月）。有关部门按照本通知要求，全面动员部署。

（二）组织实施阶段（2011 年 1 月—2011 年 2 月）。各地、各有关部门按照本实施方案组织开展行动。商务部、工业和信息化部、公安部、人民银行、海关总署、工商总局、质检总局、新闻出版总署（版权局）、知识产权局组成联合检查组对开展情况进行重点检查，各省（区、市）对本地区工作情况进行抽查。

（三）总结验收阶段（2011 年 3 月）。各地区、各有关部门对专项行动进行总结。商务部、工业和信息化部、公安部、人民银行、海关总署、工商总局、质检总局、新闻出版总署（版权局）、知识产权局等有关部门开展督察，将表现突出的地方和部门上报全国打击侵犯知识产权和制售假冒伪劣商品专项行动领导小组，适时给予通报表彰和适当奖励，并将有关情况汇总上报国务院。

2.2 2011 年专文

2.2.1 国家发展改革委等：关于开展国家电子商务示范城市创建工作的指导意见

发改高技〔2011〕463 号（2011 年 3 月 7 日）

各省、自治区、直辖市及计划单列市、副省级省会城市发展改革委、商务主管部门、人民银行分支机构、国家税务局、地方税务局、工商局（市场监督管理局）：

国务院办公厅《关于加快电子商务发展的若干意见》（国办发〔2005〕2 号）发布后，我国电子商务快速发展，在增强经济发展活力、提高资源配置效率、促进中小企业发展和带动就业等方面发挥了重要作用。为进一步促进电子商务健康快速发展，充分发挥电子商务在经济和社会发展中的战略性作用，国家发展改革委、商务部、人民银行、国家税务总局、国家工商总局决定联合开展“国家电子商务示范城市”创建活动。现就相关工作提出如下意见：

一、深刻认识创建电子商务示范城市的重要意义

（一）创建国家电子商务示范城市是增强城市竞争优势的新选择

创建电子商务示范城市有利于促进区域电子商务的快速发展，加大服务业比重，优化产业结构；

有利于突破城市的地理空间和自然资源限制，提高经济影响力和辐射力，增强在全球经济格局中的竞争优势；有利于降低物质资源和能源的消耗，减少环境污染，发展绿色经济；有利于方便百姓生活、改善民生、提高政府管理和服务能力。

（二）创建国家电子商务示范城市是促进战略性新兴产业发展的新举措

创建电子商务示范城市将加快推进资源整合，深化“三网融合”、“两化融合”等试点工作，促进第三代移动通信网络、物联网、云计算、移动互联网、下一代互联网等高新技术的应用；进一步改善电子商务发展环境，壮大电子商务服务业，形成新的经济增长点；有效支撑节能环保、高端制造等战略性新兴产业充分利用“两个市场、两种资源”创新发展，占据国际竞争中的有利地位，掌握发展主动权。

（三）创建国家电子商务示范城市是推进现代市场体系现代化建设的新抓手

创建电子商务示范城市是加速传统商贸服务业转型升级的重要举措，通过鼓励商贸业态和模式的不断创新，加快内贸和外贸的融合联动，促进制造业和服务业的有机结合，助推货物贸易与服务贸易的同步发展，带动形成现代物流业，推动贸易发展方式转变。通过推动全国统一市场的建立和完善，促进商品和各种要素的流动，消除妨碍公平竞争的制约因素，降低交易成本，更好地实现市场对资源的基础性配置作用，整体提高国民经济运行质量和效率。

（四）创建国家电子商务示范城市是促进电子商务健康快速发展的新途径

当前，我国电子商务发展既存在前所未有的重大机遇，也面临规范引导的严峻挑战。城市作为经济社会发展相对发达的行政区域，是各类新兴产业的集聚地，也是电子商务发展的核心地区。开展电子商务示范城市创建工作，将为解决当前制约电子商务发展的关键问题提供实践依据。同时，也可以更好地发挥电子商务的辐射带动作用，在局部取得突破性进展的基础上，开创我国电子商务发展的新局面。

二、指导思想和基本原则

（一）指导思想

以科学发展观为指导，围绕促进电子商务健康快速发展这一核心目标，充分发挥中央和地方的两个积极性，通过创建国家电子商务示范城市，着力解决电子商务发展中的突出矛盾和问题，努力营造电子商务发展良好环境，切实推动电子商务在重点区域和特色领域的创新应用，推广典型经验，形成示范效应，带动电子商务的健康快速发展，促进经济和社会又好又快发展。

（二）基本原则

1．因地制宜、突出特色。结合城市自身的经济结构和人文环境等特点，探索适合的电子商务发展道路，形成各具特色的电子商务应用与服务模式。

2．重点突破、以点带面。集中力量，下大力气解决电子商务发展中的突出矛盾和问题，务求实效；总结经验，不断提炼提升试点成果，形成示范推广机制。

3．统筹资源、协同推进。建立有关部门统筹规划政策环境、支撑体系和公共设施建设的电子商务协调管理机制，充分调动政府、行业、企业等各方积极性，形成共同推进电子商务健康发展的合力。

4．鼓励创新、加强规范。鼓励电子商务的创新发展，不断探索解决新业态、新模式发展带来的新秩序、新规范问题，使电子商务的规制和政策环境适应不断创新发展的需要。

三、总体目标和主要任务

（一）总体目标

创建一批具有典型带动作用的国家电子商务示范城市，推动电子商务的规制与政策在局部地区取得突破性进展；网上信用、电子认证、在线支付和物流配送等支撑体系及相关基础设施基本满足电子商务的发展需求；电子商务在拓展国际国内两个市场、促进经济发展方式转变、方便百姓生活、改善民生、提高政府管理与服务能力等方面取得明显成效。

（二）主要任务

1．完善电子商务政策环境

根据电子商务发展的实际情况与需求，研究制定符合地方特点、有利于电子商务健康发展的法规制度和政策，先行先试为国家制定和完善相关法规政策提供实践基础。积极推进网络消费者权益保护、网络个人隐私和企业商业秘密保护、网络信用评价等方面的制度建设。鼓励开展电子商务交易主体、交易客体及交易行为等方面的标准规范试用与推广，探索建立电子凭证应用的基础与环境。研究制定各类优惠政策，鼓励中小企业、农民专业合作组织、农村居民和残障人士的电子商务应用，扶持电子商务服务企业发展，改善电子商务支撑环境和基础设施条件。建立城市电子商务统计制度。

2．健全电子商务支撑体系

整合利用各种资源，建立适应城市电子商务发展需要的支撑服务体系。大力推进数字证书在电子商务全过程及各环节的深化应用，探索电子认证服务机制和认证模式，突破电子认证应用推广难点。规范发展网上银行、网上支付平台等在线支付资源，满足电子商务对在线支付服务通用、安全、便捷的要求。针对城市特点，优化物流配送布局，发展与电子认证、网络交易、在线支付协同运作的物流配送服务。鼓励电子商务服务企业建立交易诚信档案，加快诚信信息共享机制的形成；发展在线信用服务，逐步改善电子商务的信用环境。

3．加强电子商务基础设施和交易保障设施建设

统筹规划城市电子商务基础设施建设，在示范城市率先实现通信、物流等基础设施与电子商务公共信息服务平台、网络交易保障服务平台等应用基础设施的同步推进、协调发展。示范城市要积极推动宽带接入，加快实施三网融合，促进信息网络向宽带移动、融合泛在、安全可靠方向发展；大力发展现代物流，支持物流、仓储设施的现代化，搭建面向物流中小企业的公共信息服务平台，为电子商务提供坚实的基础支撑。要着力推进电子商务交易保障基础设施的建设，实现对电子商务交易主体、交易客体以及交易行为真实性的在线监测，探索有效的建设、管理模式，实现交易保障服务的可持续发展。

4．积极培育电子商务服务

示范城市要把吸引和培育机制强、业务精、守诚信的电子商务服务企业，构建和完善电子商务公共服务体系放在重要位置。大力支持第三方电子商务交易与服务平台的建设，协调解决网络交易与电子认证、在线支付、物流配送等环节的集成应用问题，发展集交易、电子认证、在线支付、物流配送、代理报关、结汇、检验检疫和信用评价于一体的全程电子商务服务。发挥行业组织等社会中介机构在规范电子商务行为和市场秩序中的作用，形成适于网络交易的行业自律和权益保障机制，培育电子商务纠纷处理、争议调解、法律咨询、技术研究、成果转化等公共服务。

5．深化电子商务应用

示范城市应采取有效措施，开拓电子商务应用领域，提高政府、企业和居民的电子商务应用水平，满足不断增长的应用需求。继续支持大型骨干企业以供应链协同为重点发展电子商务，积极引导中小企业利用第三方电子商务服务平台拓展国内外市场并进行在线销售、采购等生产经营活动，加快推动政府采购电子商务平台建设，努力发展移动电子商务、动漫游戏等互联网产业，大力培育远程维护、数据托管等技术服务，积极推进医药卫生、文化旅游等领域的信息化建设，不断拓展和深化电子商务应用领域。组织开展形式多样的电子商务知识宣传和普及活动，支持开发方便老年和残障人士利用电子商务的软硬件产品，鼓励大专院校毕业生通过电子商务创业、就业，促进电子商务普及应用，在改善民生中发挥更大作用。

四、组织实施

（一）建立协调机制

国家发展改革委、商务部、人民银行、国家税务总局、国家工商总局等部门建立国家电子商务示范城市创建工作的协调机制，制定示范城市创建工作规划，研究提出相关政策，督促检查工作落实情况，协调解决创建中的矛盾、问题。同时，及时总结和推广示范城市创建工作经验，进而推动电子商务规制和政策环境的建立、完善。

（二）加强引导支持

国家发展改革委、商务部、人民银行、国家税务总局、国家工商总局等部门对示范城市创建中的应用基础设施、公共服务平台、支撑体系建设，以及专业市场电子商务应用、中小企业电子商务应用、专业化电子商务服务平台等建设将给予政策支持。对认真开展创建工作，示范效应突出的城市授予“国家电子商务示范城市”称号。各有关部门可充分利用电子商务示范城市创建工作形成的有利条件，在促进产业发展、规范行业管理等方面开展试点示范工作。

（三）落实组织保障

示范城市人民政府要设立创建电子商务示范城市工作领导小组，明确示范城市工作的主管领导和牵头部门，负责协调、决策示范城市创建工作中的重大事项。建立部门间协调推进的工作机制和各部门的考核机制，将示范城市工作纳入相关部门年度工作目标考核体系，充分调动相关部门的积极性和创造性，协调推进示范城市工作。

（四）认真组织实施

示范城市要结合地方电子商务发展状况，根据城市发展定位和经济社会发展需要，制定切实可行的电子商务示范城市创建工作方案。方案应重点部署电子商务政策环境、支撑体系及基础设施的建设，强化电子商务应用与服务，明确保障措施和落实机制，充分调动政府及社会资源。

（五）不断总结提高

建立创建工作定期交流研讨的制度，加强创建工作重大问题研究，为示范城市创建工作提供指导。开展创建工作阶段性成果评估，及时发现和解决问题。定期进行工作总结，大力宣传和推广典型经验，提高创建工作的成效。

电子商务示范城市创建工作将根据实际发展需要分批组织实施，具体工作安排将另行通知。

国家发展改革委
商务部
中国人民银行
国家税务总局
国家工商行政管理总局
二○一一年三月七日

2.2.2　商务部：第三方电子商务交易平台服务规范

公告 2011 年第 18 号（2011 年 4 月 12 日）

前　言

本规范的全部技术内容为推荐性。

本规范的制定是根据国家相关法律法规，参照中华人民共和国《互联网信息服务管理办法》（国务院令 2000 年第 292 号）、商务部《关于网上交易的指导意见（暂行）》（商务部公告 2007 年第 19

号）和国家工商行政管理总局《网络商品交易及有关服务行为管理暂行办法》（国家工商行政管理总局令 2010 年第 49 号）的规定，并总结电子商务实际运作经验制定的。

本规范由中华人民共和国商务部提出。

引　言

电子商务服务业是以信息技术应用和经济发展需求为基础，对社会全局和可持续发展具有重要引领带动作用的新兴产业。中国电子商务正处在高速发展时期。加强电子商务标准化建设，对于促进经济增长方式的转变，推动经济社会又好又快发展具有重要意义。

第三方电子商务交易平台在电子商务服务业发展中具有举足轻重的作用。第三方电子商务交易平台不仅沟通了买卖双方的网上交易渠道，大幅度降低了交易成本，也开辟了电子商务服务业的一个新的领域。加强第三方电子商务交易平台的服务规范，对于维护电子商务交易秩序，促进电子商务健康快速发展，具有非常重要的作用。

为规范第三方电子商务交易平台的经营活动，保护企业和消费者合法权益，营造公平、诚信的交易环境，保障交易安全，促进电子商务的快速发展，依据中华人民共和国有关法律法规和相关政策文件制定本规范。

1．范围

本规范规定了在中华人民共和国境内从事第三方电子商务交易平台服务和经营活动的行为规范，但法律法规另有规定的除外。

商务部负责对本规范的解释。

2．规范性引用文件

本规范起草过程中参考了下述文件：

（1）中华人民共和国《互联网信息服务管理办法》（国务院令 2000 年第 292 号）；

（2）商务部《关于网上交易的指导意见（暂行）》（商务部公告 2007 年第 19 号）；

（3）国家工商行政管理总局《网络商品交易及有关服务行为管理暂行办法》（国家工商行政管理总局令 2010 年第 49 号）；

（4）国家标准《电子商务模式规范》（SB/T10518—2009）；

（5）国家标准《网络交易服务规范》（SB/T10519—2009）；

（6）国家标准《大宗商品电子交易规范》（GB/T18769—2003）；

（7）国家标准《第三方电子商务服务平台服务及其等级划分规范 B2B/B2C 电子商务服务平台》（GB/T24661.2—2009）；

（8）公安部、国家保密局、国家密码管理局、国务院信息化工作办公室《信息安全等级保护管理办法》（公通字〔2007〕43 号）。

相对于上述文件，本规范突出表现出两方面的特点：

（1）规制的重点不同。本规范专注于对主体的管理，规制交易主体之间的关系，并从法律角度提出规范的条款。

（2）写作的方法不同。本规范没有对第三方交易平台的所有行为进行详细的规定，这主要是因为现有文件已经对电子商务交易活动作了详细的、静态的规定。本规范主要关注现有文件和标准没有顾及的交易主体之间关系的调整，并把这种调整看作一种动态的、系统的活动。

3．术语和定义

3.1　电子商务

本规范所指的电子商务，系指交易当事人或参与人利用现代信息技术和计算机网络（包括互联网、移动网络和其他信息网络）所进行的各类商业活动，包括货物交易、服务交易和知识产权交易。

3.2 第三方电子商务交易平台

第三方电子商务交易平台（以下简称第三方交易平台）是指在电子商务活动中为交易双方或多方提供交易撮合及相关服务的信息网络系统总和。

3.3 平台经营者

第三方交易平台经营者（以下简称平台经营者）是指在工商行政管理部门登记注册并领取营业执照，从事第三方交易平台运营并为交易双方提供服务的自然人、法人和其他组织。

3.4 站内经营者

第三方交易平台站内经营者（以下简称站内经营者）是指在电子商务交易平台上从事交易及有关服务活动的自然人、法人和其他组织。

4．基本原则

4.1 公正、公平、公开原则

平台经营者在制定、修改业务规则和处理争议时应当遵守公正、公平、公开原则。

4.2 业务隔离原则

平台经营者若同时在平台上从事站内经营业务的，应当将平台服务与站内经营业务分开，并在自己的第三方交易平台上予以公示。

4.3 鼓励与促进原则

鼓励依法设立和经营第三方交易平台，鼓励构建有利于平台发展的技术支撑体系。

鼓励平台经营者、行业协会和相关组织探索电子商务信用评价体系、交易安全制度，以及便捷的小额争议解决机制，保障交易的公平与安全。

5．第三方交易平台的设立与基本行为规范

5.1 设立条件

第三方电子商务交易平台的设立应当符合下列条件：

（1）有与从事的业务和规模相适应的硬件设施；

（2）有保障交易正常运营的计算机信息系统和安全环境；

（3）有与交易平台经营规模相适应的管理人员、技术人员和客户服务人员；

（4）符合《中华人民共和国电信条例》《互联网信息服务管理办法》、《网络商品交易及有关服务行为管理暂行办法》、《电子认证服务管理办法》等法律、法规和规章规定的其他条件。

5.2 市场准入和行政许可

平台经营者应当依法办理工商登记注册；涉及行政许可的，应当取得主管部门的行政许可。

5.3 平台经营者信息公示

平台经营者应当在其网站主页面或者从事经营活动的网页显著位置公示以下信息：

（1）营业执照、组织机构代码证、税务登记证以及各类经营许可证；

（2）互联网信息服务许可登记或经备案的电子验证标识；

（3）经营地址、邮政编码、电话号码、电子信箱等联系信息及法律文书送达地址；

（4）监管部门或消费者投诉机构的联系方式；

（5）法律、法规规定其他应披露的信息。

5.4 交易平台设施及运行环境维护

平台经营者应当保障交易平台内各类软硬件设施的正常运行，维护消防、卫生和安保等设施处于正常状态。

平台经营者应按照国家信息安全等级保护制度的有关规定和要求建设、运行、维护网上交易平台系统和辅助服务系统，落实互联网安全保护技术措施，依法实时监控交易系统运行状况，维护平台交易系统正常运行，及时处理网络安全事故。

日交易额 1 亿元人民币以上（含 1 亿元）的第三方电子商务交易平台应当设置异地灾难备份系统，建立灾难恢复体系和应急预案。

5.5 数据存储与查询

平台经营者应当妥善保存在平台上发布的交易及服务的全部信息，采取相应的技术手段保证上述资料的完整性、准确性和安全性。站内经营者和交易相对人的身份信息的保存时间自其最后一次登录之日起不少于两年，交易信息保存时间自发生之日起不少于两年。

站内经营者有权在保存期限内自助查询、下载或打印自己的交易信息。

鼓励第三方交易平台通过独立的数据服务机构对其信息进行异地备份及提供对外查询、下载或打印服务。

5.6 制定和实施平台交易管理制度

平台经营者应提供规范化的网上交易服务，建立和完善各项规章制度，包括但不限于下列制度：

（1）用户注册制度；

（2）平台交易规则；

（3）信息披露与审核制度；

（4）隐私权与商业秘密保护制度；

（5）消费者权益保护制度；

（6）广告发布审核制度；

（7）交易安全保障与数据备份制度；

（8）争议解决机制；

（9）不良信息及垃圾邮件举报处理机制；

（10）法律、法规规定的其他制度。

平台经营者应定期在本平台内组织检查网上交易管理制度的实施情况，并根据检查结果及时采取改善措施。

5.7 用户协议

平台经营者的用户协议及其修改应至少提前 30 日公示，涉及消费者权益的，应当抄送当地消费者权益保护机构。

用户协议应当包括但不限于以下内容：

（1）用户注册条件；

（2）交易规则；

（3）隐私及商业秘密的保护；

（4）用户协议的修改程序；

（5）争议解决方式；

（6）受我国法律管辖的约定及具体管辖地；

（7）有关责任条款。

平台经营者应采用技术等手段引导用户完整阅读用户协议，合理提示交易风险、责任限制和责任免除条款，但不得免除自身责任，加重用户义务，排除用户的法定权利。

5.8 交易规则

平台经营者应制定并公布交易规则。交易规则的修改应当至少提前 30 日予以公示。用户不接受修改的，可以在修改公告之日起 60 日内书面通知退出。平台经营者应当按照原交易规则妥善处理用户退出事宜。

5.9　终止经营

第三方交易平台歇业或者其他自身原因终止经营的，应当提前一个月通知站内经营者，并与站内经营者结清财务及相关手续。

涉及行政许可的第三方交易平台终止营业的，平台经营者应当提前一个月向行政主管部门报告；并通过合同或其他方式，确保在合理期限内继续提供对消费者的售后服务。

5.10　平台交易情况的统计

平台经营者应当做好市场交易统计工作，填报统计报表，定期向有关行政主管部门报送。

6．平台经营者对站内经营者的管理与引导

6.1　站内经营者注册

（1）通过第三方交易平台从事商品交易及有关服务行为的自然人，需要向平台经营者提出申请，提交身份证明文件或营业执照、经营地址及联系方式等必要信息。

（2）通过第三方交易平台从事商品交易及有关服务行为的法人和其他组织，需要向平台经营者提出申请，提交营业执照或其他获准经营的证明文件、经营地址及联系方式等必要信息。

（3）第三方电子商务交易平台应当核验站内经营者的营业执照、税务登记证和各类经营许可证。第三方电子商务交易平台对外是否显示站内经营者真实名称和姓名由平台经营者和站内经营者协商确定。

（4）平台经营者应当每年定期对实名注册的站内经营者的注册信息进行验证，对无法验证的站内经营者应予以注明。

（5）平台经营者应当加强提示，督促站内经营者履行有关法律规定和市场管理制度，增强诚信服务、文明经商的服务意识，倡导良好的经营作风和商业道德。

6.2　进场经营合同的规范指导

平台经营者在与站内经营者订立进场经营合同时，应当依法约定双方规范经营的有关权利义务、违约责任以及纠纷解决方式。该合同应当包含下列必备条款：

（1）平台经营者与站内经营者在网络商品交易及有关服务行为中不得损害国家利益和公众利益，不得损害消费者的合法权益。

（2）站内经营者必须遵守诚实守信的基本原则，严格自律，维护国家利益，承担社会责任，公平、公正、健康有序地开展网上交易，不得利用网上交易从事违法犯罪活动。

（3）站内经营者应当注意监督用户发布的信息，依法删除违反国家规定的信息，防范和减少垃圾邮件。

（4）站内经营者应当建立市场交易纠纷调解处理的有关制度，并在提供服务网店的显著位置公布纠纷处理机构及联系方式。

6.3　站内经营者行为规范

平台经营者应当通过合同或其他方式要求站内经营者遵守以下规范，督促站内经营者建立和实行各类商品信誉制度，方便消费者监督和投诉：

（1）站内经营者应合法经营，不得销售不符合国家标准或有毒有害的商品。对涉及违法经营的可以暂停或终止其交易。

（2）对涉及违法经营或侵犯消费者权益的站内经营者可以按照事先公布的程序在平台上进行公示。

（3）站内经营者应就在停止经营或撤柜前 3 个月告知平台经营者，并配合平台经营者处理好涉及消费者或第三方的事务。

（4）站内经营者应主动配合平台经营者就消费者投诉所进行的调查和协调。

6.4　对交易信息的管理

平台经营者应对其平台上的交易信息进行合理谨慎的管理：

（1）在平台上从事经营活动的，应当公布所经营产品的名称、生产者等信息；涉及第三方许可的，还应公布许可证书、认证证书等信息。

（2）网页上显示的商品信息必须真实。对实物（有形）商品，应当从多角度多方位予以展现，不可对商品的颜色、大小、比例等做歪曲或错误的显示；对于存在瑕疵的商品应当给予充分的说明并通过图片显示。发现站内经营者发布违反法律、法规广告的，应及时采取措施制止，必要时可以停止对其提供网上交易平台服务。

（3）投诉人提供的证据能够证明站内经营者有侵权行为或发布违法信息的，平台经营者应对有关责任人予以警告，停止侵权行为，删除有害信息，并可依照投诉人的请求提供被投诉人注册的身份信息及联系方式。

（4）平台经营者应承担合理谨慎信息审查义务，对明显的侵权或违法信息，依法及时予以删除，并对站内经营者予以警告。

6.5　交易秩序维护

平台经营者应当采取合理措施，保证网上交易平台的正常运行，提供安全可靠的交易环境和公平、公正、公开的交易服务，维护交易秩序，建立并完善网上交易的信用评价体系和交易风险警示机制。

平台经营者应当合理提示用户关注交易风险，在执行用户的交易支付指令前，应当要求用户对交易明细进行确认；从事网上支付服务的经营者，在执行支付指令前，也应当要求付款人进行确认。

鼓励平台经营者设立冷静期制度，允许消费者在冷静期内无理由取消订单。

鼓励网络第三方交易平台和平台经营者向消费者提供“卖家保证金”服务。保证金用于消费者的交易损失赔付。保证金的金额、使用方式应事先向当地工商行政主管部门备案并公示。

6.6　交易错误

平台经营者应当调查核实个人用户小额交易中出现操作错误投诉，并帮助用户取消交易，但因具体情况无法撤销的除外。

6.7　货物退换

平台经营者应当通过合同或其他方式要求站内经营者依照国家有关规定，实施商品售后服务和退换货制度，对于违反商品售后服务和退换货制度规定的站内经营者，平台经营者应当受理消费者的投诉，并可依照合同追究其违约责任。

6.8　知识产权保护

平台经营者应当建立适当的工作机制，依法保护知识产权。对于权利人附有证据并通知具体地址的侵权页面、文件或链接，平台经营者应通知被投诉人，同时采取必要措施保护权利人合法权益。法律法规另有规定的除外。

平台经营者应通过合同或其他方式要求站内经营者遵守《商标法》、《反不正当竞争法》、《企业名称登记管理规定》等法律、法规、规章的规定，不得侵犯他人的注册商标专用权、企业名称权等权利。

6.9　禁止行为

第三方交易平台同时利用自有平台进行网上商品（服务）交易的，不得相互串通，利用自身便利操纵市场价格，扰乱市场秩序，损害其他经营者或者消费者的合法权益。

7．平台经营者对消费者的合理保护

未经用户同意，平台经营者不得向任何第三方披露或转让用户名单、交易记录等数据，但法律法规另有规定的除外。

平台经营者应督促站内交易经营者出具购货凭证、服务单据及相关凭证。

消费者在网络交易平台购买商品或者接受服务，发生消费纠纷或者其合法权益受到损害的，平台经营者应当向消费者提供站内经营者的真实的网站登记信息，积极协助消费者维护自身合法权益。

8．平台经营者与相关服务提供者的协调

8.1　电子签名

鼓励依照《中华人民共和国电子签名法》的规定订立合同。标的金额高于 5 万元人民币的网上交易，第三方交易平台应提示交易双方使用电子签名。

8.2　电子支付

第三方电子商务交易平台采用的电子支付应当由银行或具备合法资质的非金融支付机构提供。

8.3　广告发布

平台经营者对平台内被投诉的广告信息，应当依据广告法律规定进行删除或转交广告行政主管机构处理。

第三方交易平台应约束站内经营者不得发布虚假的广告信息，不得发送垃圾邮件。

对于国家明令禁止交易的商品或服务，提供搜索服务的第三方交易平台在搜索结果展示页面应对其名称予以屏蔽或限制访问。

9．监督管理

9.1　行业自律

鼓励第三方平台经营者依照本规范进行行业自律，支持有关行业组织对平台经营者的服务进行监督和协调。

鼓励行业协会设立消费警示制度，监督和约束有不良行为的平台经营者。

鼓励平台经营者成立行业自律组织，制定行规和行约，建立网上交易诚信体系，加强自律，推动网上交易的发展。

9.2　投诉管理

消费者协会和相关组织通过在线投诉机制受理的网上交易争议投诉，平台经营者应及时配合处理与反馈。

对于不良用户，平台经营者可以根据事先公示的程序和规则对站内经营者的市场准入进行限制。

9.3　政府监管

各级商务主管部门应当建立网上交易服务规范的监管责任制度和责任追究制度，依法对平台经营者及站内经营者的交易行为进行监督。

2.2.3　商务部：关于“电子商务示范企业名单”的公告

2011 年第 50 号（2011 年 8 月 10 日）

根据《商务部关于开展电子商务示范工作的通知》（商商贸发〔2010〕428 号）的要求，按照公平、公开、公正的原则，通过组织申报、专家评审、公示等流程，现确定凡客诚品（北京）科技有限公司等 83 家企业（见附件）为商务部电子商务示范企业。

商务部将组织各地商务主管部门加强对示范企业的跟踪和研究，不断总结推广经验，加大政策扶持力度，加强电子商务相关法规、标准、统计等体系建设，夯实电子商务发展基础，切实发挥电子商务示范企业的示范引导作用。同时，指导示范企业提高经营管理和服务水平，推进模式创新、产品创新、技术创新和制度创新，加大品牌培育力度，带动关联企业协同发展，不断降低经营成本，带动就业和创业，促进发展方式转变，引领中国电子商务快速、健康、和谐发展。

附件：电子商务示范企业名单

商务部

二〇一一年八月十日

附件：电子商务示范企业名单（共83家）

北京市

凡客诚品（北京）科技有限公司	VANCL 凡客诚品 www.vancl.com
北京京东世纪贸易有限公司	京东商城 www.360buy.com
北京当当网信息技术有限公司	当当网 www.dangdang.com
北京世纪卓越信息技术有限公司	卓越亚马逊 www.joyo.cn
北京红孩子互联科技有限公司	红孩子商城 www.redbaby.com.cn
北京乐友达康科技有限公司	乐友母婴用品网 www.leyou.com
艺龙网信息技术（北京）有限公司	艺龙旅行网 www.elong.com
北京慧聪国际资讯有限公司	慧聪网 www.hc360.com
北京敦煌禾光信息技术有限公司	敦煌网 seller.dhgate.com
中粮创新食品（北京）有限公司	中粮我买网 www.womai.com
北京京卫元华医药科技有限公司	药房网 www.yaofang.com
北京王府井百货（集团）股份有限公司	王府井百货集团网上商城连锁 www.goonow.com
北京金象在线网络科技有限公司	金象网 www.jxdyf.com
北京千纸鹤电子技术发展有限公司	千纸鹤 www.qianzhihe.com.cn

天津市

环渤海金岸（天津）集团股份有限公司	环渤海宜家网 www.hbhyj.com

河北省

河北玛世电子商务有限责任公司	中国搜丝网 www.sosw.net
石家庄商商网络有限公司	北国如意购物网 www.ruyigou.com

内蒙古自治区

通辽市草原旭日食品有限责任公司	草原旭日 www.cyxr.com
内蒙古宇航人高技术产业有限责任公司	宇航人集团 www.yuhangren.com
呼伦贝尔市友谊有限责任公司	呼伦贝尔市友谊集团 www.nmyouyi.com

辽宁省

沈阳金道网络科技有限公司	中国物流联合网 www.un56.com
大连大商集团有限公司	大商网 www.66buy.cn

吉林省

长春市购够乐科技有限公司	长春网上购物 www.gogole.com

黑龙江省

齐齐哈尔市绿都商贸有限公司绿都电子商务科技分公司	中国农贸交易网 www.china-nmjy.com
大庆易万贝科技有限公司	大庆易万贝百货大楼 www.10000bei.com
哈尔滨中央红集团股份有限公司	哈尔滨中央商城 www.zysc.com
黑龙江省鑫雨农民购销信息专业合作社	农民购销网 www.nmgx.cn

上海市

东方钢铁电子商务有限公司	东方钢铁 www.bsteel.com
上海陆上货运交易中心有限公司	中国物流交易中心 www.56135.com
上海钢联电子商务股份有限公司	我的钢铁网 www.mysteel.com
新蛋贸易（中国）有限公司	中国新蛋网 www.newegg.com.cn
上海携程商务有限公司	携程旅行网 www.ctrip.com
上海东方希杰商务有限公司	东方 CJ 家庭购物 www.ocj.com.cn
百联电子商务有限公司	百联 E 城 www.blemall.com
上海农产品中心批发市场经营管理有限公司	上海农产品中心批发市场 www.shncp.com

江苏省

苏宁电器股份有限公司	苏宁易购 www.suning.cn
焦点科技股份有限公司	中国制造网 cn.made-in-china.com
宏图三胞高科技有限公司	宏图三胞网上商城 www.pcarm.com
好享购物有限公司	好享购物 www.hao24.cn
江苏仕德伟网络科技股份有限公司	5R 网 www.5rchina.com
苏州同程旅游网络科技有限公司	同程网 www.17u.com

浙江省

浙江淘宝网络有限公司	淘宝商城 www.tmall.com
浙江网盛生意宝股份有限公司	中国化工网 www.chemnet.com.cn
义乌市中饰网络科技有限公司	中国饰品网 www.jewelchina.com
浙江人可工贸有限公司	买特网 www.360mart.com
浙江绿森数码科技有限公司	绿森数码商城 www.lusen.cn
浙江搜富网络技术有限公司	中国食品产业网 www.foodqs.cn
杭州祐康电子商务网络有限公司	杭州网上购物网 www.96188.com
浙江珍诚医药在线股份有限公司	珍诚医药在线 www.zc511.com

安徽省

家家购物股份有限公司	家家猫 www.jiajiamall.com
安徽易商数码科技有限公司	易商数码 www.ahtech.cn

福建省

安溪中国茶都集团有限公司	茶多网 www.chaduo.com
福建省讯网网络科技有限公司	环球鞋网 www.shoes.net.cn
厦门万翔网络商务有限公司	万翔商城 www.anport-e.com
厦门七匹狼服装营销有限公司	七匹狼官方网站 www.septwolves.com

山东省

山东省商业集团有限公司	银座 www.yinzuo100.com
山东省家家悦集团有限公司	供应宝 www.gybao.com
利群集团青岛电子商务有限公司	利群网上商城 www.liqunshop.com

（续表）

青岛维客集团电子商务分公司	点点网 www.weeklydd.com
海尔集团电子商务有限公司	海尔商城 www.ehaier.com

湖北省

武汉中百集团股份有限公司	中百网 www.zon100.com
安琪酵母股份有限公司	安琪 www.angelyeast.com

湖南省

快乐购物有限责任公司	快乐购 www.happigo.com
鹰皇商务科技有限公司	1872 高尔夫俱乐部 www.1872.net
湖南本地易购网络科技有限公司	本地易购 www.bendiyigou.cn
长沙钢为网络科技有限公司	中国钢铁现货网 www.gtxh.com

广东省

环球市场集团（广州龙媒计算机科技有限公司）	环球市场 www.globalmarket.com
中国南方航空股份有限公司	中国南方航空 www.csair.com
广东新环球汽车用品有限公司	汽车用品网 www.car2100.com
广东盛世商潮投资有限公司	易批发 www.e-pifa.com
广州市广百股份有限公司	广百商城 www.igrandbuy.com

海南省

中国国旅（海南）国际旅行社有限公司	E 假海南旅行网 www.ethainan.com

重庆市

重庆龙文实业（集团）有限公司	龙文钢材网 www.cqlw.com
重庆易易商电子商务有限公司	全球制造网 www.easyeb.com
重庆奇易网络信息咨询服务有限公司	奇易网 www.6695.com

四川省

成都九正科技实业有限公司	建材第一网 www.jc001.cn
成都天地网信息科技有限公司	中药材天地网 www.zyctd.com

贵州省

大唐高鸿数据网络技术股份有限公司	高鸿商城 www.tao3c.com
贵州茅台酒销售有限公司	茅台网上商城 www.emaotai.cn

云南省

昆明市任达天科技开发有限公司	大方购物 www.dafawa.com.cn

陕西省

陕西黄马甲物流配送股份公司	96128 购物网 www.96128.com
西安艾派信息技术有限公司	农商网 www.nongshang168.com

甘肃省

甘肃陇萃堂营养保健食品有限公司	陇萃堂 www.lct.net.cn

2.2.4　科技部：关于认定第一批现代服务业创新发展示范企业的通知

国科发高〔2011〕516 号（2011 年 10 月 13 日）

有关省、自治区、直辖市、计划单列市科技厅（委、局）：

按照《关于推荐现代服务业创新发展示范企业的通知》的要求，在有关地方科技部门和专家推荐的基础上，根据专家评审意见，经研究，认定 49 家企业为第一批现代服务业创新发展示范企业（名单附后），有效期为 2011 年至 2013 年。

示范企业要进一步提高自主创新能力，着力突破若干领域的共性服务技术与关键技术，主导或参与创制行业标准；着力创新服务模式，探索科技支撑现代服务业企业发展的新机制；着力提升发展实力，完善现代服务业产业链，促进区域产业结构优化升级；深化国际合作，提升对外交流水平，加快国际化进程。

请有关省、自治区、直辖市科技厅（委）和计划单列市科技局加强对第一批示范企业的指导和支持，不断总结经验，提升示范企业的发展水平，更好地发挥科技支撑作用，促进区域现代服务业的又好又快发展。

请将工作中的进展情况及时反馈我部高新技术发展及产业化司。

特此通知。

附件：第一批现代服务业创新发展示范企业名单

中华人民共和国科学技术部

二〇一一年十月十三日

附件：第一批现代服务业创新发展示范企业名单

（排名不分先后）

1. 浙江淘宝网络有限公司
2. 携程计算机技术（上海）有限公司
3. 陕西利安信息传播有限公司
4. 汇付天下有限公司
5. 武汉传神信息技术有限公司
6. 上海盛大网络发展有限公司
7. 时代出版传媒股份有限公司
8. 南京联创科技股份有限公司
9. 阿里巴巴（中国）网络技术有限公司
10. 安徽科大讯飞信息科技股份有限公司
11. 北京百度网讯科技有限公司
12. 青岛日日顺乐家贸易有限公司
13. 武汉立得空间信息技术发展有限公司
14. 腾邦国际票务股份有限公司
15. 福建天晴数码有限公司

16．重庆长安民生物流股份有限公司
17．青岛海信传媒网络技术有限公司
18．青岛国际商品交易所有限公司
19．成都三泰电子实业股份有限公司
20．东软集团股份有限公司
21．现代服务科技研究院
22．广西糖网食糖批发市场有限责任公司
23．云南新锐和达信息产业有限公司
24．启迪控股股份有限公司
25．广东博士科技有限公司
26．北京中文在线数字出版股份有限公司
27．北京义翘神州生物技术有限公司
28．哈尔滨市乐辰科技有限责任公司
29．中机生产力促进中心
30．兰州正远科技有限公司
31．云南南天电子信息产业股份有限公司
32．厦门中开信息技术有限公司
33．华数数字电视传媒集团有限公司
34．郑州新益华医学科技有限公司
35．青海省科学技术信息研究所
36．西安曲江旅游（集团）有限公司
37．启明信息技术股份有限公司
38．常州津通现代服务业交易中心有限公司
39．巴士在线传媒有限责任公司
40．内蒙古润和信息技术有限公司
41．沈阳高新生产力促进中心
42．湖南白沙物流有限公司
43．湖南青苹果数据中心有限公司
44．东蓝数码有限公司
45．烟台华东电子软件技术有限公司
46．天津港信息技术发展有限公司
47．太原火炬来特科技服务公司
48．重庆激光快速原形和模具制造生产力促进中心
49．博涛多媒体技术股份有限公司

2.2.5　商务部："十二五"电子商务发展指导意见

商电发〔2011〕第375号（2011年10月）

电子商务是网络化的新型经济活动，已经成为我国战略性新兴产业与现代流通方式的重要组成部分。为更好发挥电子商务的推动与引领作用，进一步加快商务领域发展方式转变和结构调整，构

建搞活流通扩大消费长效机制，培育参与国际合作和竞争新优势，巩固和扩大应对国际金融危机冲击成果，维护国内外贸易和国际经济合作平稳较快发展，提升对外开放水平，根据《国民经济和社会发展第十二个五年规划纲要》、《2006—2020 年国家信息化发展战略》、《国务院办公厅关于加快电子商务发展的若干意见》，提出以下意见。

一、我国电子商务发展现状和主要问题

（一）电子商务发展环境不断完善

截至 2011 年 6 月 30 日，我国互联网用户已达 4.85 亿，互联网普及率达 36.2%。全社会电子商务应用意识不断增强，应用网络购物、网上支付和网上银行的互联网用户分别达到 1.73 亿、1.53 亿和 1.5 亿，占用户总数的比例分别为 35.6%、31.6%和 31%。2010 年，我国电子商务交易额达 4.5 万亿元人民币。推进电子商务发展的部门协同工作机制初步形成，电子商务相关政策、法律、规章和标准相继出台，电子商务市场逐步规范，电子商务支撑体系不断完善。

（二）电子商务应用日益深化

电子商务在我国各个经济领域的应用不断拓展，应用水平不断提高，正在形成与实体经济深度融合的态势。大型企业网上购销比重逐年上升，部分企业实现了在线交易、支付及物流局部集成应用。中小企业电子商务应用普及率迅速提高，2010 年，应用网上交易和网络营销的中小企业比例达到 42.1%。2010 年，全国网络零售交易额达 5231 亿元人民币，约为社会消费品零售总额的 3.3%，并呈现出加速增长态势，成为拉动消费需求、优化消费结构的重要途径。

（三）电子商务服务业发展迅猛

电子商务服务平台、信用保障、电子支付、物流配送和电子认证等电子商务服务业持续快速发展。2010 年，我国电子商务信息、交易和技术服务企业达到 2.5 万家，第三方支付额达到 1.01 万亿元人民币，社会物流总额达到 125.4 万亿元人民币，全国规模以上快递服务企业业务量达 23.4 亿件，有效电子签名认证证书持有量超过 1530 万张。

（四）我国电子商务发展中存在的主要问题

1．电子商务规制建设相对滞后，市场准入、服务监管体系、信用体系、统计监测体系、产业投融资机制亟待建立。

2．网络购物领域侵犯知识产权和制售假冒伪劣产品等违法犯罪现象时有发生，网络交易纠纷处理困难，可信、安全、便利的网络购物环境还不完备。

3．电子商务应用在地区、城乡和企业间发展还不平衡，农村、中小企业和传统流通企业电子商务应用亟待扶持引导。

4．电子商务服务业尚处成长期，商业模式、服务水平和服务范围有待拓展提高，技术和市场尚不成熟。

二、指导思想、基本原则和主要目标

（一）指导思想

以科学发展观为指导，以促进电子商务健康快速发展为宗旨，以应用电子商务推动现代商贸流通体系建设为出发点，完善发展环境，提高应用水平，加快产业带动，加强示范引导，走出一条既符合国际电子商务发展规律，又具有中国特色的发展道路。

（二）基本原则

促进融合。支持传统流通企业开展网上营销，推动线上、线下资源互补；鼓励网络零售平台企业拓展服务平台，建设物流基础设施，创新商业模式，促进电子商务服务业融合发展。

示范引导。创建电子商务示范城市、示范基地和示范企业，支持引导欠发达地区、行业和企业

应用电子商务。

产业带动。鼓励电子商务产业链协同发展，促进企业应用电子商务开拓国内外市场，扩大对外贸易，拉动国内消费需求。

规范发展。建立完善符合我国发展实际的电子商务法规、标准和统计监测体系，规范电子商务健康有序发展。

政策支持。制定科学合理、符合本地区发展实际的电子商务行业管理政策，为支持电子商务健康快速发展创造良好环境。

（三）主要目标

到 2015 年，电子商务法规标准体系基本形成，协同、高效的电子商务管理与服务体制基本建立，规范、诚信的电子商务交易环境逐步完善；电了商务成为企业拓展市场、推动“中国制造”转型升级的有效手段、消费者方便安全消费的重要渠道；电子商务服务业规模化、规范化发展，成为我国现代商贸流通体系建设的重要组成部分。到 2015 年，我国规模以上企业应用电子商务比率达 80%以上；应用电子商务完成进出口贸易额占我国当年进出口贸易总额的 10%以上；网络零售额相当于社会消费品零售总额的 9%以上。

三、工作任务

（一）完善电子商务发展环境

1．完善电子商务政策支撑体系。支持各地结合本地区电子商务发展实际制定财政、税收政策，吸引电子商务企业聚集发展。

2．建立电子商务法规标准体系。针对电子商务交易、信用、物流、供应链协同、融资服务等环节，制订一批具有前瞻性、可行性、开放性、兼容性的法规、规范、标准，维护电子商务交易秩序，防范交易风险。

3．建立电子商务统计监测体系和统计监测网络。定期开展电子商务统计，建立信息发布制度，及时准确反映我国电子商务发展总体规模、结构变化、发展水平、发展趋势和存在问题，为政策制订提供可靠依据。

4．建立电子商务信用体系。制订电子商务信用规范，指导建立电子商务纠纷投诉与调解机构，加强消费监督；支持建立覆盖电子商务经营主体的全国信用信息数据库，鼓励电子商务信用信息与其他领域信用信息共享；支持鼓励符合条件的第三方机构按照独立、公正、客观原则，对电子商务交易平台和经营主体开展信用评价与认证服务；支持开展行业自律。鼓励电子签名、电子发票在电子商务中的应用。

5．完善电子商务物流体系。结合城市商贸流通体系建设、“万村千乡市场工程”配送体系建设、乡镇综合商贸服务中心建设，鼓励整合利用现有物流配送资源，建设物流信息协同服务平台和共同配送中心，完善电子商务物流服务体系。

6．推动企业利用电子商务开展对外贸易，解决报关、结汇、退税等瓶颈问题，支持电子商务运营企业与国际接轨。

7．加强电子商务国际交流合作。扩大电子商务对外交流合作渠道，参与亚太经合组织、上海合作组织、东盟等国际与区域组织中的电子商务工作，参与国际电子商务规则标准的研究制订，支持跨境合作区的电子商务应用。

（二）重点鼓励发展电子商务服务业

鼓励电子商务交易服务平台、技术服务平台、中介服务平台的发展，培育一批具有行业影响力，提供电子商务咨询、资讯、法律、信息技术、人力资源等专业服务的电子商务服务企业。支持已初具规模的、具有影响力并符合国内外市场需求导向的电子商务服务网站发展，积极推动高附加值的电子商务衍生品的开发与应用。鼓励电子商务服务企业开拓国际市场，加快与国际电子商务市场接轨。

鼓励电子商务服务技术创新和模式创新，推动商业模式、商业业态创新。加强产学研合作，依托高校、科研院所、国家级科研和产业基地等资源，激发企业创新活力。探索电子支付、物流、信用服务、安全认证等支撑体系建设与电子交易的集成创新，促进技术应用与商业模式创新的有机结合。

引导鼓励中小企业应用第三方电子商务服务平台开拓国内外市场。鼓励第三方电子商务服务平台与有条件的省（自治区、直辖市）建立区域性电子商务服务平台。鼓励各地结合产业发展特色，建设行业电子商务服务平台，带动产业集群发展。鼓励第三方移动电子商务服务平台建设。

（三）深化普及电子商务应用

1．应用电子商务促进商品流通和扩大消费

应用电子商务促进传统流通企业转型升级。鼓励国内商贸集聚区、大型商场、批发市场、连锁超市和专业市场建立电子商务平台，开展网上交易；引导支持网络零售平台向中小流通企业开放；鼓励电子商务平台开展城市旧货交易，向城市社区提供家政与日用消费品服务，促进社区便利消费与循环经济发展。

鼓励电子商务企业到中西部等经济欠发达地区建立采购与物流基地，带动当地经济发展。

鼓励肉类蔬菜、酒类流通追溯体系建设试点城市和企业应用物联网、云计算等信息技术创新追溯模式和流程，提高追溯精度，增强食品安全保障能力。

稳定推动酒类、药品等特殊商品流通应用电子商务，保障消费安全。

2．发挥电子商务优势，推动对外贸易与经济合作的稳步发展

应用电子商务提高贸易便利化水平，大力推动主要贸易单证的标准化和电子化进程，支持地方建设“单一电子窗口”平台，促进海关、检验检疫、港口、银行、保险、物流服务的电子单证协同，提高对外贸易监管效率，降低企业成本。

支持跨境电子商务平台建设，鼓励中小企业应用跨境电子商务平台拓展海外市场，减少渠道环节，树立中国品牌形象，开展国际合作，解决跨境电子商务中存在的问题。

积极发展网上展会。鼓励会展企业依托实体展会，积极应用信息技术与互联网举办网上展会，创新服务形式和内容，走线上线下相结合的发展道路。实现网上招商招展，服务贸易洽谈与合作的一站式电子商务功能。大力发展贸易撮合、认证征信、网商供需见面会等电子商务增值服务，建立展会型电子商务平台。通过政策扶持，引导鼓励企业积极参加大型展会的网上展会。

充分发挥电子商务在扩大进口中的作用。支持建立服务进口企业的联合采购平台和进口产品分销与直销电子商务平台，进一步增强进口贸易企业的采购和销售能力。

3．利用电子商务服务农业、农村和农民

继续在全国推广农村商务信息服务试点，拓展农村商务信息服务平台功能，实现信息服务、交易撮合、在线支付、物流配送全流程服务；丰富充实新农村商网服务内容，拓展服务渠道，加强网上购销对接，提高信息服务成效；支持涉农电子商务平台与农村专业合作组织、产业化龙头企业开展合作，建设双向互动的综合信息服务平台；推动涉农电子商务平台与农业产业化基地、农产品营销大户、大型超市、农产品批发市场、加工企业、大型餐饮连锁企业及中高档酒店对接，促进大宗农产品网上交易；探索农村商务信息服务的新途径、新模式，加大对农村电子商务应用的支持力度。

加强“万村千乡市场工程”农家店、“农超对接”信息化建设，拓展商业服务、金融服务、通信服务。推动涉农流通龙头企业、农产品批发市场、配送中心和农资流通企业应用电子商务，提高协同效率，降低流通成本。支持涉农流通企业和批发交易市场的电子商务应用，提升农村商贸流通效率和管理水平，实现工业品下乡和农产品进城的双向畅通。探索农村商务信息服务的市场化运作机制，实现可持续发展。

4．支持鼓励企业运用云计算、物联网等信息技术拓展电子商务应用

积极推进新技术、新成果、新模式的应用转化，推动建立电子商务云计算公共服务平台，解决电子商务服务平台企业的计算能力、存储空间和带宽资源等瓶颈问题。建设电子商务与物联网商务整合应用示范平台，推进物联网技术与电子商务模式的融合创新。加快吸收和集成应用新兴移动通信技术、远程控制、无线网络等新型数字技术，发展各类“数字商业”。支持商业企业信息化改造，推广应用企业资源计划、供应链管理、客户关系管理、无线射频识别技术、自动化采购、自动化仓库等先进的信息管理技术。加快支持一些有条件的地区和企业发展数据产业、导航定位系统和商品服务追溯系统等电子商务创新应用。

四、重点工程

（一）电子商务示范工程

创建电子商务示范城市和示范基地。选择电子商务发展快、当地政府积极性高、基础设施条件好的城市，开展电子商务示范城市和电子商务示范基地的创建工作，引导有条件地区加快完善电子商务在线交易、诚信体系、标准法规等支撑体系建设。

做好电子商务示范企业推广和电子商务产业基地建设工作。选择业绩好、信誉高、有发展前景、创新能力强的企业、电子商务产业基地、电子商务应用平台以及综合展会型电子商务平台，给予政策支持，推广成功经验，增强区域引导、行业辐射和产业带动能力。

向外贸企业重点推荐一批运作规范、诚信经营、效益良好、国内外影响力强的对外贸易电子商务平台。

（二）中小城市和中西部地区电子商务促进工程

支持鼓励中小城市和中西部地区加强网络、物流等基础设施建设，加强电子商务宣传，促进电子商务应用，开展电子商务人才培养。

（三）传统流通企业电子商务应用工程

支持鼓励、引导传统商贸流通企业通过自建、合资、合作等方式开展网络零售，探索应用新模式、放大示范效应。

（四）农村流通体系促进工程

选取农村电子商务应用水平较高的省（自治区、直辖市）和重点企业开展农村流通电子商务应用示范工程。

（五）电子商务信用体系建设工程

按照商务信用体系建设总体要求，选取电子商务交易与服务主体，在电子商务领域探索信用建设的有效模式，形成信用建设良好氛围和可持续保障机制。

（六）肉类蔬菜、酒类流通追溯体系建设工程

结合肉菜、酒类流通追溯体系建设试点，选择信息化应用水平较高的试点城市和企业应用物联网、云计算等信息技术改造交易流程、创新交易模式，强化流通追溯体系实效。

（七）城市社区便利店电子商务促进工程

支持有实力的大型商贸流通企业在城市社区设立综合性便利店，推动社区便利店信息化、标准化、连锁化和品牌化建设，运用电子商务与现代物流结合的发展模式，降低流通成本，提高流通效率，增强便利店的竞争能力。

（八）电子商务人力资源发展工程

支持电子商务人才培训与研究基地建设，满足电子商务对专业人才的需求。

（九）国际电子商务交流合作工程

建立跨境合作区电子商务服务平台，推动区域合作领域电子商务交流，探索境外电子商务服务

企业利用我国电子商务平台服务其本国企业的有效途径。

五、保障措施

（一）加强组织领导，完善协调机制

各地要建立健全促进电子商务发展的组织保障体系和工作机制，明确责任分工，落实目标任务。协调电子商务发展中的重大问题，强化商务主管部门对电子商务发展的宏观指导作用，完善部门间协调配合机制，及时解决出现的新情况、新问题。

（二）建立电子商务发展促进机制

贯彻落实国家扶持电子商务发展的各项政策，研究制订促进电信、金融与电子商务企业互相支持、协同发展的政策，建立健全适应电子商务发展的多元化、多渠道的投融资机制。充分发挥政府投入的带动引导作用，加大对电子商务发展的支持力度，设立电子商务发展专项资金，向电子商务科研创新、模式创新、产学研成果转化、中小企业电子商务应用、中小电子商务企业融资、农村商务信息服务、电子商务公共服务提供资金支持。

（三）加强宣传教育与人才培训

加大电子商务宣传力度，强化社会各界的电子商务应用意识、信用意识、信息安全意识。多层次、多渠道开展有针对性的培训，提高政府、企业等各行业人员应用电子商务的能力。积极推动和完善电子商务人才服务机制，引导高校电子商务专业学生向重点产业、重点项目及民营企业集聚。支持地方建立电子商务研究与培训基地，加强电子商务理论研究与人才培训。

（四）发挥电子商务中介组织与专家作用

充分发挥各级电子商务协会、学会、产业联盟等中介组织作用，鼓励中介组织开展行业自律，支持中介组织提供电子商务政策与技术咨询服务、开展国内外电子商务学术与科研交流、帮助电子商务企业解决实际困难和问题。鼓励各地建立电子商务专家咨询机制，发挥电子商务专家的指导与咨询作用。

商务部
二〇一一年十月

2.2.6 国家发改委等：关于同意北京市等 21 个城市创建国家电子商务示范城市的复函

发改办高技〔2011〕2753 号（2011 年 11 月 11 日）

北京市、天津市、上海市、重庆市、吉林省人民政府办公厅，青岛市、宁波市、厦门市、哈尔滨市、武汉市、广州市、成都市、南京市、杭州市、福州市、郑州市、昆明市、银川市、南宁市、苏州市、汕头市人民政府办公厅：

为深入贯彻科学发展观，落实国家“十二五”规划纲要关于积极发展电子商务的战略任务，促进电子商务又好又快发展，国家发展改革委、商务部、财政部、中国人民银行、国家税务总局、国家工商总局、海关总署、国家质检总局研究决定，将北京市、天津市、上海市、重庆市、青岛市、宁波市、厦门市、哈尔滨市、武汉市、广州市、成都市、南京市、长春市-吉林市、杭州市、福州市、郑州市、南宁市、昆明市、银川市、苏州市、汕头市等 21 个城市列为国家电子商务示范城市，原则同意 21 个城市报送的国家电子商务示范城市工作方案。现就各城市开展国家电子商务示范城市创建工作提出如下要求：

一、各示范城市要把创建国家电子商务示范城市作为增强城市竞争优势的新途径，充分发挥电子商务在优化资源配置、提升产业结构和带动就业等方面的作用，利用电子商务突破城市地理空间和自然资源的限制，提高城市的经济影响力和辐射力，降低物质资源和能源消耗，发展绿色经济，改善城市管理，增强公共服务能力。

二、各示范城市要把创建国家电子商务示范城市作为促进战略性新兴产业发展的新举措，加快推进资源整合，深化“三网融合”、“两化融合”等试点工作，促进第三代移动通信网络、物联网、云计算、移动互联网、下一代互联网等新一代信息技术的应用，改善电子商务发展环境，壮大电子商务服务业，形成新的经济增长点。

三、各示范城市要把创建国家电子商务示范城市作为推进现代市场体系建设的新抓手，鼓励商贸业态和模式的不断创新，加快内贸和外贸的融合联动，促进制造业和服务业的有机结合，助推货物贸易与服务贸易的同步发展，促进传统商贸服务业转型，推动贸易发展方式转变。要通过发展电子商务，促进商品和各要素的流动，消除妨碍公平竞争的制约因素，降低交易成本，更好地发挥市场对资源的基础性配置作用。

四、各示范城市要把完善电子商务发展环境作为创建工作的首要任务，积极配合国家有关部门开展电子商务相关法规、政策的研究制定和试点工作，为解决制约电子商务发展的关键问题探索经验，为国家制定电子商务相关法规和政策提供实践依据。

五、各示范城市要充分发挥政府的协调指导作用，成立国家电子商务示范城市创建工作领导小组，切实建立各有关部门分工明确、相互配合的工作机制，以及权责对称、目标清晰的考核机制。充分调动各方积极性和创造性，形成上下联通、纵横协同、政企合作全面推进电子商务发展的新格局。

六、各示范城市要根据确定的创建工作方案要点（见附件），研究制定实现创建目标的具体步骤和工作计划，细化并落实各项创建任务和保障措施，组织推动重点工程建设，研究解决创建工作中的矛盾和问题，将创建工作落到实处，并不断提炼提升试点成果，形成示范推广机制。各示范城市所在省区政府要关心和支持示范城市建设，及时总结宣传示范城市经验，发挥示范城市对当地经济社会发展的辐射带动作用。

为进一步推动示范城市创建工作，八部委将联合成立国家电子商务示范城市创建工作专家咨询委员会，协助研究示范城市创建中的矛盾和问题，并为各示范城市推进创建工作、实施重大工程提供咨询指导。国家发展改革委、商务部、财政部、中国人民银行、国家税务总局、国家工商总局、海关总署、国家质检总局将与相关部门协调配合，关注和支持示范城市的创建工作，及时总结宣传示范城市经验，协调解决创建工作中出现的问题，为各示范城市沟通情况、总结经验和推广成果搭建平台。

附件：各城市创建国家电子商务示范城市工作方案要点（略）

国家发展改革委办公厅
商务部办公厅
财政部办公厅
人民银行办公厅
税务总局办公厅
工商总局办公厅
海关总署办公厅
质检总局办公厅
二〇一一年十一月十一日

2.2.7 工业和信息化部：电子认证服务业“十二五”发展规划

2011 年 11 月 14 日

根据《国民经济和社会发展第十二个五年规划纲要》和《2006—2020 年国家信息化发展战略》的精神，按照《“十二五”工业转型升级规划》和《国民经济和社会发展信息化“十二五”规划》的总体部署，制定《电子认证服务业“十二五”发展规划》。本规划侧重指导第三方电子签名认证服务，是推进行业发展、开展行业管理、组织实施重大工程的依据。

一、“十一五”回顾

（一）《电子签名法》配套政策法规逐步完善

《电子签名法》为电子认证服务奠定法律基础。2005 年 4 月 1 日实施的《电子签名法》确立了电子签名的法律效力。《电子签名法》关于数据电文的书面形式效力、原件效力、证据效力以及数据电文的存档与收发时间、收发地点的规定和由依法设立的电子认证服务机构提供电子签名第三方认证的要求，为电子签名的应用以及相关认证服务奠定了坚实的法律基础。

《电子签名法》配套政策法规逐步完善。依据《电子签名法》，工业和信息化部制定并发布了《电子认证服务管理办法》，对电子认证服务机构的设立、许可、服务、暂停和终止、法律责任以及监督管理作出了规定。相关部门从电子认证服务机构的密码使用及管理要求、电子政务领域的认证服务应用、电子商务领域的认证服务应用等方面制定了《电子认证服务密码管理办法》、《电子政务电子认证服务管理办法》、《电子支付指引》、《电子银行业务管理办法》等相关政策文件。部分省市还出台了规范本地区电子认证服务市场，推进电子认证应用的规范性文件。

（二）电子认证服务市场规模不断扩大

“十一五”时期，电子认证软、硬件和服务市场规模增长明显。数字证书认证系统建设、硬件介质数字证书发放、电子认证相关应用系统集成及服务等领域得到快速发展。截至 2010 年底，电子认证服务业市场总规模超过 20 亿元，“十一五”期间年平均增长速度约为 38%，2010 年的增长率接近 100%。

作为电子认证服务业的主体，电子认证服务机构得到长足发展。截至 2010 年底，获得工业和信息化部许可的电子认证服务机构共 30 家，分布在全国 21 个省、直辖市、自治区，总资产规模达到 20.1 亿元，销售收入达到 13.2 亿元，有效数字证书总量达到 1530 万张，其中机构证书、个人证书、设备证书分别约为 730 万张、790 万张、1 万张。

（三）电子认证应用范围日益广泛

电子认证在公共服务、电子商务等领域应用不断扩大。电子认证在网上报税、报关、工商年检、社保缴纳、公积金管理等公共服务领域获得广泛应用。在网上招投标、在线支付、在线合同等电子商务领域应用迅速增长，并逐步向知识产权保护、物流和供应链管理等领域扩展。

跨地区的电子认证应用稳步推进。2009 年粤港两地电子签名证书互认应用试点工作正式启动，“基于粤港电子签名证书互认环境下的跨境电子报关支撑平台”试点项目的实施效果逐步显现。2010 年，江苏、浙江、安徽、上海三省一市电子认证服务机构联合建设了“长三角数字证书应用互联互通平台”，在电子认证应用层面推进认证资源共建共享取得突破。

（四）电子认证技术稳步发展

电子认证基础技术日趋成熟。基于国产椭圆曲线公钥密码算法的数字证书认证系统研发成功，国产数字证书认证系统技术水平大大提高，数字证书介质不断丰富和完善。

电子认证应用技术快速发展。电子签章系统、电子签名服务器、身份认证网关和时间戳服务系统等一系列电子签名与应用类产品进入市场，为电子认证应用提供了基本保障。可信电子凭证、可信电子记录和可信电子合同等应用技术研究取得阶段性成果。

（五）电子认证标准规范体系初步形成

证书管理、时间戳、密码协议、系统检测等技术类标准基本完善。已制定数字证书格式、在线证书状态协议、公钥基础设施组件最小互操作规范、证书策略与认证业务声明框架等 22 项技术类标准。

公钥基础设施系统互操作性评估准则等相关的应用支撑类标准开始研究。《电子认证系统证书分级规范》、《电子签名验证通用指南》等 6 项电子认证应用支撑类标准起草工作基本完成，形成了征求意见稿。

电子认证服务机构运营管理、岗位设置、业务规则等管理规范框架基本形成。已制定《电子认证服务机构运营管理规范》、《电子认证服务机构服务规范》（试行）、《电子认证服务机构从业人员岗位技能规范》（试行）等 7 项电子认证服务管理类规范。

我们也要看到，电子认证服务业目前仍然处于发展的初级阶段，应用市场有待进一步培育，发展环境有待进一步完善，发展规律有待进一步探索。跨行业、跨地区电子认证服务存在阻力，信息化监管手段亟待建立，身份认证与签名应用有待规范，服务模式单一、能力不足，行业结构仍不够合理，人才队伍建设有待加强，宣传培训力度不够等。

二、“十二五”面临形势

（一）电子认证服务作用更加凸显

构建可信网络空间的需求日益迫切。身份盗用、交易诈骗、网络钓鱼等各种安全事件频发，与蓬勃发展的网络应用矛盾日益突出。据统计，我国有近 1.28 亿互联网用户遭遇过上述安全事件影响，初步估计损失超过 150 亿元，严重打击网络用户的信心，阻碍网络应用的快速发展。构建可信网络空间的呼声越来越高，需求越来越迫切。电子认证服务通过保障网络身份真实、网络行为可溯和数据电文可靠，为维护权益、追究责任、履行义务提供法律保障和技术支持，是构建可信网络空间不可或缺的重要手段。随着网络应用的普及与快速发展，电子认证服务对构建可信网络空间的地位和作用更加凸显。

（二）电子认证服务发展空间日益广阔

截至 2010 年年底，我国有 2.78 亿个 IP 地址，866 万个域名，191 万个网站，网民数量已突破 4.5 亿，网络购物用户数量 1.61 亿，电子商务交易额 4.5 万亿元。据预测，“十二五”期间，网络应用在国民经济和社会各领域将进一步普及深化，到 2015 年，电子商务年交易额将突破 18 万亿元，电子认证服务市场潜力巨大。

社保、医疗、保险等诸多公共服务领域将逐步深化电子认证的应用，电子病历、电子保单等更多业务将得到广泛开展。随着社会对电子认证服务的认可程度进一步提高，网络购物用户数量将迅速增长，网上交易活动开展更为频繁，在线招投标、电子合同签署与电子订购等业务将蓬勃发展。

移动互联网的发展使得传统电子商务逐步向移动电子商务转变，手机支付的应用使得商务交易更加便捷，身份认证、授权管理和责任认定必将发挥更加重要的作用。云计算等新模式的产生使得云端数据的安全存储、访问授权、隐私保护问题逐渐凸显，为电子认证服务提供了更广阔的发展空间。物联网、三网融合等新技术新业务的出现势必为电子认证服务的应用和发展带来新的机遇。

（三）电子认证服务资源亟待整合

数字证书互认与认证资源整合的需求迫切。跨地区、跨行业的网络应用需求旺盛，迫切需要实现数字证书互认。电子认证服务多样性的需求渐趋突出，市场竞争激烈程度日益提高，实施淘汰落后的退出机制条件逐渐成熟，对电子认证服务机构综合服务能力的要求越来越高，迫切需要采用多种形式整合认证资源，实现优势互补。

（四）电子认证服务亟待创新与突破

服务方式亟待拓展，服务质量亟待提高，服务能力亟待加强。移动互联网、物联网、云计算等新的应用领域和应用场景不断涌现，对电子认证服务的需求日趋多样化、个性化，迫切需要以用户为中心，围绕用户需求，加强技术研发，创新服务模式，提高服务质量，改善用户体验，提升服务的便捷性和产品的易用性，保护用户隐私，在现有服务基础上，进一步开展电子签名和数据电文可靠性认证服务。

“十二五”时期是电子认证服务业发展的关键时期，要勇抓机遇，大胆创新，充分发挥促进经济和社会发展方式转变的基础性支撑作用。

三、指导思想与发展目标

（一）指导思想

以《电子签名法》为依据，以推进国家网络信任体系建设和规范网络空间秩序为目的，以加速网络身份认证服务体系建设为重点，坚持统筹全局、规范发展，政府引导、市场运作，应用牵引、服务创新的原则，鼓励和引导第三方电子认证服务，推广可靠电子签名应用，为促进经济和社会发展方式的转变提供支撑。

——统筹全局、规范发展。综合运用技术、行政、法律等手段，统筹政产学研用各方力量，加强部门协调与沟通，优化行业结构与布局，整合资源，营造环境，贯彻落实电子认证服务相关法规与标准，加强监督管理，规范电子认证服务，推动电子认证服务业健康发展。

——政府引导、市场运作。率先在公共服务领域应用第三方电子认证服务和可靠电子签名，发挥政府部门带头作用。制定鼓励产业发展政策，大力发展电子认证服务在电子商务领域的应用。注重发挥市场机制的作用，提升企业服务能力和服务水平，形成满足需求、合理有序、公平竞争的电子认证服务业。

——应用牵引、服务创新。紧紧围绕公共服务、电子商务等领域对电子认证服务的需要，创新服务模式，健全服务体系，丰富服务内容，发展便捷、安全、可扩展、个性化的电子认证服务，不断满足市场需求，实现电子认证服务业可持续发展。

（二）发展目标

到“十二五”末期，形成覆盖全国的网络身份认证服务体系，基本形成可靠电子签名认证体系，并在数据电文可靠性认证服务模式探索方面取得积极进展，电子认证服务市场规模突破 80 亿元。

——形成覆盖全国的网络身份认证服务体系。形成完善的网络身份证书策略，规范身份认证服务，满足多样化网络身份认证服务需求。依托合法电子认证服务机构，网络身份认证服务覆盖全国，网点覆盖所有省份、延伸到中东部地区 80%的城镇和西部地区 60%的城市，有效数字证书数量超过 1 亿张，网络身份认证服务在国家网络信任体系中的基础作用明显加强。

——基本形成可靠电子签名认证体系。可靠电子签名相关政策法规基本完善，可靠电子签名标准体系初步建立，建成技术精湛、职责清晰、配置合理的专业检测队伍，具备产品和系统的检测能力，基本形成可靠电子签名认证体系，满足社会对可靠电子签名的应用需求。

——初步建立数据电文可靠性认证服务模式。形成符合法律要求的数据电文检测和认定标准，在电子合同、电子凭证、电子记录等典型应用取得突破性进展，初步形成数据电文生成、传递、接收、保存、提取、鉴定等可靠性认证相关服务模式。

四、重点任务

（一）健全政策法规，完善电子认证服务发展环境

完善政策法规，规范行业运营环境。根据信息化发展对身份认证、授权管理、责任认定等方面的需求，完善网络身份认证管理政策。研究制定电子签名和数据电文可靠性认定规则，为电子取证、司法鉴定和法律诉讼提供支持。进一步贯彻落实《电子签名法》，推动《电子签名法》与《票据法》、《合同法》、《档案法》等法律法规的衔接。促进电子认证服务在电子商务纠纷解决中的具体应用。鼓励采用依法设立的电子认证服务机构提供的服务，加大执法力度，促进第三方电子认证服务行业发展。

（二）规范认证服务，突破重点领域电子认证服务瓶颈

根据数字证书标识对象不同和安全保障等级不同，针对个人、机构、设备、软件代码等分类分级制定证书策略，规范电子认证服务行为，为证书互认奠定基础。重点针对金融领域网站钓鱼、身份假冒和信息窃取等用户重大关切，培育并指导境内骨干认证服务企业，增强能力，取得网络服务器、移动智能终端、可信软件认证服务上的突破，占据网络设备等认证服务市场的主导地位。

（三）拓展应用市场，发展壮大电子认证服务业

扩大证书服务市场，丰富认证服务内容，提高企业服务能力。巩固机构证书服务市场，大力发展个人证书服务市场，重点推进个人证书在电子商务领域、公共服务领域的使用。发展电子凭证、电子合同等数据电文可靠性认证服务市场。鼓励电子签名技术创新、产品开发和应用推广，推动形成电子签名应用中间件开发和经签名电子数据的证据保全、提取、举证等全流程服务。鼓励企业发挥资本和技术优势，通过联合、并购、重组等方式整合资源，提高服务质量，扩大服务规模，降低服务成本，提高市场开拓能力，打造龙头企业。

（四）开展试点示范，推动电子认证服务创新发展

建设网络身份验证门户，选择招标投标、政府采购、跨境电子商务等典型应用，提供接口开放、标准统一、服务规范、安全可信的网络身份验证服务，开展数字证书交叉认证及应用试点。选择有影响力的电子商务交易平台，按《电子签名法》对可靠电子签名和数据电文的相关要求开展试点，探索形成可靠电子签名和数据电文的技术和应用规范。探索建立证书互认长效机制，推动全国范围内的电子认证跨区域互认。继续支持长三角地区的电子认证服务联盟试点，推进医院信息化、居民健康卡等领域的跨地区证书互认。总结粤港电子签名证书互认试点经验，探索建立跨境证书互认模式和机制。针对移动互联网、物联网应用的安全需要，选择用户基础好的移动电子商务和物联网相关领域，开展移动互联网、物联网领域认证服务试点示范。

（五）完善标准规范，加强电子签名技术检测与认证服务监督

健全电子认证标准规范体系。加快完善电子认证服务机构从业人员、业务连续性、风险保障、运营管理等有关管理类规范。组织制定《可靠电子签名指南》，明确对不同格式数据电文进行签名的程序、流程和认定标准。加快制定数字证书分级分类管理、互操作规范等应用支撑类标准。研究制定电子签名设备、系统检测等技术类标准，推动制定电子签名行业应用标准。培育和发展专业化机构，对含可靠电子签名模块相关系统和产品进行检测，对认证服务过程和质量进行监督。

（六）开展合作交流，促进电子签名与认证跨境互认

加强电子签名与认证交流和合作。建立核准境外数字证书法律效力的机制，推动数字证书的跨境互认。总结粤港电子签名证书互认的合作模式和试点经验，积极推进海峡两岸经济合作框架协议

（ECFA）下的电子签名互认，积极参与亚太经合组织（APEC）、上海合作组织、中澳自由贸易区、中日韩自由贸易区框架下的电子签名互认谈判。积极参与国际间电子签名与认证交流。

五、重大工程

（一）数字证书交叉认证及应用试点工程

开发数字证书应用接口标准、证书类别和安全等级验证系统、平台综合管理系统等，建立数字证书交叉认证平台，为应用系统提供统一验证接口，为公众开放数字证书查询窗口，为实现各电子认证服务机构的证书在不同应用系统中使用奠定基础。建立境外证书验证系统、出境证书备份系统，响应境内外信赖方的数字证书验证请求，支持数字证书的跨境互认和应用。选择有证书交叉认证应用需求的领域或区域开展应用试点。

（二）可靠电子签名与数据电文应用试点工程

为切实保障交易主体身份真实性、交易行为不可抵赖性和交易资金安全性，实施可靠电子签名与数据电文应用试点工程。建立可靠电子签名和数据电文服务平台。开发可靠电子签名和数据电文检测工具，搭建电子签名和数据电文可靠性认证服务平台，与有条件的电子商务网站对接，以电子合同应用为重点，围绕数据电文生成、传递、接收、保存、提取、鉴定等可靠性认证各环节开展试点，满足电子商务对可靠电子签名和数据电文的应用需求。

六、保障措施

（一）改进行政管理模式

依据《电子签名法》和《电子认证服务管理办法》，指导地方工业和信息化主管部门建立规范电子认证服务、推进电子认证应用的工作机制。建设行业监管信息化平台，发挥专业化检测机构作用，提升监管水平。成立电子认证服务专家组，建立电子认证服务行业重大问题的决策咨询机制。成立行业组织，加强交流，推动行业自律，推广应用，促进行业发展。

（二）加大资金保障力度

将有关《电子签名法》贯彻落实所需的行政资金纳入本级政府财政预算予以保障。争取国家高新技术产业化资金、国家科技成果转化资金以及电子信息产业发展基金、中小企业发展专项资金等对电子认证服务业的支持。鼓励风险投资、民营资本进入电子商务领域电子认证服务。鼓励和支持技术实力雄厚、产品应用前景好、服务和风险保障能力强的电子认证服务企业上市。

（三）加快专业人才培养

编写电子认证专业教材，引导有条件的高等院校开设电子认证专业课程。加强岗位职业培训，开展《电子签名法》等相关政策和专业知识技能培训。明确关键岗位人员职业技能要求，提高电子认证服务机构专业技术和复合型人才比例。

（四）营造良好社会氛围

加强电子认证服务的推广和宣传力度。利用广播、电视、网络、报纸等各类媒体，采取研讨会、论坛、讲座等多种形式宣传《电子签名法》等相关政策法规，进一步普及电子认证相关知识，提高公众利用可靠电子签名保障权益的意识和能力。开展电子签名应用典型案例调查，编辑电子签名优秀应用案例集，大力推广普及电子签名应用。

附件：术语说明

1. 电子认证服务：为电子签名的真实性和可靠性提供证明的活动，包括签名人身份的真实性认证，电子签名过程的可靠性认证和数据电文的完整性认证三个部分，涉及数据电文的生成、传递、接收、保存、提取、鉴定各环节，涵盖电子认证专有设备提供、基础设施运营、技术产品研发、系统检测评估、专业队伍建设等各方面，是综合性高技术服务。

2. 电子认证服务机构（CA）：作为第三方向社会公众提供电子签名人身份真实性、电子签名可靠性证明的服务机构。

3. 电子签名：是指数据电文中以电子形式所含、所附用于识别签名人身份并表明签名人认可其中内容的数据。

4. 可靠电子签名：根据《电子签名法》规定可靠电子签名必须满足四个条件：（1）电子签名制作数据用于电子签名时，属于电子签名人专有；（2）签署时电子签名制作数据仅由电子签名人控制；（3）签署后对电子签名的任何改动能够被发现；（4）签署后对数据电文内容和形式的任何改动能够被发现。

5. 证书策略：是一组安全规则，描述了数字证书签发和管理过程中物理安全、网络安全、审计评估、赔偿和责任等方面的规范性要求，为应用方选择证书提供可参考的标准。

6. 认证业务规则：电子认证服务机构声明的为满足证书策略中所列各项规范性要求所采取的具体措施。

7. 公钥基础设施（PKI）：是集机构、系统（硬件和软件）、人员、程序、策略和协议为一体，利用公钥概念和技术来实施和提供安全服务的、具有普适性的安全基础设施。PKI 系统是通过颁发与管理公钥证书的方式为终端用户提供服务的系统，包括电子认证服务机构、注册机构、资料库等基本逻辑部件和在线证书状态协议服务等可选服务部件以及所依赖的运行环境。

8. 椭圆曲线公钥密码算法：基于椭圆曲线在有限域上离散对数求解困难而建立的非对称密码算法。

2.2.8 工业和信息化部：电子商务“十二五”发展规划

2011 年 11 月 29 日

电子商务是降低成本、提高效率、拓展市场和创新经营模式的有效手段，是满足和提升消费需求、提高产业和资源的组织化程度、转变经济发展方式的重要途径，对于优化产业结构、支撑战略性新兴产业发展和形成新的经济增长点具有重要作用。为全面贯彻《2006—2020 年国家信息化发展战略》、《国民经济和社会发展第十二个五年规划纲要》和《国务院办公厅关于加快电子商务发展的若干意见》，工业和信息化部制定了《电子商务“十二五”发展规划》。

附件：电子商务“十二五”发展规划

电子商务“十二五”发展规划

加快发展电子商务，是企业降低成本、提高效率、拓展市场和创新经营模式的有效手段，是提升产业和资源的组织化程度、转变经济发展方式、提高经济运行质量和增强国际竞争力的重要途径，对于优化产业结构、支撑战略性新兴产业发展和形成新的经济增长点具有非常重要的作用，对于满足和提升消费需求、改善民生和带动就业具有十分重要的意义，对于经济和社会可持续发展具有愈加深远的影响。

本规划是落实《2006—2020 年国家信息化发展战略》、《国民经济和社会发展第十二个五年规划纲要》和《国务院办公厅关于加快电子商务发展的若干意见》的重要举措，是“十二五”时期进一步推动电子商务发展的指导性文件。

一、发展现状与面临的形势

“十一五”期间，我国电子商务保持了持续快速发展的良好态势，交易总额增长近 2.5 倍，2010 年达到约 4.5 万亿元。电子商务发展的内生动力和创新能力日益增强，正在进入密集创新和快速扩张的新阶段。

（一）发展现状

电子商务不断普及和深化。电子商务在我国工业、农业、商贸流通、交通运输、金融、旅游和城乡消费等各个领域的应用不断得到拓展，应用水平不断提高，正在形成与实体经济深入融合的发展态势。跨境电子商务活动日益频繁，移动电子商务成为发展亮点。大型企业网上采购和销售的比重逐年上升，部分企业的电子商务正在向与研发设计、生产制造和经营管理等业务集成协同的方向发展。电子商务在中小企业中的应用普及率迅速提高，2010 年中小企业网上交易和网络营销的利用率达到 42.1%。网络零售交易额迅速增长，“十一五”期间年均增速达 100.8%，占社会消费品零售总额比重逐年上升，成为拉动需求、优化消费结构的重要途径。2010 年我国网络零售用户规模达 1.61 亿，交易额达到 5131 亿元，占社会消费品零售总额比重达到 3.3%。

电子商务支撑水平快速提高。“十一五”期间，电子商务平台服务、信用服务、电子支付、现代物流和电子认证等支撑体系加快完善。围绕电子商务信息、交易和技术等的服务企业不断涌现，2010 年已达到 2.5 万家。电子商务信息和交易平台正在向专业化和集成化的方向发展。社会信用环境不断改善，为电子商务的诚信交易创造了有利的条件。网上支付、移动支付、电话支付等新兴支付服务发展迅猛，第三方电子支付的规模增长近 60 倍，2010 年达到 1.01 万亿元。现代物流业快速发展，对电子商务的支撑能力不断增强，特别是网络零售带动了快递服务的迅速发展，2010 年全国规模以上快递服务企业业务量达 23.4 亿件，业务收入达 574.6 亿元，其中网络零售带动的业务量占快递总量的一半左右。2010 年底有效电子签名认证证书持有量超过 1530 万张，电子证书正在电子商务中得到广泛应用。通信运营商、软硬件及服务提供商等纷纷涉足电子商务，为用户提供相关服务。

电子商务发展环境不断改善。“十一五”期间，我国网络基础设施不断改善，用户规模快速增长，2010 年互联网普及率达 34.3%，网民规模达到 4.57 亿，移动电话用户数达到 8.59 亿，其中 3G 用户数达到 4705 万。网络服务能力不断提升，资费水平不断降低。全社会电子商务应用意识不断增强，应用技能得到有效提高。电子商务国际交流与合作日益广泛。相关部门协同推进电子商务发展的工作机制初步建立，围绕促进发展、电子认证、网络购物、网上交易和支付服务等主题，出台了一系列政策、规章和标准规范，为构建适合国情和发展规律的电子商务制度环境进行了积极探索。

电子商务的发展仍然存在着一些比较突出的问题。一是电子商务对促进传统生产经营模式创新发展的作用尚未充分发挥，对经济转型和价值创造的贡献潜力尚未充分显现。二是电子商务的商业模式尚不成熟，服务能力尚待增强，服务水平尚待提高，服务范围尚待拓展。三是电子商务发展的制度环境还不完善，相关法律法规建设滞后，公共服务和市场监管有待增强，信用体系发展亟待加强，网上侵犯知识产权和制售假冒伪劣商品、恶意欺诈、违法犯罪等问题不断发生，网络交易纠纷处理难度较大，在一定程度上影响了人们对电子商务发展的信心。四是推进电子商务发展的体制机制有待健全，投融资环境有待改善，统计与监测评价工作亟待加强，全社会对电子商务的认识有待进一步提高，对网络空间的经济活动规律有待进一步探索。

（二）面临的形势

随着我国工业化、信息化、城镇化、市场化和国际化的深化发展，电子商务将迎来加速发展的战略机遇期。

经济转型升级给电子商务发展提出新需求。“十二五”时期，我国经济发展面临资源环境约束增强、产业结构不合理、投资和消费关系失衡等重大问题，亟待通过信息化与工业化深度融合转变经济发展方式。迫切需要进一步发挥电子商务在创新企业生产经营模式、提高产业组织效率、激发市场活力、优化资源配置、促进节能减排、带动新兴服务业发展中的积极作用，推动产业结构调整，拉动国内市场需求，创造新的经济增长点。

社会结构和消费观念的变革给电子商务发展带来新空间。“十二五”时期，我国社会主义新农村建设和城镇化发展步伐将进一步加快，城乡居民的生产生活方式将发生巨大变化，人均收入不断增长，消费结构升级加快，年轻一代逐步成为新的消费群体，同时，就业总量压力和结构性矛盾进一步凸显。亟需通过加快发展电子商务，促进城乡一体化的便民服务体系发展，更好地满足居民多样化、个性化的消费需求和对美好生活的新期待，带动工作方式的转变和相关服务业的发展，优化就业结构、缓解就业压力、促进社会和谐。

信息技术持续发展给电子商务发展带来新条件。宽带、融合、安全和泛在的下一代国家信息基础设施加快建设，新一代移动通信网、下一代互联网和数字广播电视网加快布局，三网融合全面推进。以云计算和物联网为代表的新一轮信息技术变革正在兴起，重点领域酝酿着新的突破。智能搜索和社区网络等应用形式不断涌现。新技术的发展为电子商务创新发展提供更好的技术条件。

全球竞争与合作深化给电子商务发展提出新挑战。电子商务已成为全球一体化生产和组织方式的重要工具，各国在通过电子商务争夺资源配置主动权、提高经济竞争力的同时，也在密切关注电子商务发展中的不确定性，加强市场风险防范。为赢得国际经济竞争与合作的新优势，我国亟需加快和务实发展电子商务，结合“引进来”和“走出去”战略，利用好“两个市场、两种资源”，提高我国产业和资源的组织能力，优化在全球产业分工中的定位布局，提高国际竞争力。

二、指导思想、基本原则与发展目标

（一）指导思想

以邓小平理论和“三个代表”重要思想为指导，深入贯彻落实科学发展观，立足全面建设小康社会的战略目标，以科学发展为主题，以服务于加快转变经济发展方式为主线，以创新发展为动力，以普及和深化电子商务应用为重点，以营造良好的制度环境和社会环境为保障，不断提高产业组织化程度和资源配置能力，进一步发挥电子商务在经济和社会发展中的战略性作用。

（二）基本原则

企业主体，政府推动。充分发挥企业在电子商务发展中的主体作用，坚持市场导向，运用市场机制优化资源配置。处理好政府与市场的关系，创建更加有利于电子商务发展的制度环境，综合运用政策、服务、资金等多种手段推进电子商务发展。

统筹兼顾，虚实结合。坚持网络经济与实体经济紧密结合发展的主流方向，全面拓展电子商务在各领域的应用，提高电子商务及相关服务水平，努力营造全方位的电子商务发展环境，推动区域间电子商务协调发展。

着力创新，注重实效。推动电子商务应用、服务、技术和集成创新，着重提高电子商务创新发展能力。立足需求导向，坚持务实创新，选准切入点，注重应用性和实效性，避免盲目跟风和炒作。

规范发展，保障安全。正确处理电子商务发展与规范的关系，在发展中求规范，以规范促发展。以网络运行环境安全可靠为基础，促进网络交易主体与客体的真实有效、交易过程的可鉴证，加强对失信行为的惩戒力度，形成电子商务可信环境。

（三）发展目标

总体目标是：到 2015 年，电子商务进一步普及深化，对国民经济和社会发展的贡献显著提高。电子商务在现代服务业中的比重明显上升。电子商务制度体系基本健全，初步形成安全可信、规范有序的网络商务环境。

具体目标是：电子商务交易额翻两番，突破18万亿元。其中，企业间电子商务交易规模超过15万亿元。企业网上采购和网上销售占采购和销售总额的比重分别超过50%和20%。大型企业的网络化供应链协同能力基本建立，部分行业龙头企业的全球化商务协同能力初步形成。经常性应用电子商务的中小企业达到中小企业总数的60%以上。网络零售交易额突破3万亿元，占社会消费品零售总额的比例超过9%。移动电子商务交易额和用户数达到全球领先水平。电子商务的服务水平显著提升，涌现出一批具有国际影响力的电子商务企业和服务品牌。

三、重点任务

（一）提高大型企业电子商务水平

发挥大型企业电子商务主力军的作用，进一步促进企业电子商务应用系统的规模发展和品牌建设，提高网络集中采购水平和透明化程度，提升企业营销能力。深化大型工业企业电子商务应用，促进实体购销渠道和网络购销渠道互动发展，提高供应链和商务协同水平。推动大型商贸流通企业通过电子商务提高流通效率，扩展流通渠道和市场空间。鼓励有条件的大型企业电子商务平台向行业电子商务平台转化。

专栏1：大型工业企业电子商务协同

在原材料、装备制造、消费品、电子信息、国防科技等重点工业领域，深化电子商务应用，提高大型工业企业的供应链管理水平。引导大型工业企业提高网上集中采购水平，建立具有行业知名度和影响力的采购平台，增强企业采购行动的协调性和竞争力。支持有条件的电子商务企业为行业用户提供网上联合采购服务，提高行业采购行动的协调性。推动电子商务与企业内部业务和管理信息系统的集成，推进企业间网上协同研发、设计和制造，增强产业链商务协同能力。支持大型工业企业利用电子商务增强与产业链下游企业的协同能力，促进产品分销和售后服务水平提升。

（二）推动中小企业普及电子商务

鼓励中小企业应用第三方电子商务平台，开展在线销售、采购等活动，提高生产经营和流通效率。引导中小企业积极融入龙头企业的电子商务购销体系，发挥中小企业在产业链中的专业化生产、协作配套作用。鼓励有条件的中小企业自主发展电子商务，创新经营模式，扩展发展空间，提高市场反应能力。鼓励面向产业集群和区域特色产业的第三方电子商务平台发展，帮助中小企业通过电子商务提高竞争力。稳健推进各类专业市场发展电子商务，促进网上市场与实体市场的互动发展，为中小企业应用电子商务提供良好条件。

专栏2：发展中小企业电子商务

支持第三方电子商务平台品牌化发展，为中小企业提供信息发布、商务代理、网络支付、融资担保、仓储物流和技术支持等服务。推动有条件的专业市场建设网络交易平台，为中小企业提供网络联合购销服务。支持中小型生产制造企业利用电子商务创新生产经营模式，开展在线购销和客户关系管理等活动，拓展国内外市场，提高经营效率和效益。引导中小型商贸流通企业通过电子商务创新服务模式，提高专业化服务能力。支持社区商业、物业和家政服务等中小企业利用电子商务服务社区，便利居民生活。加快中小企业电子商务服务体系建设，多渠道开展电子商务应用技能和信用意识培训。

（三）促进重点行业电子商务发展

积极发展农业电子商务，促进农资和农产品流通体系的发展，拓宽农民致富渠道。着力推进工业电子商务，促进工业从生产型制造向服务型制造转变。深化商贸流通领域电子商务应用，促进传统商贸流通业转型升级。鼓励综合性和行业性信息服务平台深度挖掘产业信息资源，拓展服务功能，创新服务产品，提高信息服务水平。促进大宗商品电子交易平台规范发展，创新商业模式，形成与实体交易互动发展的服务形式。推动交通运输、铁路、邮政、文化、旅游、教育、医疗和金融等行业应用电子商务，促进行业服务方式的转变。

专栏 3：重点行业电子商务创新发展

深化现代农业生产组织与连锁超市挂钩的电子商务，推动涉农电子商务平台建设。支持大型商场、批发市场和连锁超市发展电子商务，创新商业模式。推进食品和药品行业的电子商务发展，降低流通成本，提高精细化管理和安全责任可追溯水平。进一步推动民航、铁路、公路和水运等行业加快拓展电子客票、电子货单等服务。鼓励邮政、快递、物流配送企业依托实体网络发展电子商务。大力发展旅游电子商务，创新旅游业发展模式，培育现代旅游服务品牌。

（四）推动网络零售规模化发展

鼓励生产、流通和服务企业发展网络零售，积极开发适宜的商品和服务。培育一批信誉好、运作规范的网络零售骨干企业。发展交易安全、服务完善、管理规范和竞争有序的网络零售商城。整合社区商业服务资源，发展社区电子商务。促进网络购物群体快速成长。拓展网络零售商品和服务种类，拓宽网络零售渠道，满足不同层次消费需求。发展个人间的电子商务，为开展二手物品交易、获取日常生活服务等提供便利。

专栏 4：网络零售发展重点

支持生产企业利用品牌优势，面向消费者个性化需求，积极探索网络直销的发展模式。支持流通企业拓展网络零售渠道，结合实体店面和物流配送体系，促进网上网下互动，满足不同层次消费需求。促进网络零售企业和平台完善服务、规范运作，推动高效便捷、安全可靠的新型网络消费模式健康发展，支持网络零售企业创造国际品牌。提升具有自主知识产权的数字内容产品和服务的网络零售比重。引导相关企业扩展流通服务体系，面向社区、农村、非网络用户提供网络零售和物流配送等服务，拉动消费，便捷生活。鼓励利用微博、团购、社交网络等创新网络零售发展模式。

（五）提高政府采购电子商务水平

积极推进政府采购信息化建设，加快建设全国统一的电子化政府采购管理交易平台，探索利用政府采购交易平台实现政府采购管理和操作执行各个环节的协调联动，逐步实现政府采购业务交易信息共享和全流程电子化操作，进一步规范政府采购行为，提高政府采购资金的使用效率。

专栏 5：政府采购电子商务

坚持“公开、公平、公正”的原则，完善政府采购电子商务标准规范，积极推动政府采购管理与电子交易一体化系统建设，做好采购管理与部门预算、资金支付及资产管理的衔接等工作，实现中央地方供应商库、商品信息库、评审专家库和代理机构库间的信息共享，规范操作执行程序，完善运行机制，提高采购的效率和质量，促进网上“阳光采购”工程建设。

（六）促进跨境电子商务协同发展

鼓励有条件的大型企业“走出去”，面向全球资源市场，积极开展跨境电子商务，参与全球市场竞争，促进产品、服务质量提升和品牌建设，更紧密地融入全球产业体系。鼓励国内企业加强区域间电子商务合作，推动区域经济合作向纵深方向发展。鼓励商贸服务企业通过电子商务拓展进出口代理业务，创新服务功能，帮助中小企业提高国际竞争能力。

专栏 6：跨境电子商务发展重点

推进面向跨境贸易的多语种电子商务平台建设。支持电子商务企业面向两岸三地、东盟、上合组织和东北亚等周边区域开展跨境合作，支持在边贸地区、产业集中度高的区域建设跨境电子商务平台。加快推进电子商务国际标准和国家标准的推广应用。引导电子商务企业为中小企业提供电子单证处理、报关、退税、结汇、保险和融资等“一站式”服务，提高中小企业对国际市场的响应能力。继续推广电子通关和无纸贸易，提高跨境电子商务效率。

（七）持续推进移动电子商务发展

鼓励各类主体加强合作，拓展基于新一代移动通信、物联网等新技术的移动电子商务应用。推动移动电子商务应用从生活服务和公共服务领域向工农业生产和生产性服务业领域延伸，积极推动移动电子商务在“三农”等重点领域的示范和推广。加强移动电子商务技术与装备的研发力度，完善移动电子商务技术体系。加快制定和完善移动电子商务相关技术标准和业务规范。

专栏 7：移动电子商务试点示范

加快推动移动支付、公交购票、公共事业缴费和超市购物等移动电子商务应用的示范和普及推广。重点推进移动电子商务在农业生产流通、企业管理、安全生产、环保监控、物流和旅游服务等方面的试点应用。加强移动智能终端、智能卡和芯片、读卡机具和安全管理等关键共性技术的自主研发。支持运营企业建立安全可信的多应用管理平台。推动近距离通信（NFC）、机器到机器（M2M）等技术标准的制定和应用。面向不同的行业应用，协调制定行业技术标准和业务规范。推动移动支付国家标准的制定和普及。推动移动电子商务产业链和各应用领域的相关主体加强合作，加快商业模式创新和社会化协作机制创新。

（八）促进电子商务支撑体系协调发展

探索建立网上和网下交易活动的合同履约信用记录，促进在线信用服务的发展。加快建设适应电子商务发展需要的社会化物流体系，优化物流公共配送中心、中转分拨场站、社区集散网点等物流设施的规划布局，积极探索区域性、行业性物流信息平台的发展模式。鼓励支付机构创新支付服务，丰富支付产品，推动移动支付、电话支付、预付卡支付等新兴电子支付业务健康有序发展，满足电子商务活动中多元化、个性化的支付需求。推动完善电子支付业务规则、技术标准，引导和督促支付机构规范运营。鼓励发展国际结算服务，提高对跨境电子商务发展的支撑能力。鼓励电子商务企业与相关支撑企业加强合作，促进物流、支付、信用、融资、保险、检测和认证等服务协同发展。

专栏 8：电子商务支撑体系集成创新

提高物流企业信息化水平，促进物流服务和电子商务集成创新。推进煤炭、钢铁、塑料和粮食等大宗商品电子交易与物流服务集成健康发展。推动快递、零担、城市配送企业依托信息化提高社会化服务水平，增强对网络零售的支撑能力。适时启动物联网在物流领域的应用示范。加强支付服务创新，促进电子商务与电子支付集成发展，为用户提供方便快捷的服务。引导电子商务企业与物流企业、金融机构加强合作，探索供应链金融等服务创新。

（九）提高电子商务的安全保障和技术支撑能力

认真贯彻《电子签名法》，进一步发展可靠的电子签名与认证服务体系，提高认证服务质量，创新服务模式，推动可靠电子签名、电子认证和电子合同在电子商务中的实际应用，在统一的证书策略体系框架下推进电子签名认证证书的互认互操作，发挥电子签名的保障作用，提高电子交易的安全性和效率。鼓励软硬件及系统集成企业通过云服务等模式，为电子商务用户提供硬件、软件、应用和安全服务。鼓励通信运营商加强宽带信息基础设施建设，提高新一代通信网络的覆盖范围和服务水平，为电子商务用户提供接入、服务托管及商务应用解决方案等服务。发挥国家科技计划的引领和支撑作用，加大对电子商务基础性研究、关键共性技术的支持力度，积极开展成果转化、咨询培训等工作。

专栏 9：电子商务技术研发和产业化

面向电子商务创新发展重点方向和共性工程技术问题，支持建设国家重点实验室、国家工程技术研究中心和企业技术中心。加强电子商务基础理论研究，推动射频识别、智能终端、系统集成、网络与信息安全等核心技术与关键技术的自主研发和产业化。加强电子认证、电子单证、在线支付、信用管理等电子商务安全交易技术的自主创新。研究制定针对电子商务创新的知识产权保护办法，加强对电子商务创新的保护力度。研究探索电子商务创新和科研成果产业化的财政政策，落实支持电子商务创新和科研成果转化的税收政策。

四、政策措施

（一）加强组织保障

发挥电子商务部际联席会议协调工作机制作用，加强电子商务推进工作的部门协同，落实和强化政府对电子商务发展的宏观指导。坚持统筹兼顾、动态协调的原则，创新电子商务管理机制，加强相关部门在政策制定、重大项目审理、标准规范制定等方面的协调配合，形成管理和服务合力。各地方政府要相应建立协调推进工作机制，将电子商务纳入区域的发展规划。要充分发挥相关行业协会、龙头企业、中介组织、高等院校和专家队伍等在推进电子商务中的积极作用。

（二）建立健全电子商务诚信发展环境

积极营造诚信为本、守信激励和失信惩戒的社会信用环境。推动开展部门指导、行业组织、企业和消费者参与的电子商务自律规范制定工作，大力推进企业和行业自律。鼓励符合条件的第三方信用服务机构、电子商务平台企业，按照独立、公正、客观的原则，开发利用合同履约等信用信息资源，对电子商务经营主体开展商务信用评估，为交易当事人提供信用服务。充分发挥人口、法人和地理空间等国家基础数据库以及银行征信等数据库的基础与协同作用，促进电子商务信用信息与社会其他领域相关信息的有序交换和共享，支撑社会信用体系建设。积极推进电子商务企业信用分类监管，引导企业诚信守法经营。

（三）提高电子商务的公共服务和市场监管水平

推动电子政务与电子商务的衔接，为企业提供更加有效的服务。依法有序推动政府信息资源的开放服务，提高社会化、市场化开发利用水平，改善电子商务发展环境。提高电子口岸发展水平，促进相关机构间的信息交换、业务协同，优化税费电子支付系统，提高电子商务的通关效率。建立部门间电子商务监管协调配合机制。督促网络经营主体特别是网络交易平台切实履行责任，守法经营，加强自律，维护电子商务市场秩序。依法对网上涉及行政许可的商品和服务加强监管，加强对网络信息服务、网络交易行为、产品及服务质量等的监管。加强监管方式方法的创新，加快电子商务监管信息系统与平台建设，实现监管技术手段的现代化，实施对网络商务主体、客体和过程的经常性监管，实现网上巡查的常态化。

（四）加大对电子商务违法行为的打击力度

依法组织开展网络违法交易专项整治，探索建立长效治理机制，杜绝违禁品网上销售。创新社会管理，建立投诉举报与主动发现相结合的机制，加大对利用网络进行的商业欺诈、传销、侵犯知识产权、侵犯个人隐私、侵犯商业机密、销售假冒伪劣商品、发布虚假违法广告和不正当竞争等活动的打击力度。充分利用管理和技术手段，增强电子商务网站的真实可信度。

（五）完善权益保护机制

积极研究和探索网络环境下有效维护消费者权益的制度和措施，推进 12315 等相关消费维权体系向电子商务领域延伸。畅通网络消费权益保护渠道，及时受理消费投诉举报并查处侵害消费者合法权益的行为。及时发布网络交易风险警示信息，提高网络消费者和经营者的风险防范意识。指导监督网站经营者建立健全消费者权益保护制度、在网站设置消费投诉举报及电子标识链接等多种形式。加强电子商务纠纷调处机制建设。坚持预防与调解相结合，建立分类处理的调处办法。鼓励当事人结合实际情况自行协商解决网上交易纠纷。督促交易平台建立数据保全机制，履行在电子商务纠纷处理中应尽的责任，协助交易双方解决纠纷。积极探索通过仲裁制度，解决电子商务交易纠纷，维护当事人的合法权益。充分发挥司法保护的作用，通过法律诉讼等途径，妥善处置各种复杂疑难电子商务纠纷。依据《侵权责任法》的相关规定，处理网络侵权行为。

（六）加强电子商务法律法规和标准规范建设

在贯彻执行现行法律法规的基础上，继续推动电子商务相关法律法规建设，研究确定电子商务立法的整体思路、调整范围和规范方式。根据需求开展相关法律法规的制修订工作。加强法律解释工作，增强现行法律法规在电子商务领域的适用性和操作性。针对网络促销、电子合同和代收货款等问题，加快研究相应的行政规章和法律法规。面向电子商务不同业务形态发展的实际需求，加快电子商务服务规范和技术标准的制修订和推广应用。着力提高电子商务服务的规范性，促进电子商务服务企业切实履行法定义务和责任，完善交易主体身份认定机制，提高电子商务信息发布、信用服务、网上交易、电子支付、物流配送、售后服务、纠纷处理等服务的规范水平。

（七）完善多元化的电子商务投融资机制

进一步拓宽电子商务投融资渠道，加强对电子商务创新创业的资本支持。培育和发展创业风险投资，促进风险资本对电子商务自主创新和创业的支持。鼓励实体企业在信息化建设中加大对电子商务的投资力度。鼓励金融机构加强对电子商务的信贷扶持。加强政府财政支持对社会投入的引导和带动作用，形成政府引导性投入与社会资本投入互补的投融资机制。加强对投融资效果的评估。

（八）加强电子商务统计监测工作

加强相关部委、地方及有关机构的联合，研究和改进电子商务发展统计指标体系与统计分析方法，逐步建立全国性电子商务调查统计制度，加强对电子商务热点问题及其与实体经济相互关系的研究。充分利用有关部门现有的电子商务企业联系机制，鼓励行业协会和社会性服务机构积极参与电子商务动态发展监测等工作，鼓励各地加强对区域电子商务发展的动态监测，拓展信息获取渠道。做好电子商务统计信息发布工作，加强政策引导。

（九）加快电子商务人才培养

积极引导有条件的高等院校，加强电子商务学科专业建设和人才培养，为电子商务发展提供更多的高素质专门人才。鼓励职业教育和社会培训机构发展多层次教育和培训体系，加快培养既懂商务、又具备信息化技能的电子商务应用人才。积极开展面向企业高级管理人员的电子商务培训。鼓励有条件的地区营造良好的创业环境，吸引并帮助具有国际视野的创新创业型人才成长。

（十）加强国际合作

积极参与国际组织中电子商务相关活动，认真开展国际电子商务法规、标准制定与实施的调查研究，主动参与相关标准规范的制修订，积极参与国际双边、多边涉及电子商务的条约和协议起草工作，推动国内电子商务发展与国际对接。

工业和信息化部牵头，联合相关部门做好规划宣贯工作，增强社会各方面实施规划的主动性和积极性。建立动态评估机制，对规划实施的阶段成果实行动态监测，及时发现规划实施过程中存在的问题，适时对规划内容进行调整。加强跨部门、跨行业、跨区域的规划实施工作经验交流，不断提高工作水平。

2.2.9 商务部：商务部关于“十二五”电子商务信用体系建设的指导意见

商电发〔2011〕478号（2011年12月15日）

各省、自治区、直辖市、计划单列市及新疆生产建设兵团商务主管部门：

党中央、国务院高度重视社会信用体系建设，党的十七届六中全会提出，要把诚信建设摆在突出位置，大力推进政务诚信、商务诚信、社会诚信和司法诚信建设，抓紧建立覆盖全社会的征信系统。建立健全电子商务信用体系，不仅是实现电子商务行业健康持续发展的关键，也是社会信用体系建设的重要举措。“十一五”期间，随着我国电子商务快速发展，电子商务信用体系建设稳步推进，信用服务较快发展，信用环境日益改善，但信用法规标准建设滞后、信用统计监测体系尚未建立，经营主体信用意识不强、失信投诉居高不下等问题仍然突出。为加快“十二五”期间电子商务信用体系建设，现提出以下意见。

一、总体要求

（一）指导思想

以科学发展观为指导，认真贯彻落实党的十七届六中全会精神和国务院关于加强社会信用体系建设的总体部署，以建立健全电子商务信用制度、完善电子商务行业标准为基础，以建设信用统计监测体系、发展电子商务服务行业为抓手，加快电子商务信用体系建设步伐，形成电子商务领域诚实、自律、守信、互信的良好信用环境。

（二）基本原则

坚持政府引导和企业自律相结合。在政府加强指导和积极推动的基础上，明确电子商务经营主体的信用管理责任，强化企业自律。

坚持法规建设与社会监督相结合。在加强电子商务信用领域法规和标准建设的基础上，充分发挥社会舆论和消费者对电子商务经营主体的监督作用。

坚持专业服务和信息共享相结合。在大力发展电子商务第三方信用评估服务机构的基础上，积极推动电子商务信用信息共享。

坚持诚信褒奖与失信惩戒相结合。通过对诚信经营的电子商务企业给予支持，对失信企业和失信个人给予警示或惩戒，鼓励和引导企业重视和培育诚信形象。

（三）主要目标

力争到2015年，电子商务信用法规基本健全，管理制度和相关标准逐步完善，政策支撑体系基本形成；电子商务信用统计监测体系和电子商务统计监测指标体系初步建立，建成覆盖全国的电子商务信用信息基础数据库，形成电子商务信用评估机构利用电子商务信用信息基础数据库的畅通机制；电子商务信用环境明显改善，形成政府引导和监管、第三方信用评估服务机构客观评估、消费者广泛参与和监督的多元化、互动式电子商务信用体系建设与维护机制；电子商务经营主体信用意识、自律意识普遍增强，电子商务信用评估服务机构健康发展，行业经营主体准入和退出机制得到规范。

二、主要任务

（一）健全电子商务信用法规标准体系

分阶段、分步骤研究确定电子商务信用法制建设的整体思路和框架结构。建立健全电子商务信用管理制度，制订电子商务经营主体、交易行为和交易信息管理规范，以及信用保护、失信惩戒与诚信褒奖等实施细则。推动相关部门制订第三方信用评估服务机构的相关行业标准、从业人员标准，着力提高信用评估服务的规范性和可信度。

（二）建立电子商务信用统计监测体系

加快建立覆盖重点电子商务经营主体和信用评估服务机构的信用统计监测体系，科学设计信用评价指标，逐步建立先进适用的指标体系。建立电子商务信用信息发布制度，逐步拓展发布渠道，及时准确反映电子商务领域的信用建设水平。在信用统计监测体系的基础上、探索建立电子商务信用监管模式。

（三）建设电子商务信用评估认证体系

大力发展第三方信用评估服务机构，开展电子商务信用咨询、资讯、法律、安全技术、人力资源等专业服务。鼓励符合条件的第三方信用评估服务机构建设数据库，收录电子商务经营主体的银行信贷、合同履约、产品质量、售后服务等方面信用信息。鼓励电子商务经营主体开发采购商信用信息数据库，鼓励经营主体信用信息数据库实现共享和互认。鼓励电子商务协会汇总整理行业内企业信息，实现电子商务企业的上下游间信用信息共享。加快推进跨部门、跨行业和跨地区的电子商务信用信息系统的互联互通，结合全国电子商务信用信息基础数据库建设，推动与全国征信系统的互联互通。

（四）开展电子商务信用建设示范

选择符合条件的、有参与积极性的城市、经济开发区和企业，开展电子商务信用建设示范工程。引导地方商务主管部门优选电子商务经营主体和信用评估服务机构，探索经营主体、服务主体参与电子商务信用信息行业基础数据库建设，实现资源共享的有效模式。

（五）引导电子商务经营主体完善内部信用管理制度

鼓励国内电子商务企业建立企业内部信用管理、评价、改进体系，完善内部信用管理制度，设立信用风险管理机构，加强企业自我监管和自我评估，强化企业自律意识。引导电子商务企业建立矛盾纠纷预警机制，通过对客户资信、销售合同、应收款项、员工信用档案的管理，降低虚拟平台的交易风险。鼓励中小电子商务企业积极参与政府信用监测体系建设，参照全国信用评价指标体系，建立符合企业自身特点的评价指标，提升企业自身的信用建设水平。

三、保障措施

（一）加强组织领导

各级商务主管部门要进一步提高认识，制订详细工作计划，明确专人负责，全面督促落实，积极予以推进；加强与社会信用体系建设主管部门的沟通合作与协调，把开展电子商务信用体系建设作为电子商务管理的重要抓手。

（二）加强政策支持

加强大对电子商务信用体系建设的财政支持力度，重点支持信用监测体系、人才培养体系、技术创新体系等具有公益性的项目。加强电子商务企业在信用建设方面的融资支持，拓宽融资渠道，引导企业加大内部信用管理投入。

（三）强化制度建设

积极推动电子商务信用管理、信息统计等法规体系建设。研究制订涉及电子商务经营主体、从业人员资质、信用服务规范、第三方评估等标准体系和市场准入规范。

（四）提供技术保障

加大对电子商务信用管理基础性研究和关键共性技术的开发，发挥信用技术引领社会信用体系建设的作用。鼓励科研院所、技术服务机构和电子商务企业开展针对电子商务信用信息采集和信息保护的关键技术研发和应用示范推广，积极开展成果转化、咨询培训等工作，支持电子商务企业创新发展。

（五）加快人才培养

积极推动教育及培训机构开展电子商务信用管理人才培养，鼓励电子商务信用评估服务机构加强征信人才培训。调动全社会参与和推进电子商务信用体系建设的积极性、主动性和创造性，吸引更多电子商务企业和个人参与电子商务信用体系建设。

（六）正确引导舆论

及时通过电视、报纸、网络等媒体发布电子商务信用体系政策措施、评价指标、示范经验等信息，加强舆论引导，扩大信用信息在商贸流通和电子商务领域的影响力。及时公布电子商务信用体系建设和电子商务信用评估信息，加大对“诚信光荣、失信可耻”、“以德经商”理念的宣传力度，充分调动广大消费者“识假、防假、打假”的积极性，逐步形成社会监督的良好氛围。

商务部

二〇一一年十二月十五日

2.2.10 商务部：商务部关于开展国家电子商务示范基地创建工作的指导意见

商电发〔2011〕490号（2011年12月30日）

各省、自治区、直辖市、计划单列市及新疆生产建设兵团商务主管部门：

为更好发挥电子商务企业的集聚和辐射效应，促进电子商务在“十二五”及未来一段时期的健康、快速、协调发展，商务部决定开展国家电子商务示范基地创建工作，现提出如下意见：

一、开展国家电子商务示范基地创建工作的重要意义

（一）创建国家电子商务示范基地是充分发挥政策引导与杠杆作用，促进电子商务规范、快速发展的重要举措。建立国家电子商务示范基地可以形成政府与电子商务企业的联系平台和载体，进一步增强地方相关电子商务政策的针对性，在局部地区形成良好的电子商务发展环境，全面提升电子商务应用、服务与管理水平。

（二）创建国家电子商务示范基地是发挥电子商务产业聚集优势，支撑城市、区域现代市场体系建设的重要手段。建立国家电子商务示范基地，可以进一步增强电子商务服务企业的品牌效应与协同优势，促进产、学、研、用协作发展，提高对城市、区域现代流通体系建设的服务能力，加快区域产业结构的转型与升级。

（三）创建国家电子商务示范基地是创新公共服务模式、整合社会服务资源，促进电子商务服务业做大做强的重要依托。建立国家电子商务示范基地，可以在聚合电子商务相关服务资源同时，探索政府公共服务和产业政策环境建设的新模式，增强政府服务能力。

（四）创建国家电子商务示范基地是增强城市和区域经济发展活力、聚合资源，推动区域协同发展的有效途径。建立国家电子商务示范基地，可以充分发挥电子商务跨地域的服务辐射力优势，在增强城市经济活力、放大结构性互补区域协同效应的同时，促进经济实现跨域发展。

二、总体目标和基本原则

（一）总体目标

以服务现代市场体系建设为出发点，以促进电子商务健康快速发展为核心，到“十二五”末，建成一批国家级电子商务示范基地。在电子商务示范基地形成较为完善的电子商务产业政策体系和高效的公共服务体系；建立起较完善的产、学、研、用合作机制，电子商务示范基地成为地方电子商务服务企业、应用企业的聚集地和电子商务的创业创新平台；在促进电子商务快速、规范发展方面发挥明显的示范与带动作用，积极建设诚信、安全的电子商务支撑体系，推动我国电子商务服务业的规模化、标准化、产业化发展。

（二）基本原则

突出区域特色、实施科学规划、兼顾地区发展平衡。结合城市、地区发展规划，根据区域的产业基础、产业特色、消费环境、配套设施等基本条件，制定电子商务基地发展规划，依托产业需求建设具有典型示范效应的电子商务产业基地，突出区域品牌的特色和识别性。对电子商务发展基础较薄弱的地区适当降低标准，促进电子商务地区发展平衡。

促进产业聚合、实现协同发展。充分发挥政策的引导带动作用，借助产业链聚合效应，促进产业集聚；积极推进产、学、研、用协同合作，发挥规模效应，促进协同发展。

注重营造环境、强调规范引导。在政府引导和政策扶持的基础上，注重发挥市场的资源配置作用，形成多渠道、全方位支持基地发展的良性机制；不断创新公共服务模式，加强政策引导与规范，建设可信、规范、有序的电子商务交易与服务环境。

三、主要任务

（一）建立健全管理体制，营造良好政策环境

建立健全电子商务基地的创建管理体制，根据区域电子商务发展的现状和特点制定区域内电子商务基地发展规划；先行先试，出台有针对性的配套政策，明确支持方向和扶持范围，形成有利于电子商务基地发展的政策环境。

（二）加强基础设施建设，构筑完善支撑体系

为基地企业提供较为完善的办公环境、基础网络、数据中心、仓储物流、技术研发、人才培训等多层面的公共基础设施保障和服务平台。同时，积极引入第三方网上支付、移动支付、安全认证、信用评价、数据存证、物流配送、运营外包、技术支持配送等电子商务服务企业，形成较为完备的电子商务交易支撑等相关服务体系。

（三）创新公共服务模式，促进交易行为规范

加强部门协作，整合公共资源，通过建立公共服务平台等方式，为基地企业提供一站式服务，实现电子政务与电子商务的有机结合，创新服务与监管机制。鼓励基地构建适合不同行业需求的电子商务创新模式，大力推动电子商务企业技术创新、管理创新和服务创新，促进有形市场和虚拟市场的有机融合。同时积极开展电子商务信用体系建设，保障电子商务交易主体的真实性、可追溯性，保障商品信息的真实性和交易行为的规范性。

（四）创立多元投资体制，构建良好服务体系

加快构建适应电子商务基地发展的多元化、多渠道的投融资机制，推进创立面向基地电子商务企业及相关服务业的电子商务创业投资引导基金，立足企业需求与行业规律，通过政府基金引导带动社会资金投入，依托基地公共服务平台汇集企业数据资源以及基地企业信用体系，积极构建基地企业投资、融资、孵化的良性运作环境与服务体系。

（五）鼓励创建孵化中心，健全产学研用合作与创新机制

鼓励引导基地企业积极参与构建电子商务孵化中心，积极推动电子商务产、学、研、用战略合作和建立产业创新联盟，为国内外高等院校、科研院所在电子商务应用领域的基础研究提供创新孵化与成果转化服务，提高引进、消化、吸收和集成再创新能力，制定和完善电子商务产学研用和实施创新等优惠政策。加大对电子商务模式创新、技术创新、管理创新和服务创新等基础研究与成果转化的执行力度，制定和完善电子商务产学研用和实施创新等优惠政策。

（六）发挥基地规模效应，服务市场体系建设

利用基地政策优势和完善的电子商务服务环境，吸引产业链上下游企业进驻基地开展电子商务，发挥基地聚集效应，形成特色产业优势集群，充分利用电子商务的辐射带动作用促进区域经济一体化发展。支持基地电子商务企业积极参与商务领域各项市场建设工程，为传统企业、中小企业应用电子商务提供专业化的服务保障，促进经济结构调整与传统产业转型升级；优化流通企业电子商务应用，拓宽社区电子商务服务功能，拉动消费增长，方便百姓生活，推动现代市场体系建设实现跨

越式发展，助力区域经济增长方式的较快转变。

（七）建立人才发展战略，健全人才引进机制

加大电子商务基地招才引智及人力资本投入，重点培育和引进电子商务发展急需的各类高端人才。推动示范基地与高校、研究机构、基地企业联合开展应用性人才和管理型人才的职业培训和岗前培训，使示范基地成为电子商务人才的培训基地和人才高地。同时，要加快构建科学的电子商务人才评价工作机制，建立健全有利于充分体现人才价值、激发人才创造活力的人才建设保障机制。

（八）构建战略研究机构，加强基础应用研究

支持和鼓励基地创建电子商务战略研究机构、应用研究中心和企业技术与管理研究中心，加强电子商务基础理论研究及核心关键技术开发；研究建立电子商务服务产业统计指标、统计方法及电子商务行业标准规范等工作机制，为各级政府制定不同阶段电子商务发展方向及相关产业政策提供科学依据。

（九）发挥电子商务引领作用，完善现代流通体系

支持基地内电子商务企业发挥引导生产要素优化配置作用，积极参与流通体系建设，提升流通企业电子商务应用水平；拓展社区电子商务服务功能，为传统企业、中小企业、民营企业应用电子商务提供专业化保障；拉动消费增长方式转变，加快流通运行结构升级，完善百姓网络购物环境，推动现代流通服务实现跨越式发展。

四、保障措施

（一）加强组织领导

商务部对国家电子商务示范基地创建工作进行总体布局和统筹协调，会同有关部门加强政策指导；各省（自治区、直辖市）商务主管部门负责辖区内国家电子商务示范基地创建工作的规划布局，会同有关部门指导创建工作；基地所在城市的商务主管部门会同有关部门制定具体创建工作方案报商务部考核评审后组织实施。

（二）争取政策扶持

商务部将积极协调有关部门，在国家电子商务示范基地公共信息和服务平台建设、基础环境和软环境建设、战略和基础应用研究、改善中小企业融资环境等方面给予政策扶持。各地商务主管部门应充分重视示范基地的创建工作，推动当地人民政府根据实际情况和条件，给予基地必要的政策支持。

（本章由中国电子商务协会　许增元编）

第3章 大 事 记

本章收集了2010—2011年我国电子商务发生的重要事件。

3.1 2010年大事记

2010年1月

2010年1月12日，亚洲最大网络零售商圈淘宝网宣布，筹划近半年时间的淘宝全网消费保障计划将于1月15日先行启动，并将2000万消保基金额度提升到1亿元；国内首个电子商务网站自发组织的消费者权益平台——淘宝消费者维权保障平台也将在春节后正式上线。

2010年1月13日，温家宝总理主持召开国务院常务会议，决定加快推进电信网、广播电视网和互联网三网融合。三网融合的加速推进，也为电子商务的发展带来了变革。企业随时随地应用电子商务来提升营销、经营、管理的效率，改革经营模式，提升市场竞争力。

2010年1月13日，国务院决定推动电信网广电网及互联网三网融合。国务院总理温家宝13日主持召开国务院常务会议，会议指出，目前，我国已基本具备进一步开展三网融合的技术条件、网络基础和市场空间，加快推进三网融合已进入关键时期。

2010年1月13日，上海市发布“上海促进电子商务发展规定条例”。

2010年2月

2010年2月6日，中国银行近日表示，该行已经获得国家外汇管理局批准，正式推出个人网上银行小额结售汇业务，成为首家获准开办该业务的银行。

2010年2月20日，中国人民银行成立中国支付体系发展规划领导小组及办公室。

2010年3月

2010年3月5日，第十一届全国人大三次会议前夕，全国人大代表、中国移动广东公司总经理徐龙怀揣一份关于制定《电子商务法》的议案赴京，建议中国尽快制定统一系统的《中华人民共和国电子商务法》，以保障和促进电子商务的科学发展，同时引导和规范电子商务活动，防范和减少网上交易风险。

2010 年 3 月 17 日，《关于推进光纤宽带网络建设的意见》发布。该意见由工业和信息化部、国家发展改革委、科技部、财政部、国土资源部、住房和城乡建设部、国家税务总局联合印发。意见的发布有利于落实《电子信息产业调整和振兴规划》，引导推进光纤宽带网络建设，拉动国内相关产业发展，切实发挥光纤宽带对国民经济和社会发展的基础和促进作用。

2010 年 3 月 19 日，第十一届全国人大三次会议的《政府工作报告》明确提出要“加强商贸流通体系等基础设施建设，积极发展电子商务”。

2010 年 3 月 30 日，国家移动电子商务暨信息网络经济推进大会在长沙举行。湖南省委副书记、省长周强在大会上致辞时指出，大力发展移动电子商务，推动信息网络经济加快发展，是贯彻落实科学发展观的具体举措，对于加快“转方式、调结构”意义重大。

2010 年 4 月

2010 年 4 月 1 日，工业和信息化部信息安全协调司在北京召开《电子签名法》实施五周年座谈会。

2010 年 4 月 6 日，工业和信息化部、发展改革委、科技部、财政部、人力资源和社会保障部、环境保护部、国家质监总局等 7 部门联合印发《关于促进中小企业公共服务平台建设的指导意见》。

2010 年 4 月 9 日，国家首家“三网融合全程电子商务工程中心”成立。根据规划，“三网融合全程电子商务工程中心”作为中国电子商务协会的常设机构，将在全程电子商务产业研究、企业应用培训推广、企业应用体检、产业链合理构建等方面开展工作。

2010 年 4 月 15 日，中国互联网络信息中心在京发布《2009 年中国农村互联网发展状况调查报告》。报告显示城乡互联网差距持续扩大。截至 2009 年 12 月底，农村互联网普及率仅为 15%，而互联网在城镇的普及率是 44.6%。农村网民结构偏向年轻化、低学历和学生全体。农村网民商务应用远落后城镇，娱乐应用比例与城镇持平。

2010 年 4 月 16 日，工业和信息化部信息化推进司起草了《〈电子商务发展“十二五”规划〉编制工作方案》，这标志着《规划》编制工作正式启动。

2010 年 4 月 21 日，第十一届中国信息安全大会召开，本次大会以“融合安全・风险识别”为主题，内容覆盖目前信息安全热点的相关领域，包括：等级保护、云安全、风险管理、安全法规、安全服务以及信息防泄漏、数据保护等。

2010 年 4 月 24 日，“联想扬天・第五届中小企业电子商务应用发展大会”召开。本次大会由国家发改委高技术产业司、工业和信息化部信息化推进司、商务部信息化司指导，特邀深圳市科技工贸和信息化委员会、深圳市市场监督管理局、深圳市福田区人民政府联合主办，亿邦动力网、深圳市信息行业协会主办，联想扬天战略合作，中国联通、中国电子商务服务联盟、银盛科技有限公司协办。

2010 年 4 月 26 日，中国互联网络信息中心（CNNIC）在京发布《2009 年中国青少年上网行为调查报告》。该报告显示，截至 2009 年 12 月底，中国青少年网民规模已经达到 1.95 亿人，其中 74% 的青少年使用手机上网。

2010 年 4 月 27 日，国内首个“中小企业电子商务产业联盟”在深圳成立。成员包括中国互联网协会、深圳互联网技术应用协会、腾讯财付通、央视网，以及中国移动 12580、恰亚通等。联盟宗旨就是集结行业伙伴，服务于国内的中小企业，推进中小企业电子商务进程。

2010 年 5 月

2010 年 5 月 1 日，中国电子商务协会 e 消费商业联盟胜利启航。

2010 年 5 月 5 日，闽台电子口岸信息平台正式对接。《闽台口岸通关物流信息平台合作协议》在台北正式签订，福建地区的口岸信息平台（福建电子口岸平台）与台湾地区进出口通关信息平台（台湾关贸网络平台）将正式对接，全面开展闽台两地通关、物流信息的交流共享与互惠合作，这是国内首个地方电子口岸平台与台湾地区口岸信息平台实现对接。

2010 年 5 月 16 日，华中地区首个电子商务产业园——华中电子商务园武汉开发区奠基。该项目预计投资 3 亿元人民币，可提供就业人数 1 万人以上，将吸引阿里巴巴、当当、淘宝及淘宝大学、百度等知名网络企业入驻。

2010 年 5 月 19 日，由福建省经贸委主办、福建省电子商务协会承办的“第二届海峡两岸电子商务展示对接会”在福州举行，海峡两岸的多家电子商务企业代表参加了展示。

2010 年 5 月 21 日，第四届 APEC 电子商务工商联盟论坛于 5 月 21 日至 22 日在成都召开。这是 APEC 电子商务工商联盟论坛首次在中国西部城市举行。

2010 年 5 月 24 日，第三次中央企业信息化工作会议召开。国资委副主任李伟介绍中央企业信息化建设主要特点：一是信息化支撑企业发展战略转型作用明显，二是信息化支持企业决策水平进一步提高，三是主营业务信息化支撑企业做强主业，四是综合管理信息化支撑企业集团管控和科学发展，五是电子商务应用明显增强企业市场竞争力。

2010 年 5 月 25 日，中国电子商务协会数字贸易研究中心成立暨揭牌仪式在京举行。

2010 年 5 月 27 日，在中国纺织工业协会、中国互联网协会、中国服装协会大力支持下，由杭州市人民政府主办，杭州市信息办和北京正望咨询有限公司同承办的“2010 第二届中国服装电子商务峰会”在杭州举行。

2010 年 5 月 27 日，商务部新农村商网与中国移动农村信息网合作签约暨“商贸易”启动仪式在重庆举行。

2010 年 6 月

2010 年 6 月 1 日，国家工商总局正式出台《网络商品交易及有关服务行为管理暂行办法》（以下简称《办法》），规定个人网店须实名制，而网络平台监管失职最高罚 3 万元。该《办法》将于 7 月 1 日正式实施。

2010 年 6 月 1 日，由中国电子商务协会主办的“百万企业全程电子商务推进工程”在山东启动。将在济南、青岛、烟台、潍坊、淄博等地掀起新一轮的电子商务应用浪潮，将提升上万家企业的电子商务水平。

2010 年 6 月 2 日，《2010 中国软件与信息服务外包产业发展报告》发布。报告显示，2009 年中国软件与信息服务外包产业保持了较好的发展态势，产业规模 2033.8 亿元，增长 29.7%。从业务结构来看，ITO 业务继续占据主导，BPO 比重稳步上升。从地区市场来看，国内外包业务发展更加迅猛，业务收入为 1749.6 亿元人民币，增长 31.2%，较国际业务收入增速高近 10 个百分点。

2010 年 6 月 3 日，文化部公布《网络游戏管理暂行办法》，这是我国第一部针对网络游戏进行管理的部门规章。

2010年6月3日，由湖南省商务厅和中国国际电子商务中心联合打造的湖南省唯一的区域电子商务平台——湖南省国际电子商务应用平台•湖南外贸网正式开通。商务部副部长蒋耀平、湖南省副省长徐明华出席开通仪式。

2010年6月8日，国务院新闻办公室首次发表《中国互联网状况》白皮书，阐述了中国政府关于互联网的基本政策："积极利用，科学发展，依法管理，确保安全"。互联网已成为推动中国经济发展的重要引擎。

2010年6月8日，中国中小企业协会电子商务信用管理中心正式落户深圳。

2010年6月10日，成都市商务局、成都市财政局联合下发《成都市2010年度电子商务发展专项资金实施意见》，支持区（市）县引进国内行业排名前三或国际行业排名前十的综合性或专业性电子商务平台企业，对区（市）县新引进的区域性总部或功能性总部完成注册登记的，给予区（市）县政府一次性综合补贴100万元；对区（市）县新引进的全国性总部并完成注册登记的，给予区（市）县政府一次性综合补贴300万元。

2010年6月14日，中国人民银行发布《非金融机构支付服务管理办法》，规范非金融机构支付服务行为，防范支付风险，促进支付服务市场健康发展。该办法自2010年9月1日起施行。

2010年6月18日，"2010年中国移动信息化服务三农推进大会"在重庆召开。本次会议集中展示了中国移动与农业部签署《共同推进农业农村信息化战略合作框架协议》之后重点项目的推进情况和阶段性成果。

2010年6月21日，《海南省"信息智能岛"规划》出炉。根据《规划》，"信息智能岛"建设将围绕"一个基础、两个园区、三个重点、四个体系、五个突破"展开。

2010年6月22日，《网络游戏管理暂行办法》出台。《网络游戏管理暂行办法》是我国第一部专门针对网络游戏进行管理和规范的部门规章，并首次将网游玩家实名注册提上相关法案。

2010年6月24日，商务部发布《关于促进网络购物健康发展的指导意见》。《指导意见》明确提出保护网购消费者合法权益，要求利用网络平台从事经营活动的个人实名注册，具备条件时对网络销售个人逐步实施工商登记制度。

2010年6月25日，中共中央政治局常委、国务院总理温家宝来到阿里巴巴网络有限公司考察，听取企业创始人、首席执行官马云的介绍和对企业未来蓝图的描绘。

2010年7月

2010年7月1日，国家工商总局决定于7月1日起实施《网络商品交易及有关服务行为管理暂行办法》。《网络商品交易及有关服务行为管理暂办法》对网络商品经营者和网络服务经营者在境内从事网络商品交易及有关服务行为进行了规范。根据办法规定，通过网络从事商品交易及有关服务行为的自然人，应当向提供网络交易平台服务的经营者提出申请，提交姓名和地址等真实身份信息。

2010年7月3日，商务部发布"中国•中关村电子信息产品指数"。中关村电子指数是以中关村海龙、鼎好、E世界、科贸四大电子卖场的450家经销商的实际成交价为基础，采用销售量加权的合成指数方法编制而成，主要包括价格指数、景气指数，以及正在研发的绿色指数。其中，价格指数按周进行编制，景气指数则按月进行编制。

2010年7月15日，中国互联网络信息中心（CNNIC）发布的《第26次中国互联网络发展状况统计报告》显示，截至2010年6月底，我国网民规模达4.2亿人，互联网普及率持续上升增至31.8%。手机网民成为拉动中国总体网民规模攀升的主要动力，半年内新增4334万，达到2.77亿人，增幅为

18.6%。值得关注的是，互联网商务化程度迅速提高，全国网络购物用户达到1.4亿，网上支付、网络购物和网上银行半年用户增长率均在30%左右，远远超过其他类网络应用。

2010年8月

2010年8月1日，《网络游戏管理暂行办法》实施。《网络游戏管理暂行办法》首次系统地对网络游戏的娱乐内容、市场主体、经营活动、运营行为、管理监督和法律责任作出明确规定，共计6章39条，是我国第一部专门对网络游戏进行管理的部门规章。

2010年8月2日，由阿里巴巴集团研究中心和中国电子商务法律网等共同发起的专门研究网络规则的平台——网规研究中心宣告成立。这是我国首个专门研究网络规则，并且来自民间的一个研究机构。

2010年8月10日，中国邮政集团公司与TOM集团有限公司合资建设的B2C网上购物平台“邮乐网”正式上线。

2010年8月17日，《上海推进云计算产业发展行动方案（2010—2012年）》出台。总投资31.2亿元的首批12个项目也已经启动。根据方案，上海市规划经过三年努力实现在云计算产业领域“十百千”发展目标，即培育十家年经营收入超亿元的云计算技术与服务企业，建设十个面向城市管理、产业发展、电子政务、中小企业服务等领域的云计算示范平台，推动百家软件和信息服务业企业向云计算服务转型，带动信息服务业新增经营收入千亿元。

2010年8月17日，中国人民银行发布《网上支付跨行清算系统业务处理办法》及《网上支付跨行清算系统业务处理手续》，明确各参与主体的权利、义务和责任，防范支付风险，保障网上支付跨行清算系统的正常运行。

2010年8月18日，2010年（第九届）中国互联网大会在北京召开。大会的主题是“服务、绿色”，服务是网络价值之本，绿色是网络发展之道。

2010年8月20日，工业和信息化部发布了《关于同意上海市浦东新区为国家电子商务综合创新实践区的批复》，同意上海市浦东新区为国家电子商务综合创新实践区，同意浦东新区唐镇为国家电子商务创新试点镇。

2010年8月27日，工业和信息化部举办“2010中国移动支付应用发展大会”，中国人民银行和三大电信运营商、中国银联等相关单位一起专门讨论移动支付的标准问题。这表明跨行业、跨部门合作推进移动支付产业的发展，移动支付业务的标准制订工作已经开始。

2010年8月30日，商务部发布了《中国电子商务报告（2008—2009）》，报告显示2009年中国电子商务交易额达到3.8万亿元人民币，网络购物交易额达到2586亿元人民币，同比分别增长21.7%和105.8%。

2010年8月30日，第二代网上支付跨行清算系统正式上线。该系统将实现商业银行网银端口的连接，个人或企业可通过统一的操作界面，查询、管理在多家商业银行开立的结算账户资金，最终可实现跨行账户管理、跨行资金汇划等金融活动。

2010年9月

2010年9月1日，我国首个面向中亚电子商务交易平台正式挂牌。新疆亚欧国际物资交易中心交易平台以乌兹别克斯坦国家原材料交易所中国交易中心为切入点，为国内外生产、流通、消费企业提供国际原材料跨境现货拍卖交易服务、疆内特色商品批发零售服务、口岸公共物流管理信息服务、大型企业物流及供应链管理服务和融资服务等更简便、更有效的货物购销流通渠道。交易平台上可实现中国对乌兹别克斯坦的双边进出口交易，并将逐步向多边交易发展。

2010年9月2日，“全国海关税费电子支付系统运行启动仪式”在上海举行。

2010年9月8日，国务院审议并原则通过《国务院关于加快培育和发展战略性新兴产业的决定》。该决定指出，加快培育和发展以重大技术突破、重大发展需求为基础的战略性新兴产业，对于推进产业结构升级和经济发展方式转变，提升我国自主发展能力和国际竞争力，促进经济社会可持续发展，具有重要意义。

2010年9月10日，由杭州市人民政府、中国电子商务协会和阿里巴巴集团联合主办的第七届中国网商大会在杭州举行。来自世界各国的20万网商围绕“新网商·新文明”这一主题，共同探讨如何建立新的商业文明，并推动网络新经济的发展。

2010年9月10日，《2010年度网商发展研究报告》发布。报告称2009年，中小企业通过开展电子商务直接创造的新增就业超过130万，相当于我国2008年全国城镇新增就业的11.7%。调查显示，每增加1%的中小企业使用电子商务，将带来4万个新增就业机会。同时，网络零售业的发展也直接促进就业。以淘宝网为例，截至2010年4月底，淘宝网创造了106万个直接且充分的就业机会，带动物流、支付、营销等产业链就业机会为302.1万个。

2010年9月12日，在杭州举行的“电子商务发展政策论坛”上传出喜讯，国家发改委和商务部正式批准深圳创建首个国家电子商务示范城市，这对正在大力发展互联网等三大战略性新兴产业的深圳而言，无疑是一个巨大的历史机遇。

2010年9月15日，工信部副部长杨学山表示，互联网在经济生活中的地位越来越重要，预计2010年电子商务交易额将超过4万亿元，网络购物金额将超过4000亿元。

2010年9月15日，第二届中国电子商务文化节于在中华文明发祥地良渚举行。中国电子商务协会宋玲理事长，杭州市委常委、余杭区委书记朱金坤在开幕式上致辞。

2010年9月15日，《关于加快我国数字出版产业发展的若干意见》发布。意见提出，到“十二五”末，我国数字出版总产值力争达到新闻出版产业总产值的25%，整体规模居于世界领先水平。在全国形成8至10家各具特色、年产值超百亿元的国家数字出版基地或国家数字出版产业园区，形成20家左右年主营业务收入超过10亿元的具有国际竞争力的数字出版骨干企业。

2010年9月15日，由中企动力科技股份有限公司等单位联合发起的“中国电子商务协会信息化应用中心”在京成立，意欲培养更多的人才，帮助企业发展。

2010年9月15日，中国银联与铁道部在北京签署战略合作协议。双方将在支付渠道完善、铁路金融产品创新、增值服务体系建设和行业标准制订等方面深入合作，共同推进铁路支付电子化。

2010年9月21日，中国电子商务协会宋玲理事长一行莅临中国互联网络信息中心（CNNIC），进行考察指导，并听取了CNNIC主任毛伟所做的有关工作情况的汇报和演示。

2010年9月25日，首个国家电子商务综合创新实践区授牌仪式在上海浦东新区举行。杨学山副部长代表工信部授予上海浦东新区为“国家电子商务综合创新实践区”、浦东新区唐镇为“国家电子商务创新试点镇”。

2010年9月26日，中国银联推出B2C网站——银联在线商城。

2010年9月26日，国内最大农村移动电子商务平台“网上供销社”开发完成，由湖南省供销合作总社、中国移动通信集团湖南有限公司、农业银行湖南省分行在娄底签订战略合作协议，三方共同推进湖南农业移动电子商务工程建设。

2010 年 10 月

2010 年 10 月 15 日，中国人民银行网上支付跨行清算系统建成运行，网上支付跨行清算系统的主要功能包括四个方面：一是支持银行业金融机构网上支付业务的发展与创新，为银行业金融机构提供安全、高效的公共支付清算平台；二是为经中国人民银行批准许可的非金融支付服务机构提供接入渠道，支持其通过灵活多样的方式为社会公众提供支付服务；三是为适应网上支付可以在任何时间、任何地点、任何方式办理的业务特征；四是具备完善的风险管理措施。

2010 年 10 月 18 日，工信部和国家发改委联合发出《关于做好云计算服务创新发展试点示范工作的通知》。北京、上海、深圳、杭州、无锡 5 个城市将先行开展中国云计算服务创新发展试点示范工作。《关于做好云计算服务创新发展试点示范工作的通知》指出，五大首发试点城市试点工作肩负四大任务。一是针对不同市场需求，积极探索 SaaS（软件即服务）等各类云计算服务模式；二是通过产学研用相结合，强化对海量数据管理技术等云计算核心技术的研发和产业化摸索；三是组建全国性云计算产业联盟，形成合力参与世界云计算业竞争；四是加强云计算技术标准、服务标准和有关安全管理规范的研究制订，从而积极参与云计算业的标准竞争。

2010 年 10 月 23 日，海峡两岸合作构建的大陆首个集电子商务、移动商务、物联网商务和电子商务“云”服务为核心体系的“海峡电子商务产业基地”在福州举行签约仪式。

2010 年 10 月 26 日，由中国互联网协会和台湾资讯工业策进会（“资策会”）共同主办、北京正望咨询有限公司和上海市嘉定区人民政府联合承办的2010两岸电子商务产业合作与交流会议在上海隆重召开。

2010 年 10 月 27 日，商务部发布《关于开展电子商务示范工作的通知》。表示将加大电子商务等现代流通方式和新型流通模式推广的应用力度，并通过筛选电子商务骨干企业引导行业发展。此次目标是力争用 3～5 年，培育 50～70 家网络购物平台、行业电子商务平台和电子商务应用示范骨干企业。

2010 年 11 月

2010 年 11 月 9 日，医药电子商务平台商康网在长沙开通。商康网由全洲药业集团与中国工商银行合作建设，是目前我国最大的“B2B”（企业对企业营销）医药电子商务平台。

2010 年 11 月 15 日，“2010 中国电子商务建设与发展高峰论坛”在深圳大学隆重举行。

2010 年 12 月

2010 年 12 月 1 日，中国人民银行发布实施《非金融机构支付服务管理办法实施细则》。

2010 年 12 月 7 日，新闻出版总署发出《关于促进出版物网络发行健康发展的通知》。

2010 年 12 月 15 日，中国金融认证中心发布《2010 中国电子银行调查报告》。

2010 年 12 月 28 日，中国电子商务协会主办的“第十三届中国国际电子商务大会”在北京人民大会堂召开，大会主题为“中小企业云服务数字媒体新时代”。出席大会的领导有第九、第十届全国人大副委员长蒋正华，中国电子商务协会理事长宋玲，大会执行主席、盘石董事长兼总裁田宁做大会主题报告。中国互联网络信息中心（CNNIC）主任毛伟、中国银联助理总裁刘凤军、艾瑞咨询集团总裁杨伟庆等行业精英出席本次大会，并分别致辞和做主旨演讲。

2010 年 12 月 28 日，九部委局联合发布《商务部工业和信息化部公安部人民银行海关总署工商总局质检总局新闻出版总署（版权局）知识产权局打击侵犯知识产权和制售假冒伪劣商品专项行动网络购物领域实施方案》。

3.2 2011 年大事记

2011 年 1 月

2011 年 1 月 1 日，中国移动成立中移动电子商务有限公司，注册资金 5 亿元，主要从事互联网支付、移动电话支付、预付卡发行与受理、银行卡收单的业务。

2011 年 1 月 5 日，商务部发布“关于规范网络购物促销行为的通知”。

2011 年 1 月 7 日，全国新华书店“一网通”开通。“一网通”开通实现了我国 32 个省（区、市）新华书店的跨地区协作，整合资源、优势互补。

2011 年 1 月 13 日，网上投洽会（www.cifit.cn）2011 新春版隆重上线，新春版网上投洽会各大栏目及功能都得到了全面优化和升级。

2011 年 1 月 18 日，《2010 年度中国电子商务市场数据监测报告》发布。报告显示，2010 年中国电子商务市场交易额已达 4.5 万亿元，同比增长 22%。

2011 年 1 月 19 日，中国互联网络信息中心（CNNIC）在京发布了《第 27 次中国互联网络发展状况统计报告》。网民规模突破 4.5 亿大关。

2011 年 1 月 28 日，《国务院关于印发进一步鼓励软件产业和集成电路产业发展若干政策的通知》印发，涉及财税政策、投融资政策、研究开发政策、进出口政策、人才政策、知识产权政策、市场政策、政策落实。

2011 年 2 月

2011 年 2 月 15 日，APEC 电子商务工商联盟中英文网站全新升级，正式上线。

2011 年 2 月 25 日，跨境电子贸易物流服务创新研讨会在中国国际电子商务中心隆重召开。

2011 年 3 月

2011 年 3 月 4 日，亚太经合组织电子商务指导组（APEC-ECSG）第二十三次工作组会议在美国华盛顿召开。

2011 年 3 月 7 日，国家发展改革委、商务部、人民银行、国家税务总局、国家工商总局决定联合发布“关于开展国家电子商务示范城市创建工作的指导意见”。

2011年3月7日，市工商局牵头制定的《北京市"十二五"时期市场监管体系建设规划》即日起至3月9日在首都之窗网站公开征集意见。根据征求意见稿，"十二五"期间，本市将实现对网上交易实时监控，规范网络交易行为。

2011年3月8日，铁道部表示年内铁路将全面实施网络订票。

2011年3月8日，"洛阳市电子商务示范园区"在洛阳市关林商贸城挂牌成立。

2011年3月10日，北京电子商务协会发布，已有当当网、京东商城、卓越亚马逊、凡客诚品等10家电子商务企业先期加入"12315消费争议快速解决绿色通道"。电子商务企业将"零距离"接受工商部门的直接监督。

2011年3月14日，商务部、发展改革委、供销总社发布了《商贸物流发展专项规划》。

2011年3月15日，央视2011年"3·15"晚会发布了"2011年消费者最关注的十大消费热点"。通信服务质量及收费问题、网购团购、家电产品售后服务等榜上有名。

2011年3月18日，中国电信成立天翼电子商务有限公司，业务范围涉及互联网、手机、固定电话、IPTV等渠道的进场和远程方式的支付服务。

2011年3月21日，全国软件和信息技术服务业工作会议召开。本次会议的主要任务是：明确"十二五"期间发展思路，部署2011年工作任务。

2011年3月21日，由中国电子商务协会、浙江省人民政府新闻办公室和浙江省工商行政管理局主办的"2011年中国诚信网络大会"在杭州隆重召开。大会以"网络诚信促进民生携手推进网上强国"为主题，通过政府、协会及业界领军企业的共同携手以及深度合作，在"十二五"开局之年着力培育和打造新一代电子商务诚信体系。

2011年3月25日，网络诚信评价系统"信用宝"在浙江正式运行，将对网站主体资质、支付系统和产品等信息进行监控。

2011年3月30日，中国互联网络信息中心（CNNIC）发布的《第27次中国互联网络发展状况统计报告》显示，截至2010年年底，我国网民规模达到4.57亿人，较2009年年底增加7330万人，互联网普及率攀升至34.3%，较2009年提高了5.4个百分点。最引人注目的是，网络购物用户2010年增长了48.6%，是用户增长最快的应用，而网上支付和网上银行也以45.8%和48.2%的年增长率远远超过其他类网络应用。

2011年4月

2011年4月6日，《关于加快推进信息化与工业化深度融合的若干意见》印发。该意见为工业和信息化部、科学技术部、财政部、商务部、国有资产监督管理委员会联合印发。主要分为指导思想、基本原则、发展目标和主要任务、主要措施四个部分，对我国大力推进信息化与工业化深度融合，走中国特色新型工业化道路，促进经济发展方式转变和工业转型升级，具有重要意义。

2011年4月6日，中国最大的云计算中心实验区"两江国际云计算中心暨中国国际电子商务中心重庆数据产业园"于重庆启动建设。

2011年4月11日，中央4部门开展整治非法网络公关行为专项行动。中央外宣办、工业和信息化部、公安部、工商总局等四部门联合下发了《深入整治非法网络公关行为专项行动工作方案》，对这次专项行动做出部署。方案强调，要通过专项行动，坚决打击非法网络公关行为，遏制非法网络公关猖獗势头，维护互联网正常的传播秩序和市场经济秩序。

2011年4月12日，商务部公告2011年第18号发布《第三方电子商务交易平台服务规范》。

2011年4月12日，由商务部信息化司与北京市商务委员会主办，中搜等国内著名互联网企业协办的“诚信经营、规范服务——2011第三方电子商务交易平台高峰论坛”在京举行。

2011年4月12日，泛亚电子商务联盟（PAA）第三十七次工作组及督导组会议在新加坡召开。

2011年4月12日，安徽电子商务产业园授牌仪式、安徽电子商务门户网站开通暨签约仪式在安徽电子商务产业园隆重举行。

2011年4月18日，中国联通成立沃易付网络技术有限公司，注册资金2.5亿元，主要从事网络支付、移动支付、银行卡收单等业务。

2011年4月21日，商务部、工业和信息化部、公安部、人民银行、海关总署、工商总局、质检总局、新闻出版总署（版权局）、知识产权局联合发布“关于进一步推进网络购物领域打击侵犯知识产权和制售假冒伪劣商品行动的通知”。

2011年4月28日，商务部发布了2011—2012年度重点推荐的开展对外贸易第三方电子商务平台名单，中国诚商网成功入选。

2011年4月28日，中国银联首个“移动电子商务示范基地”落户于成都。

2011年5月

2011年5月4日，国家互联网信息办公室成立。国家互联网信息办公室的主要职责包括：落实互联网信息传播方针政策和推动互联网信息传播法制建设，指导、协调、督促有关部门加强互联网信息内容管理，负责网络新闻业务及其他相关业务的审批和日常监管，指导有关部门做好网络游戏、网络视听、网络出版等网络文化领域业务布局规划，协调有关部门做好网络文化阵地建设的规划和实施工作，负责重点新闻网站的规划建设，组织、协调网上宣传工作，依法查处违法违规网站，指导有关部门督促电信运营企业、接入服务企业、域名注册管理和服务机构等做好域名注册、互联网地址（IP地址）分配、网站登记备案、接入等互联网基础管理工作，在职责范围内指导各地互联网有关部门开展工作。

2011年5月5日，第109届中国进出口商品交易会闭幕。本届交易会电子商务网上成交活跃。广交会官方网站累计访问量达1.23亿次，比上届增长1.2%；电子商务网上累计意向成交额为5319万美元，比上届增长7.2%。

2011年5月13日，国家发改委、商务部、人民银行、国家税务总局、国家工商总局联合在中国国际电子中心召开了“国家电子商务示范城市”创建工作专题会。

2011年5月20日，海峡两岸合作建设的第一个电子商务产业基地——海峡电子商务产业基地在福州正式开园。

2011年5月23日，中国支付清算协会成立。

2011年5月24日，上海市经信委从上海信息化发展专项资金中安排1000万元资金，补贴中小企业利用电子商务平台发展壮大。

2011年5月26日，国家电子商务示范城市创建工作会议召开。此次会议由国家发改委、商务部联合人民银行、税务总局、工商总局召开。大会进一步明确了创建工作的主要目标、重点任务、工作安排和相关要求，交流了各地推动电子商务发展的经验，与会代表参观了深圳市电子商务典型企业。

2011年5月26日，中国人民银行颁发首批电子支付牌照（27家）。

2011 年 6 月

2011 年 6 月 2 日，2011 年电子信息百强企业揭晓。中国电子信息百强企业评选由工信部主办，从规模、效益、研发能力 3 方面进行综合评价。华为技术、联想、海尔、长城科技、中兴通讯、海信、长虹电子、TCL、北大方正、比亚迪等分列前 10 名。

2011 年 6 月 14 日，中国电子商务协会、中国互联网协会共同指导，政务和公益机构域名注册管理中心、中国互联网络信息中心、中国反钓鱼网站联盟共同支持，中国电子商务协会可信电子商务推进中心（简称“中国可信电子商务中心”）和中网（knet.cn）共同主办的“《第三方网站可信服务行业规范》发布暨全国可信网站示范工程启动仪式新闻发布会”在北京成功召开。

2011 年 6 月 16 日，中国人民银行公布实施《非金融机构支付服务业务系统检测认证管理规定》。

2011 年 6 月 18 日，移动互联网开放合作联盟成立。联盟由中国电信集团公司联合 24 家产业链合作伙伴共同发起成立。联盟将以“开放、合作、创新”为宗旨，引入优秀的移动互联网产品，培育扶持具有发展潜力的创新业务，打造精品业务，为 CDMA 和宽带用户提供更好的互联网服务，实现产业链各方的互利共赢；发挥合作伙伴平台、客户和渠道等资源优势，增加相互之间移动互联网业务的用户入口，有效扩大用户覆盖，创新营销推广模式。

2011 年 6 月 22 日，国家邮政局审议发布《关于快递企业兼并重组的指导意见》，称将积极争取支持快递企业兼并重组的财税、土地等优惠政策，促使 5 年内，培育出一批年收入超百亿、具有较强国际竞争力的大型快递企业。

2011 年 7 月

2011 年 7 月 4 日，国家工商总局表示，将用约 3 年时间，建设“全国网络商品交易监管信息化平台”，这是一个全国联网的内部系统平台，逐步建立所有网站卖家的真实信息以及信用记录。

2011 年 7 月 7 日，中国电子商务协会制定的我国首个行业规范《第三方网站可信服务行业规范（征求意见稿）》正式公布，此举填补了我国第三方网站可信服务领域的行业规范的空白。

2011 年 7 月 12 日，APEC 数字经济电子商务产业发展论坛在泉州盛大开幕。

2011 年 7 月 14 日，工业和信息化部信息化推进司和中小企业司在浙江省杭州市组织召开了全国中小企业信息化推进工作会议。

2011 年 7 月 19 日，中国互联网络信息中心（CNNIC）在京发布了《第 28 次中国互联网络发展状况统计报告》。

2011 年 8 月

2011 年 8 月 2 日，泛亚电子商务联盟（PAA）第三十八次工作组及督导组会议在中国澳门召开。

2011 年 8 月 8 日，中国连锁经营协会发布《2011 传统零售商开展网络零售业务研究报告》。数据显示，2010 年网购交易总额超过 5000 亿元，占社会消费品零售总额约 3.5%；网络购物用户 1.61 亿，年增 48.6%。在发展网络零售业务的队伍中，传统零售商的曝光率越来越高；在 2010 年连锁百强中，已有52家开展了网络零售业务。

2011年8月9日，国家发展改革委、商务部、人民银行、国家税务总局、国家工商总局联合发布关于组织开展国家电子商务示范城市创建工作有关事项的通知。

2011年8月10日，商务部发布2011年第50号关于“电子商务示范企业名单（共83家）”。

2011年8月12日，中国支付清算协会网络支付工作委员会成立。中国支付清算协会举办“中国支付清算协会网络支付应用工作委员会第一次成员大会”，大会通过中国支付清算协会网络支付应用工作委员会主任、副主任及常务委员单位名单。中国建设银行将担任工作委员会主任单位，中国银联、工商银行、农业银行、中国银行、交通银行、招商银行等金融机构，以及支付宝、汇付天下等共同担任副主任单位。中国支付清算协会网络支付应用工作委员会的成立，标志着中国网络支付领域有了专门的行业性组织。

2011年8月16日，新疆工商联牵头成立的亚欧国际商务网正式上线。该网站将立足新疆，面向内地，辐射中西亚及欧洲两大国际市场，构建全球贸易网，推进传统产业整合和升级。

2011年8月23日，中国电子商务协会发起并主办的“中小企业电子商务应用普及工程”正式启动。

2011年8月23日，2011年（第十届）中国互联网大会在北京召开。本届大会围绕“网络中国——责任与活力”的主题，针对当前大家关心的互联网界不同热点，共举办移动互联网、电子商务、创新与创业、IPv6等十余个特色分论坛，分领域深度解读行业发展动态。

2011年8月31日，中国人民银行颁发第二批第三方电子支付牌照（13家）。

2011年9月

2011年9月9日，由杭州市人民政府、中国电子商务协会和阿里巴巴集团联合主办的第八届中国网商大会在杭州举行。

2011年9月15日，电子商务“国家队”又有新动作。央视旗下CNTV（中国网络电视台）将于9月22日正式上线电子商务业务“CNTV商城”，目前该业务已经低调公测，主要提供产品导航服务。

2011年9月16日，由中国电子商务协会电子交易专业委员会举办的“2011中国电子交易大会”在京隆重举行。

2011年9月20日，由浙江省政府正式发布《浙江省电子商务产业“十二五”发展规划》。这不仅是浙江省第一个电子商务产业发展的专项规划，也是全国首个以省级政府名义颁布的电子商务产业规划。

2011年10月

2011年10月13日，科技部国科发高〔2011〕516号，“关于认定第一批现代服务业创新发展示范企业的通知”认定49家企业为第一批现代服务业创新发展示范企业，有效期为2011年至2013年。

科技部公布了全国第一批现代服务业创新发展示范城市试点名单，包括：上海、重庆、青岛、杭州、广州、成都、西安7个城市。

2011年10月18日，由商务部与北京市人民政府支持、北京市商务委员会主办，2011中国（北京）电子商务大会暨电子商务博览会在京举行。大会将举办“城市电子商务发展”、“电子商务人才”、

“第三方电子商务平台”、“网络零售”等分论坛。

2011 年 10 月 19 日，商务部发布《商务部“十二五”电子商务发展指导意见》。

2011 年 10 月 20 日，2011 第四届网络营销大会在北京召开。

2011 年 10 月 25 日，商务部、财政部和中国人民银行联合发布《关于“十二五”时期做好扩大消费工作的意见》，明确扩大消费是“十二五”期间商务工作的重要任务。

2011 年 10 月 25 日，世界浙商大会官方网站日正式启动。世界浙商网是首届世界浙商大会组委会专门为全球优秀浙商群体量身打造、政府与浙商互动交流的门户网站。

2011 年 11 月

2011 年 11 月 2 日，中国商务部副部长姜增伟与荷兰经济、农业与创新国务秘书亨克·布莱克签署了《关于建立中荷电子商务工作组的谅解备忘录》，以推动双边电子商务交流合作，将双边经贸关系推向更深层次、更高水平和更广领域。

2011 年 11 月 11 日，国家发展改革委、商务部、财政部、中国人民银行、国家税务总局、国家工商总局、海关总署、国家质检总局研究决定北京市等 21 个城市创建国家电子商务示范城市的复函。

2011 年 11 月 13 日，中国电子商务协会携手联想在京发布电子商务诚信体系，确立了电子商务行业的诚信规则和标准。

2011 年 11 月 14 日，工业和信息化部发布《电子认证服务业“十二五”发展规划》。

2011 年 12 月

2011 年 12 月 1 日，工业和信息化部发布《电子商务“十二五”发展规划》，指出“十二五”期间，电子商务将被列入战略性新兴产业的重要组成部分，并作为新一代信息技术的分支成为下一阶段信息化的重心。

2011 年 12 月 6 日，泛亚电子商务联盟（PAA）第三十九次工作组及督导组会议在马来西亚槟城召开。

2011 年 12 月 9 日，中国电子商务协会主办、国联资源网承办的 2011 中国电子商务专家研讨会在京召开。

2011 年 12 月 15 日，商务部发布关于“十二五”电子商务信用体系建设的指导意见。

2011 年 12 月 20 日，《国务院办公厅关于加强鲜活农产品流通体系建设的意见》指出，要加强流通基础设施建设，提升流通现代化水平。在引导各类投资主体积极建设农产品市场的零售网店建设的同时，还要积极发展电子商务，扩大网上交易规模。

2011 年 12 月 22 日，商务部发布关于国家电子商务示范基地创建工作的指导意见（商电发〔2011〕490 号）。

2011 年 12 月 26 日，上海网上国际贸易中心平台、上海市国际技术进出口促进中心揭牌仪式在上海举行。

2011 年 12 月 27 日，由工信部、商务部、中消协等单位支持，中国互联网协会企业信用评价中心承办的“2011 第三届中国 B2C 电子商务峰会”在北京国际会议中心隆重召开。

2011 年 12 月 27 日，由厦门市工商联（厦门总商会）主办，厦门市电子商务协会具体承办的“首届海峡两岸电子商务博览会”在厦门国际会展中心开幕。

2011 年 12 月 27 日，温州市电子商务行业协会成立。

2011 年 12 月 29 日，云南省电子商务协会在昆明成立。

2011 年 12 月 30 日，商务部发布关于开展国家电子商务示范基地创建工作的指导意见。

2011 年 12 月 31 日，中国人民银行公布了获得第三方支付许可证（支付牌照）的第三批 61 家企业名单，至此，我国获得牌照的第三方支付企业达 101 家。

（本章由中国电子商务协会　许增元编）

第二篇

环境篇

第 4 章　政策法律环境

我国政府对于电子商务的发展给予了极大的重视。2010 年 9 月 5 日，胡锦涛在深圳考察了腾讯公司，接受了腾讯公司赠送的 QQ 号码。总书记对腾讯的年轻人说："中国的互联网产业能不能跻身世界前列，达到世界一流水平，这个要你们来回答。"[1]2010 年 3 月 5 日，在十一届全国人大第三次会议上温家宝总理第一次明确提出：要"加强商贸流通体系等基础设施建设，积极发展电子商务"[2]。2011 年 3 月 5 日，在十一届全国人大第四次会议上温家宝总理再次提出："积极发展电子商务、网络购物、地理信息等新型服务业"[3]。在国家高层领导的高度重视下，我国电子商务发展的政策法律环境得到了极大改善。

4.1　政策支持

从 2010 年到 2011 年，国家各部委和各地政府加大了对电子商务的政策支持力度，同时，加强了对电子商务市场的治理力度，随着围绕电子商务政策、法规的大量出台，我国进入了电子商务相关政策法规发布的密集期。

4.1.1　国家部门

2010 年 10 月，商务部发布《商务部关于开展电子商务示范工作的通知》（以下简称《通知》）。《通知》提出[4]，力争用 3～5 年，培育 50～70 家网络购物平台、行业电子商务平台和电子商务应用示范骨干企业，发挥其在创新商务模式、降低商务成本、整合商务资源、开拓市场、刺激消费、健全产业链、带动创业就业等方面的示范引导作用，引领经营模式创新、产品创新、标准制定和价格形成，带动上下游关联企业协同发展，充分利用两个市场、两种资源，促进发展方式转变，加快经济结构调整步伐，实现经济社会又好又快发展。《通知》要求加强对示范企业的跟踪和研究，不断总结

1 康岩慧. 胡锦涛考察腾讯公司获赠 QQ 号，勉励员工 [EB/OL](2010-09-08)[2012-07-20]. 新华网：http://news.xinhuanet.com/2010-09/08/c_12529502_3.htm

2 新华社. 温家宝所作政府工作报告（十一届人大三次会议）[EB/OL](2010-03-05)[2012-07-20]. 中央政府门户网站：http://www.gov.cn/2010lh/content_1555767.htm

3 新华社. 温家宝在十一届人大四次会议上所作政府工作报告[EB/OL](2011-03-05)[2012-07-20]. 中央政府门户网站：http://www.gov.cn/2011lh/content_1825233.htm

4 商务部. 商务部关于开展电子商务示范工作的通知[EB/OL](2010-12-07)[2012-04-03]. 商务部网站：http://guangxi.mofcom.gov.cn/aarticle/sjdixiansw/201012/20101207289532.html

推广经验，夯实电子商务发展基础，切实发挥电子商务示范企业的引导作用。2011 年 8 月 10 日，第一批商务部电子商务示范企业正式公布。

2011 年 3 月，国家发展改革委、商务部等部门发布《关于开展国家电子商务示范城市创建工作的指导意见》[1]，《指导意见》深刻阐述了创建电子商务示范城市的重要意义：创建国家电子商务示范城市是增强城市竞争优势的新选择，创建国家电子商务示范城市是促进战略性新兴产业发展的新举措，创建国家电子商务示范城市是推进现代市场体系现代化建设的新抓手，创建国家电子商务示范城市是促进电子商务健康快速发展的新途径。

2011 年 11 月 11 日公布的《关于同意北京市等 21 个城市创建国家电子商务示范城市的复函》[2]进一步要求：

（1）各示范城市要把创建国家电子商务示范城市作为增强城市竞争优势的新途径。

（2）各示范城市要把创建国家电子商务示范城市作为促进战略性新兴产业发展的新举措。

（3）各示范城市要把创建国家电子商务示范城市作为推进现代市场体系建设的新抓手。

（4）各示范城市要把完善电子商务发展环境作为创建工作的首要任务。

（5）各示范城市要充分发挥政府的协调指导作用。

2011 年 4 月，工业和信息化部等五部委联合印发的《关于加快推进信息化与工业化深度融合的若干意见》[3]，提出“推动大型企业电子商务应用深入发展，在提高网络采购和销售水平、扩大网络营销覆盖率基础上，向网上交易、物流配送、信用支付集成方向升级。支持制造业企业以电子商务为手段提高供应链协同和商务协同水平，带动产业链上下游企业发展。积极推动行业第三方电子商务服务平台诚信发展，支持提高面向产业集群和专业市场的电子商务技术支撑和公共服务水平。深化移动电子商务在工业和生产性服务业领域的应用。”

2011 年 10 月，商务部发布《商务部“十二五”电子商务发展指导意见》[4]（以下简称《意见》）。《意见》提出，到 2015 年我国规模以上企业应用电子商务比率达 80%以上，应用电子商务完成进出口贸易额占我国当年进出口贸易总额的 10%以上，网络零售额相当于社会消费品零售总额的 9%以上。《意见》强调要完善电子商务政策支撑体系，建立电子商务法规标准体系、电子商务统计监测体系和统计监测网络；重点鼓励发展第三方电子商务服务平台，引导鼓励中小企业应用第三方电子商务服务平台开拓国内外市场。《意见》要求中央及各级财政要加大对发展电子商务的支持力度，设立电子商务发展专项资金，向电子商务科研创新、模式创新、产学研成果转化、中小企业电子商务应用、中小电子商务企业融资、农村商务信息服务、电子商务公共服务提供资金支持。

2011 年 12 月，工业和信息化部印发了《电子商务“十二五”发展规划》（简称《规划》）[5]。该《规划》是“十二五”时期推动我国电子商务发展的指导性文件，明确了我国电子商务发展的总体目标和具体目标，提出了九项重点任务。

2010—2011 年，在国家其他有关文件中，如国务院办公厅发布的《关于加强鲜活农产品流通体系建设的意见》、《关于加快发展高技术服务业的指导意见》、交通运输部下发的《关于加快推进交通电子口岸建设的指导意见》、新闻出版总署发布的《关于发展电子书产业的意见》、国家邮政局发布

1 国家发展改革委，商务部，财政部等. 关于开展国家电子商务示范城市创建工作的指导意见[EB/OL] (2011-03-07)[2012-04-03].国家发改委网站：http://www.ndrc.gov.cn/zcfb/zcfbtz/2011tz/t20111122_445911.htm

2 国家发展改革委，商务部，财政部等. 关于同意北京市等 21 个城市创建国家电子商务示范城市的复函[EB/OL] (2011-11-11)[2012-04-03].国家发改委网站：http://www.ndrc.gov.cn/zcfb/zcfbtz/2011tz/t20111122_445911.htm

3 工业和信息化部. 关于加快推进信息化与工业化深度融合的若干意见[EB/OL](2011-04-20)[2012-04-03].工业和信息化部网站：http://www.miit.gov.cn/n11293472/n11293832/n11293907/n11368223/13718738.html

4 商务部. 商务部“十二五”电子商务发展指导意见[R/OL](2011-10-19)[2012-04-03]. 中国政府网：http://www.gov.cn/gzdt/2011-10/19/content_1973303.htm

5 工业和信息化部. 电子商务“十二五”发展规划[R/OL](2011-12-10)[2012-04-03].国家电子商务工作简报网站：http://gjdzsw.drcnet.com.cn/gjdzsw/DocView.aspx?docid=2720073&leafid=14477&chnid=1070

的《邮政业发展“十二五”规划》等文件，都从不同角度提出了该部门所辖行业电子商务发展的方向和措施。

4.1.2 地方政府

1. 东部地区

2011 年 6 月，浙江省政府发布《浙江省电子商务产业“十二五”发展规划》，该规划根据《浙江省国民经济和社会发展第十二个五年规划纲要》总体要求制订，范围包括商品和服务的网上贸易以及与之紧密相关的信息技术、配送、支付、认证等支撑服务产业，并对传统产业和社会各领域电子商务应用提出了指导性意见。“规划”在国内首次提出：“遵循市场经济规律和电子商务产业自身发展要求，结合浙江产业特色，发展符合浙江实际的电子商务产业。同时，按照战略性新兴产业培育和打造“国际电子商务中心”的要求，强化政府在产业规划、政策引导、配套完善、法规建设、市场监管等方面的作用，加快推进我省电子商务健康有序发展。”

2011 年 7 月，上海市发布《上海商业“十二五”发展规划》[1]。“规划”将“大力发展电子商务，推进网上贸易中心建设”，作为八项“十二五”上海商业发展的重点任务之一，具体任务包括：建设网上贸易中心公共平台、推动流通企业开展网上业务、鼓励中心商业街区和中华老字号企业发展电子商务、鼓励电子商务物流配送、完善电子商务支撑服务体系。“规划”还就规范上海市电子商务市场环境做了进一步的说明。包括：培育上海电子商务知名品牌，建设专业电子商务功能园区，加快网上国际贸易中心建设。营造良好的电子商务发展环境，推进电子商务公共服务体系建设，引导和规范电子商务市场环境，构建电子商务产业和创新集群，完善电子商务物流服务体系和电子商务支付服务体系。

广东省经济和信息化委员会《广东省电子商务“十二五”发展规划》提出，到 2015 年，电子商务在广东省经济社会各领域的应用水平明显提高，在新技术支撑下的新一代电子商务发展实现新突破，电子商务产业体系初步建立，电子商务对经济发展的支撑和促进作用明显增强，电子商务制度建设取得突破性进展，支撑体系进一步完善，成为战略性新兴产业的重要组成部分，进一步确立广东省电子商务产业发展在全国的领先地位，广东电子商务品牌的国内外影响力显著提升。

为了加快落实 ECFA 协议（海峡两岸经济合作框架协议）中有关“电子商务合作”的条款，推动闽台电子商务合作工程建设步伐，有效促进闽台经贸合作与交流先试先行，2011 年 4 月，福建省对外贸易经济合作厅成立了“推进闽台电子商务合作领导小组”，开展闽台电子商务合作，对“闽台电子商务合作工程”建设过程中的重大事项做出决策；组织制订“闽台电子商务合作工程”建设的总体规划与实施，提出促进闽台电子商务合作的政策措施；研究探讨两岸电子商务产业应用标准与相关政策，对国家电子商务公共服务示范基地的建设与管理提出建议；指导“闽台电子商务合作工程”重点项目健康有序发展，积极推动海峡电子商务产业基地创建首家国家级电子商务公共服务示范基地；组织建立定期会商机制。

2011 年 1 月，山东省出台了《山东省电子商务企业认定管理办法（暂行）》。“办法”规定五类企业：集信息发布、物流业务交易于一体的物流电子商务企业，集产品展示、信息发布、在线交易、支付于一体的综合电子商务企业，集大宗商品信息发布、价格指导为一体的网上专业交易平台企业，行业电子商务应用网站企业和信用信息服务、数字认证、网上支付等电子商务支撑企业为电子商务

1 上海市商务委. 上海商业“十二五”发展规划[EB/OL](2011-07-13)[2012-04-03].上海市商务委网站：http://www.scofcom.gov.cn/sfic/sc/list.jsp?viewType=viewImage&id=255424#_Toc287338902

企业，可以择优推荐政府财政资金项目扶持。

2011 年 12 月，辽宁省人民政府发布《关于鼓励和引导民间投资健康发展的实施意见》，明确提出，鼓励民间资本发展连锁经营、电子商务、物流配送、商业特许经营等新型流通业态和现代流通方式，参与改造和提升传统商贸流通业。支持民间资本投资电子商务，提升电子商贸流通、居民和商务服务等行业的应用水平。

2．中部地区电子商务有关政策文件

2011 年 11 月，江西省发布《江西省加快电子商务发展的指导意见》[1]，提出了加快江西省电子商务发展的具体措施：实施政策促进，加大示范引导，完善法律法规，加强行业培训，强化宣传舆论，加强组织协调。

3．西部地区电子商务有关政策文件

2011 年 9 月，四川省发布《四川省电子商务发展专项资金管理办法》，规定四川省电子商务发展专项资金是由省级财政安排，专项用于扶持全省范围内电子商务项目建设的补助资金。专项资金主要用于支持第三方电子商务（网购网销）平台建设，支持省内电子商务示范企业、电子商务示范园区、农村电子商务示范基地建设，支持传统商贸流通企业应用电子商务。

2011 年 6 月，成都市出台了《成都市 2011 年度电子商务发展专项资金实施意见》，这是成都市连续第三年出台的支持电子商务发展的扶持政策。符合条件的电子商务企业，年度内最高可获 500 万元的专项资金支持。行业国际排名前十名或行业国内排名前三名的知名电子商务企业在蓉设立全国性总部、区域性或功能性总部的均将获得一次性综合补贴。其中，全国性总部按 300 万元、区域性或功能性总部按 100 万元给予补贴。本土企业开拓市场，也将获支持。

2011 年 8 月，重庆市出台《重庆市加快电子商务产业发展有关优惠政策》，涉及以下方面：工商行政管理政策、税收优惠政策、财政扶持政策、人才扶持政策、金融保障政策、服务保障政策。

4.2 市场规范

为改善网络购物交易环境，进一步发挥网络购物在拉动内需、扩大消费中的积极作用，2010 年 6 月，商务部发布《关于促进网络购物健康发展的指导意见》(以下简称《指导意见》)[2]。《指导意见》明确了网络购物中两个方面的重要问题：保护消费者合法权益、规范网络市场秩序。

2010 年 5 月，国家工商总局颁布《网络商品交易及有关服务行为管理暂行办法》(以下简称《暂行办法》)[3]。《暂行办法》对网络商品经营者和网络服务经营者的义务、提供网络交易平台服务的经营者的义务、网络商品交易及有关服务行为的监督管理等进行了规定，并明确规定了提供网络交易平台服务的经营者应当遵守的五项义务。

2011 年 1 月，商务部发布《商务部关于规范网络购物促销行为的通知》[4]。针对网络购物企业间

1 江西省商务厅.江西省加快电子商务发展的指导意见[EB/OL](2011-11-15)[2012-04-03].江西省商务厅网站：http://www.jxdoftec.gov.cn/zwgk/tzgg/201111/t20111121_189040.htm

2 商务部. 关于促进网络购物健康发展的指导意见[EB/OL](2011-06-24)[2012-04-03]. 商务部网站：http://www.mofcom.gov.cn/aarticle/b/g/201007/20100707044659.html

3 国家工商总局. 网络商品交易及有关服务行为管理暂行办法[EB/OL](2010-12-22)[2012-04-03]. 国家工商总局网站：http://www.saic.gov.cn/xbj/flfg/bmgz/201012/t20101222_102882.html

4 商务部.商务部关于规范网络购物促销行为的通知[EB/OL](2011-01-05)[2012-04-03]. 商务部网站：http://dzsws.mofcom.gov.cn/aarticle/zcfb/201106/20110607612013.html

激烈竞争中所出现的销售侵权盗版商品、以次充好、虚假打折、线下服务和线上促销承诺不一致、网络团购缺乏规范等问题，就打折、秒杀、抢拍、返券、赠积分、免运费等促销手段的规范应用，提出了 7 条规范意见：引导企业依法促销，保证促销商品质量，保护消费者合法权益，严厉查处不实宣传，加强知识产权保护，引导科学合理消费，建立长效机制。

2011 年 4 月，商务部、工业和信息化部等九部委联合下发通知《关于进一步推进网络购物领域打击侵犯知识产权和制售假冒伪劣商品行动的通知》[1]，要求进一步严厉打击网络购物领域侵权假冒行为，加大网上巡查力度，查办一批重点案件，建立办案责任制；对侵犯知识产权情节严重的网络购物平台，要依法采取约谈、警告、限期整改等多种方式督促其健康规范发展，限期整改不到位且情节严重的要依法从严处理，直至停止其网站接入服务和域名解析服务。

2011 年 4 月，商务部发布《第三方电子商务交易平台服务规范》[2]，从平台设立、基本行为规范、平台经营者对站内经营者的管理与引导、平台经营者对消费者的保护等方面对第三方平台经营与管理作出规范。其中，设置“冷静期”、平台异地备份、平台先行赔付等制度引起了社会广泛关注。

2011 年 6 月，国家工商总局发布《关于开展打击网络传销违法犯罪专项行动的通知》[3]，要求以“净化网络、打击头目、摧毁组织、教育群众”为原则，查处侦破一批网络传销违法犯罪大要案件，严惩网络传销组织者、领导者，净化网络环境，提高群众抵制和防范传销的能力，遏制网络传销违法犯罪活动发展蔓延的势头，建立打击和防范网络传销违法犯罪活动长效机制。

2010 年 6 月，中国人民银行发布《非金融机构支付服务管理办法》[4]，规定从事支付业务的非金融机构必须取得由央行颁发的《支付业务许可证》，逾期未能取得许可证者将被禁止继续从事支付业务。2010 年 12 月，央行又发布了《非金融机构支付服务管理办法实施细则》，对支付机构从事支付业务的最基本规则、申请人资质条件等进行细化。

2011 年 3 月，国家外汇管理局发布《电子银行个人结售汇业务管理暂行办法》[5]，对银行电子银行系统为个人办理电子银行结售汇业务作出了详细规定，鼓励境内外个人可以通过网上银行、自助终端、电话银行、手机银行等多种电子银行渠道办理购汇和结汇业务。

2010 年 12 月，新闻出版总署发布《关于促进出版物网络发行健康发展的通知》[6]，对出版物网络发行规定了准入标准。未办理《出版物经营许可证》而仍通过网络发行出版物的，新闻出版行政部门将依法取缔，并提交电信主管部门关闭违法网站。

2010 年 9 月，财政部发布《互联网销售彩票管理暂行办法》[7]，规定网络售彩合作单位、互联网代销者注册资本不低于 5000 万元人民币，且需要经过财政部批准。

2011 年 12 月，北京市政府发布了《北京市微博客发展管理若干规定》[8]，这是我国地方政府对微博的第一部行政法规。该规定首次明确规定了微博使用人应当实名注册，开办微博的网络公司有义务保证微博使用人的身份信息真实。

1 商务部, 工信部, 公安部等. 关于进一步推进网络购物领域打击侵犯知识产权和制售假冒伪劣商品行动的通知[EB/OL](2011-04-21)[2012-04-03]. 国家工商总局网站：http://www.saic.gov.cn/zwgk/zyfb/lhfw/lhfw/xxzx/201104/t20110425_105659.html

2 商务部. 第三方电子商务交易平台服务规范[EB/OL](2011-04-12)[2012-04-03]. 商务部网站：http://www.mofcom.gov.cn/aarticle/b/c/201104/20110407516456.html

3 国家工商总局, 公安部, 工信部等. 关于开展打击网络传销违法犯罪专项行动的通知[EB/OL](2011-07-07)[2012-04-03]. 国家工商总局网站：http://www.saic.gov.cn/zwgk/zyfb/lhfw/lhfw/zxjgj/201107/t20110707_107557.html

4 中国人民银行. 非金融机构支付服务管理办法[EB/OL].(2010-06-14)[2012-04-03]. 中国政府网：http://www.gov.cn/flfg/2010-06/21/content_1632796.htm

5 国家外汇管理局.电子银行个人结售汇业务管理暂行办法[EB/OL].(2010-11-15)[2012-04-03]. 国家外汇管理局网站：http://www.safe.gov.cn/model_safe/laws/law_detail.jsp?ID=80304000000000000,24&id=4

6 新闻出版总署. 关于促进出版物网络发行健康发展的通知[EB/OL].(2010-12-07)[2012-04-03]. 新闻出版总署网站：http://www.gapp.gov.cn/cms/cms/website/zhrmghgxwcbzsww/layout3/xxml33.jsp?channelId=2915&siteId=21&infoId=707605

7 财政部. 关于印发《互联网销售彩票管理暂行办法》的通知[EB/OL].(2010-09-26)[2012-04-03]. 中央政府网站：http://www.gov.cn/zwgk/2010-10/09/content_1717913.htm

8 北京市政府. 北京市微博客发展管理若干规定[EB/OL].(2011-12-16)[2012-04-03]. 新华网：http://news.xinhuanet.com/legal/2011-12/16/c_111249899.htm

4.3 电子商务执法实践

2010—2011 年，为促进电子商务的更快发展，我国政府积极发挥引导作用，规范市场竞争秩序，妥善解决交易各方的矛盾，较好地维护了电子商务运作环境。

2010 年 11 月 3 日，腾讯公司和奇虎公司先后在装有自己软件的电脑上停止对方软件的运行，事件直接影响到数亿网民的正常使用。2010 年 11 月 10 日，在工信部、公安部的干预下，QQ 软件与 360 软件实现兼容。2011 年 9 月 29 日，北京市第二中级人民法院宣布腾讯公司诉“360 隐私保护器”侵权案的终审判决结果：北京奇虎、奇智软件以及三际无限的行为构成不正当竞争，判决三公司停止侵权；三家公司需要在网站的首页及《法制日报》上公开发表声明以消除影响，并赔偿原告腾讯经济损失 40 万元。

2011 年 10 月 10 日，淘宝商城推出的 2012 年度商家招商续签及规则调整：技术服务年费、商铺的违约保证金数额等涨价 5 到 15 倍。此举引起了中小卖家的强烈不满，并采取部分过激行动表示抗议。15 日，商务部要求有关方面从稳定物价和支持小微企业的高度妥善处理并及时报告情况，要求淘宝商城充分听取各方意见，采取积极行动回应相关商户特别是中小商户的合理要求，强调相关企业和个人必须遵循合法途径表达诉求。在商务部的积极干预下，该事件得到了平息。

针对网络传销违法犯罪活动日益突出的问题，国家工商行政管理总局、公安部、工业和信息化部、国家互联网信息办公室、中国人民银行、中国银监会决定自 2011 年 7 月至 12 月，在全国组织开展打击网络传销违法犯罪专项行动。依法对一批散播传销内容和信息、诱骗网民、影响恶劣的违法网站予以关闭处理，并提醒网民认清传销骗人本质，远离传销，避免上当受骗。专项行动共分三个阶段。从即日起至 7 月中旬为动员部署阶段，各地将对专项行动进行动员部署，成立协调领导机构，制订工作方案，全面开展调查摸底，掌握当地网络传销违法犯罪的态势，查明打击对象的底数等情况。从 7 月下旬至 11 月为集中打击阶段，各地将采取集中行动和专案经营相结合的方式，清理一批窝点，摧毁一批传销组织网络，查处一批大要案件。12 月为总结阶段。

① 2011 年 8 月，湖南省常德市公安局和上海、广东、广西、天津及江苏等地警方全力配合，破获一起特大网络传销案，抓获犯罪嫌疑人 6 名。该案涉案金额高达 7 亿元，网络成员达 2 万余人。

② 2011 年 8 月，湖南省长沙市启动打击传销违法犯罪活动专项整治行动。公安、工商、城管等部门出动千余名执法人员，分赴开福区洪山管理局和芙蓉北路街道等地的社区，对涉嫌传销窝点进行清查，共清查涉嫌传销窝点 230 个，清查并遣送了 850 名涉嫌传销人员，移送公安进一步侦查的涉嫌传销头目 6 人。

③ 2011 年 9 月，江苏省南通市公安局如皋警方历经数月走访调查，成功侦破涉案金额高达 1.06 亿元的“E 玛国际”特大网络传销案。经检察机关批准，王某、何某等主要犯罪嫌疑人以涉嫌组织、领导传销活动罪，被如皋警方执行逮捕。

但是，在网络购物和网络团购的执法实践中，仍然存在较大的问题。2011 年，全国消协组织受理销售服务投诉 30355 件，同比增长 43.3%，投诉增幅居于首位。2011 年北京市消协 96315 和工商 12315 受理的投（申）诉量为 6191 件，同比增长 126.7%。销售服务投诉中，与网络购物、电视购物等媒体购物有关的投诉相对较多，而且解决难度也相对较大。特别是一些经营者在开展服务类团购活动中，随意变更团购规则，取消服务内容，致使参团消费者无法享受团购带来的实惠[1]。

（本章由上海权亚智博律师事务所　万以娴，上海理工大学　杨坚争编）

1 中国消费者协会. 2011 年全国消协组织受理投诉情况分析[EB/OL](2012-02-14)[2012-04-03]. 中国消费者协会网站：http://www.cca.org.cn/web/xfxx/picShow.jsp?id=55918

第 5 章　市场信用环境

市场经济是信用经济。社会信用环境建设是电子商务发展中关键的环节。为加快推进我国电子商务社会信用环境建设，一方面需要整个社会信用环境的改善，另一方面需要整顿和规范电子商务市场秩序。同时，也需要重视电子商务投融资环境的建设。

5.1　银行与社会信用环境

5.1.1　银行信用环境

我国一向重视信用体系建设。近年来，从信贷征信起步，各地区、各行业积极探索，社会信用体系建设取得了较大进展。2011 年，社会信用体系建设规划已被明确列为“十二五”期间的重点专项规划。

2011 年，中国人民银行大力推进《征信管理条例》出台进程。先后组织开展了全国征信市场情况调研，召开研讨会听取市场主体与国内外专家意见，对《征信管理条例》制度设计的科学性、合理性和可操作性进行评估。在此基础上，配合国务院法制办修改《征信管理条例》，并准备《征信管理条例》的相关审议材料。

由中国人民银行征信中心统一运行的全国集中统一的企业和个人征信系统，已经成为我国社会信用体系中的重要基础设施，在中国经济社会生活中发挥着积极作用。该系统已于 2006 年正式建成，并实现全国联网运行。截至 2010 年年底，该系统已分别为近 1700 万户企业和 7.77 亿多自然人建立了信用档案；累计查询量达到 1.52 亿次，个人征信系统累计总查询量达到 8.12 亿次。调查显示，仅 2010 年第三季度，商业银行利用征信系统，拒绝高风险客户信贷业务申请 661.9 亿元，预警高风险贷款 480.7 亿元，清收不良贷款 47.3 亿元。

随着中小企业和农村信用体系建设的深入推进，中小企业信用档案信息和农户信用档案不断充实、完善，为解决中小企业融资难和农户贷款难发挥了积极作用。截至 2010 年 11 月底，全国累计补充完善中小企业信息 213.4 万户，已有 25.7 万户补充完善信息的中小企业取得了银行授信意向，其中 14.8 万户中小企业获得了银行贷款，贷款余额 27501 亿元，累计获得贷款总额 50519 亿元。截至 2010 年第三季度，全国已有 2455 个县（市、区）开展了农户信用档案建设工作，2157 个县（区）已建立农户信用评价体系。全国农村地区金融机构共为 1.27 亿农户建立了信用档案，并对其中 8037 万农户进行了信用评定。

2011 年，中国人民银行组织开展了对广东云浮、陕西延安、河北廊坊等地的实地调研，推进中小企业和农村信用体系试验区建设。同时，创新工作方式，开展中小企业和农户信用信息采集、更新和应用工作，推进中小企业和农户信用档案建设。中国人民银行还联合团中央青农部召开工作会，在 2010 年试点的基础上，在全国范围内按“一省一个”的原则，全面推进“农村青年信用示范户”试点创建工作。截至年末，全国共建立农户信用档案 1.43 亿户，其中，评定信用农户 9360 万户，获得银行贷款的农户近 8185 万户，贷款余额 1.52 万亿元；补充完善未与银行发生信贷关系的中小企业信息 226.54 万户，其中，取得银行授信意向的企业 36.36 万户，获得银行贷款的企业 21.66 万户，贷款余额 4.28 万亿元。

中国人民银行的应收账款质押登记公示系统运行 3 年多来，受到社会各界尤其是金融机构的广泛欢迎，登记量和查询量持续增长，在改善中小企业融资方面成效突出。截至 2010 年年底，中国的应收账款质押登记量已经超过 28 万笔，累计查询近 36 万笔，其中中小企业累计登记笔数达到 16.49 万笔。应收账款质押登记公示系统为保护质权人利益提供了支持，有效缓解了中小企业不动产资源有限问题，成为适合中小企业的一种新型担保方式。

2011 年，中国人民银行继续完善征信系统功能。一是个人和企业信用信息基础数据库覆盖范围继续扩大。截至年末，个人和企业信用信息基础数据库分别收录有 8.05 亿自然人和 1809.2 万户企业及其他组织的信息，开通查询用户 19.8 万个和 12.6 万个，全年累计查询 2.41 亿次和 0.69 亿次。二是作为服务中小企业的重要金融基础设施，动产融资登记公示系统运行平稳，登记量和查询量显著上升，在应收账款质押融资和融资租赁业务中发挥出日益重要的作用。截至年末，应收账款系统累计发生登记 50.18 万笔，查询 64.00 万笔；融资租赁系统累计发生登记 4.72 万笔，查询 1.27 万笔。

2011 年，中国人民银行制订了信用评级业务管理制度，完善信用评级违约率检验系统功能，对系统全部数据进行了核查、校对和数据重报，提高了系统数据的准确性和完整性。信贷市场信用评级机构总经理联席会议制度和信用评级报告专家评审委员会制度的实施，对于指导信用评级机构开拓市场、创新业务，进一步拓宽信用评级的业务品种、推动信用评级报告的应用，启动小额贷款公司信用评级试点工作等都起到了很大的作用。2011 年全年银行间债券市场和信贷市场共完成信用评级业务 4.92 万笔，较上年同期增长 14.97%。

5.1.2 社会信用环境

2011 年 10 月，国务院召开常务会议部署制订社会信用体系建设规划，提出“十二五”期间要全面推进社会信用体系建设。这是加强社会诚信建设的重大举措，对于优化信用环境、维护正常秩序、促进社会和谐具有积极而长远的意义。

党的十六大、十七大都强调要健全社会信用体系。“十二五”规划纲要提出要加快社会信用体系建设。近年来，我国从信贷征信起步，各地区、各行业积极探索，社会信用体系建设取得了较大进展。然而，与经济社会发展需要相比，社会信用体系建设还比较滞后，社会诚信缺失问题依然很突出，人民群众十分不满。全面推进社会信用体系建设，任务艰巨，迫在眉睫。

“十二五”期间，我国将全面推进社会信用体系建设，要以社会成员信用信息的记录、整合和应用为重点，建立健全覆盖全社会的征信系统。加快征信立法和制度建设，抓紧制定《征信管理条例》及相关配套制度和实施细则；推进行业、部门和地方信用建设，尽快改善各行业、部门、地区的信用环境；建设覆盖全国的征信系统，大力推动信用信息在全国范围内的互联互通；强化监管，完善信用服务市场体系，规范发展信用服务和评级机构；加强政务诚信建设，不断提升政府公信力。同时，还要大力培养社会诚信意识，不断提高全民道德素质。

5.2 电子商务信用环境

5.2.1 电子商务信用环境建设中的问题

总体上看，中国电子商务信用环境现状不容乐观，主要表现在：社会普遍缺乏现代市场经济条件下的信用意识和信用道德规范；国家信用管理体系不健全，缺乏有效的失信惩罚机制；社会信用中介服务行业发展滞后，还没有建立起一套完整而科学的信用调查和评价体系；信用数据的市场开放度低，缺乏对企业和个人信息的正常获取和检索途径；企业内部缺乏基本的信用管理制度。

网络失信或诚信缺失已经成为我国电子商务应用持续发展的最大阻碍。部分企业、商家置消费者权益不顾，在追求利益最大化的同时，舍弃信用，导致行业发展问题凸显。2011 年 2 月，阿里巴巴对外宣布 2010 年该公司有约 0.8%、即 1107 名“中国供应商”因涉嫌欺诈被终止服务，为此该公司 CEO 等高管引咎辞职。

在网络购物领域，仍然大量存在商家发布虚假商品信息，夸大商品的性能和功效；发布虚假价格信息，欺诈消费者；发生消费纠纷不及时解决等多种问题。团购网站中同样存在虚报团购人数、不审核团购企业资质、提供虚假商品等现象，拉手网、美团网等一些知名团购网站还被中央电视台列入黑名单。

5.2.2 政府部门的举措

2010 年 12 月，根据全国打击侵犯知识产权和制售假冒伪劣商品专项行动领导小组的统一部署，商务部、工业和信息化部、公安部、人民银行、海关总署、工商总局、质检总局、新闻出版总署（版权局）、知识产权局联合下发《关于印发打击侵犯知识产权和制售假冒伪劣商品专项行动网络购物领域实施方案的通知》（以下简称《通知》），启动网络购物领域打击侵犯知识产权和制售假冒伪劣商品的行动。

针对利用互联网交易平台售假呈现的多发态势，九部门要求各地加强对网络购物平台的督导，特别是浙江、上海、深圳等地有关部门要督促淘宝网、易趣网和拍拍网开展自查自纠，立即启动对涉嫌销售侵权和假冒伪劣商品案件网店的整改工作。对侵犯知识产权情节严重的网络购物平台，要依法从严处理。规范电子商务的措施和行动，会让消费者维权更加顺畅，让网络购物平台发展得更健康。

长沙市知识产权局专门出台了《长沙市网络购物领域专项执法实施方案》，并联合工商、公安、质监等单位执法，同时邀请省、市新闻媒体对专项行动进行专题报道，公开曝光了一批侵犯知识产权与假冒专利产品的生产企业和网络营销公司。

为了贯彻落实吉林省《全省工商系统打击网络购物领域侵犯知识产权和制售假冒伪劣商品专项行动实施方案》的通知精神，四平市工商局采取四项措施在全系统内开展打击网络购物领域侵犯知识产权和制售假冒伪劣商品的专项行动。一是加强学习，广泛宣传。二是全面启动，摸清底数。以此次专项整治行动为契机，密切协调，加强合作，通过与电信管理部门、公安部门联系和采取市场巡查、企业回访等措施，摸清辖区内网络商品经营者和网络服务经营者的基本情况。三是积极培育，大力发展。要通过宣传、走访、包保等多种形式，积极鼓励各类企业、农民专业合作社、自然人建立网站，扩大经营渠道，通过网络销售产品，增强企业知名度，培育全市网络市场的大发展、快发展。四是严厉查处，加强监管。认真梳理打击侵犯知识产权和制售假冒伪劣商品专项行动以来，检查发现及消费者、经营者投诉举报反映的有关案件线索，通过网上锁定涉嫌违法行为人与网下实地检查相结合，追根溯源，依法严厉查处违法行为。

根据国家工商行政管理总局2010年5月颁布的《网络商品交易及有关服务行为管理暂行办法》（以下简称《办法》），我国于2010年7月1日开始正式实施网上开店“实名制”，使我国网购行业诚信体系建设向前迈进了一大步。《办法》对网络商品经营者和网络服务经营者在境内从事网络商品交易及有关服务行为进行了规范，违反相关条例者将受罚。《办法》的颁布，为工商部门对团购等相关网购商业活动的监管，提供了法律依据；增强了商家诚信经营的法律意识，加大了对失信行为的制裁和惩罚力度，违法成本明显提高。

2010年6月商务部发布《关于促进网络购物健康发展的指导意见》，进一步明确了诚信经营在网购中的地位，对网购活动诚信经营提供了进一步的监管支持。2011年4月商务部发布的《第三方电子商务交易平台服务规范》专门对第三方电子商务交易平台的经营活动进行了规范和引导。

重庆市工商局集中开展网络购物领域专项执法行动。组织883名监管执法人员，动用823台联网计算机开展集中搜索行动，共搜索检查网店25000多家，发现侵犯商标专用权和销售假冒伪劣商品等违法行为的案源线索2000多条，查获侵权服装1785件，涉案金额50余万元；仿冒名表287块，涉案金额100余万元；查获假冒各类基因美容产品48种492盒/袋，货值金额30万元；查获一起利用“钓鱼”网站销售侵犯商标专用权商品案，涉案金额10余万元[1]。

山东省加强对网上购物领域侵权行为的专项整治，重点加强网络购物平台的监管。蓬莱市工商局网监人员发现蓬莱天罗喜论坛、蓬莱信息港中发布出售多款高仿手机信息，立即检查并没收侵权手机4部。青岛市工商局查处了通过淘宝网店销售假冒北京某公司“乐摄宝”注册商标专用权的案件，涉案金额达23万多元，并移送公安机关处理[2]。

河北省沧州市工商局整治网购领域商标侵权行为专项行动取得了阶段性成效。截至2011年4月底，该局共开展网上巡查、网下核查725次，对83家网站进行了集中规范和整治，查处网络侵权案件9起，没收商品13008件，共计罚款13.05万元。

浙江省平湖市工商局重点整治网购领域售假侵权行为。该市以日用消费品为重点整治领域，以服装、鞋等为重点查处产品，整治了一批网购领域售假侵权行为。专项活动中，平湖工商局共检查辖区网站1989个，查处网络商标侵权案件15起，移送公安机关的案件有5起。

为了推动电子商务行业健康持续发展，2011年12月商务部全面启动了电子商务信用体系建设[3]。力争到2015年，健全电子商务信用法规和标准，初步建立电子商务信用统计监测体系和电子商务统计监测指标体系，形成了电子商务信用评估机构利用电子商务信用信息基础数据库的畅通机制；电子商务信用环境明显改善，电子商务经营主体信用意识普遍增强；行业经营主体准入和退出机制得到了规范。

---

1 国家工商总局. 坚持“两个结合”开展“五大行动”重庆市工商局扎实推进专项行动取得新成效[EB/OL] (2011-04-11)[2012-04-03]. 国家工商总局网站：http://www.saic.gov.cn/ywdt/ztbd/zscq/dfzf/201104/t20110412_105386.html

2 国家工商总局. 山东省工商系统专项行动取得阶段性成果[EB/OL](2011-03-22)[2012-04-03]. 国家工商总局网站：http://www.saic.gov.cn/ywdt/ztbd/zscq/dfzf/201103/t20110324_104965.html

3 商务部. 商务部关于“十二五”电子商务信用体系建设的指导意见[R/OL](2011-12-15)[2012-04-03]. 商务部网站：http://www.mofcom.gov.cn/aarticle/b/fwzl/201112/20111207907302.html

5.2.3 行业协会的探索

2010 年 4 月，中国互联网协会以“推进 B2C 健康持续发展构建和谐诚信体系”为议题，成功举办中国 B2C 电子商务峰会，就 B2C 交易中的诚信体系建设进行了深入讨论。

2010 年 12 月，中国电子商务协会举办第十三届中国国际电子商务大会。大会设立分会场对电子商务诚信问题进行专门交流与研讨，探讨促进我国电子商务健康持续发展的有效办法，提出了我国电子商务行业发展建议。会议决定成立中国电子商务协会可信电子商务推进中心。该中心将具体负责研究和建立电子商务诚信长效机制，提高网民对网络的信任度，营造一个真实可信的网络虚拟社会。

2011 年 8 月，2011（第十届）中国互联网大会在京召开。大会就构建规范、有序、诚信的互联网市场环境，营造安全、健康、可信的网络环境，互联网行业可持续发展、网络视频、网络营销、电子商务等互联网应用领域热点问题，进行了广泛而深入的研讨。

2011 年 10 月 18 日，中国电子商务协会在国家工信部隆重召开了“百万企业诚信认证服务工程新闻发布会”，在全国范围内依法开展中国网络信息化领域的诚信认证服务，弘扬诚信正气，净化网络信息化的环境，并为百万企业诚信认证工程树立诚信标杆和典范。在诚信认证活动中，互联网企业和电子商务企业新浪、腾讯、搜狐、网易、凤凰、京东商城、凡客、当当、360、乐蜂网等进入诚信百强行列。

2010 年 10 月，中国国际电子商务中心发布《电子商务信用认证规则》。此规则的颁布具有引导消费者优先选择经过信用认证的网站来进行购物，保护消费者权益，降低交易风险；协助认证网站开展信用体系建设，配合认证的网站加强信用管理、防范信用风险，促进网站健康发展。

中国消费者协会在 2011 年 3 月 15 日发布 3·15 网络消费系列警示：“网上售卖假冒伪劣商品成维权新难点”，从不合理的超低价格、进行虚假宣传、异地消费、维权证据等 7 个方面阐述了网络购物诚信环境存在的问题。

2011 年 7 月 26 日，上海市嘉定区消费者权益保护委员会召开的“嘉定区电子商务企业大会”，以“倡导诚信经营，共铸行业信用”为主题，营造健康和谐、诚信安全的网上购物环境。齐家网向全区电子商务企业发出倡议，在网络经营活动中，恪守“信誉第一，诚实为本，文明经营”的商业道德理念，建立网络诚信体系，加强行业自律，推动行业信用建设是所有电子商务企业义不容辞的责任。

2011 年，全国消协组织受理销售服务投诉 30355 件，同比增长 43.3%，投诉增幅居于首位。销售服务投诉中，与网络购物、电视购物等媒体购物有关的投诉相对较多，而且解决难度也相对较大。特别是一些经营者在开展服务类团购活动中，随意变更团购规则，取消服务内容，致使参团消费者无法享受团购带来的实惠。

5.2.4 网络企业的努力

针对电子商务高速发展过程中，网络假货逐渐增多的状况，淘宝网不断加大打假力度，净化网络商务环境，维护消费者权益。

2010 年，中国国际电子商务中心成立了中国商务信用平台（BCP），提供多元化、全方位的信用信息服务项目，形成信用评级、信用认证和信用查询等全流程的中国商务信用服务，为信用企业创造了更多的市场机遇。经过一年的运作由中国国际电子商务中心先后推出了河北商务信用平台、广东国际电子商务信用服务平台、南京电子商务信用平台等多个区域（行业）商务信用平台。到 2011 年 9 月 15 日，平台访问量突破 1 亿人次，单日访问人次最高达 120 万，其国际排名也从最初的 700 万跃升到最高的 4 万名（国内排名 5923 名）。平台影响力可有效协助商务部门与行业协会加强对本地、本行业企业的监督等工作，可实现分类监管、优胜劣汰等长效机制，有效塑造本地、本行业诚信商务环境。

2010 年 9 月，上海市举办“网上购物体验活动”。包括新蛋网、丫丫购物搜索、百联 E 购、汇付天下在内的 30 余家网购企业共同发出倡议，成立上海诚信网购联盟。通过行业自律，行业创新，服务联盟单位，协调与盟员有关的事务，促进上海市诚信网络购物健康和规范发展。

阿里巴巴为网商从事网上贸易建立了诚信通档案，它结合传统信用认证和网络互动的特点，多角度、及时、持续、动态地展现企业在网上贸易过程中的信用情况，让诚信的企业赢得客户青睐并达成更多交易，对不诚信的企业进行曝光。通过认证的阿里巴巴会员企业，都可以享受诚信通服务。

2011 年阿里巴巴全年累计退回、删除 1436 万余条各类违禁、侵权信息。与此同时，针对付费会员提出的欺诈交易投诉数目较 2010 年下降约 70%。

阿里巴巴注重对平台上信息质量的控制，已建立起从商品侵权信息的投诉处理、处罚的一整套体系。2011 年，国际站推出《阿里巴巴基本法》，建立清晰的网规体系，打击破坏国家法律和市场秩序的行为，设立了专职的禁限售信息管控团队，与公安、药监和海外禁毒机构 SOCA 等建立协同合作关系；拦截毒品信息 49.9 万条、违禁药品信息 40.4 万条，清退 15335 名违规会员；中国站全年共处理维权、侵权案件 15 万多笔，赔付 5.2 万笔，为买家挽回损失约 3600 万元。

2011 年，阿里巴巴中国站发布诚信保障团、七天快速赔付、账号异常监控等各种创新型产品，通过个人准入机制升级、黑名单关联以及实时监控等手段持续打击骗子，并对会员进行安全宣传，全方位保障交易市场的安全。阿里巴巴国际站则发布了“高危会员防控”系统、“手机验证码”产品，并引入“社交网络分析”技术防止欺诈案件发生。从 2011 年 3 月开始，阿里巴巴主动与警方合作，联合打击跨国贸易的网络欺诈。在上半年的专项行动中，共配合警方捣毁 7 个诈骗团伙、捕获 36 名犯罪分子，处理了阿里巴巴平台上的涉案公司共 28 家，案件 243 起。

5.2.5　新闻媒体的监督

2011 年 4 月 23 日，中央电视台“焦点访谈”披露了淘宝网售假的严重情况，提醒消费者予以注意，敦促有关部门进行监督和查处。

2011 年 3 月 16 日中国工商报以“网络购物：迅猛发展伴随物流隐忧重在规范”为题，报道了网络购物诚信环境建设中的一系列活动。

2011 年 7 月 23 日中新网发表综述，“网络购物建立诚信环境刻不容缓”，强调政府相关管理部门、互联网相关企业和全体网民共同行动起来，从完善域名安全保障机制、加强企业网络安全防护体系、提升网民辨别网络安全诚信能力等各环节出发，真正建立起各类综合防范机制，实现安全、可信的互联网环境。

深圳商报 2011 年 11 月 25 日报道，福建公安机关连破多起网络售假大案，制假工厂集中在莆田。

售假犯罪团伙在广东、福建莆田等地低价购入大量假冒品牌运动服饰、鞋，并在一些网站注册了数十家“商户”，通过 QQ、电话等联系方式，销售假冒耐克、阿迪达斯、李宁、彪马、匡威等各类品牌运动服饰、鞋。

媒体监督对于维护网络交易秩序，规范电子商务企业行为，保护消费者权益起到了非常积极的作用。

5.3 电子商务投融资环境

5.3.1 中国创投市场发展状况

2011 年，中国创投市场所发生的 1503 起投资共分布于 23 个一级行业中。其中，互联网、清洁技术、电信及增值业务行业获得最多投资，投资案例数分别为 276 起、129 起、107 起，投资金额分别为 32.99 亿、9.43 亿、7.51 亿美元（图 5-1）。

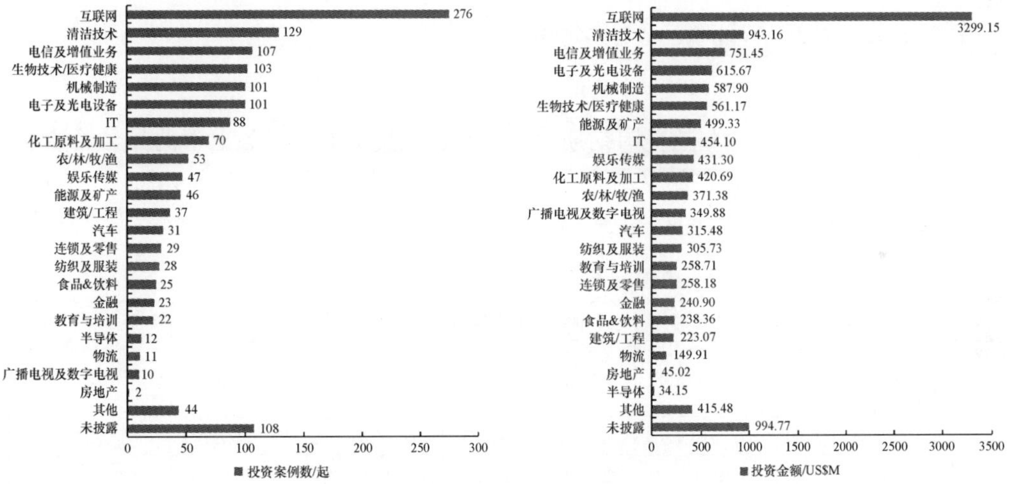

图 5-1 2011 年中国创投投资行业分布

资料来源：清科研究中心网站，2012 年 1 月。

5.3.2 电子商务行业投融资进展情况

从 2005 年至 2011 年 12 月初，已经披露的中国电子商务行业的投资事件为 272 起，其中已经披露投资金额的投资案例为 199 起，披露的投资金额总额为 62.72 亿美元，平均投资金额为 3151.98 万美元。从投资案例产业链环节分布来看，网上零售领域披露的投资案例数最多，达 215 起，占比达 79.04%；其次，电子支付获投企业数量位居第二位，达 25 起，占比达 9.19%。此外，值得关注的投资热点是电子商务服务提供商，期间披露的案例数为 12 起，占比达 4.41%。预计，未来电子商务服务提供商领域的投资将继续呈上升趋势（图 5-2）。

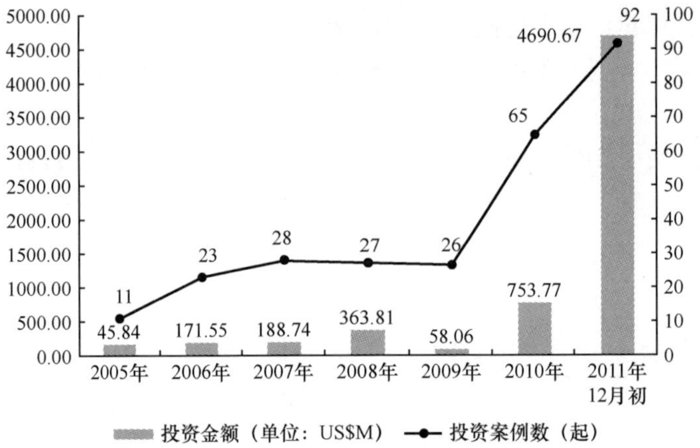

图 5-2　2005—2011 年中国电子商务行业投资情况

资料来源：清科研究中心网站，2011 年 12 月。

2011 年中国电子商务行业投融资有一个新的特点，投融资的热点不再局限于电子商务巨头，而逐渐转向了那些具有模式创新、良好市场发展潜力的电子商务项目。这种情况将促进电子商务向更加广阔的领域发展。

5.3.3　电子商务企业上市融资情况

2010 年 10 月，麦考林成功登陆美国纳斯达克，掀起了我国电子商务上市的又一轮热潮。紧随麦考林的步伐，易车网、当当网也在纽交所上市。当当网上市首日股价上涨 86.94%，市值升至 25.1 亿元。表 5-1 显示了中国电子商务行业 2010—2011 年 IPO 情况。

表 5-1　中国电子商务行业 2010—2011 年 IPO 情况

公司名称	上市地点	上市时间	所在地区	上市代码	筹资额	发行市盈率	是否 VC/PE 支持	所属领域
上海钢联（我的钢铁网）	深圳创业板	2011-6-8	上海市	300226	230 百万元人民币	38.33	否	B2B
当当网	纽约证券交易所	2010-12-8	北京市	DANG	272 百万美元	492.91	是	B2C
易车网	纽约证券交易所	2010-11-17	北京市	BITA	127.2 百万美元	N/A	是	B2C
麦考林®（麦网）	纳斯达克证券交易所	2010-10-26	上海市	MCOX	129.17 百万美元	N/A	是	B2C

资料来源：清科数据库，2011 年 10 月。

但是，电子商务企业上市之后仍然面临严峻的挑战，上市不久，麦考林股价便急速下跌，到 2011 年 12 月 26 日麦考林收盘价仅为 1.28 美元（以股价为例）。当当网上市后股价曾一度攀升到 30 美元以上，但自 2011 年 1 月中旬起，其股价呈一路跌势，2011 年 12 月 26 日收盘只有 4.66 美元。因此，通过上市融资的中国电子商务企业迫切需要解决自身的营利问题。

（本章由华东政法大学　杨立钒编）

第 6 章　电子支付环境

伴随着互联网的高速发展，电子商务得到了高速发展。电子支付环境对于电子商务发展的影响越来越大。本章既反映了 2010—2011 年结算基础设施建设和非现金支付工具开发的情况，也反映了第三方支付、移动支付和网上银行等新型支付方式的发展及其对电子商务的影响。

6.1　电子支付结算基础设施建设稳步推进

① 网上支付跨行清算系统成功投产运行。2010 年 8 月，中国人民银行组织建设的网上支付跨行清算系统成功上线运行。该系统是专门针对网上支付等新型电子支付业务的发展需要，为银行业金融机构提供跨行清算和业务创新的公共平台。截至 2010 年年底，全国已有 64 家银行业金融机构法人接入系统，系统运行平稳，业务量稳步上升。

② 第二代支付系统、中央银行会计核算数据集中系统积极推进。2010 年，完成了面向中国人民银行分支机构和银行业金融机构的第二代支付系统、中央银行会计核算数据集中系统（ACS）业务需求培训工作，便于银行业金融机构准确理解业务需求，做好行内系统改造及业务创新。扎实做好业务测试准备，基本完成第二代支付系统和 ACS 业务测试方案及测试案例编写工作。ACS 业务处理中心项目立项等各项准备工作已全面展开。

③ 电子商业汇票系统完成全国推广。2010 年 6 月，中国人民银行实现了电子商业汇票系统在全国范围内的全面上线运行。电子商业汇票的推出和电子商业汇票系统的建成有助于有效降低票据业务风险与成本、提高交易效率、拓宽企业融资渠道，对银行票据业务发展将产生巨大的推动作用，并为形成全国统一、规范、高效的票据市场奠定良好基础。

④ 农信银支付清算系统应用成效进一步提高。2010 年，全国 30 家省级农村合作金融机构（含农村商业银行，下同），以及深圳农村商业银行、天津滨海农村商业银行的核心业务系统，全面联网农信银支付清算系统，开通实时电子汇兑、个人账户通存通兑、银行汇票、支付信息查询查复等各类支付结算业务。农信银支付清算系统赋予社（行）名、社（行）号机构 27375 家，比年初净增 6010 家，增幅为 28.13%。

⑤ 城市商业银行资金清算中心投产运行支付清算系统。2010 年，完成了网银互联的开发建设，成功推出一点接入中国人民银行网上支付跨行清算系统服务；建成电子商业汇票运营服务平台，为接入行提供托管式运营服务模式，实现了托管行票据业务电子化管理，同时提供接入中国人民银行电子商业汇票系统的功能；新增网络支付、通存通兑、托管或接入类服务等系统功能；支付清算服务能力进一步提升。

⑥ 经反复论证，2011 年中国人民银行实施了银行卡从磁条卡向金融 IC 卡迁移的战略。工商银行、农业银行、中国银行、建设银行、交通银行、邮储银行及部分全国性股份制商业银行和城市商业银行已开始发行金融 IC 卡。其战略意义在于：一是以金融 IC 卡迁移为契机，可以从根本上提升我国银行卡风险防范水平，满足人民群众对支付安全的迫切需求；二是以金融 IC 卡为纽带，可以带动行业和城乡信息化发展、推动服务型政府建设；三是以金融 IC 卡为基石，可以提升银行业竞争力、提高现代金融服务水平；四是以金融 IC 卡为支点，可以撬动国家战略型产业发展，提升整体安全和设计水平。

⑦ 科技新成果大量涌现。近年来，随着银行业信息化的逐步深化和应用水平的不断提高，银行优秀科技创新成果不断涌现。成果涵盖了新一代核心系统建设、风险管理、操作数据存储和数据仓库、电子银行渠道类、电子政务、统一安全平台基础设施等。其中，“中国银行核心银行系统”、“国家外汇管理局直接投资外汇管理信息系统”、“中国工商银行业务运营风险管理系统”、“人民银行基于财税库关银横向联网的国库信息处理系统”等都有突出的创新点，为电子支付结算整体水平的提高奠定了坚实的基础。

6.2 非现金支付工具业务量稳步增长[1]

2011 年，我国非现金支付业务量持续快速增长，社会资金交易日趋活跃，资金交易规模持续扩大。支付体系的平稳高效运行，对加速社会资金流通，提高资金使用效率，推动国民经济平稳较快发展发挥了积极作用。

2011 年，全国共办理非现金支付业务 338.30 亿笔，金额 1104.35 万亿元，同比分别增长 22.1% 和 22.0%，笔数和金额同比增速分别放缓 7.3 个百分点和 4.5 个百分点。

截至 2011 年年末，全国累计发行银行卡 29.49 亿张，同比增长 22.1%，增速较上年同期加快 5.2 个百分点。其中，借记卡累计发卡量为 26.64 亿张，同比增长 21.9%，信用卡累计发卡量为 2.85 亿张，同比增长 24.3%。截至 2011 年年末，全国人均拥有银行卡 2.20 张、信用卡 0.21 张，同比分别增长 21.5%、23.5%。2011 年，全国共发生银行卡业务 317.80 亿笔，同比增长 23.4%；金额 323.83 万亿元，同比增长 31.2%。日均 8706.75 万笔，金额 8871.93 亿元。

截至 2011 年年末，银行卡跨行支付系统联网商户 318.01 万户，联网 POS 机具 482.65 万台，ATM 33.38 万台，较 2010 年年末分别增加 99.71 万户、149.25 万台和 6.28 万台。银行卡受理环境日趋成熟。

2011 年，我国电子商业汇票系统平稳高效运行。截至 2011 年年末，全国范围内接入电子商业汇票系统的机构共有 325 家。电子商业汇票系统全年共完成出票 198700 笔，金额 5421.30 亿元；承兑 203387 笔，金额 5542.54 亿元。

大额实时支付系统业务量同比继续快速增长。2011 年，大额实时支付系统处理业务 3.72 亿笔，金额 1355.28 万亿元，同比分别增长 27.8%和 22.7%，业务金额是全国 GDP（47.16 万亿元）总量的 28.74 倍；日均处理业务 148.85 万笔，金额 5.42 万亿元，同比笔数增加 32.36 万笔，金额增加

1 中国人民银行统计结算司. 2011 年支付体系运行总体情况[R/OL]（2012-03-19）[2012-11-20]. 中国人民银行网站：http://www.pbc.gov.cn/publish/zhifujiesuansi/1070/2012/20120319160536458510323/20120319160536458510323_.html.

1.00 万亿元。

小额批量支付系统业务量继续保持较快速度增长，社会公共支付需求日益增强。2011 年，小额批量支付系统办理业务 5.63 亿笔，金额 18.36 万亿元，同比分别增长 45.6%和 13.3%。日均处理业务 155.11 万笔，金额 505.82 亿元，同比分别增长 42.7%和 11.0%。

网络支付服务是金融服务的重要领域。近年来，网络支付服务行业发展迅速，服务的深度和广度进一步拓展，与各行各业的发展以及百姓日常生活的关系更加密切。在新的形势下，2011 年 12 月 28 日，网络支付应用工作委员会在北京成立。其目的，一是进一步加强行业自律管理，切实防范支付风险，创新电子支付业务，为企业提供高效、便捷的支付清算方式；二是进一步普及银行卡、网络支付等电子支付工具，使百姓更多地享受到现代支付的便利。

6.3 第三方支付正在成为现代金融服务业的重要组成部分

2010 年，中国人民银行先后发布《非金融机构支付服务管理办法》、《非金融机构支付服务管理办法实施细则》、《非金融机构支付服务业务系统检测认证管理规定》等规章制度，明确了中国人民银行对非金融机构支付服务的监管职责，并从准入资质、审批程序、客户备付金管理、监督管理以及过渡期等方面进行了全面规范。

2011 年，中国人民银行根据上述文件分别三次向非金融机构（第三方支付企业）发放“支付业务许可证”，发放数目达到 101 家。其中，有 15 家企业还获批经营预付费卡发行与受理业务。支付业务许可证的发放表明，第三方支付正在成为现代金融服务业的重要组成部分。第三方支付平台不仅弥补了银行服务功能空白，提升了金融交易效率，同时在健全现代金融体系、完善现代金融功能方面也发挥了重要作用。

易观智库的调查表明[1]，2011 年中国第三方互联网支付市场交易额连续四个季度保持快速增长，全年交易额规模达到 21610 亿元人民币，环比增长 99%，与上一年度相比基本实现翻番（图 6-1）。

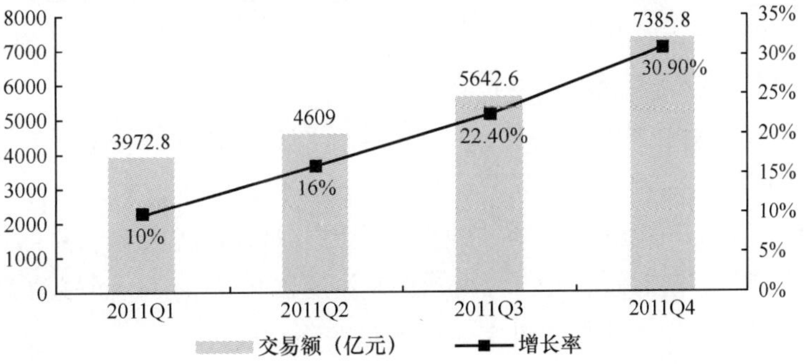

图 6-1 2011 年中国第三方支付市场交易规模季度监测

在中国第三方支付市场格局中，支付宝以绝对优势占据市场第一的位置。其次是财付通和银联网。三个企业占据整个市场 77.8%的市场份额。

1 易观智库. 行业数据：2011 年中国第三方互联网支付市场继续保持高速发展[EB/OL](2012-02-18)[2012-04-01]. 易观智库：http://www.enfodesk.com/SMinisite/maininfo/articledetail-id-314334.html

6.4 移动支付规模呈现爆发式增长

艾瑞咨询数据显示[1]，截至2011年年底，中国移动支付交易规模总额将达到481.4亿元，同比增长149.4%，整体呈现爆发式的增长态势，2013年年底将超过2000亿元（图6-2）。

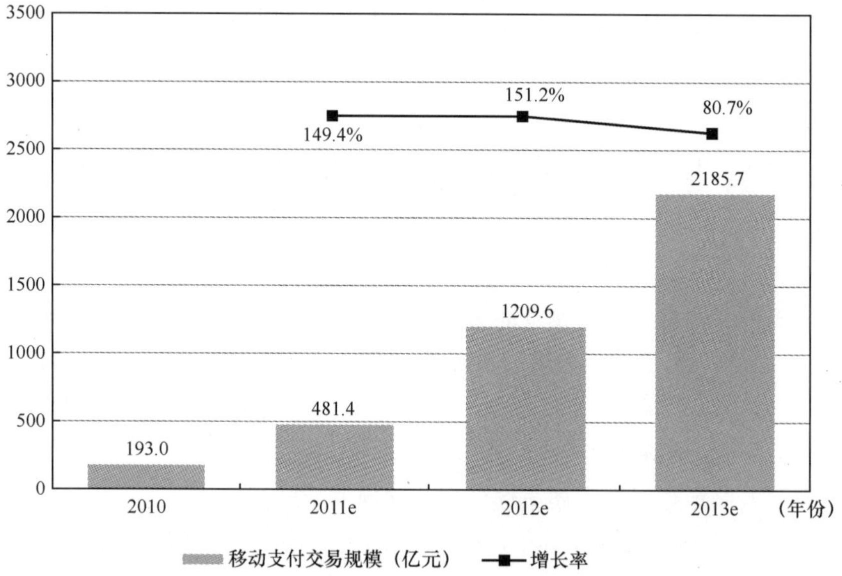

注：艾瑞对移动支付行业的统计口径是：移动支付行业的统计仅包括用户购买第三方平台提供的产品和服务的支付行为，从购买的商品各类来说，包括使用移动终端购买实物商品（如化妆品、图书）及信息化服务（如机票、游戏点卡）的支付，不包括购买虚拟产品（指彩铃、手机报等定制类产品及图铃、游戏等下载类产品）的支付。

图6-2　2010—2013年中国移动支付市场交易规模

根据统计，移动网上支付用户规模的增长带动了整个行业用户规模的爆发，另外手机短信支付也在用户群体中得到了进一步的普及。

2011年中国移动支付市场表现出以下特点。

① 整体规模——呈现爆发式增长态势。以移动电子商务为代表的移动互联网经济的高速增长带动了移动支付市场规模的扩大，整体互联网经济对移动支付的需求巨大。艾瑞咨询研究数据表明，移动电子商务在2011年前三季度的平均环比增幅超过了400%，各大电子商务企业纷纷加大力度在移动互联网端的业务推广，包括移动购物应用软件及浏览器端的推广。而移动支付APP的推出及支付企业与电子商务企业的合作，使得手机支付渠道正在逐步被打通，手机购物过程中使用移动支付工具直接支付的比例将大幅提高。

② 移动网上支付——技术日益成熟。全新技术形式的出现催生了新的支付形式。3G、WiFi、NFC及RFID等通信技术的逐渐成熟，以及以智能机为代表的移动终端的迅速普及，使得相关技术在移动支付领域的应用更加广泛，支付流程也得以更加顺畅和便捷。随着用户消费欲望及消费水平

1 艾瑞咨询. 2011年中国移动支付行业研究报告简版[EB/OL](2011-12-14)[2012-11-01].艾瑞网：http://report.iresearch.cn/1643.html

的提高，对于支付形式多样化、便捷化的需求在迅速提升。中国银联、三大运营商、第三方支付企业纷纷通过基于近端通信技术的近端支付产品进军线下支付业务，并在公共交通、便利店、超市等客流量较大、支付便捷程度要求较高的支付场所得到了很好的拓展。特别是第三方支付牌照方法之后，相关监管法规正在逐步落实，第三方支付企业正在合规框架内展开新一轮竞争，为了迅速在全新市场中占领先发优势纷纷推出自己的移动支付产品，并期待迅速占领用户市场。

③ 新的支付融合模式正在形成。移动终端的便携性、近端通信的成熟、无线通信网络的普及促进了支付融合。多种支付形式的融合将为整个第三方支付产业的发展带来更为广阔的发展空间和更加丰富的创新机会。近端通信技术，为以互联网支付为起点的众多支付企业以及商业银行、预付卡企业等线下支付企业的交互式发展提供了新的机遇，多账户集于一“机”的设想正在成为现实。整体第三方支付产业将从线上逐步走向线上、线下协同发展，卡支付、互联网支付等多种支付形式将在移动支付的基础上趋于融合。

6.5 网上银行成为银行业新的竞争焦点

艾瑞咨询数据显示[1]，2011 年，中国网上银行交易规模达 701.1 万亿元，同比增长 35.9%；艾瑞咨询认为，国内宏观经济的稳定，用户消费习惯的养成，银行业自身业务的创新和信息科技的日新月异都推动着我国网上银行的快速发展。随着行业逐渐步入成熟期，以及手机银行、电话银行等替代产品的发展，网银增长速度将逐年降低，预计 2014 年左右网银交易规模有可能在现有水平上翻一番（图 6-3）。

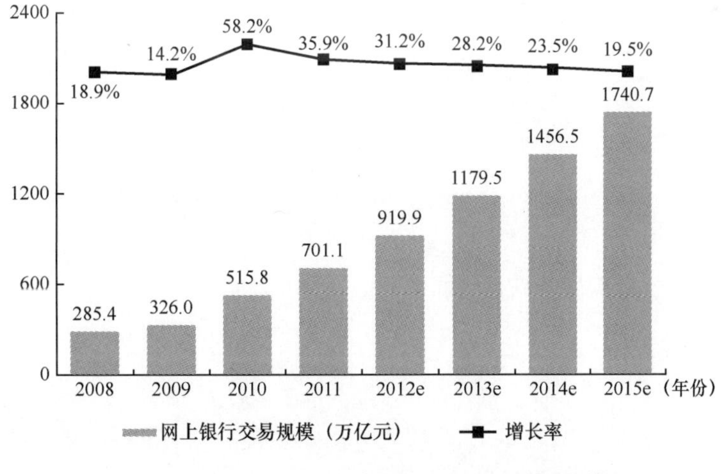

图 6-3 2008—2015 年中国网上银行交易额规模

2011 年企业网银交易规模依然是中国网银交易规模的主体构成部分，个人交易规模占比达到 19.7%，比 2010 年上升了 1 个百分点。

2011 年中国电子银行替代率达 66.9%，即电子渠道交易笔数总量是柜面交易笔数的两倍左右。电子渠道交易成本低，不受固定工作时间限制，节省银行网点和人力成本，是支撑银行改革的经济

1 艾瑞咨询. 2011—2012 年中国网上银行年度监测报告简版[EB/OL](2012-09-12)[2012-11-01].艾瑞网：http://report.iresearch.cn/1643.html

助力，也是银行完善业务、增加用户黏性的新战场。对客户来说，电子渠道免去网点排队和手持大量现金的麻烦，手机银行等移动渠道交易更迎合了用户生活节奏的变化。预计“十二五”末期，我国电子银行替代率将达 80%以上，交易笔数超过 1000 亿笔。

2011 年，国内各类银行纷纷加大了对网上银行的投资力度，网上银行领域呈现出激烈竞争的局面。其中，工商银行、农业银行和招商银行占据 2011 年中国个人网银交易额规模市场份额的前三名，共占 63.7%的市场份额；工商银行、建设银行、农业银行则占据个人网银账户规模市场份额的前三甲。

（本章由中信证券股份有限公司研究部　郭杰，上海理工大学　杨坚争编）

第 7 章　物 流 环 境

“十二五”开局之年，我国物流业有效应对国际金融危机冲击，保持了较快增长。2011 年全国社会物流总额 158.4 万亿元，按可比价格计算，同比增长 12.3%，全国社会物流总费用 8.4 万亿元，同比增长 18.5%，增幅比 2010 年提高了 1.8 个百分点。物流业的快速发展有力地支持了国民经济发展和发展方式转变。

7.1　物流业发展的政策环境

2011 年是我国物流业发展的“政策年”。国家重视物流业健康发展，有关部门和地方政府积极推动政策出台和落实，我国物流业发展的政策环境持续改善。

7.1.1　相关物流规划相继出台

①《“十二五”规划纲要》再次强调大力发展现代物流业。2011 年 3 月，十一届全国人大四次会议通过的《国民经济和社会发展“十二五”规划纲要》单列一节：“大力发展现代物流业”。提出：“加快建立社会化、专业化、信息化的现代物流服务体系，大力发展第三方物流，优先整合和利用现有物流资源，加强物流基础设施的建设和衔接，提高物流效率，降低物流成本。推动农产品、大宗矿产品、重要工业品等重点领域的物流发展。优化物流业发展的区域布局，支持物流园区等物流功能集聚区有序发展。推广现代物流管理，提高物流智能化和标准化水平。”

② 2011 年，商务部等 34 个部门联合发布《服务贸易发展“十二五”规划纲要》（商服贸发〔2011〕340 号）。列入重点支持的领域达 30 个，其中 7 个属于交通物流类领域。交通运输部印发《交通运输“十二五”发展规划》（交规划发〔2011〕191 号），规划明确提出“促进现代物流发展”，要求依托货运枢纽发展现代物流，支持运输企业向现代物流企业转型，大力发展农村物流。

③ 铁道部出台《铁路“十二五”物流发展规划》，规划设计了全国、区域、地区三级铁路物流节点网络。

④ 民用航空局发布了《中国民用航空发展第十二个五年规划》，提出要积极发展货邮运输。工信部发布《物联网“十二五”发展规划》，提出要重点支持物联网在工业、农业、流通业等领域的应用示范，以及智能物流、智能交通等的建设。

⑤ 国家邮政局发布《邮政业发展“十二五”规划》和《快递服务“十二五”规划》，提出深化邮政主业改革，鼓励快递业转型升级。

⑥ 商务部、国家发改委、供销总社三部门联合下发《商贸物流发展专项规划》（商商贸发〔2011〕67 号），明确了商贸物流属产业物流，确定了 9 项重点工作内容。

7.1.2 促进物流发展的配套政策措施发布

2011年8月，《国务院办公厅关于促进物流业健康发展政策措施的意见》（国办发〔2011〕38号）印发，被业内称为“物流国九条”，涉及税收、土地、交通、管理体制、资源整合、技术创新与应用、资金投入、农产品物流、组织协调九大问题。

① 切实减轻物流企业税收负担。根据物流业的产业特点和物流企业一体化、社会化、网络化、规模化发展要求，统筹完善有关税收支持政策。

② 加大对物流业的土地政策支持力度。科学制订全国物流园区发展专项规划，提高土地集约利用水平，对纳入规划的物流园区用地给予重点保障。对各地区物流业发展规划确定的重点物流项目用地，应在土地利用总体规划修编时纳入规划统筹安排，涉及农用地转用的，可在土地利用年度计划中优先安排。

③ 促进物流车辆便利通行。进一步降低过路过桥收费，按照规定逐步有序取消政府还贷二级公路收费，减少普通公路收费站点数量，控制收费公路规模，优化收费公路结构。

④ 加快物流管理体制改革。加快推进物流管理体制改革，打破物流管理的条块分割。加强依法行政，完善政府监管，强化行业自律。

⑤ 鼓励整合物流设施资源。支持大型优势物流企业通过兼并重组等方式，对分散的物流设施资源进行整合；鼓励中小物流企业加强联盟合作，创新合作方式和服务模式，优化资源配置，提高服务水平，积极推进物流业发展方式的转变。

⑥ 推进物流技术创新和应用。加强物流新技术的自主研发，重点支持货物跟踪定位、无线射频识别、物流信息平台、智能交通、物流管理软件、移动物流信息服务等关键技术攻关。适时启动物联网在物流领域的应用示范。加快先进物流设备的研制，提高物流装备的现代化水平。加强物流标准的制订和推广，促进物流标准的贯彻实施。

⑦ 加大对物流业的投入。各级人民政府要加大对物流基础设施投资的扶持力度，对符合条件的重点物流企业的运输、仓储、配送、信息设施和物流园区的基础设施建设给予必要的资金扶持。

⑧ 优先发展农产品物流业。要把农产品物流业发展放在优先位置，加大政策扶持力度，加快建立畅通高效、安全便利的农产品物流体系，着力解决农产品物流经营规模小、环节多、成本高、损耗大的问题。大力发展“农超对接”、“农校对接”、“农企对接”等产地到销地的直接配送方式，支持发展农民专业合作组织，加强主产区大型农产品集散中心建设，促进大型连锁超市、学校、酒店、大企业等最终用户与农民专业合作社、生产基地建立长期稳定的产销关系。

⑨ 加强组织协调。加快政府职能转变和管理创新，积极推动物流业又好又快发展。

7.2 2011年物流发展的特点

2011年中国物流业发展表现出以下7个特点[1]。

1．支持物流业发展的政策集中出台

2011年，物流业界称为“政策年”。3月，全国人大通过的《“十二五”规划纲要》突出强调“大

1 何黎明. 稳中求进，整合提升，促进我国物流业持续健康发展——2011 年我国物流业发展回顾与 2012 年展望.物流技术与应用[EB/OL](2012-01-10)[2012-04-03]. 中国物流与采购网：http://www.chinawuliu.com.cn/lhhkx/201201/11/177053.shtml

力发展现代物流业”，共有20多处提及物流业发展的内容。6月，国务院常务会议专题研究支持物流业发展的政策措施。8月，《国务院办公厅关于促进物流业健康发展政策措施的意见》（国办发〔2011〕38号）印发，被业内称为“国九条”。10月，国务院常务会议决定，从2012年1月1日起，在上海市开展交通运输业和部分现代服务业营业税改征增值税试点。12月，国务院办公厅发出国办函〔2011〕162号《关于印发贯彻落实促进物流业健康发展政策措施意见部门分工方案的通知》，把（国办发〔2011〕38号）文（即“国九条”）细化为47项具体工作，落实到31个部门和单位。

“国九条”提出的政策措施正在逐步落实。由中国物流与采购联合会组织推荐、国家发改委审核、国家税务总局发文批准，第七批、341家物流企业纳入营业税差额纳税试点范围。到目前，试点企业总数已达934家。第八批试点企业推荐审核工作正在进行当中。物流企业土地使用税调整方案基本形成，降低物流业土地使用税政策可望近期出台。中央和地方财政先后对农产品冷链物流、粮食物流、服务业功能集聚区、城市共同配送系统和农村流通体系建设等重点物流项目给予资金支持。国家开发银行与中国物流与采购联合会签署了开发性金融合作协议，部分贷款额度已落实到具体物流项目。北京、天津、上海、陕西、山西、山东、安徽、福建等20多个省市正在酝酿出台落实“国九条”的实施细则。

2. 物流业发展环境受到广泛关注

在持续快速增长过程中，一些突出问题也成为制约物流业发展的“顽症”。比如，税负较重、重复纳税，过路、过桥费过高，公路“乱收费、乱罚款”，配送车辆进城难，物流业用地难、地价高等。这些问题导致物流业运行成本上升、货物流通不畅，物流企业不堪重负。

2011年5月，中物联协助中央电视台组织策划了《聚焦中国物流顽症》系列节目，通过《经济半小时》、《经济观察》和《对话》等栏目，集中剖析了我国物流业发展环境中的突出问题，在社会上引起了极大反响。全国人大财经委、中央政策研究室、国务院办公厅、国家发改委、商务部、工信部等部门，先后召开专题会议。新华社、人民日报、经济日报、中央人民广播电台以及众多媒体深入报道，促进了有关问题的解决。

6月，交通运输部等五部门发出《关于开展收费公路专项清理工作的通知》。到2011年年底，全国收费公路专项清理工作第一阶段调查摸底基本完成。18个省市取消了政府还贷二级公路收费，撤销收费站1892个，涉及9.4万公里。许多省市区采取撤销站点、降低收费标准等措施，我国首条高速公路——上海沪嘉高速已取消收费。公路“乱收费”、“乱罚款”问题有所缓解。北京、上海、苏州等城市配送车辆进城通行条件有所改善。

3. 物流市场需求发生深刻变化

工业物流整合速度加快。一是从生产企业分离、分立的物流公司搞好母体公司物流服务的基础上，积极开发社会物流业务。如淮矿物流、开滦物流和芜湖安得物流等，其社会物流业务量均已超过了母公司的物流需求量。二是提高物流外包的比例和层次。物流外包涉及行业从家电、电子、快速消费品等下游产业和产品向钢铁、建材、煤炭等上游延伸，外包领域从运输、仓储、货代等基础性服务向全方位一体化供应链服务扩展。三是制造业与物流业联动发展、深入推进。12月，国家发改委在南京召开“第三届制造业与物流业联动发展大会”，公布了130家“全国制造业与物流业联动发展示范企业”。

商贸物流整合趋势明显。传统批发市场、农贸市场提升、改造、扩展物流功能，连锁零售企业加紧完善物流系统，电子商务物流供不应求的状况加剧。据估算，2011年我国网络购物总额将超过8000亿元，全年快递业务量有36.5亿件。快递服务的发展速度赶不上爆发式增长的电子商务物流需求，国内主要快递公司多次小幅上调价格。电子商务企业开始进入物流快递领域，物流快递企业也积极试水电子商务。

农业和农村物流要求双向对接。农产品物流这个“老大难”问题在2011年表现更为突出。一边是农民“卖菜难”，一边是居民“买菜贵”。温家宝总理专门批示，把“优先发展农产品物流业”写进了“国九条”。有关部门大力推进“农超对接”、“农校对接”、“农企对接”、“农批对接”等流通方式，加大农产品冷链物流体系建设的投入。同时，着力推进农产品进城、日用工业品和农资下乡的农村物流服务体系建设。但农业和农村物流仍然是薄弱环节，应该引起高度重视。

4．物流经营模式经历新的变革

物流市场需求的新变化，对物流服务提出了新要求，而服务价格提升空间有限。2011年11月，大中型公路运输企业货运价格环比上升1.4%，同比上升4.2%；中小型企业零担货运价格低位波动；1～11月，沿海散货运价指数同比下降4.5%；波罗的海干散货综合运价指数同比下降45.9%。燃油价格连续攀升，人力成本大幅度提高，土地使用税费、仓库租金再创新高，物流要素成本价格进入持续上行通道。1～11月，全国重点物流企业主营业务成本同比上升28.4%，极大地压缩了利润空间。

为应对优服务、低价格、高成本的挑战，物流企业在经营模式上寻求突破。以中储、中远、中外运为代表的仓单质押融资监管业务加快发展，不仅获得了增值服务收益，也增加了对供应链的掌控能力。数十家银行成立专门机构，不断推出供应链金融新产品。据推算，全国全年此项贷款额度可达1.5万亿～2万亿元。公路零担货运在前几年卡车航班、专线联盟的基础上，2011年又出现了“公路货运班车总站”新模式。苏州传化物流基地通过“总站”模式，对零担货运实现集约化、客运化的管理和服务。越来越多的物流企业介入生产企业代理采购、供应商管理库存、分销执行，供应链一体化服务能力不断增强。

5．物流企业整合提升步伐加快

2011年，资本市场看好我国物流业发展前景，一些境内外知名投资机构进一步加大对国内物流业的投入。具有一定网络基础、仓储设施或提供冷链、医药、保税等专业服务的中型物流企业成为并购焦点。一些有实力的房地产、煤炭等企业转向物流地产开发领域。部分物流企业借助资本市场实现快速扩张，已有10多家重点物流企业在国内外股票市场上市。中小物流企业抱团结盟，谋求更大话语权，物流企业市场集中度进一步提高。1～11月，全国重点物流企业主营业务收入同比增长26.3%。2011年度50强物流企业主营业务收入共达5927亿元，同比增长31.5%；排名第50位的达到15.4亿元，同比增长26.2%。

物流企业的专业化服务能力显著增强。在快递、公路货运、汽车物流、医药物流、烟草物流、能源物流等专业细分领域涌现出一批实力比较雄厚、市场占有率较高、综合竞争力较强的物流企业。到2011年年底，按照《物流企业分类与评估指标》国家标准，经评估认定的A级物流企业已达1506家，覆盖除西藏自治区以外大陆所有省市区。涉及的行业既有交通运输、仓储、货代、快递等综合服务企业，也延伸到制造业、商贸业和农业等专业物流服务领域，还有新兴的供应链公司、物流园区等。代表我国物流业发展最高水平的5A级物流企业已达到98家，物流企业核心群体初步形成，在行业中起到了示范和引导作用。物流企业积极应用管理信息系统、物流信息平台、移动信息服务、物联网等信息化手段，物流服务的高效化、一体化和智能化明显提高。

6．物流区域集聚趋势明显

随着区域经济结构调整，中西部产业发展能力不断增强。国内外大型物流和商贸企业在成都、重庆、武汉、郑州等中西部主要城市设立区域物流中心和二级配送网络。“长三角”两省一市创新区域物流合作模式、区域性国际物流系统逐步形成。“珠三角”地区深化区域通关改革，物流集聚效率不断提高。《东北地区物流业发展规划》发布，推进物流业逐步向节点和通道集聚。环首都经济圈概念的提出，京津冀物流合作提上议事日程。区域物流资源从分散走向整合，区域物流服务的集聚效果逐步显现。

在区域物流发展中，也出现了一些值得注意的倾向。一些地方对物流需求状况缺乏深入分析，提出的物流发展目标带有一定盲目性。物流规划用地动辄几平方公里，甚至几十、上百平方公里，脱离实际需求。也有的借物流名义，圈占土地，搞房地产开发。而真正从事物流业务的企业又拿不到用地指标。即使拿到土地，也因为地价太高而无法开展物流业务。这些问题，应该引起有关部门高度重视，并采取得力措施，加以规范和引导。

7. 物流行业管理基础性工作日臻完善

① 物流标准化工作稳步推进。《物流标准目录手册》正式出版，收录物流国家标准、行业标准和地方标准共计 601 项。第一个由中国专家发起和主导的物流领域国际标准《ISO 18186:2011 货物集装箱—RFID 货运标签系统》正式发布。

② 物流统计工作深化细化。采购经理指数（PMI）在国家宏观经济监测中发挥了重要作用。社会物流统计制度日趋完善，分行业、分产品的统计调查分析逐步开展。物流运行景气指数体系试发布制度初步建立。

③ 物流教育和培训质量提升。目前，我国开办物流专业的本科院校达 417 所，高职高专约 824 所，中职中专超过 2000 所，在校学生总数突破 100 万人。物流学科建设取得突破性进展，物流管理、物流工程、采购管理专业已列入本科专业目录的专业大类，为下一步学科目录调整进入一级学科做了充分的铺垫。物流师职业资格培训与认证工作自 2003 年 11 月开展以来，已有 30 多万人参加了认证培训，16 万多人取得了高级物流师、物流师和助理物流师资格证书。

④ 物流科技、管理创新和学术理论研究取得了新进展。经科技部批准，从 2002 年开始，中国物流与采购联合会设立了科学技术奖。10 年来，共有 267 个项目获奖。中国物流学会开展物流优秀论文和研究课题的评审和表彰工作，2011 年共征集各类研究成果 1200 多件。

7.3 电子商务物流服务平台的发展

2009 年 3 月国务院常务会议审议通过的《物流业调整和振兴规划》中，物流公共信息平台建设位列振兴物流业的九大重点工程之一。但是，由物流公共信息服务平台真正过渡到电子商务物流服务平台，仍然存在商业模式的探讨，其关键在于平台的运行能否实现自我良性循环，能否突破条块分割的体制实现服务功能的整合。2010—2011 年，在政府的高度重视和大力支持下，电子商务物流服务平台获得了突破性的进展。

56135 物流服务平台（www.56135.com）经过近几年的发展，已经逐步形成了自身独特的经营模式和竞争优势。56135.com 网站目前拥有注册会员单位 10 万家，并保持每月 5000 家会员的增长趋势，每日平均访问量超过 100 万人次，每日发布有效交易信息 80 万条，平台为会员单位研发了 15 项拥有独立知识产权的物流标准化软件。

2011 年 2 月，56135 平台因其“公平公正的交易机制、领先的服务理念、庞大的交易规模、良好的发展趋势和成熟的管理模式”，被商务部评为电子商务示范企业，这是物流电子商务领域唯一入选的企业。

中国物流信息交易平台（www.56a88.com）是面向全国的物流综合信息交易平台，采用网下实体市场和网上虚拟市场相结合的创新模式。平台在货源、车源、物流招投标、商业供求信息发布与查询功能的基础上，推出网上商铺、货物跟踪查询、三证验证、在线投保、网上银行等实用功能和增值服务，为厂家、商家、物流企业和各类会员降低物流成本、提高服务效率提供了“诚信、安全、及时”的一站式物流服务。

7.4 服务于电子商务平台的快递公司的发展

2007—2011 年，中国快递业务量年均增长率达 27.23%。2011 年已有超过 6800 家企业取得了快递业务经营许可证，占快递市场 90%以上份额的快递企业依法获得了经营许可。营业网点达 6.4 万处，从业人员超过 70 万人，日均处理量从 2007 年的 300 万件增长到 2011 年的 1300 万件，市场规模位居世界第三，达到 715 亿元[1]。

2011 年，中国网络零售交易额达到 7825.6 亿元。其中，70%以上的网购物品需要通过快递来完成。按照网购快递占到全部快递业务量 50%计算，由网络购物带动的快递业务量达到 360 亿元。快递业务在增强电子商务活力、提高配置效率中发挥着越来越重要的作用。表 7-1 显示了 2011 年第四季度服务于电子商务的快递公司的排名。

表 7-1　2011 年第四季度服务于电子商务快递公司的排名

排　名	公　司　名	排　名	公　司　名
1	顺丰速运	6	韵达快运
2	申通快递	7	中通速递
3	圆通快递	8	EMS 快递
4	天天快递	9	中诚快递
5	宅急送	10	汇通快递

资料来源：世界工厂数据研究中心，2012 年 1 月。

在电子商务物流企业中，中国邮政分布广泛的邮政网点、物流设施及员工资源使其在物流市场上具有不可替代的位置，被网民认为是最安全的快递，但其不足之处是整体服务水平低，一般邮寄周期长，EMS 快递收费高。除中国邮政外，提供快递的有国外的快递公司和国内的民营企业。国外的快递公司数量少，但市场定位明确，物流费用虽高于国内民营快递公司，但能提供较高品质的物流配送服务，因而在国内物流市场颇具竞争力。民营快递公司约有 10 万家，占据了电子商务物流市场 70%的市场份额，并在竞争中形成“北有宅急送，东有申通快递，南有顺丰速运”的“三足鼎立”格局。申通、圆通、韵达等快递公司的网点覆盖北京、上海、西藏等 34 个省市自治区，民营企业规模小，实力弱，在获得国家邮政局颁发的经营许可证的几千家民营快递企业中，规模较大的只有 20 余家。而在美国，联合包裹服务公司（UPS）、联邦快递（FedEx）、敦豪速递（DHL）三大快递公司占有 95%的市场份额。

在各个网站促销以及节假日期间，由于短期内快递业务量暴涨，快递延期和快递单无法跟踪的

1 马军胜. 在 2011 年度“中国快递论坛”上的致辞[EB/OL](2011-11-22)[2012-04-03]. 国家邮政局网站：http://www.spb.gov.cn/folder108/folder2537/folder2543/2011/11/2011-11-2396989.html

情况大量出现。物流增长速度不能满足电子商务企业的需求成为一种普遍现象。在这种情况下，为了更好地提高客户体验度和用户黏性，淘宝网、京东商城、新蛋网、亚马逊中国等网站纷纷自己建立物流配送中心，创建了自营物流的模式。

与此同时，国内很多快递企业也不约而同地从物流配送环节延伸进入电子商务领域。宅急送公司上线了商品代销平台“E 购宅急送”，顺丰速运公司推出了购物网站“顺丰 E 商圈”，申通快递创办了“久久票务网”，圆通快递推出了农产品销售网站“新农网”，中国邮政打造了“邮乐网”，中铁快运运营了“快运商城”。自建电子商城成为物流企业进入电子商务领域的一种新的模式。

O2O（Online To Offline）作为一种线上网络购物和线下物流配送的新模式，为客户提供了直接去指定场所提取商品或直接消费的机会，从而大大缓解了 B2C 物流的压力。目前采用 O2O 模式经营的网站已有很多，如篱笆网、齐家网等大宗商品网站，58 团购、拉手网等生活信息团购网站。另外还有一些为消费者提供信息和服务的网站，如赶集网、爱邦客等也开始采用 O2O 模式。

（本章由上海商业发展研究院　易艳红　娜日编）

第 8 章 电子商务技术标准化环境

2010—2011 年，电子商务技术标准化工作继续推进。国家标准化管理委员会、商务部等有关部门加大了对电子商务标准研制的支持力度，更加突出了标准在加快电子商务产业化过程中的地位和作用，促进了电子商务标准研制与技术创新、产业化的一体化。

8.1 电子商务标准体系正在形成

1. 电子商务标准建设概况

2010—2011 年，我国共发布了 13 个电子商务技术国家标准，主要内容可以分为以下三类。

第一类是为了配合 B2B 电子商务交易而出台的《电子商务协议样本》、《电子商务——仓单交易模式规范》、《电子商务——产品核心元数据》、《电子商务——企业核心元数据》。这些标准对于促使企业与企业间的电子商务规范发展具有重要作用。

第二类是和电子通关密切相关的一类标准，如《基于 XML 的电子商务业务数据和过程第 2 部分：业务信息实体目录》、《基于 XML 的电子商务订单报文》、《基于 XML 的电子商务发票报文》。这些标准对规范订单报文和发票报文具有很好的指导作用。

第三类是为了配合电子商务信用体系的建设所出台的基于电子商务活动的交易主体的《企业信用档案规范》、《企业信用评价指标与等级表示规范》、《个人信用档案规范》。

电子商务信用系列标准包括通用基础、电子商务活动交易主体、电子商务活动服务主体等系列。《基于电子商务活动的交易主体》系列标准是电子商务信用体系建设的重要组成部分。该系列标准将电子商务活动的交易主体分为企业、个人、个体工商户、其他经营商户等，根据交易主体不同，分别研制相应的标准。2011 年出台的三个子标准是电子商务信用体系标准建设的有益探索。其中，电子商务个人信用档案的基本内容包括 6 项：身份识别信息、基础信息、信用行为信息、网上交易信息、评价信息、提示信息。

2010—2011 年，金融标准研制和应用的步伐加快，金融业标准体系框架基本成形，数据标准在金融业转型中发挥着越来越重要的作用，有关金融业信息交换、金融交易安全、移动支付以及金融领域“云计算”应用的标准化研究比较活跃，推动了我国金融服务水平的升级。

2010 年 2 月 8 日，国家标准管理委员会发布的《2010 年全国标准化工作要点》强调，“建立健全物品编码标准化体系，开拓物品编码及自动识别技术在服装、医疗、建材、卫生等领域的应用，继续推进条码技术在零售、电子商务、物流、食品安全追溯等国民经济和社会发展各领域的应用。”[1]两

---

1 国家标准化管理委员会. 2010 年全国标准化工作要点[EB/OL](2010-02-08)[2012-04-03].国家标准化管理委员会网站：http://www.sac.gov.cn/zwgk/gwxx/2010/201105/t20110504_92390

年来，共有50余个有关物流和物品编码的标准颁布。这些标准正在电子商务配送领域发挥越来越重要的作用。

团购的爆发式发展，导致团购市场出现了品质良莠不齐、售后无法保障等诸多问题。中国在国际电子商务中使用了《电子商务信用认证规则》，首批29家团购网站通过认证，其中获得初始信用等级为优良的有17家。认证结果由信用等级和信用额度两部分组成，其中信用等级分为优秀、良好、合格、不良、损失5个等级。信用额度是反映团购网站偿付能力的主要指标，由团购网站的资产状况和信用分值确定。然而，该认证的权威性和高收费却引起了一些业内人士的质疑[1]。

随着手机渗透率的日益提高，手机上网和智能手机的发展，移动支付发展前景越来越美好，但移动支付行业缺乏统一标准，制约产业的腾飞。在各方利益博弈下，支付标准一直摇摆于中国移动的2.4GHz标准与银联的13.6MHz标准。在“2011中国移动支付产业论坛”上，工信部有关领导表示[2]，工信部将与中国人民银行共同制定统一的移动支付标准。

2. 电子商务服务标准规范建设

任何电子商务活动均涉及交易主体、交易客体及交易过程三个基本要素，因此电子商务标准规范可以分为面向交易主体的标准规范、面向交易客体的标准规范、面向交易过程的标准规范。任何电子商务均是在特定信息技术系统支撑和相关法规约束下开展的在线商务活动，因此，面向交易主体、交易客体、交易过程的标准规范又可细分为技术类、业务类、管理类标准规范。

（1）面向交易主体的标准规范

面向交易主体的标准规范主要用于规范网络空间交易的交易主体的基础信息及其行为，以及相关的信息技术系统的功能、性能、接口及数据交换。涉及的标准规范主要包括交易主体基础信息标准规范、交易主体行为规范、交易主体信用信息规范、交易主体相关信息技术系统规范等。

在各交易领域共建成面向交易主体的标准规范约120项，如人造板类交易主体信息规范、建筑用钢筋类交易主体信息规范、预应力混凝土用钢材类交易主体信息规范、耐火材料类交易主体信息规范等。

（2）面向交易客体的标准规范

面向交易客体的标准规范主要用于规范网络空间交易客体基础信息，以及相关的信息技术系统的功能、性能、接口及数据交换。涉及的标准规范主要包括交易客体基础信息标准规范、交易客体相关信息技术系统规范等。

在各交易领域共建成面向交易客体的标准规范约350项，如在线食品类产品信息规范、在线食品粮食加工品类产品信息规范、在线食品食用油、油脂及其制品类产品信息规范等。

（3）面向交易过程的标准规范

面向交易过程的标准规范主要用于规范网络空间交易过程的基础信息及相关行为，以及相关的信息技术系统的功能、性能、接口及数据交换。涉及的标准规范主要包括电子认证相关标准规范、电子交易凭证相关标准规范、在线支付相关标准规范、物流配送相关标准规范、交易纠纷处理相关标准规范等。

已建成了电子合同信息规范、电子发票信息规范等交易过程的标准规范。“十二五”期间，电子商务标准规范研制工作将在现有工作基础上，一是通过相关试点示范工程推进现有标准规范的实施工作；二是根据电子商务标准规范体系，研制电子商务发展所需关键标准规范；三是提升标准规范档次，力争使一部分基础性关键标准成为国家标准，个别标准成为国际标准。

1 秦茜. 团购认证惊现高门槛，国际电子商务中心涉嫌敛财[J]. IT时代周刊，2010(12)：38-39.
2 梁敏，李雁争. 移动支付标准初定：银联胜出，中国移动出局. 上海证券报，2011-04-15.

8.2 电子商务标准化试点工作

2011 年，中移动广东公司广州分公司承担了首个电子商务国家级服务业标准化试点。广东省广州市通过大力组织开展业务范围覆盖能源、银行、交通、农业、医疗、食品、旅游等行业的移动电子商务服务标准化试点，使广东省电子商务服务业标准化工作走在全国前列。

2011 年，继深圳承担国家高新技术产业标准化示范区、国家旅游服务标准化示范区、国家金融服务标准化试点项目及国家气象服务标准化试点项目之后，全国首个电子商务综合标准化示范区又落户深圳了。深圳市电子商务发展迅猛，网民规模、网购人数及网购比例均远远高于全国总体水平，人均网络消费能力全国领先，并于 2009 年获国家发改委和商务部批复建设全国首个国家电子商务示范城市。电子商务涉及认证、信用、支付、物流、数据接口、流程、模式等关键领域，利用综合标准化的手段，建立电子商务综合标准体系，有利于将各关键领域的标准制订和实施有机结合起来，充分发挥标准化在电子商务国家示范城市建设中的技术支撑作用。国家标准委对示范区建设目标提出了五个方面的目标和任务：一是建立长效的组织管理体制和政策推进机制，强化电子商务发展政策、知识产权政策和标准政策的协调；二是探索建立涵盖电子商务全过程的综合标准体系，在电子商务关键领域主导制订一批关键技术的国家标准，力争提出多项国际标准提案；三是探索建立电子商务标准联盟工作模式，完成一批电子商务联盟标准的制订，其中多项具有自主知识产权；四是开展电子商务标准应用示范工程，选择电子商务产业聚集区、电子商务重点行业、重点电子商务企业作为试点，相关标准应用示范覆盖率达到 99%；五是完善人才培育机制，培养电子商务标准化人才，示范区建设期间培养一大批既懂专业又熟悉标准化业务的国际人才。

深圳市认识到联盟标准对示范区建设的积极作用和重要意义，充分发挥电子商务企业制订联盟标准的主动性。深圳市市场监管局和福田区人民政府共同设立了众信电子商务交易保障促进中心。该中心经政府依法授权和委托，承担电子商务可信交易环境建设的第三方公共服务机构，在政府指导下，兼具公信力与市场灵活性。众信中心为电子商务市场提供公益性基础服务，其性质是服务的服务，第三方的第三方。众信中心负责建设和运营电子商务可信交易基础支撑平台“众信网”和电子商务市场公共服务平台；建立电子商务公平竞争、健康经营的规范和标准，打造可信、可靠、健康、安全的电子商务可信交易生态圈，促进电子商务规范健康发展。

走秀网是中国最大时尚和奢侈品电子商务企业之一，是目前国内领先的时尚百货网购平台，也是广东省首个参与电子商务国家标准研制的企业。电子商务企业主动参与标准化活动，在交易过程规范管理、供应链对接、品牌承诺、供应商资质审核、用户体验等方面积极参与标准制订，对电子商务标准化工作有很大帮助。

8.3 电子商务标准建设的新突破

8.3.1 集装箱 RFID 货运标签系统正式成为国际标准

2010 年 7 月 1 日，国际标准化组织（ISO）正式发布了 ISO/PAS 18186《集装箱 RFID 货运标签系统》。该规范是在国家标准《供应链监控用集装箱电子箱封应用技术规范》（GB/T23678—2009）的基础上，在物流和物联网领域中，第一项由我国提出并积极推动制订，并由 ISO 正式发布的可公开提供的规范。它的发布和推广有利于加速开发成本低、安全可靠、使用方便的集装箱电子装置，将对提升国际集装箱安全运输水平发挥积极的作用。

在国家标准化管理委员会、交通运输部等有关部门以及上海市委市政府的大力支持下，全国集装箱标准化技术委员会承担了 ISO/PAS18186《集装箱 RFID 货运标签系统》的起草工作，得到了国内外标准化专家的积极配合，高质量、高速度地完成了该规范的起草工作。该集装箱货运标签系统通过无线射频识别技术（RFID）与互联网的有机结合，可以为货主、港口、船舶运营公司、海关、商检等相关单位提供集装箱实时货运状态信息，实现集装箱运输信息由告知到感知的变革，对提高集装箱物流的安全水平和运输效率具有重要的意义。目前该系统已在中美、中日、中加、中马等多条国际集装箱航线和物流监控中得到了应用。

国际标准化组织可公开提供的规范（ISO/PAS）是为了满足市场需求和新技术自身快速发展需要，由 ISO 正式发布的一种准国际标准的规范性文件。ISO/PAS 18186《集装箱 RFID 货运标签系统》包括适用范围、规范性引用文件、术语和定义、RFID 货运标签系统、RFID 货运标签、读写器、RFID 货运标签系统作业、RFID 货运标签系统的可靠性和精确度、RFID 货运标签系统的安全要求九个章节的内容。

近年来，我国实质性参与国际标准化活动的能力不断地提升。目前，我国已承担了 45 个 ISO/IEC 技术机构秘书处工作，担任了 24 个 ISO/IEC 技术机构主席和副主席职务。由我国提出或积极推动制订的国际标准草案有 210 项，其中已被批准为国际标准的达 96 项。ISO/PAS 18186《集装箱 RFID 货运标签系统》的发布和实施是我国在国际标准化工作领域的又一重要成果。

8.3.2 家庭多媒体网关通用要求正式成为国际标准

我国的《家庭多媒体网关通用要求》于 2010 年 4 月 23 日正式成为 IEC 国际标准。《家庭多媒体网关通用要求》是由全国音频、视频及多媒体系统与设备标准化技术委员会（对口 IEC/TC100）归口管理的 e 家佳联盟申报的国际标准项目。在国家标准化管理委员会、工业和信息化部有关部门的精心组织下，经过 FDIS（最终国际标准草案）程序的投票，最终以 100%赞成票通过，标志着此项目已经正式成为 IEC 国际标准。

家庭多媒体网关是数字家庭的集中管理模式的重要组成设备，是家庭网络管理的核心。《家庭多媒体网关通用要求》包含了基于 IP 网络的家庭多媒体网络模型和多媒体网关的应用，规范了家庭多媒体网关的推荐功能和服务，为构建集中管理的家庭多媒体网络提出了通用的规范要求。

数字音视频国际标准一直由掌握核心技术的日本、韩国、欧洲、美国等国家主导，该项目的表决成功，对数字音视频领域及其他自主创新技术的推广有着积极的带动作用。

附件：我国 2010—2011 年颁布实施的电子商务标准

序号	标 准 号	中文标准名称	状态	实 施 日 期
1	GB/T 24661.2—2009	第三方电子商务服务平台服务及服务等级划分规范第 2 部分：企业间（B2B）、企业与消费者间（B2C）电子商务服务平台	现行	2010-02-01
2	GB/T 24661.3—2009	第三方电子商务服务平台服务及服务等级划分规范第 3 部分：现代物流服务平台	现行	2010-02-01

（续表）

序号	标　准　号	中文标准名称	状态	实 施 日 期
3	GB/T 20538.2—2010	基于 XML 的电子商务业务数据和过程第 2 部分：业务信息实体目录		
4	GB/T 26151—2010	基于 XML 的电子商务发票报文		
5	GB/T 26152—2010	基于 XML 的电子商务订单报文		
6	GB/T 26360—2010	旅游电子商务网站建设技术规范		
7	ANSI/INCITS/ISO/IEC TR15944—6—2010	信息技术.商务操作视窗.第 6 部分：电子商务建模技术引进		
8	BS ISO/IEC 15944—7—2010	信息技术.商业运作综览.电子商务词汇		
9	GB/T 19252—2010	电子商务协议文本		
10	GB/T 26839—2011	电子商务仓单交易模式规范		
11	GB/T 26840—2011	电子商务药品核心元数据		
12	GB/T 26841—2011	基于电子商务活动的交易主体企业信用档案规范		
13	GB/T 26842—2011	基于电子商务活动的交易主体企业信用评价指标与等级表示规范		
14	GB/T 28041—2011	基于电子商务活动的交易主体个人信用评价指标体系及表示规范		
15	GB/T 28042—2011	基于电子商务活动的交易主体个人信用档案规范		
16	GB/T 24662—2009	电子商务产品核心元数据	现行	2010-02-01
17	GB/T 24663—2009	电子商务企业核心元数据	现行	2010-02-01
18	GB/T 19252—2010	电子商务协议样本	现行	2011-05-01 实施，代替 GB/T 19252—2003
19	GB/T 26360—2010	旅游电子商务网站建设技术规范	现行	2011-06-01
20	GB/T 20538.2—2010	基于 XML 的电子商务业务数据和过程第 2 部分：业务信息实体目录	现行	2011-06-01
21	GB/T 26152—2010	基于 XML 的电子商务订单报文	现行	2011-06-01
22	GB/T 26151—2010	基于 XML 的电子商务发票报文	现行	2011-06-01
23	GB/T 26839—2011	电子商务仓单交易模式规范	现行	2011-12-01
24	GB/T 26840—2011	电子商务药品核心元数据	现行	2011-12-01
25	GB/T 26841—2011	基于电子商务活动的交易主体企业信用档案规范	现行	2011-12-01
26	GB/T 26842—2011	基于电子商务活动的交易主体企业信用评价指标与等级表示规范	现行	2011-12-01
27	GB/T 28042—2011	基于电子商务活动的交易主体个人信用档案规范	现行	2012-02-01
28	GB/T 28041—2011	基于电子商务活动的交易主体个人信用评价指标体系及表示规范	现行	2012-02-01
29	SB/T 10469—2008	网络营销运营规范	现行	2009-03-01
30	SB/T 10518—2009	电子商务模式规范	现行	2009-12-01
31	SB/T 10519—2009	网络交易服务规范	现行	2009-12-01

资料来源：

① 国家标准化管理委员会. 国家标准查询[EB/OL]（2011-12-17）[2012-04-23]. http://www.sac.gov.cn/SACSearch/search

② 国家标准化管理委员会. 中国行业标准备案公告，2008 年第 11 号（总第 71 号）[EB/OL]（2009-09-27）[2012-01-07]. http://www.sac.gov.cn/templet/default/SearchResult.jsp?s=SB/T 10469-2008&class=all

③ 国家标准化管理委员会. 中国行业标准备案公告，2009 年第 6 号（总第 114 号）[EB/OL]（2009-07-01）[2012-01-07]. http://www.sac.gov.cn/templet/default/ShowArticle.jsp?id=5153

（本章由太河投资咨询（上海）有限公司　周启平，上海理工大学　杨坚争编）

第 9 章　人 文 环 境

电子商务人文环境对于我国电子商务的可持续发展具有非常重要的意义。本章一方面介绍 2010—2011 年我国电子商务人才需求状况、学历教育和人才培训情况；另一方面介绍电子商务理论研究的现状，展示最新电子商务研究的进展。

9.1　电子商务的人才培养

9.1.1　电子商务的人才需求

电子商务的快速发展对人才提出了新的需求。随着各类电子商务企业的迅速崛起，电子商务人才越来越成为电子商务发展的重要因素。

人力资源服务商“前程无忧”2011 年发布的人才供需报告显示，4 月的互联网/电子商务行业的人才需求增长了 11%，5 月又比 4 月增长了 11%。互联网/电子商务超过房地产行业成为人才需求最多的行业（图 9-1）[1]。

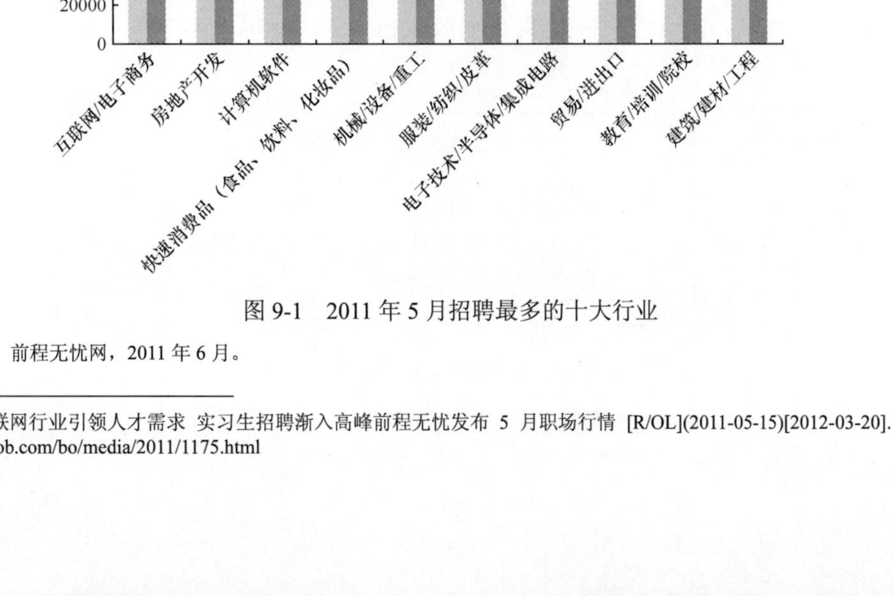

图 9-1　2011 年 5 月招聘最多的十大行业

资料来源：前程无忧网，2011 年 6 月。

1 前程无忧. 互联网行业引领人才需求 实习生招聘渐入高峰前程无忧发布 5 月职场行情 [R/OL](2011-05-15)[2012-03-20]. 前程无忧网站：http://www.51job.com/bo/media/2011/1175.html

2011 年 7 月 28 日，由中国国际电子商务中心发起的“全国电子商务人才服务平台启动发布会”在北京召开。会议披露，近年来随着电子商务的蓬勃发展，我国电子商务人才呈现明显不足的态势。根据现有的统计数据进行预测，未来 5 年电子商务行业的人才缺口将达到 300 万。尽快培养大批熟悉电子商务运营的人才已经成为发展电子商务的重要课题。

9.1.2 电子商务的学历教育

2010 年 8 月 16 日，第五届全国高校电子商务专业建设工作会议暨第九届全国高校电子商务教育与学术研讨会在杭州召开。会议对迫切需要解决的电子商务专业人才能力培养体系、电子商务专业评估指标体系和评价方法等问题进行了深入研讨。

目前，与电子商务相关的专业人才培养有研究生、本科生、专科生、中职生和网络教育五个层次。

1. 与电子商务专业相关的本科生学历教育

与电子商务专业相关的本科专业方向有：电子商务、计算机科学与技术、计算机软件、软件工程、市场营销、网络工程、网络经济学、物流工程、物流管理、信息管理与信息系统等。

从 2006 年到 2010 年，与电子商务相关专业的本科毕业生人数和招生人数逐年递增。招生人数明显多于毕业生人数（图 9-2）。这种情况说明，一方面，社会对电子商务人才的需求不断增加；另一方面，也预示着未来几年会有更多的具有电子商务本科学历的人才进入电子商务领域。

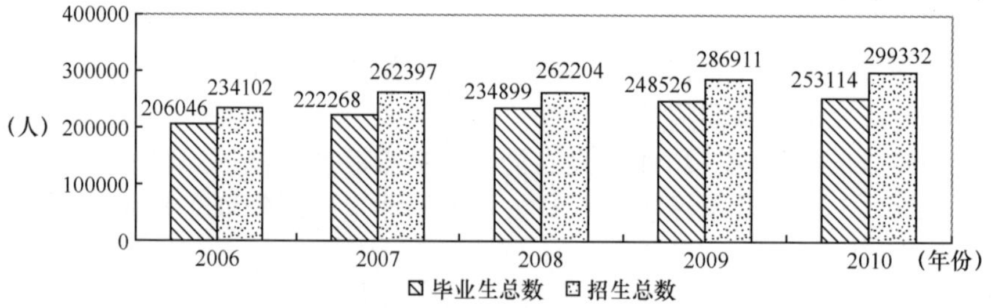

图 9-2　电子商务相关专业本科生毕业和招生情况

资料来源：教育部，2011 年 6 月。

2. 与电子商务专业相关的研究生学历教育

截至 2011 年，电子商务专业还没有直接列入研究生的培养方向，仅仅是部分专业附设了电子商务研究方向。附设电子商务研究方向的专业主要有：管理科学、管理科学与工程、计算机软件与理论、计算机应用技术、技术经济及管理、旅游管理和企业管理（财务管理、市场营销）等。这种情况导致从 2008 年开始，与电子商务相关专业的研究生招生人数呈现出逐年平缓递减的趋势。从 2009 年起，招生人数低于毕业生人数（图 9-3）。

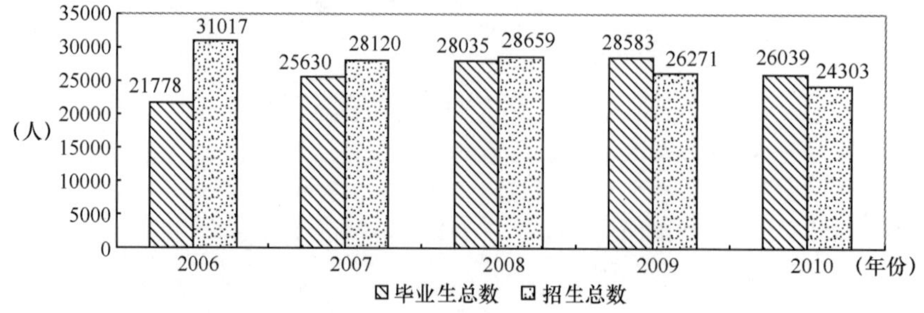

图 9-3　电子商务相关专业研究生毕业和招生情况

资料来源：教育部，2011 年 6 月。

3. 与电子商务专业相关的专科生学历教育

从2006年到2010年，电子商务及电子商务相关专业的专科招生人数逐年下降。从2008年开始，连续三年专科毕业生的人数明显多于招生人数（图 9-4）。这种情况主要是由于在整个招生比例中，专科生的招生人数逐年下降。预计未来三年与电子商务相关的专科毕业人数将会减少。

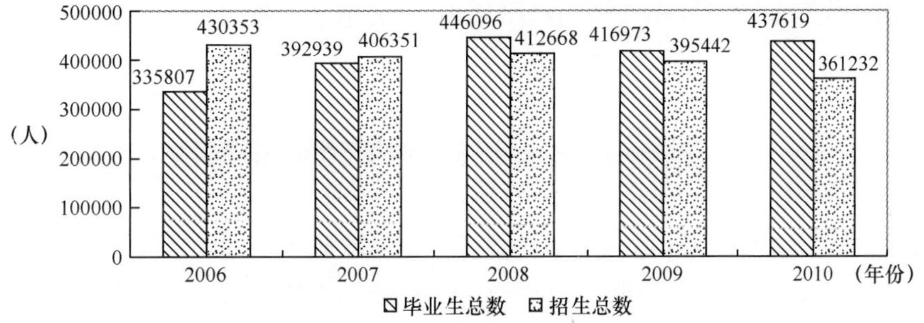

图 9-4　电子商务相关专业专科生毕业和招生情况

资料来源：教育部，2011年6月。

4. 与电子商务专业相关的中职生学历教育

从2006年到2010年，中职招生人数每年都有较大幅度的增长（图 9-5），这种状况反映出电子商务对于操作人员的迫切需求。从图 9-5 也可以看到，中职每年的招生人数都多于毕业人数，这种情况主要是由于部分中职生进入更高层次学习。

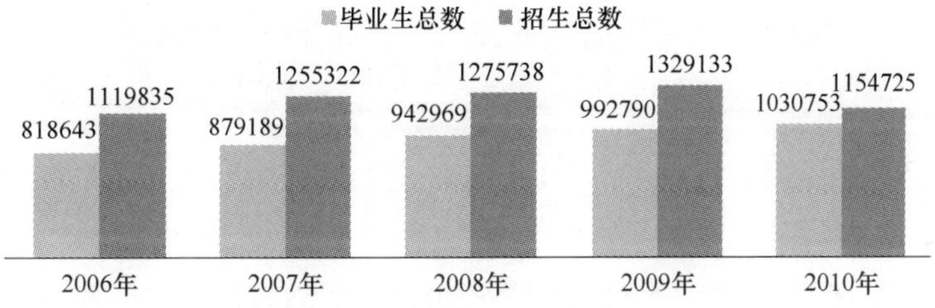

图 9-5　电子商务相关专业中职生毕业和招生情况

资料来源：教育部，2011年6月。

5. 电子商务专业的网络教育

网络教育已经成为电子商务专业教育的一支重要的新生力量。截至2010年，全国共有636所高校利用网络教育培养不同层次的电子商务专业学生。2011年招生人数达到了2.2万人。表 9-1 显示了2011年全国高校计划招收网络教育电子商务专业学生的情况。

表 9-1　2011年招收网络教育电子商务专业学校和学生数量统计

	高起专	专升本	高起本	合计
学校数量（所）	319	297	20	636
招收人数（人）	10614	10118	1315	22047

资料来源：全国网络教育阳光招生服务平台，2011年12月。

9.1.3 电子商务人才培训

中国商务部在《电子商务“十二五”发展指导意见》中强调，要多层次、多渠道开展有针对性的培训，提高政府、企业等各行业人员应用电子商务的能力；要积极推动和完善电子商务人才服务机制，引导高校电子商务专业学生向重点产业、重点项目及民营企业集聚；要支持地方建立电子商务研究与培训基地，加强电子商务理论研究与人才培训。

针对电子商务行业人才需求的快速增长，中国电子商务协会在全国范围内展开了公益性的专业化培训项目——“全国电子商务应用人才培训工程”。该工程为期三年，目标是三年内在全国各地的100个城市开展500场专业培训及相关活动，培训10万名电子商务初、中、高级应用人才，并进行相关行业认证。

2011年9月，在杭州市举办的第三届中国电子商务文化节暨2011中国首届电子商务人才交流大会上，中国电子商务协会宣布首批电子商务人才培训机构诞生，易观国际、淘宝大学、北京敦煌禾光技术有限公司等10个公司榜上有名。

2011年，湖南省启动了服务外包与电子商务人才培养联盟，计划在三年内培养10000名电子商务人才，通过产学研结合，构建湖南服务外包与电子商务人才蓄水池，推动湖南对外经贸事业的发展。阿里学院成立了小企业网校和网商知识库，通过平台功能实现教学互动和人才流通，形成一个崭新的知识交易市场和人才成长社区。中国电子商务人才培训基地在宜昌市挂牌，宜昌正式成为中国电子商务协会授牌的重点培训基地。

2010—2011年，面对电子商务的发展大潮，大学生在积极参与电子商务竞赛的同时，也渴望将自己的设想在真正的网络市场上找到舞台，网络创业成为了大学生一个热门话题。在杭州，政府明确提出支持高校毕业生自主创业，鼓励毕业生网上创业。2011年杭州市注册成立的大学生创业企业达4560家，其中，IT软件业、文化创意产业、电子商务、网络游戏占57%。在上海，上海理工大学工商管理专业专门开设了创业班，电子商务创业成为学生创业课程的首选。

9.1.4 全国大学生电子商务“创新、创意、创业”挑战赛

根据教育部、财政部有关文件精神，2010年和2011年，教育部高等学校电子商务专业教学指导委员会举办了第二届和第三届“全国大学生电子商务创意、创新、创业”比赛（简称三创赛）。第二届比赛由西安交通大学承办，参赛队伍达3800多支，学生约15000人；第三届比赛由西南财经大学承办，全国有近5000支参赛队伍参加，256支队伍晋级总决赛。比赛中涌现出一大批优秀的“创新、创意、创业”项目，得到了专家和企业的肯定，推进了电子商务的发展和人才的培养。

三创赛表现出以下特点。

① 得到了政府、学校和企业的大力支持。在资金方面，三创赛获得了教育部、财政部拨款，企业赞助和学校支持；在工作指导上，国家教育部、共青团中央、商务部、工业和信息化部和多个地方的教育厅、工信委等单位给予了组织上的支持并莅临颁奖现场致辞，以及为选手颁奖等；在参赛选手组织和指导上，教育部高等学校电子商务专业教学指导委员会、中国信息经济学会电子商务专业委员会、全国电子商务与电子政务联合实验室以及多个企业与500多所高校合作，积极组织和指导学生参加本届大赛，充分体现了政府、高校和企业对三创赛的高度重视和大力支持。

② 参赛队伍及人数规模超前。通过多种方式宣传大赛的精神和价值，指导参赛工作，学生热情高涨并积极参与，参赛队伍不断增加，普及面大大扩展。巨大的规模为分赛区和总赛区的组织工作带来了挑战，尤其在决赛期间，选手的资料分发、用餐、住宿等问题都给组委会提出了挑战。在各级领导的指导下，在组委会秘书处的周密安排下，在参赛高校、老师和选手的配合下，圆满地完成了各项工作。

③ 总决赛采用开放答辩形式。第二届、第三届总决赛均采用开放式答辩。在比赛过程中，老师和答辩过的及未答辩的学生可以旁听，保证了比赛的公开和公正性。采用开放式答辩，虽然增加了工作人员的工作量，但是为学生提供了学习和提高的机会，激发了学生的兴趣。赛后，从参赛选手及带队老师处反馈的消息表明，参赛人员很满意这种开放式答辩形式。

④ 设立了高职高专组比赛。相比于第一届比赛中本科和高职高专的混合比赛形式，第二届、第三届比赛采用了本科组和高职高专组分离的比赛形式，保证了比赛的公平性，更有利于高职高专学生的“三创”积极性的激发。

⑤ 企业和选手对接。企业和选手对接采用了两种形式：其一是在比赛期间由企业家担任评委，针对比赛项目从企业应用的角度来评价项目；其二是在颁奖晚会上设置了“三创对话”专场活动，由企业家和专家与本届获奖的和上一届获特等奖的代表队直接对话。三方代表围绕“三创”活动的核心要素（项目、人才和资金）展开了别开生面的极富挑战性的自由交流。通过企业和选手对接，促进了优秀项目能够“落地”，能够向市场转化，而不仅仅停留在“创新、创意”上，能进一步向“创业”拓展。

2010—2011 年，面对电子商务的发展大潮，大学生在积极参与电子商务竞赛的同时，也渴望将自己的设想在真正的网络市场找到舞台，网络创业成为大学生一个热门话题。

9.2 电子商务的理论研究

9.2.1 电子商务相关的学术论文

在中国知网中，采用“主题”关键字为“电子商务”进行论文搜索，可得到与电子商务有相关度的论文数量（图 9-6）。从图 9-6 中可以看出，从 2004 年开始，有关电子商务的论文数量呈上升趋势。2007—2010 年，电子商务论文数量趋于平稳，说明电子商务理论研究已经进入常态化阶段。而 2011 年数量的激增说明了电子商务研究有了新的突破。

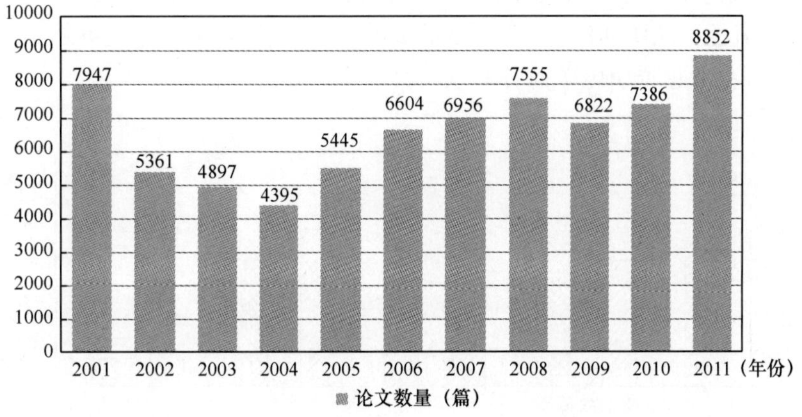

图 9-6　2001—2011 年电子商务论文数量统计

资料来源：中国知网，2012 年 1 月。

在2010年各类电子商务论文中，企业电子商务是热门研究方向，达到了2207篇，占到论文总数的32%；排在第2位的是电子商务物流论文，有613篇；第3位的是电子商务安全方面的论文。另外，还有相当数量的论文研究电子商务营销、教学、创新、人才培养。

9.2.2 电子商务相关的学位论文

在中国知网中，采用“电子商务”为关键词搜索到有关电子商务的学位论文数量如图9-7所示。从图中可以看出，2006年以后，电子商务相关学位论文的增长速度趋于平缓，而2009年跌至低谷。这种情况反映出电子商务高层次人才的培养严重落后于电子商务实践的发展，特别是在电子商务综合性人才、法律人才方面，这种情况更为明显。

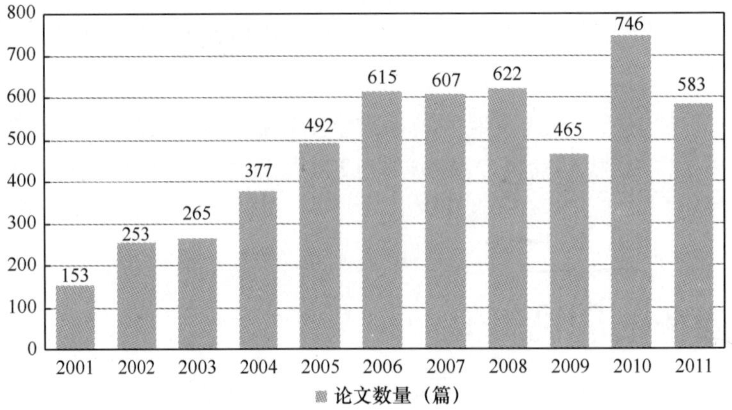

图9-7 2001—2010年学位论文数量统计

资料来源：中国知网，2012年1月。

9.2.3 电子商务相关的书籍

电子商务由“电子”+“商务”组成。因此，与电子商务相关的书籍涉及的面非常广泛，主要包括管理、教材教辅与参考书、计算机与互联网、经济书籍等。在亚马逊网上以“电子商务”为书名搜索，结果如图9-8所示。从图9-8中可以看出，2010年出版的电子商务类书籍不仅高于2009年，也高于2011年。这种状况也说明电子商务系统研究工作需要进一步加强。

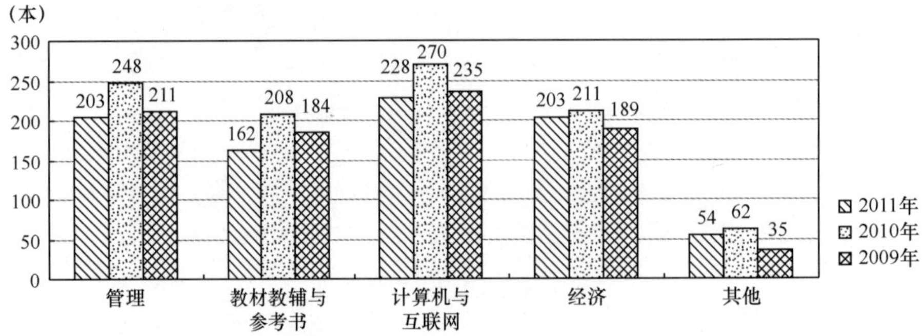

图9-8 2009—2011年与电子商务相关的书籍统计

资料来源：亚马逊网，2012年1月。

9.2.4 新兴电子商务研究进展

新兴电子商务与传统电子商务相比，呈现出移动性（如泛在互联、移动商务）、虚拟性（如虚拟体验、赛博空间）、个性化（如精准营销、推荐服务）、社会性（如社交媒体、社会商务）、极端数据（如富媒体、大数据）等鲜明的新特征。这些新特征是技术进步和应用创新两者交错融合、螺旋式演化的结果，形成了当前电子商务实践的主流色调。有鉴于此，国家 NSFC 重大项目（70890080）团队对新兴电子商务参与者行为规律、经营运作与商务模式、商务智能与知识分析方法、业务安全和社会实验平台等方面最具基础性、开拓性的科学与技术难题进行了深入攻关和探索，旨在发现和诠释新兴电子商务运行规律，构建新兴电子商务理论和方法体系。相关研究和成果对于学科领域进步与创新、企业竞争力提升乃至我国经济建设都具有十分深远的理论与实践意义。

① 在新兴电子商务参与者行为规律的研究中，通过识别新兴电子商务参与者交易行为特征，阐释新兴电子商务在中国文化及国情条件下的采纳及扩散过程，揭示电子商务的价值产生机理，进而为新兴电子商务设计服务提供的策略。包括：国家文化和社会环境对参与者行为的影响及约束；用户对于新兴电子商务服务的体验感知和采纳态度；“双边市场”视角下消费者和商家的互动机理和行为模式；Web 2.0 环境下消费者和企业利用信息技术及评论、推荐、信息披露等手段改进管理和交易行为，以提升个人和企业价值等。

② 在电子商务经营运作与商务模式的研究中，建立了一套关于新兴电子商务的电子市场结构和机制设计、经营战略和商务模式选择以及运作优化的理论与方法。包括：微观市场结构和网络用户特征分析；电子商务技术创新、技术并购和模仿的关键因素；社会网络对个人社会资本的影响和可动用性；B2B 环境下供应商团购价格机制；零售商的动态概率销售最优决策规则，以及需求引导和库存共享效果；根据保鲜努力的协调契约来实现供应链的协调等。

③ 在面向服务的商务智能与知识分析方法研究中，围绕非结构化数据挖掘和知识分析、商务交易流程的知识发现和服务支持，以及模式表达和模式发现等方面，形成了一系列新兴电子商务的支撑技术和方法。包括：针对上网用户行为模式的基于最小发生域的频繁事件组挖掘方法；大规模网页环境下信息检索服务的代表元提取方法，以获得高覆盖度和低冗余度；针对连续数值属性的多关系离散化方法；基于信息熵和简约性的新型关联分类方法；针对不确定性管理决策的基于互模拟的行为等价性以及异步 pi-演算的行为差距度量等。

④ 在新兴电子商务安全性与社会实验平台研究中，设计了基于 ACP 方法的电子商务计算实验系统架构和分析工具，以及电子商务安全国家标准和安全体系。包括：关键字竞价中基于小生境协同演化计算实验方法的新型竞价机制；针对跨搜索引擎分时段预算分配与实时预算调整的预算优化策略；点击欺诈问题中关键字竞价参与者的均衡策略；基于 ACP 的协同演化计算实验方法、关键字竞价平行实验与决策支持平台；新兴电子商务安全体系中面向 CA 企业和 PKI 用户的分级证书策略；商用密码应用技术体系验证中的业务安全支撑平台及交易仿真验证环境；移动终端识别中 PKI 系统和应用的分等级互操作性评估准则；电子商务业务安全威胁（如病毒）的传播和扩散机理，以及相应管理策略等。

综上所述，新兴电子商务研究取得了一系列重要的创新和成果。一方面，这些成果产生了重要的国内外学术影响，特别是以国际视野审视中国问题，体现了科学探索在“世界-中国”视角上的会聚；另一方面，这些成果也产生了重要的实践指导作用，特别是从我国实际出发进行理论凝练，进而体现对于我国相关政策制定和指导企业运作方面的重要价值，反映了科学探索在“严谨-相关”视角上的融合。展望未来，新兴电子商务在我国经济建设中将发挥日益重要的作用，并将伴随着技术进步和商务创新的脉动，在带来理论和实践挑战的同时，也孕育了大量的学界和业界的机遇和广袤的探索空间。

（清华大学陈国青、陈剑，大连理工大学 杨德礼，中国科学院自动化所 王飞跃等）

9.3 电子商务服务关键技术研发

自“十五”以来，科技部通过各类科技项目及相关政策支持，通过自主创新和集成创新，围绕电子商务交易主体、交易客体及交易过程，解决了多项关键技术，完成并申请发明专利20多项，申请相关软件版权近百项。

9.3.1 交易主体基础信息规范管理与服务技术及系统

电子商务交易中交易主体基础信息规范管理技术的核心是要求从事电子商务的市场交易主体发布其真实、合法、规范的身份信息，建立市场交易主体的网络身份与实际身份之间的关联关系，便于必要时对相关市场交易主体进行追踪。

电子商务交易中交易主体基础信息规范管理与服务系统由市场交易主体信息管理系统、联机自动查验接口、电子商务交易与服务平台用户注册信息查验、电子商务市场交易主体基础信息智能监测子系统等组成，如图9-9所示。

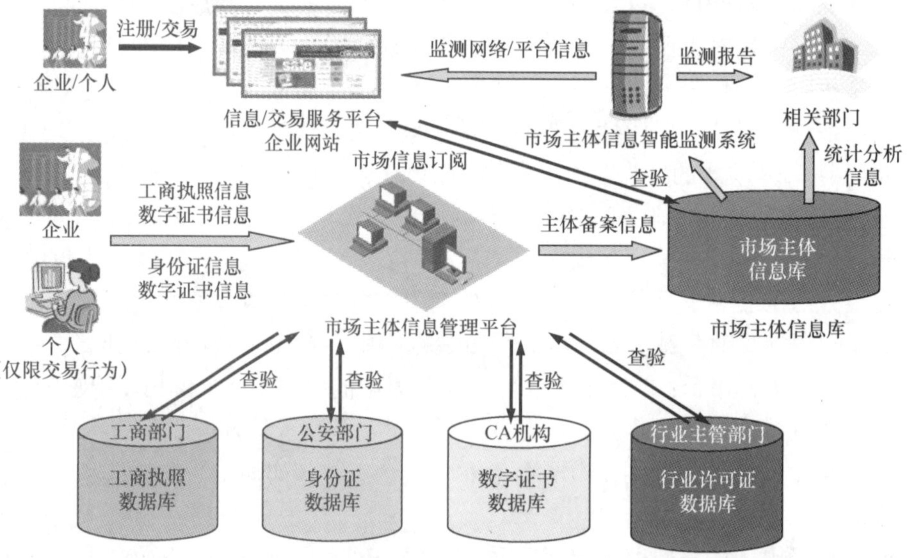

图9-9 电子商务交易主体基础信息规范管理与服务技术与系统框架

其包括以下4个子系统。

① 交易主体基础信息管理系统。该系统基于电子商务市场交易主体基本信息规范，管理进入电

子商务市场的企业、个人、机构的基本信息及相关资质信息。主要功能包括企业注册管理、机构注册管理、个人注册管理、注册信息审核、统计分析等。

② 联机自动查验接口子系统。该子系统用于连接与电子商务市场交易主体信息相关的工商、公安、数字证书、特许经营等数据库，联机自动查验市场交易主体准入信息的合法性和有效性。主要功能包括基于相关信息接口规范的接口软件连接相关数据库，接收联机查验请求，进行相关信息查询、对比及结果反馈等。

③ 注册与登录信息查验子系统。该子系统安装在电子商务交易系统中，基于电子商务市场交易主体信息库，联机查验其注册用户身份的合法性。

④ 电子商务交易主体基础信息智能监测子系统。交易主体基础信息智能监测子系统用于全程在线监测不规范及非法市场交易主体，提供实时监测报告及相关证据信息，为政府相关部门提供执法依据，净化电子商务市场交易主体信息。

9.3.2 交易客体基础信息规范管理与服务技术及系统

电子商务市场客体基础信息规范管理与服务技术的核心是要求直接生产或提供产品或服务的企业发布其产品或服务的真实、准确、规范的基本信息及相关广告信息。

电子商务市场客体基础信息规范管理与服务系统由电子商务市场产品/服务信息规范、规范化的电子商务市场产品/服务信息发布子系统、电子商务市场产品/服务信息管理平台、电子商务市场信息智能监测子系统构成，如图 9-10 所示。

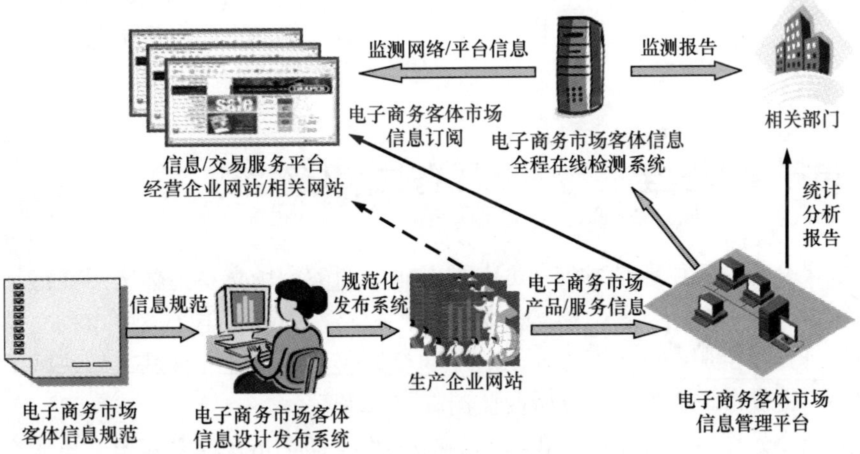

图 9-10　电子商务市场客体基础信息规范管理与服务技术及系统框架

其包括以下 3 个子系统。

① 电子商务市场产品与服务信息发布子系统。该子系统用于生产企业设计与发布信息使用，唯一化电子商务市场信息渠道，主要包括设计、管理、发布等功能。

② 电子商务市场产品/服务信息管理平台。电子商务市场产品/服务信息管理平台用于管理所有在线产品和服务的信息，为相关市场交易主体提供信息订阅及相关信息增值服务，为政府相关部门提供在线产品和服务信息统计分析服务，主要包括产品和服务基本信息审核、检索、订阅、统计等功能。

③ 电子商务市场客体基础信息智能监测子系统。电子商务市场客体基础信息智能监测系统用于

全程在线监测不规范及假冒伪劣产品/服务信息及其发布者，提供实时监测报告及相关证据信息，为政府相关部门提供执法依据，净化电子商务市场客体信息。

9.3.3 电子商务交易技术与系统

围绕电子商务理论研究形成的几种典型的电子商务交易模式，包括匿名竞价交易、仓单交易、易货交易、供应链融资交易等模式，开发了相应的技术与系统。

① 匿名竞价模式。由第三方负责对商户货物进行存放及保管，并对货物的外在品质进行检验，商户在发布信息前，首先需要将货物存入指定仓库，然后发布供应信息。客户预付资金（包括信用额度）后进行竞价交易，交易双方于第三方指定仓库进行货物交割，第三方提供交割后的物流服务。

② 仓单交易模式。第三方交易平台运营商（交易中心）具有若干仓库对待交易货品进行保管，进行质量检验并提供相关的物流服务。商户将货品入库后，在交易中心申请入市，交易中心有固定的交易日和交易时间。商户在交易中心发布待交易仓单信息，客户在预存资金后（可以是信用额度）浏览交易仓单信息，交易中心按照“价格优先、时间优先”等原则撮合成交，交易结束以后，客户可以在交货日按照交货价格实现货物的交割。也可以在仓单到期之前进行转让。

③ 易货交易模式。交易各方在交易中心注册待易货物，待交易中心验证注册信息后，交易各方发布易货信息（包括固定价格和竞价），买卖双方在交易中心在线成交，在交易中心监管下在指定仓库进行货物交割，由交易中心根据特定资金控制规则进行资金应收应付记录和支付。

④ 供应链融资交易模式。交易各方首先在交易中心注册，交易各方交纳一定保证金后，金融机构为其办理信用贷款，交易各方在交易中心实现交易，交易后，卖方向交易中心监管的仓库发货，金融机构支付卖方货款，买方向金融机构还款，金融机构向交易中心发出放货指令（与还款数量相当的货物），交易中心向买方发货。

9.3.4 电子商务安全交易保障服务技术与系统

电子商务安全交易保障服务技术的核心是要求电子商务市场交易主体应用规范化安全电子合同或交易凭证，实现安全、公平交易，维护交易各方的权益；为各类电子商务市场交易主体提供电子合同或交易凭证证据保全服务，为必要时进行电子合同监证、公证、仲裁或解决网上交易纠纷提供依据；为相关部门提供市场交易统计分析及监测等信息服务。

电子商务安全交易保障服务系统由各类产品/服务电子商务市场交易规范、电子合同基本信息规范、各类产品/服务安全电子合同系统、电子合同信息备案管理平台、电子合同公证/仲裁平台及相关的应用系统构成，如图 9-11 所示。

其包括以下 3 个子系统。

① 安全电子合同系统。安全电子合同系统用于企业及交易服务平台在线交易，保障电子商务市场交易的公平性及安全性，主要功能包括电子合同的生成、签名、存储管理、传输与分发等。

② 电子合同信息备案管理平台。电子合同信息备案管理平台用于管理所有电子合同信息，为交易双方进行电子合同公证/仲裁提供依据，保障电子合同信息的安全性和证据性，为政府相关部门提供电子商务市场交易统计分析信息服务，主要功能包括合同自动备案、合同手动备案、合同备案状况监控、合同查询、合同统计等。

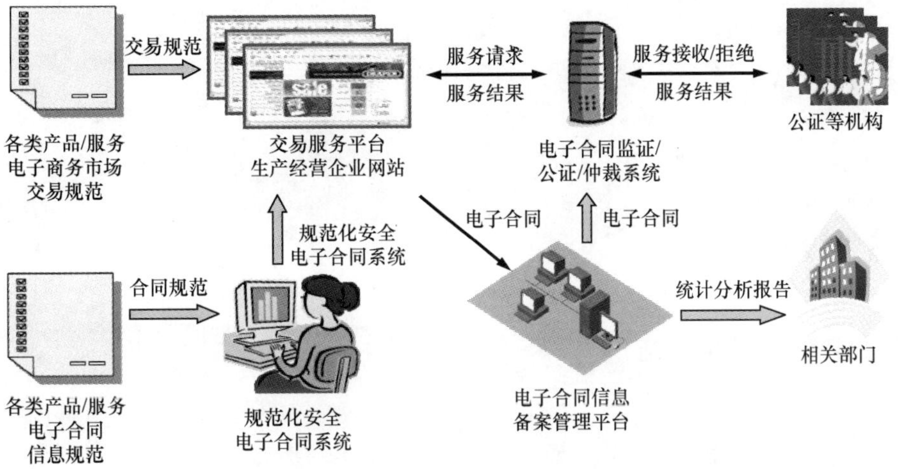

图 9-11　电子商务安全交易保障服务技术与系统框架

③ 电子合同公证和仲裁平台。电子合同公证/仲裁平台用于交易双方必要时进行电子合同的公证/仲裁，合理解决交易纠纷，维护交易双方的权益，主要功能包括申请管理、公证管理、公证资料管理、综合查询、统计分析、公证员基本信息维护、公证机构管理信息维护等。

（科技部）

（本章由上海理工大学　杨坚争，西安交通大学　李琪编）

第三篇

市场篇

第 10 章　2010/2011 年中国电子商务市场规模

我国电子商务交易规模增长很快，本章收集了国家统计局、赛迪顾问、艾瑞咨询、易观国际、中国互联网协会数据中心从不同角度对我国电子商务交易额的统计或预测数据。

10.1　2010 年电子商务市场数据

10.1.1　国家统计局工业企业电子商务应用统计数据

1. 国家统计局 2010 年关于工业企业应用电子商务的调查

2010 年国家统计局对 36807 家工业企业的统计调查表明，我国工业企业电子商务采购额、销售额在 2010 年都有较大的增长，表 10-1 反映了这方面的情况。

表 10-1　2010 年工业主要行业电子商务采购、销售交易额及所占比重

行业名称	企业数（家）	被调查企业电子商务采购金额（亿元）	被调查企业电子商务销售金额（亿元）	被调查企业电子商务交易额（亿元）	被调查企业平均全年电子商务销售金额（亿元/单个企业）	各行业所占比重
所有行业	36807	10964.2	15402.2	13183.19	0.36	100.00%
通信设备、计算机及其他电子设备制造业	3221	4121.6	5348.6	4735.09	1.47	35.92%
黑色金属冶炼及压延加工业	805	485.5	2189.0	1337.22	1.66	10.14%
烟草制品业	60	500.6	1527.3	1013.96	16.90	7.69%
电气机械及器材制造业	2790	778.4	1005.6	892.00	0.32	6.77%
交通运输设备制造业	2376	653.4	932.2	792.81	0.33	6.01%
化学原料及化学制品制造业	2317	692.6	757.5	725.05	0.31	5.50%
专用设备制造业	1664	422.8	512.2	467.51	0.28	3.55%
石油加工、炼焦及核燃料加工业	284	853.0	72.3	462.65	1.63	3.51%
农副食品加工业	1191	225.7	489.4	357.51	0.30	2.71%
纺织业	2653	261.9	380.0	320.98	0.12	2.43%
通用设备制造业	2529	325.1	313.0	319.04	0.13	2.42%

（续表）

行业名称	企业数（家）	被调查企业电子商务采购金额（亿元）	被调查企业电子商务销售金额（亿元）	被调查企业电子商务交易额（亿元）	被调查企业平均全年电子商务销售金额（亿元/单个企业）	各行业所占比重
橡胶制品业	410	235.3	305.4	270.32	0.66	2.05%
有色金属冶炼及压延加工业	698	166.7	255.8	211.27	0.30	1.60%
电力、热力的生产和供应业	1210	260.5	20.1	140.32	0.12	1.06%
金属制品业	1500	77.1	163.7	120.40	0.08	0.91%
饮料制造业	573	43.3	179.9	111.61	0.19	0.85%
非金属矿物制品业	2026	94.4	120.4	107.40	0.05	0.81%
石油和天然气开采业	38	170.1	17.2	93.67	2.46	0.71%
食品制造业	758	58.6	116.6	87.61	0.12	0.66%
仪器仪表及文化、办公用机械制造业	765	66.4	92.3	79.36	0.10	0.60%
塑料制品业	1201	50.7	82.9	66.76	0.06	0.51%
医药制造业	939	49.2	70.6	59.88	0.06	0.45%
工艺品及其他制造业	533	66.1	48.1	57.14	0.11	0.43%
水的生产和供应业	211	44.7	53.6	49.14	0.23	0.37%
木材加工及木、竹、藤、棕、草制品业	306	27.1	69.7	48.40	0.16	0.37%
皮革、毛皮、羽毛（绒）及其制品业	754	35.0	58.6	46.79	0.06	0.35%
纺织服装、鞋、帽制造业	1457	30.9	56.6	43.76	0.03	0.33%
家具制造业	497	27.1	52.9	39.98	0.08	0.30%
化学纤维制造业	206	50.2	20.6	35.41	0.17	0.27%
造纸及纸制品业	714	25.5	31.5	28.48	0.04	0.22%
文教体育用品制造业	454	10.1	23.1	16.57	0.04	0.13%
印刷业和记录媒介的复制	503	10.8	22.3	16.55	0.03	0.13%
煤炭开采和洗选业	546	30.1	1.9	16.01	0.03	0.12%
非金属矿采选业	128	7.9	0.3	4.10	0.03	0.03%
黑色金属矿采选业	133	2.0	6.0	4.00	0.03	0.03%
有色金属矿采选业	201	0.4	5.0	2.70	0.01	0.02%
燃气生产和供应业	116	3.4	0.0	1.71	0.01	0.01%
废弃资源和废旧材料回收加工业	40	0.0	0.0	0.00	0.00	0.00%
其他采矿业	0	0.0	0.0	0.00	0.00	0.00%

从表10-1可以看出，中国工业行业大中企业电子商务发展仍然不平衡。前三位的排名没有发生大的变化。通信、计算机及其他电子设备制造业全年电子商务交易额最高，达到了4735.09亿元，占35.92%；黑色金属冶炼及压延加工业次之，达到了1337.22亿元，占10.14%；烟草制品业第三，达到了1013.96亿元，占7.69%。在企业平均的电子商务交易额方面，烟草制品业最高，达到了16.90亿元，比企业平均值高出40多倍。石油和天然气，黑色金属冶炼及压延加工业，通信设备、计算机及其他电子设备制造业，石油加工、炼焦及核燃料加工业等行业，企业平均的电子商务交易额也都超过了1亿元，比企业平均值高出3～7倍。电气机械及器材制造业、交通运输设备制造业、化学原料及化学制品制造业、专用设备制造业、农副食品加工业、纺织业、通用设备制造业在全部交易额中都占有一定的比例，但企业平均交易额都低于全国调查统计样本的平均水平，这种情况说明，这

些行业发展电子商务还有很大潜力。

2. 企业网站建设情况

网站是企业提高品牌形象、拓展服务营销渠道、创新管理模式的重要平台。2010—2011 年，各行各业对企业网站建设给予了高度重视。根据国家统计局的调查，2010 年中国大中型工业企业拥有网站 29592 个。从企业平均拥有的网站数看，与 2008 年相比，所有省市都有了大幅度的提高。2008 年最高的浙江省平均每个企业拥有网站 0.49 个，全国平均每个企业拥有网站 0.31 个；而 2010 年，最低的天津市平均每个企业拥有网站 0.47 个，全国平均每个企业拥有网站 0.80 个。其中，平均每个企业拥有网站 0.7 个以上的省市有 23 个，占了 74.19%。这意味着通过两年的强化建设，我国企业互联网应用能力有了很大的提高（表 10-2、表 10-3）。

表 10-2　2010 年中国大中工业企业拥有的网站数量统计

地 区 名 称	企业单位数（个）	年末在用计算机数（万台）	年末拥有网站数（个）	企业平均拥有网站数（个/单个企业）
全国	36807	646.83	29592	0.80
北京市	3691	38.45	2248	0.61
天津市	1530	14.11	712	0.47
河北省	900	19.28	676	0.75
山西省	243	7.66	151	0.62
内蒙古自治区	52	1.57	706	13.58
辽宁省	754	23.88	564	0.75
吉林省	200	3.28	116	0.58
黑龙江	370	11.59	248	0.67
上海市	1708	50.84	1226	0.72
江苏省	5406	91.45	4554	0.84
浙江省	4668	52.46	4906	1.05
安徽省	406	7.77	408	1.00
福建省	1370	21.58	1273	0.93
江西省	615	8.68	463	0.75
山东省	2534	37.35	2311	0.91
河南省	1145	18.81	789	0.69
湖北省	530	13.40	519	0.98
湖南省	2381	14.17	1737	0.73
广东省	5379	152.99	3763	0.70
广西壮族自治区	472	7.96	337	0.71
海南省	61	1.27	43	0.70
重庆市	828	13.96	681	0.82
四川省	265	6.09	230	0.87
贵州省	88	2.44	84	0.95
云南省	152	3.44	123	0.81
西藏自治区	6	0.03	7	1.17
陕西省	404	6.42	276	0.68
甘肃省	153	3.70	130	0.85
青海省	19	0.30	15	0.79
宁夏回族区	135	2.76	116	0.86
新疆维吾尔自治区	342	9.11	180	0.53

表 10-3 2010 年工业企业信息化情况按规模汇总

规模	企业数（家）	期末在用计算机数（万台）	期末拥有网站数（个）	电子商务采购金额（亿元）	电子商务销售金额（亿元）
大型	2368	294.75	4116	7708.06	10983.45
中型	34439	352.08	25476	3256.14	4418.72

10.1.2 赛迪顾问电子商务市场数据

1．市场规模

近年来，中国电子商务市场一直保持稳定发展的势头，电子商务交易额持续高速增长。2009 年中国电子商务市场规模达到 37834 亿元，同比增长 21.7%。2010 年中国电子商务市场规模达到 46885 亿元，同比增长 23.9%，如图 10-1 所示。

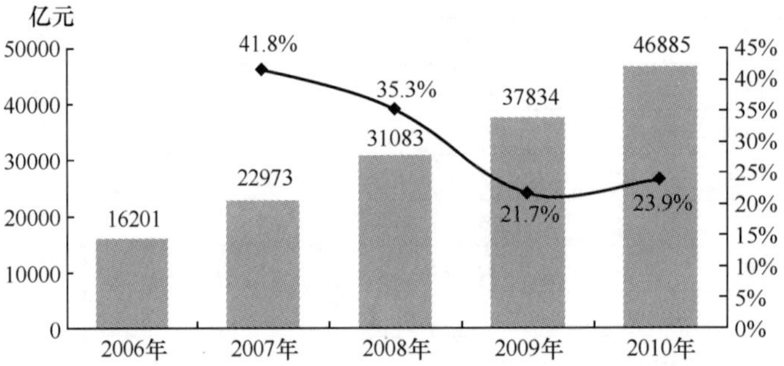

图 10-1 2006—2010 年中国电子商务市场交易额及增长

2010 年是中国“十一五”收官之年，“十一五”期间中国电子商务市场在政府扶持与企业奋斗的合力下，不断快速发展，虽然经历全球金融危机，但始终保持了勃勃生机。阿里巴巴、网盛生意宝、麦考林、当当等第三方服务商纷纷海外上市；中国移动、人保财险、中国粮食等大型企业大力打造新兴电子营销渠道；淘宝、百度等不断寻求合作，拓展海外市场；信用、支付、物流等支撑体系得到进一步完善。五年间，中国电子商务市场增长率始终高于全球电子商务市场增长平均水平，2010 年中国电子商务市场增速高于全球增速 3 个百分点，高于美国 16 个百分点，高于日本 8 个百分点。电子商务从高科技逐步走进千家万户，成为中国企业与消费者日常商务与生活的重要组成部分，电子商务零售交易额规模在全年社会消费品零售总额（154554 亿元）的占比稳步增长到 3.3%，并开始显现出对 GDP 的拉动作用。

2．市场特点

（1）电子商务认知度已经趋于成熟

2010 年，全社会对电子商务的认识已经进入一个新的层次，从企业追求通过电子化的交易概念求新求变转变为以商务作为核心和根本，吸纳电子手段丰富业务渠道，最终实现市场价值的提升。从企业角度看，可以越来越多地看到传统行业企业目光从平台建设的初级层面聚焦到新渠道建设的更深层面，渠道价值的评价与挖掘成为企业的着眼点；从政府角度看，电子商务的发展已经逐步与社会资源、宏观经济指标相对接，如何通过发展电子商务拉动经济提升、转变经济结构、预测经济走势成为政府的关注点；从消费者角度看，电子商务的价值已经从时尚化交易手段为导向逐渐演变为理性消费、便捷消费、安全消费为导向。通过几年的发展，中国电子商务发展的价值观开始步入正轨。

（2）电子商务产业化进程加快

中国电子商务发展的结构已经逐步清晰，2010 年中国电子商务产业化进一步加快，产业链整合不断深化，电子商务已经不再作为一个简单的市场被关注，多数地区电子商务已经被提升到产业层面进行扶持。中国电子商务发展架构分为三层体系：最上层是由传统企业、平台服务商、政府构建的电子商务应用平台，它们可以覆盖到各行各业，该层的发展需要依赖于各地方的优势传统行业作为发展支撑；中间层是网络平台层，包括互联网、移动互联网等网络的构建；底层是物流、支付、安全、诚信、标准等支撑体系的构建，它们既是电子商务的使用者也是电子商务发展的基础，也是可随电子商务发展逐步壮大的行业。电子商务发展架构的清晰等于为中国未来电子商务发展指明了发展方向，中国电子商务产业化整合也开始围绕各个上下游环节展开。

（3）电子商务战略地位得到提升

2010 年中国政府逐渐开始意识到电子商务对于转变国家经济发展方式，促进两化融合深化应用的重大意义。经济结构调整作为未来政府的核心工作，分别体现在：加大现代服务业对经济的拉动作用，加大消费对经济的拉动作用，加大技术创新对经济的拉动作用。而电子商务本身恰恰是现代服务业的重要支撑载体，是拉动内需消费的重要手段，是技术创新拉动经济发展的重要表现形式，因此可以预知电子商务地位将在未来几年得到稳步提升，政府的资源配置将向电子商务发展有所倾斜。社会各界对电子商务意义的认知度提升，电子商务将作为现代服务业的一个分支被确立为中国战略性新兴产业之一。

（4）风险投资持续关注中国电子商务市场

2010 年中国电子商务市场发生 42 起公开披露的投融资案例，其中风险投资 35 起，总额逾 5.5 亿美元。B2C 领域继续占据电子商务行业的主流，融资金额和数量均冠绝整个行业。全年共发生风险投资 24 起，并购 2 起，并发生两例 IPO。其中，京东商城完成的 C 轮 1.5 亿美元投资及后续传闻的 5 亿美元投资成为风投对中国网络零售市场的“疯投”的缩影，尚品网实际融资额为 1200 万美元。在 IPO 方面，麦考林及当当相继登陆纳斯达克。

（5）电子商务外延渐广，内涵渐深

2010 年，中国电子商务的应用范围越来越广，从行业应用看，金融、商贸流通、物流、建材、化工、制造等行业应用不断深化，行业与电子商务的融合越发紧密；从渠道建设手段看，电子商务已经不仅仅局限于网站营销，呼叫中心、短信、新媒体营销的比重逐步增加，企业对大电子商务理念的认可度越来越高。第三方平台中的京东商城与行业用户中的保险企业就是将网站、呼叫中心和其他手段进行融合发展电子商务的先驱。

3. 市场结构分析

1）品牌结构

（1）B2B 电子商务服务市场品牌结构

从 B2B 电子商务服务市场来看，多数综合性 B2B 服务商都实现了盈利。从收入规模来看，2010 年中国 B2B 电子商务服务平台收入规模达到 95.76 亿元人民币，其中阿里巴巴收入规模达到 55.8 亿元，占 58.3%；环球资源收入规模达到 13.1 亿元，占 13.7%；生意宝收入 1.6 亿元；其余垂直行业网站以及其他综合电子商务服务商仅占总体 B2B 收入规模的 12%。

（2）B2C 电子商务市场品牌结构

B2C 电子商务是中国电子商务领域最复杂、最具特色的业务领域。

从网上销售平台来看，2010 年第三方 B2C 平台总收入可达到 394.0 亿元。京东商城继续保持强势增长，收入从 2009 年的 40 亿元达到 2010 年的 102 亿元。当当、卓越一直是中国 B2C 网上销售平台的代表性企业，新蛋等 IT 数码类电子商务 B2C 平台发展迅速。从销售额来看，2010 年当当与卓越的销售收入不相上下，二者在 B2C 网上销售平台市场中所占份额约为 11%，京东商城市场份额进一步巩固，达到 25.9%；凡客巩固服装类 B2C 服务商的领先地位，新蛋网上销售平台仍维持较好的市场占有率。携程、艺龙继续领衔旅游电子商务市场，两家市场份额到达 9.2%。由于在线销售平台数量众多，其中绝大多数平台的销售额都较低。

（3）C2C 电子商务服务市场品牌结构

2010 年中国 C2C 市场格局基本维持 2009 年的状态，淘宝依旧占据绝大部分市场份额，以 2011 亿元的交易额占据 86.2%的市场份额；而腾讯旗下的拍拍网迅速崛起，占据中国 C2C 电子商务市场排名第二的位置，占据 9.9%的市场份额；易趣则占 3.3%的市场份额，排在第三位。百度仍然处于业务拓展阶段，与乐天合作的乐酷天代替原有的有啊平台。

2）运营模式结构

从电子商务的三种业务模式来看，B2B 依然是电子商务市场的主旋律，B2B 交易额占中国电子商务总体交易额的 83.2%，达到 39021 亿元；而 B2C 交易额达到 3214 亿元，占有率为 6.9%，；C2C 交易额超越 B2C 业务，占 9.9%，达到 4640 亿元。整体业务格局的最大变化在于 C2C 市场份额进一步扩大，以及 B2C 与 C2C 的融合（图 10-2）。

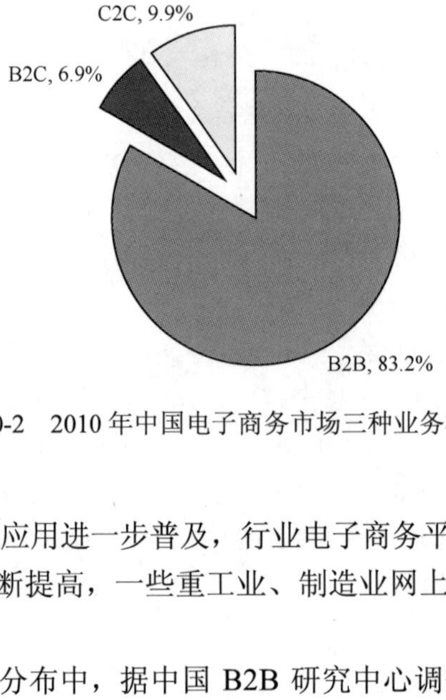

图 10-2　2010 年中国电子商务市场三种业务格局

3）行业结构

2010 年，中国电子商务行业应用进一步普及，行业电子商务平台数量和质量都有大幅度提高。传统行业参与电子商务的热情不断提高，一些重工业、制造业网上采购比例不断增加，网上金融业务不断扩张。

在电子商务服务企业的行业分布中，据中国 B2B 研究中心调查显示，排在前十名的依次为：纺织服装、数码家电、钢铁机械、化工医药、建筑建材、农林、五金、包装印刷、食品糖酒、礼品饰品。

在行业分布中，因纺织服装、家电数码都是跟人们的生活息息相关的生活必需品，所以这一行业的电子商务平台自然也较受欢迎。其中纺织服装和数码家电行业所在比重最大，分别为 14.32%和 10.35%。

2010 年，全国仅家电类网上商城已超过 1000 家，不仅京东商城、世纪电器、新蛋、新七天等家电网购企业得到了迅猛发展，而且传统零售巨头苏宁、国美、百联、家乐福、欧尚等都等先后自建在线网购平台，战略布局电子商务。总体而言，以家电数码、服装配饰、家居百货为代表的三类主流商品，渐渐引导了网购的新一轮大发展（图 10-3）。

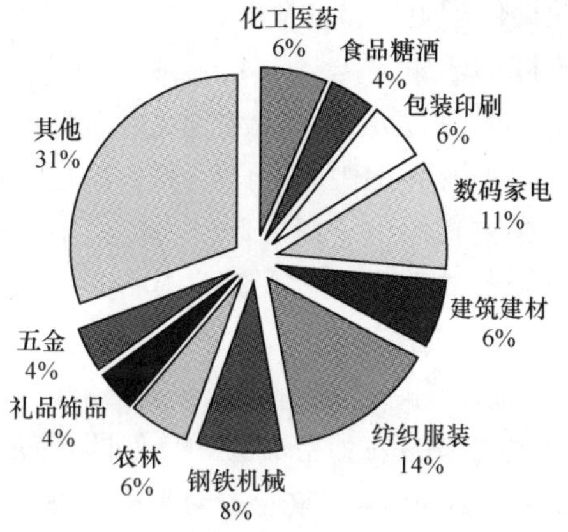

图 10-3　2010 年中国电子商务行业结构

4）区域结构

同中国地区经济发展不平衡的状况一样，电子商务发展也存在区域不平衡现象。据统计，北京、上海、广州等大中型城市的网民数量约占全国网民数量的 80%，这样的应用基础差异必然导致应用实践的差异。

从 2010 年电子商务交易额区域结构来看，区域结构与 2009 年相比无太大变化，各地电子商务发展速度较为均衡。电子商务比较发达的地区集中在华北、华南和华东地区。以北京、天津等城市为代表的华北地区以及以广州、深圳为代表的华南地区实现了全国 49%的交易额，是电子商务最为发达的地区。华东地区的电子商务水平也比较高，交易额占全国交易额的 24%。

在第二梯队中，华中地区和东北地区发展比较快，电子商务交易额分别占全国总数的 11%和 7%，西北地区仍然是电子商务水平比较低的地区（图 10-4）。

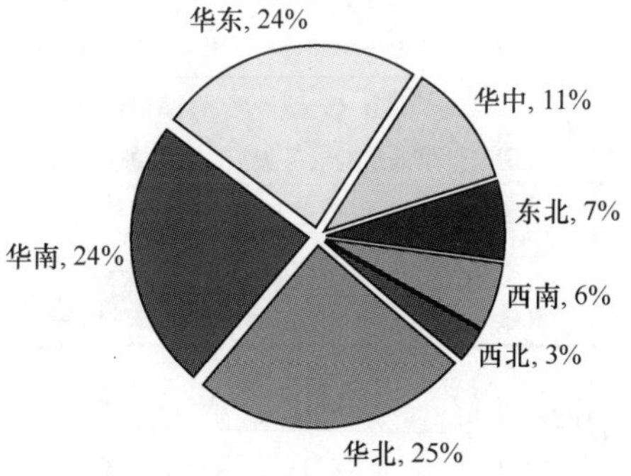

图 10-4　2010 年中国电子商务市场区域结构

10.1.3　艾瑞咨询电子商务市场数据

1. 中小企业 B2B

1）2010 年中小企业 B2B 行业回顾与盘点

2010 年中国 B2B 电子商务行业继续高速发展，表现出 3 个特点：第一，内贸和外贸市场都逐渐开始活跃，为中国 B2B 电子商务带来了更多的业务量；第二，政府政策继续配合电子商务发展，政策的逐项落实为中国 B2B 电子商务行业创造了良好的环境；第三，各大 B2B 电子商务营运商积极运作，寻求新的发展，为中小企业提供了更丰富的服务。

（1）宏观背景：经济回暖，订单增加

2010年，国内经济依旧保持平稳快速增长，金融危机对全球的影响逐渐减弱，在扩内需政策成效显现和外需市场逐步回暖的共同作用下，中国电子商务行业凭借其成本优势和市场优势继续发展。对中小企业来说，相比传统的营销方式，电子商务平台为广大中小企业降低了营销成本；此外，电子商务平台的市场也拓宽了中小企业的销售渠道，随着中小企业的电子商务利用意识的逐渐提高，越来越多的中小企业开始使用电子商务服务。

（2）政府扶持：政策支持，加强合作

随着电子商务行业在中国表现出来的强劲生命力和良好的市场表现，国家政策和地方政府都越来越重视我国电子商务行业的发展。2010年，政府方面为电子商务行业的发展制订了多项战略规划和支持方案。随着各地政府支持逐项落实，电子商务展现出良好的发展前景。

（3）运营商表现：拓展功能，完善服务

2010年，国内各大B2B核心运营商们从网站服务、人才培养、资金服务三个方面深化了服务，以满足中小企业用户的差异化需求。这些综合的服务旨在助力中小企业的快速发展（表10-4）。

表10-4　2010年中国B2B电子商务运营商新推服务一览表

服务类别	具体服务内容	代表企业	具体事件
网站服务	网络批发平台	阿里巴巴	2010年，阿里巴巴推出1688.com业务，正式涉足网络批发业务
	产品调价	阿里巴巴	阿里巴巴在4月将中国诚信通降价至1688元，加上因金融危机而推出的“Goldsupplier出口通版”低价产品，降低了中小企业使用电子商务的门槛
	交易安全	阿里巴巴	阿里巴巴在打击网络诈骗行为方面采取了一系列措施，2010年，阿里巴巴关闭了1000多家不诚信企业，并设立打击“网络欺诈恶势力”专项基金，加大了对中小企业电子商务的诚信管控
	产品升级	聪慧网、铭万、火速	慧聪网升级了其核心产品“买卖通”，铭万推出“易商宝”电子商务新产品，在建站效果、推广效果等方面进行了优化；火速推出基于“电子商务+搜索引擎”模式的“商机宝”
人才培养	培养电子商务人才	阿里巴巴、敦煌网	推行电子商务（外贸）网络营销师考试，通过系统的外贸及电子商务技能培训，提升企业现有外贸人员的业务能力，帮助外贸小企业解决电子商务外贸人才的“结构性”矛盾
网络融资服务	中小企业小额贷款	阿里巴巴、敦煌网、金银岛	阿里巴巴获首张电子商务领域小额贷款公司牌照 敦煌网联手银行推出了在线小额贷款服务，解决中小企业融资难的问题；金银岛加强和银行合作，为更多的用户提供贷款服务

（4）市场方面：强化内贸，开拓外贸

2010年，随着全球经济的逐步复苏，中国B2B电子商务企业迅速发展，电子商务企业开始加速拓展新兴市场。在国内市场，核心运营商们将电子商务向更多区域推广，阿里巴巴分别在珠三角、云南、江苏开展采购；在国外市场，电子商务企业与国外相关机构进行合作，拓展海外市场，如敦煌网在圣诞推出“海外直发”模式，抢占美国市场。随着B2B电子商务的发展，核心运营商们将继续拓展新市场，增强用户黏性。

2）中国中小企业B2B电子商务市场交易规模

艾瑞咨询统计数据显示，2010年中国中小企业B2B电子商务交易规模达2.53万亿元，同比增长36.0%，较2009年有了大幅的提升（图10-5）。

3）中国中小企业B2B电子商务市场营业收入规模

艾瑞咨询统计数据显示：2010年中国B2B电子商务运营商营业收入规模为96.9亿元，增长45.7%（图10-6）。

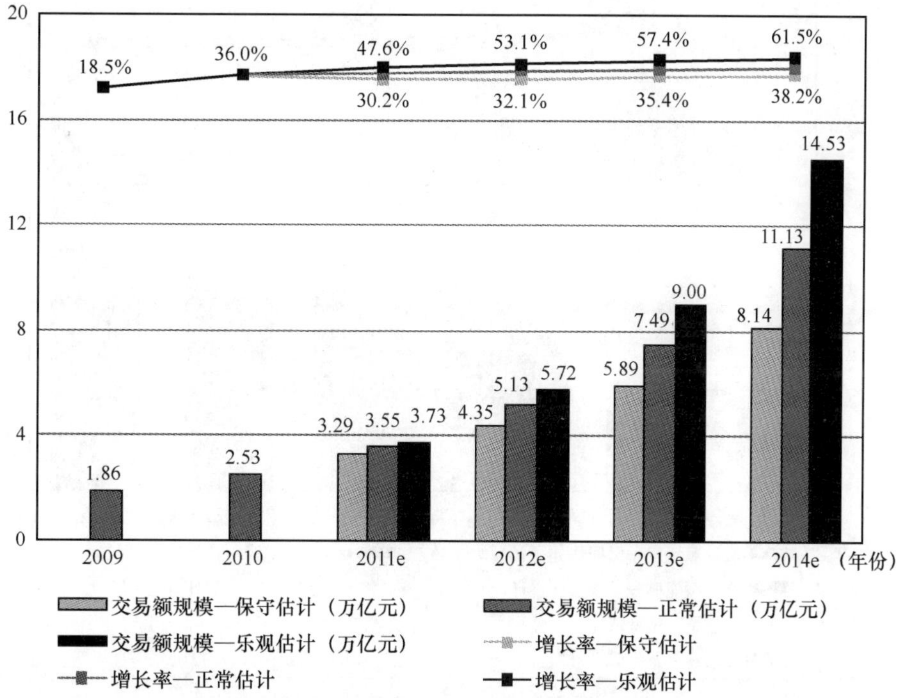

注：交易规模为通过电子化方式在企业间交易的货物、服务或信息价值的总额（贸易中任何一个环节来用了电子化形式，即认为成交的该笔贸易额为B2B电子商务交易额，不论贸易的支付方式是离线还是在线完成）。

资料来源：参考国家统计局、海关总署数据，根据艾瑞模型核算及预测数值。

说明：保守估计考虑了市场可能面临的技术和用户发展瓶颈，并根据对相关决定性因素的评估，在一定范围内对市场发展状况按最低可能水平的预期进行估计；正常估计是指，在假定整个市场发展重要决定因素（如外围经济、相关政策、行业基本面状况等）在评估期内不会发生实质性变化，市场发展以当前状态平稳运行的前提下，对市场发展水平进行的预估；乐观估计情况下，市场发展的阻力将被弱化或最小化考虑，并假设一些未确认或隐含的利好因素将会对市场发展产生积极影响的市场发展水平的预估。

图 10-5　2009—2014 年中国中小企业 B2B 电子商务市场规模

4）中国中小企业 B2B 电子商务内贸、外贸交易规模

艾瑞研究发现：2010 年中国中小企业 B2B 电子商务内贸交易规模为 1.4 万亿元，外贸交易规模为 1.2 万亿元（图 10-7）。

内贸 B2B 电子商务交易规模占整体交易规模的 53.9%，相对 2009 年下降了 1 个百分点。2010 年，全球市场进入后金融危机时代，各国经济逐渐步入复苏阶段，中小企业间的贸易需求开始回升，外贸订单的不断提升使内贸交易规模比例稍微有所降低。

5）2010 年使用第三方 B2B 电子商务服务的中小企业数量

艾瑞研究发现：2010 年，中国使用第三方 B2B 电子商务服务的中小企业数量为 1912 万家，占中小企业的比例为 47.0%（图 10-8）。

艾瑞咨询分析认为，一方面，金融危机对中小企业的影响逐渐衰退，市场活力有所恢复，更多的中小企业参与到 B2B 电子商务交易中；另一方面，2010 年各大核心运营商不断提升服务，拓展交易平台，从而吸引了更多的用户。因此，双重因素促使使用电子商务服务的中小企业数量保持了稳定的增长态势。

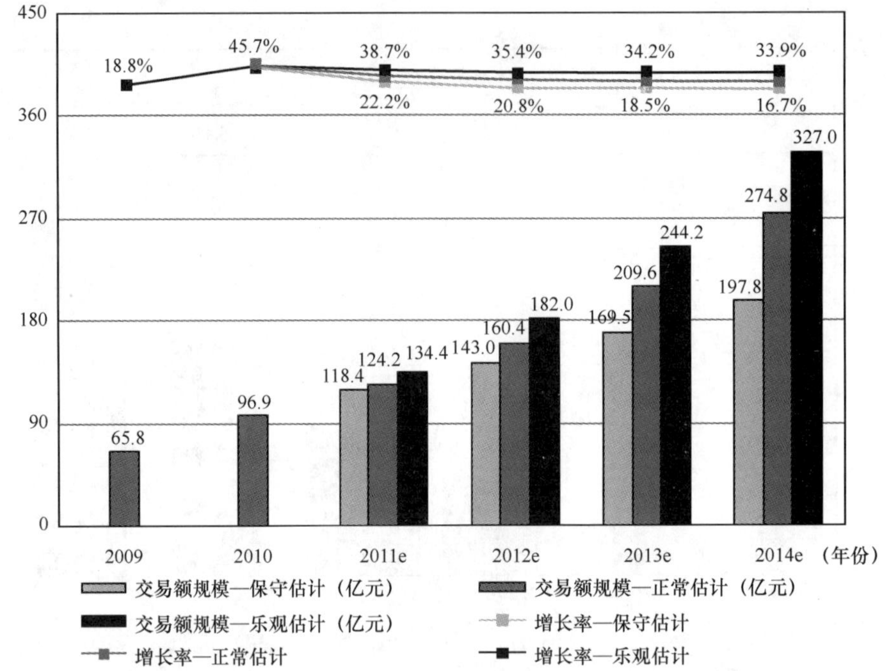

注：B2B电子商务运营商营收规模是指各电子商务平台通过B2B相关业务获得的营收之和。

资料来源：参考国家统计局、海关总署数据，根据艾瑞模型核算及预测数值。

说明：保守估计考虑了市场可能面临的技术和用户发展瓶颈，并根据对相关决定性因素的评估，在一定范围内对市场发展状况按最低可能水平的预期进行估计；正常估计是指，在假定整个市场发展重要决定因素（如外围经济、相关政策、行业基本面状况等）在评估期内不会发生实质性变化，市场发展以当前状态平稳运行的前提下，对市场发展水平进行的预估；乐观估计情况下，市场发展的阻力将被弱化或最小化考虑，并假设一些未确认或隐含的利好因素将会对市场发展产生积极影响的市场发展水平的预估。

图 10-6　2009—2014 年中小企业 B2B 电子商务营业收入规模

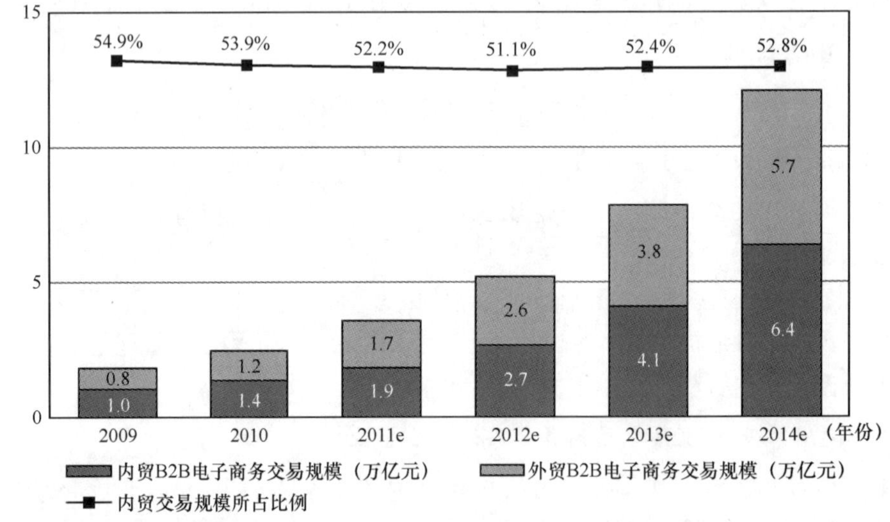

注：B2B电子商务交易规模为通过电子化方式在企业间交易的货物、服务或信息价值的总额（贸易中任何一个环节采用了电子化形式，即认为成交的该笔贸易额为B2B电子商务交易额，不论贸易的支付方式是离线还是在线完成）。

资料来源：参考国家统计局、海关总署宏观数据，根据艾瑞模型核算及预测数值。

图 10-7　2009—2014 年中小企业 B2B 电子商务内贸、外贸交易规模

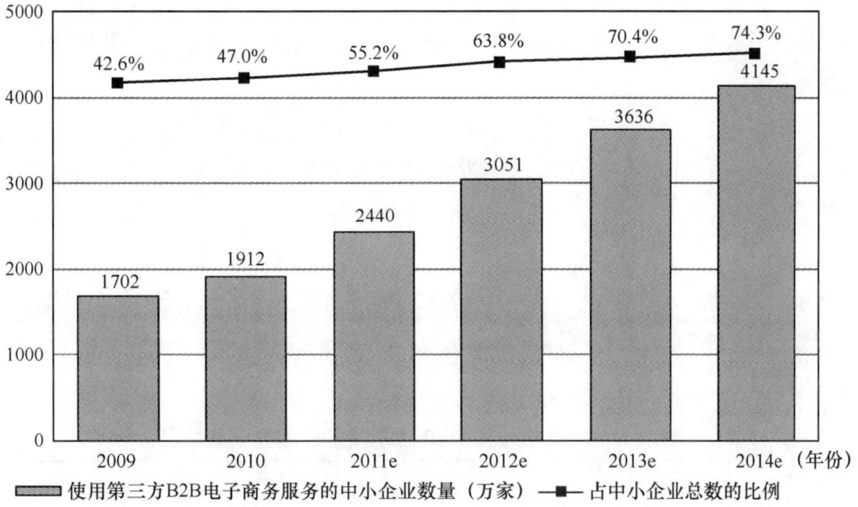

资料来源：参考国家工商总局数据及艾瑞调研数据，根据艾瑞统计预测模型核算及预测数据。

图 10-8　2009—2014 年使用第三方 B2B 电子商务服务的中小企业数量

6）市场份额：中国 B2B 电子商务运营商营业收入份额

艾瑞研究发现，2010 年中国 B2B 电子商务运营商营业收入规模达到 96.9 亿元，其中阿里巴巴所占市场份额为 57.3%，遥遥领先，垄断优势明显，环球资源网和慧聪网分属第二和第三位。敦煌网、金银岛等新兴电子商务模式逐渐成长起来，未来有较大的增长空间，B2B 的竞争将进一步加剧（图 10-9）。

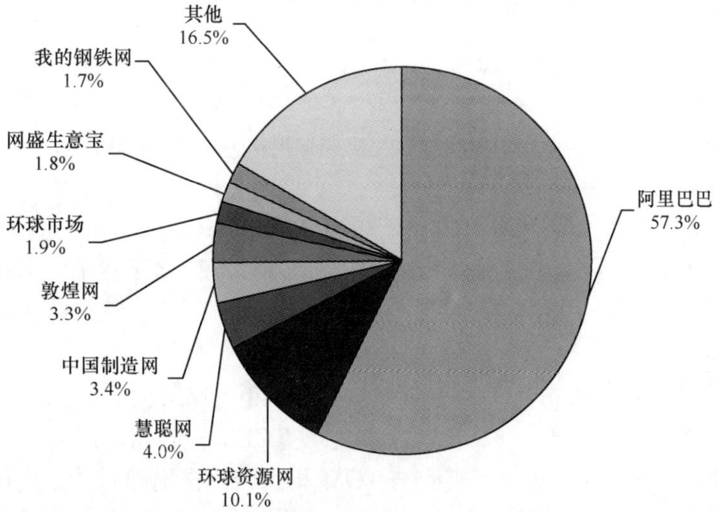

注：2010年中国B2B电子商务运营商营收规模为96.9亿元，其中环球资源网仅统计其大陆地区收入。
资料来源：上市公司财务报表及企业访谈。

图 10-9　2010 年中国 B2B 电子商务运营商营业收入规模

7）2010 年电子商务行业的融资与兼并

（1）融资事件

2010 年，中国 B2B 行业的竞争日趋激烈，其中新模式的企业获得了较多资本青睐，在资本市场方面表现活跃。2010 年期间，敦煌网获得了近 2 亿元的第三轮融资；医药垂直 B2B 企业——珍诚医药也获得了红衫资本的注资。艾瑞咨询认为，新兴模式的企业采取了和传统 B2B 企业单一信息服务的差异化战略，为用户提供了更加专业的交易体验和更全面的交易服务，未来会有很强的市场竞争力。

（2）收购事件

2010 年，中国 B2B 核心运营商阿里巴巴加快了市场扩张的步伐，在国际市场分别收购了 Vendio 和 Auctiva，获得大量优质国外卖家资源，借助全球速卖通的推出，打通了海外 B2B2C 业务链条；在国内市场收购了深圳一达通，凭借其专业的出口配套服务，丰富了阿里巴巴的平台服务，延伸了阿里巴巴交易服务链条。艾瑞咨询认为，阿里巴巴的三次收购意在打通全球电子商务产业链，实现 B2B2C 业务的发展，这些收购行为进一步拓宽了阿里巴巴的市场平台，丰富了阿里巴巴的服务体系，但收购后阿里巴巴与被收购企业的业务整合将是收购成败的关键。表 10-5 反映了 2010 年我国 B2B 电子商务领域的收购情况。

表 10-5　2010 年中国 B2B 电子商务领域的收购情况

企业名称	收购对象	所属地区	意义
阿里巴巴	Vendio	美国	获得了 8 万多家美国小型公司客户，推动全球速卖通在美国的发展
	Auctiva	美国	获得了 17 万家美国采购商，打通中国与美国的外贸电子商务产业链
	深圳一达通	中国	完善阿里巴巴外贸交易链条服务

2．网络购物

1）2010 年中国网络购物行业回顾与盘点

2010 年中国网络购物市场表现出强劲的发展态势。艾瑞咨询最新统计数据显示，2010 年中国网络购物市场的交易规模达到 4610.0 亿元，较 2009 年增长 75.3%，占中国社会消费品零售总额的比重达到 3.2%。艾瑞咨询认为，2010 年中国网络购物市场呈现出交易规模化、主体多样化、电子商务企业品牌化以及购物网站平台化四大特征。

（1）网络购物市场的交易规模化

艾瑞咨询统计显示，2010 年中国网络购物市场交易规模达 4610.0 亿元，较 2009 年增长 75.3%。2010 年中国网络购物市场交易规模占社会消费品零售总额的比重从 2009 年的 2.1%增至 3.2%，

（2）购物网站的交易规模化。

艾瑞咨询不完全统计显示，2010 年中国网络购物市场上，有 2 家年交易额过百亿元的 B2C 购物网站；年交易额介于 10 亿～30 亿元的购物网站不少于 7 家（其中 3 家包括了其电话销售、目录销售的部分）；年交易额介于 1 亿～10 亿元的购物网站超过 20 家。交易规模刚过亿元的购物网站，年交易规模约增长 300%。

2010 年是中国的传统企业集中开展电子商务业务的一年。品牌商、制造商、零售商以及传统的旅游企业，纷纷搭建网络销售渠道，发展电子商务。从 TCL、格兰仕、国美商城、苏宁易购上线，到物美、银泰百货网上商城开业；从中国邮政与 TOM 集团合作推出邮乐购，到申通、圆通等物流公司也推出自家 B2C 网站，传统企业已经充分认识到发展电子商务对其未来发展的重要性。

2010 年中国网络购物企业营销策略的一个主要变化就是开始使用线下广告进行推广宣传，加大品牌的宣传力度。从凡客诚品签约明星代言、打出户外广告，到京东商城地铁推广、赞助体育赛事，到玛萨玛索开设线下实体店，无论是品牌型的电子商务企业，还是渠道型的电子商务企业均加强了品牌建设。

2010 年中国购物网站运营呈现出平台化的发展方向。从当当扩大联合运营，加大招商到京东商城宣布开放平台，从 VANCL 推出 V+平台、乐酷天上线到淘宝商城独立域名发布，平台化成为购物网站的重要发展趋势之一。

2）市场规模：中国网络购物细分市场交易规模

从年度数据来看，2010 年全年中国网络购物市场交易规模占中国社会消费品零售总额的比重增至 3.2%，达到 4610 亿元，较 2009 年保持了 75.3%的高速增长（图 10-10）。与 2008 年、2009 年相比，2010 年网络购物市场交易额规模增速放缓，主要受 C2C 市场增速下降的影响。

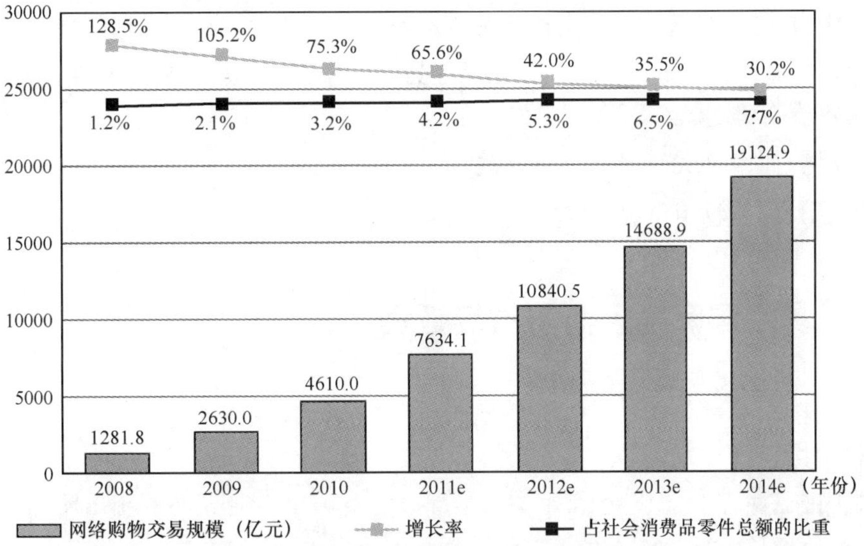

注：1. 网络购物市场规模为B2C与C2C购物网站市场规模之和，其中暂不包括付费数字产品下载、航空客票交易、网络代缴费等商品类别的交易规模；

2. 2011—2014年网络购物交易规模为按照正常估计情况下数据。

资料来源：综合企业及专家访谈，根据艾瑞统计预测模型核算及预估数据。

图 10-10　中国网络购物市场交易规模

从市场结构来看，艾瑞咨询的统计显示，2010 年 B2C 市场交易规模占比达到 13.7%，较 2009 年增长 5.2 个百分点，预计 2014 年，超过三成的网络交易将来自 B2C 市场（图 10-11）。

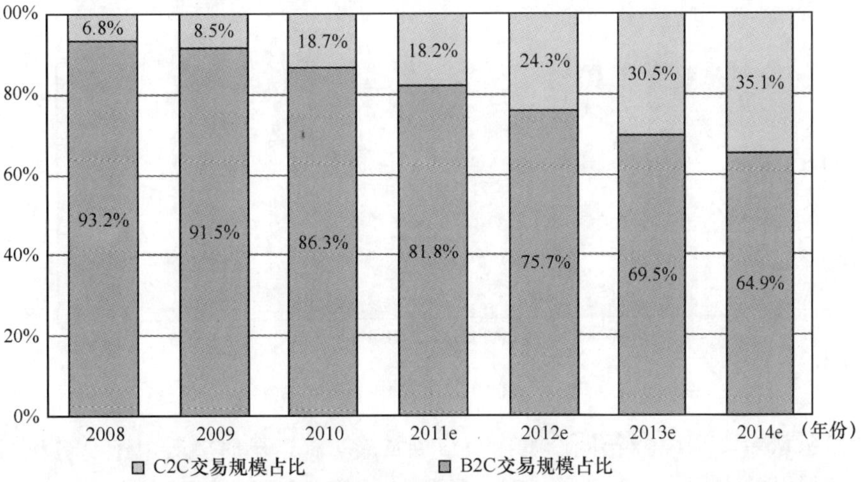

注：1. 2010年中国网络购物市场交易规模为4 610亿元，其中C2C为3 980亿元，B2C为630亿元；

2. 2011—2014年网络购物交易规模为按照正常估计情况下数据。

资料来源：综合企业及专家访谈，根据艾瑞统计预测模型核算所得。

图 10-11　2008—2014 年中国网络购物市场结构

3）市场份额：中国主要网络购物企业市场地位

（1）C2C 市场

与 2009 年相比，2010 年中国 C2C 市场格局变化不大，淘宝网仍占据八成以上市场份额，拍拍网次之，易趣网的市场份额走低。未来这一市场格局将保持相对稳定。

（2）B2C 市场

2010 年中国 B2C 在线零售商交易额 Top30 榜单显示，淘宝商城位列第一，交易规模达到 300 亿元，其次是京东商城，交易规模达到 102 亿元；另有 6 家企业年交易额过 10 亿元。前 30 名的电子商务企业交易规模均超过亿元。

4）用户规模：中国网络购物市场用户规模

2010 年中国网络购物用户规模达到 1.48 亿人，占中国互联网网民的比例为 32.9%；

10.1.4 易观国际电子商务市场数据

1. 整体状况

（1）B2B 市场

根据易观国际发布的数据，2010 年第四季度中国 B2B 电子商务收入规模达到 25.8 亿元，环比增长 14.3%，同比增长 35%；2010 年中国电子商务 B2B 市场整体收入规模为 88.1 亿元人民币，同比增长 28.4%。2010 年中国电子商务 B2B 收入规模如图 10-12 所示。

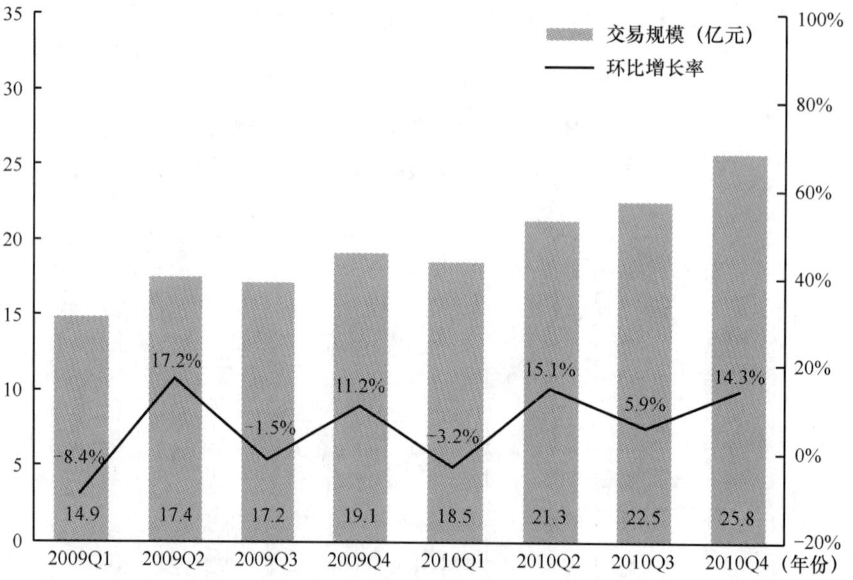

图 10-12　2009—2010 年中国电子商务 B2B 收入规模

易观国际分析认为，2010 年第四季度内贸市场发展平稳，同时随着电子商务化对传统批发市场的渗透，批发市场开始大规模向互联网迁移，不同地域的在线批发市场的迅速崛起，同时《非金融机构支付服务管理办法》及其细则的出台，为第三方支付厂商的合法化奠定了基础，B2B 市场在线交易服务的核心环节——支付已得到法律的保障，支付厂商进军在线 B2B 市场已成可能。内贸市场开始由交易前服务阶段向交易中阶段挺进。

外贸市场上随着国际经济的好转，大额贸易开始复苏，各大外贸平台也开始为 2011 年的市场开拓做准备；同时作为外贸市场亮点的小额批发市场仍保持着高速的发展，各大厂商均在 2010 年的最后一个季度发力，围绕 12 月圣诞节推出的促销服务层出不穷。未来随着电子商务在世界范围内的兴起以及国际贸易链条的缩减，小额批发市场仍将保持高速发展。

在厂商市场份额方面，阿里巴巴收入规模为 15.21 亿元，环比增长 5.0%，市场份额达到 57.87%。环球资源以 3.93 亿元的收入规模占据 19.54%的市场份额。

厂商付费账户数方面，在线交易服务提供商敦煌网本季度的付费账户数为 92.5 万户，环比增长 12.4%，占据 40.6%的付费账户数份额，而阿里巴巴本季度付费账户数为 77.7 万户，以 34.1%的份额排名第二。金银岛网交所以 15.1%的份额排名第三。

外贸市场中小额批发这一领域的竞争不断加速。阿里巴巴在第四季度收购“一达通”，这一举措无疑将完善其速买通平台的线下通关服务，与此同时敦煌网也在深圳兴建华南基地，与速买通进入全面竞争阶段。2011 年随着国际经济的回暖，小额批发市场的竞争将更加激烈。

（2）网上零售

根据易观国际的数据，2010 年中国网上零售市场交易规模达到 5203.2 亿元人民币，同比增长 105.8%；其中 4 季度中国网上零售市场交易规模达到 1728 亿元，环比增长 29%。其中出版物交易规模达到 18.3 亿元，环比增长 39.6%（图 10-13）。

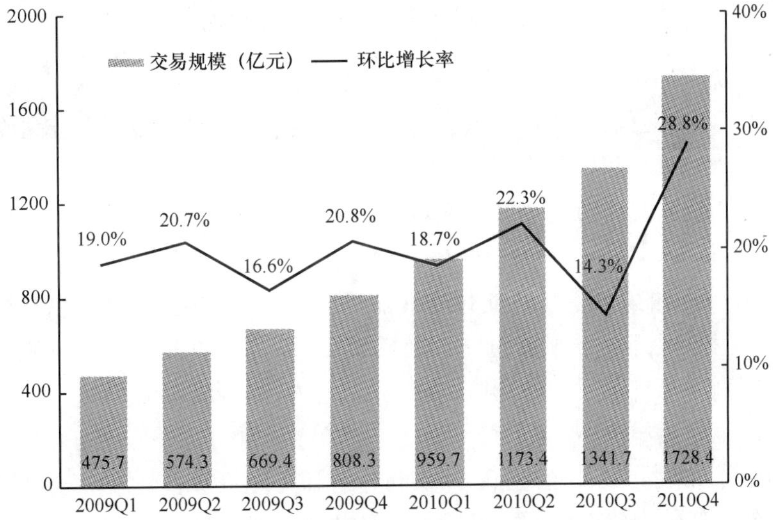

图 10-13　2009—2010 年中国网上零售市场交易规模

易观国际数据显示，2010 年第四季度中国网上零售市场整体环比增长 29%，全年规模达到 5200 亿元。其中，B2C 市场规模约 1040 亿元，占网上零售的 20%，比值持续上升。从动因来看，第四季度社会零售需求旺盛，带动线上零售规模的增长。零售商利用各种节假日发动大规模促销，拉动市场规模增长。

从网上零售市场的细分数据来看，第四季度规模增长仍然以服装、3C 类为主导力量。但市场规模增长率最大的是出版物品类，第四季度市场规模达到 18.3 亿元，环比增长 39.6%。在 12 月，厂商间爆发的价格战显然对图书品类市场规模的增长起到了作用，厂商间的价格战的动因一方面是用户对价格敏感度高，重价格轻服务的心态导致企业习惯性通过价格战扩大市场份额，以及维系现有用户。

（3）第三方支付

根据易观国际的数据报告，2010 年第四季度中国第三方支付市场（包括互联网支付、电话支付和手机支付）交易额达到 3747 亿元，环比增长 24%。2010 年中国第三方支付市场全年交易额达到 11342 亿元，环比增长 95%（图 10-14）。

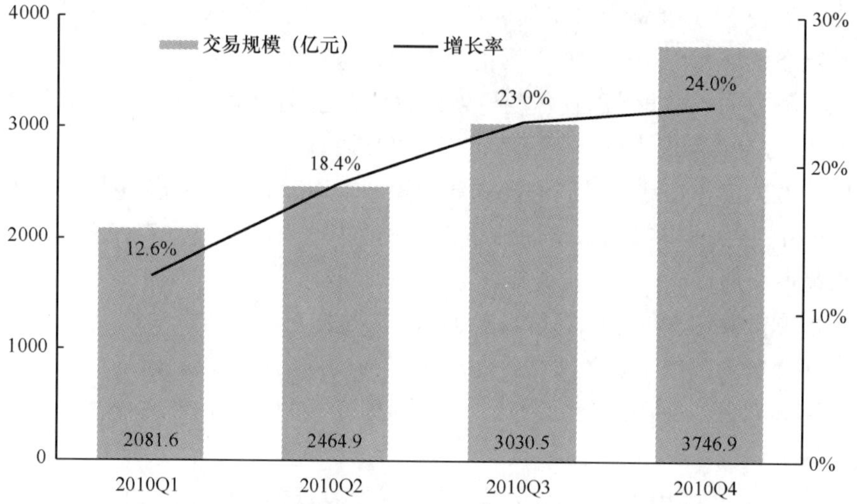

说明：本研究报告中的第三方支付市场统计包括互联网支付、电话支付、手机支付三个细分市场。交易规模是指用户通过第三方支付平台发生的交易金额，不仅包括电话支付、网关支付和账户进行消费购买时支付的金额，也包括用户账户的充值、非消费目的的转账和提现的交易金额。

图 10-14　中国第三方支付市场交易规模

易观国际研究发现，2010 年中国第三方支付市场的交易规模仍然以互联网支付为主，约占整个第三方支付市场的 96%。在互联网支付市场上，2010 年电子商务蓬勃发展，支付企业除在网购市场的交易额有大幅增长外，还积极创新支付产品走差异化的发展战略，加强在航空、保险、游戏、基金等细分市场的拓展力度。受央行利好的政策以及对未来第三方支付市场良好预期的影响，第三方支付企业加大了投入力度，未来几年互联网支付市场的交易规模仍然会保持较快的增长速度。此外，随着移动互联网和 3G 技术的发展，手机支付发展前景广阔，第三方支付企业也纷纷看好手机支付业务，2011 年将会有更多的企业在手机支付业务上增加投入，未来几年手机支付的交易额将有明显的上升。受互联网支付和手机支付发展的影响，电话支付的发展受到限制，除在航空、保险等特定细分市场应用外，发展空间相对较小。

2010 年中国第三方支付市场（包括互联网支付、手机支付和电话支付）交易额达到 11324 亿元。第三方支付市场依然保持较高的市场集中率。支付宝以 49%的份额占据半壁江山，排名前五的支付宝、财付通、快钱、Chinapay、易宝支付占据近 90%市场。

易观国际研究发现，2010 年第三方支付市场上仍然以互联网支付为主，互联网支付业务贡献的交易规模占比达到 96%。虽然社会各界对手机支付的前景看好，但是受制于市场环境、技术因素、安全性、用户习惯等方面的影响，手机支付在第三方支付市场的占比较小。2010 年各大支付企业的产品创新及业务拓展仍然以互联网支付为主。支付宝、财付通相继推出了生活服务类开放平台，通过产业链资源整合的方式进行业务扩展。快钱凭借其丰富的支付产品和全面的解决方案，涉猎的细分市场不断增加，市场交易规模有了较大幅度的提高。

另外，各家支付企业依托自身优势在航空、游戏、基金、保险等市场加大了创新和开发力度。其中 Chinapay 推出了网上商城，易宝支付推出了车险“理赔通”和团购联盟，环迅推出了跨产业链的支付产品“付联网”。

（4）网络广告

易观国际发布的数据显示，2010 年第四季度中国网络广告市场规模为 97.2 亿元，环比增长 27.3%，同比增长 109.1%。2010 年中国网络广告市场规模为 275.2 亿元，较 2009 年增长 76.6%（图 10-15）。

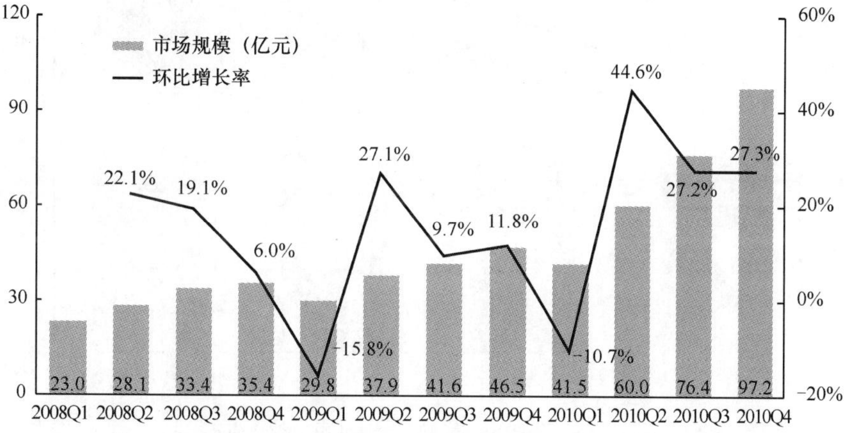

说明：网络广告是指用专业的广告横幅、文本链接以及多媒体等方式，通过互联网刊登或发布广告，利用互联网将相关信息传递给消费者的广告运作方式。包括关键字广告、品牌图文广告、E-mail广告、视频广告及其他。

图 10-15　2008—2010 年中国网络广告市场规模

易观国际认为，2010 年第四季度中国网络广告市场规模数量和增长率都有提升，主要有以下原因：第一，热点事件刺激。亚运会的开幕对网络广告市场形成了刺激，致使整体规模有了明显的提升。第二，网络广告市场已成为广告主营销过程中的重要组成部分。网络广告市场已得到广告主的广泛重视，成为其广告投放的重要平台。另外，广告主需求的多样也使得网络广告投放形式不断增多，投放量不断加大，进而促使整体市场的稳定发展。

2010 年第四季度中国网络广告市场格局呈现如下特征：搜索市场百度、谷歌中国继续领跑，同时，谷歌中国份额受到挤压。淘宝网通过竞价广告、互动营销等形式的广告使得整体份额有了很大提升，已开始冲击搜索市场。门户网站份额在品牌广告发展触顶的今天有所下降。而新媒体平台份额不断上升，预计在 2011 年佼佼者将超越部分门户网站。

（5）网上银行

易观国际数据显示，2010 年第四季度中国网上银行市场交易额达到 173.70 万亿元，环比增长 17.6%。2010 年中国网上银行市场全年交易额达到 553.75 万亿元，截至 2010 年年底注册用户数超过 3 亿（图 10-16）。

易观国际研究认为，2010 年中国网上银行发展迅速主要基于以下几个原因。

① 互联网网民持续增加。2010 年电子商务蓬勃发展，各大电子商务企业开展了多次大规模促销活动，间接促进了网银注册用户数和交易额的增长。

② 基于节约成本提高效率的考虑，各银行都非常重视电子银行业务的发展，除对网上银行系统进行优化外，各大银行纷纷加大了网上银行的宣传和推广力度，联合各类电子商务企业开展大规模的促销活动。

③ 各大银行不断创新网上银行产品，在个人网银方面，理财产品的种类不断增加，在企业网银方面，银行逐步开展银企直联和网上信贷等业务，业务种类的丰富对于提高网银交易额有很大的促进作用。

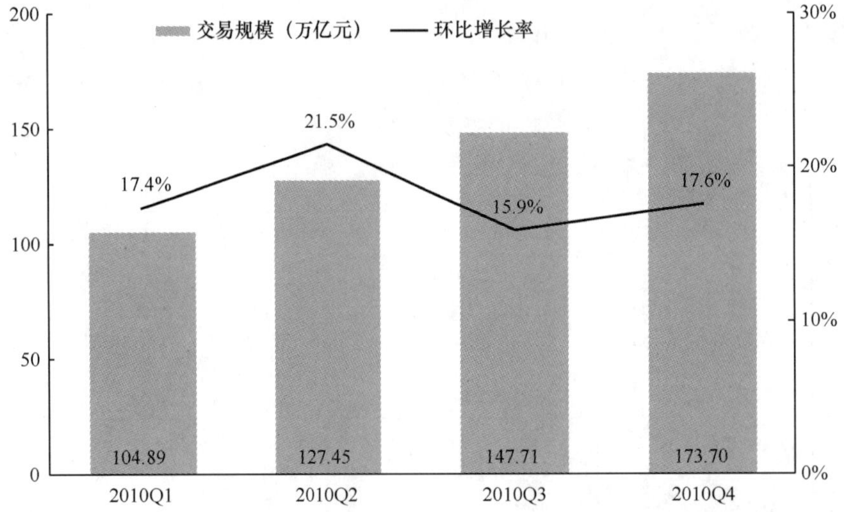

图 10-16　2010 年中国网上银行市场交易规模

（6）移动互联网

移动互联网活跃用户数：该季度至少使用 1 次移动互联网业务的用户，不仅包括浏览网站的用户，同时包含使用联网手机应用服务的用户，如移动 IM、手机网游等用户。

移动互联网市场规模：当前统计范畴为手机互联网，包含四部分收入，基于手机互联网的通信费用（流量费）、用户为移动互联网服务的所有消费支付的费用总和、用户基于移动互联网的交易费用（手机购物）以及广告主基于移动互联网媒体的投放广告费用。

2010 年第四季度中国国内移动互联网用户规模达 2.88 亿人，环比增长 18.52%，相比 2009 年同期呈现出 41.48%的增长速度。

2010 年中国国内移动互联网市场规模达到 637 亿元，较 2009 年上涨 64.2%，增速放缓。除去流量费之外，移动互联网服务收入达到 342 亿元。

从收入构成看来，无线音乐、手机游戏、手机阅读逐渐成为三大主要移动互联网娱乐应用，手机购物增速明显。预计 2011 年移动互联网娱乐应用仍将保持稳定且高速的增长，占全年市场规模的份额也将进一步提高。图 10-17 显示了中国国内移动互联网服务收入的构成。

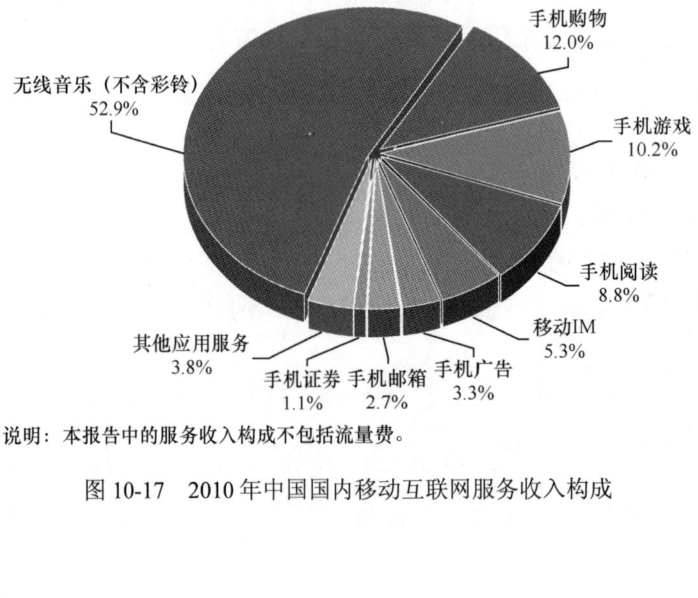

说明：本报告中的服务收入构成不包括流量费。

图 10-17　2010 年中国国内移动互联网服务收入构成

10.2 2011 年电子商务市场数据

10.2.1 国家统计局工业企业电子商务应用统计数据

2011 年国家统计局对全国 58754 家工业企业的电子商务应用情况进行了调查，有关统计数据见表 10-6～表 10-8。

表 10-6 2011 年全国工业企业按行业分布电子商务统计数据

行业代码	行业名称	企业数（家）	期末在用计算机数（万台）	期末拥有网站数（个）	电子商务采购金额（亿元）	电子商务销售金额（亿元）
00	所有行业	58754	957.61	39162	19899.69	24130.15
06	煤炭开采和洗选业	2100	37.89	779	29.27	24.26
07	石油和天然气开采业	48	22.43	47	538.63	14.18
08	黑色金属矿采选业	392	3.37	118	5.77	0.82
09	有色金属矿采选业	416	2.77	154	22.86	61.75
10	非金属矿采选业	289	1.28	96	1.70	20.71
11	开采辅助活动	46	8.08	83	29.63	1.07
12	其他采矿业	1	0.00	1	0.00	0.00
13	农副食品加工业	2368	11.70	1290	282.66	577.67
14	食品制造业	1324	13.42	951	76.68	198.55
15	酒、饮料和精制茶制造业	924	11.46	688	33.16	227.86
16	烟草制品业	92	5.01	78	681.23	3042.83
17	纺织业	3821	18.10	2213	405.87	513.42
18	纺织服装、服饰业	3910	26.68	1874	79.37	115.44
19	皮革、毛皮、羽毛及其制品和制鞋业	2292	12.86	1135	70.80	113.39
20	木材加工和木、竹、藤、棕、草制品业	689	2.66	353	21.76	41.72
21	家具制造业	857	6.65	608	42.07	54.59
22	造纸和纸制品业	980	7.24	562	59.58	69.61
23	印刷和记录媒介复制业	530	5.50	310	31.97	43.05
24	文教、工美、体育和娱乐用品制造业	1534	11.22	870	103.41	96.01
25	石油加工、炼焦和核燃料加工业	575	15.23	307	1457.10	723.10
26	化学原料和化学制品制造业	2939	35.90	2065	1354.22	935.00
27	医药制造业	1289	21.48	1296	51.32	83.72
28	化学纤维制造业	305	2.99	234	28.86	70.94
29	橡胶和塑料制品业	2073	18.15	1369	482.23	757.30
30	非金属矿物制品业	3822	20.37	2138	126.50	179.82
31	黑色金属冶炼和压延加工业	1658	33.91	1050	1002.08	2815.83
32	有色金属冶炼和压延加工业	1098	14.65	823	392.40	676.77
33	金属制品业	2214	21.54	1679	132.29	236.99

（续表）

行业代码	行 业 名 称	企业数（家）	期末在用计算机数（万台）	期末拥有网站数（个）	电子商务采购金额（亿元）	电子商务销售金额（亿元）
34	通用设备制造业	2863	47.77	2422	557.55	461.47
35	专用设备制造业	2038	39.63	1854	217.82	319.19
36	汽车制造业	2371	62.13	1877	1871.10	3139.47
37	铁路、船舶、航空航天和其他运输设备制造业	1092	29.11	803	450.45	387.68
38	电气机械和器材制造业	4005	71.50	3480	1360.30	1051.78
39	计算机、通信和其他电子设备制造业	4336	198.14	3294	6799.04	6816.99
40	仪器仪表制造业	730	15.55	729	58.51	74.07
41	其他制造业	310	3.84	196	18.27	30.11
42	废弃资源综合利用业	88	0.26	31	0.00	0.00
43	金属制品、机械和设备修理业	105	2.34	48	3.15	0.25
44	电力、热力生产和供应业	1780	85.19	965	1017.68	151.41
45	燃气生产和供应业	156	3.74	95	1.63	0.36
46	水的生产和供应业	294	5.88	197	0.76	0.96

表 10-7 调查企业按地区分布情况

地区	地区名称	企业数（家）	期末在用计算机数（万台）	期末拥有网站数（个）	电子商务采购金额（亿元）	电子商务销售金额（亿元）
0	全国	58754	957.61	39162	19899.69	24130.15
110000	北京市	752	30.42	699	1087.18	1620.45
120000	天津市	955	22.11	546	553.69	598.81
130000	河北省	2019	28.74	1171	492.02	536.72
140000	山西省	1158	21.27	582	71.67	65.08
150000	内蒙古自治区	838	10.51	401	19.51	72.49
210000	辽宁省	1740	30.18	849	189.10	80.88
220000	吉林省	605	17.46	378	63.97	22.60
230000	黑龙江	613	17.62	337	180.75	109.32
310000	上海市	1790	56.62	1193	1845.98	2075.48
320000	江苏省	6665	113.92	4927	1993.77	2115.46
330000	浙江省	5430	67.17	5724	1006.34	1514.02
340000	安徽省	1401	22.79	1097	381.43	793.38
350000	福建省	2943	33.08	1950	216.71	767.61
360000	江西省	1365	12.99	764	240.53	370.67
370000	山东省	5340	58.14	3562	1890.20	1990.03
410000	河南省	3796	31.82	2012	476.25	1225.34
420000	湖北省	1796	27.09	1305	319.22	1208.01
430000	湖南省	1736	22.57	914	766.21	1217.46
440000	广东省	10075	212.67	6059	6940.39	6046.00
450000	广西壮族区	1117	11.11	586	140.51	181.59
460000	海南省	107	1.77	63	7.01	16.73
500000	重庆市	1094	17.95	723	74.61	57.29
510000	四川省	2374	30.02	1640	166.85	298.58

（续表）

地区	地区名称	企业数（家）	期末在用计算机数（万台）	期末拥有网站数（个）	电子商务采购金额（亿元）	电子商务销售金额（亿元）
520000	贵州省	486	7.55	210	32.71	2.02
530000	云南省	730	9.72	362	179.14	548.72
540000	西藏自治区	12	0.30	5	0.00	0.00
610000	陕西省	842	16.54	535	102.06	60.22
620000	甘肃省	338	6.94	215	299.02	448.30
630000	青海省	126	2.87	52	28.29	25.68
640000	宁夏回族区	165	3.16	127	2.27	60.32
650000	新疆维吾尔自治区	346	12.51	174	132.30	0.87

表 10-8　2011 年工业企业按规模汇总

规模	企业数（家）	期末在用计算机数（万台）	期末拥有网站数（个）	电子商务采购金额（亿元）	电子商务销售金额（亿元）
大型	8733	587.82	9326	17281.12	20115.51
中型	50021	369.79	29836	2618.57	4014.64

10.2.2　赛迪顾问电子商务市场数据

1. 市场规模与特点

1）2007—2011 年市场规模与增长

2008 年是中国电子商务市场的发展拐点，2008 年后市场增长逐步回升，2011 年中国电子商务市场交易规模达到 60400 亿元，同比增长 28.8%，较 2010 年市场增速进一步加快，充分体现了在后金融危机时代中国电子商务市场蓬勃的发展动能（图 10-18）。

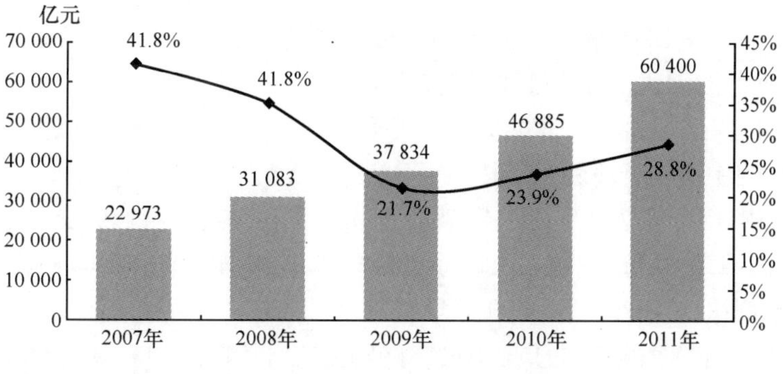

图 10-18　2007—2011 年中国电子商务市场交易额及增长

2）2011 年市场特点

（1）政府加快电子商务扶持与规范进程

电子商务对于转变国家经济发展方式，促进两化融合深化应用的重大作用，已经被中国各级政府普遍认同。电子商务产业化发展之势已经确立。产业地位将在未来几年得到稳步提升，政府的资源配置将向电子商务发展有所倾斜。政府对电子商务的扶持与规范化进程正在持续加快。

中国电子商务示范工程在全国逐步展开。继 2009 年深圳获批首个电子商务示范城市后，2011 年发改委、商务部等八部委进一步审批通过了北京、上海等 21 个国家级电子商务示范城市；2012 年国家电子商务示范基地的评审工作也在商务部的主持下全面启动。一些扶持与指导政策也在 2011—

2012年集中出台。同时地方政府对电子商务产业的规划与对策也在加快进行。

（2）电子商务产业化进程加快

中国电子商务发展的结构已经逐步清晰，多数地区电子商务已经被提升到产业层面进行扶持。中国电子商务发展架构分为三层体系：最上层是由传统企业、平台服务商、政府构建的电子商务应用平台，它们可以覆盖到各行各业，该层的发展需要依赖于各地方的优势传统行业作为发展支撑；中间层是网络平台层，包括互联网、移动互联网等网络的构建；底层是物流、支付、安全、诚信、标准等支撑体系的构建，它们既是电子商务的使用者也是电子商务发展的基础，也是可随电子商务发展逐步壮大的行业。中国电子商务产业化整合也开始围绕各个上下游环节展开。

（3）电子商务资本市场前热后冷

2011年上半年电子商务资本市场火暴，下半年由于网购企业数量过剩，营利模式受到质疑，资本市场有所萎缩，投资者投资趋于理性。2011年中国电子商务领域已披露的投融资共有95起，其中风险投资83起，总额逾200亿元人民币；IPO三起，募资总额20.9亿元；并购2起。

2011年无论在融资金额及数量方面，B2C继续占据电子商务行业的主流；全年B2C的融资总额占电子商务企业总融资额的90%。电子商务企业在融资金额及数量方面均刷新同期记录，同时融资金额方面同比大幅扩大。其中，凡客诚品完成1.5亿美元融资，显示B2C市场的强大扩容潜力。在融资轮次方面，31家企业进行A轮融资，23家企业进行B轮融资，17家企业进行C轮融资。数据显示，风险投资公司更青睐于相对成熟、低风险的成熟电子商务企业。资金额方面，共有63家企业对外宣布具体融资金额，其中，A轮融资均额为1900万美元，B轮融资均额为3400万美元，C轮融资均额为5000万美元，均同比攀升。在细分行业方面，71家获得风险投资的B2C企业中，奢侈品排在首位，之后则是品牌服装、时尚服饰、酒类、鞋类、化妆品、综合、外贸、箱包、内衣、保健品、家纺、水果。

（4）阿里巴巴私有化折射第三方B2B业务遇瓶颈

阿里巴巴整体业务战略进行调整，B2B业务有可能将外贸业务板块与内贸业务板块拆分，而以天猫为代表的B2C业务极有可能成为未来阿里巴巴的业务重心。从2011年全年电子商务的发展现状看，虽然B2B业务依然具有良好的发展空间与前景，但现有的商业模式对B2B业务的成长性的支撑能力开始逐步减弱，几大第三方B2B服务平台业务在2011年的增长速度明显下降。阿里巴巴的私有化恰恰反应了当前B2B业务的困局，必须通过积极的战略调整，实现内贸的B2B业务与网络购物联动发展，探索外贸B2B的创新商业模式，才能促使中国第三方电子商务B2B业务迎来新的爆发增长期。

（5）网络购物成为中国电子商务发展热点

2011年中国网络购物市场交易规模达到7841亿元（不含在线旅游业务交易额），与2010年商务部发布的5231亿元的网络购物交易额相比，同比增长49.9%。网络购物市场交易额占2011年中国社会消费品零售额的比例达到4.3%，较2010年增长1个百分点。

2011年国家陆续发布《商务部关于规范网络购物促销行为的通知》、《关于进一步推进网络购物领域打击侵犯知识产权和制售假冒伪劣商品行动的通知》、《关于做好网络购物领域打击侵权假冒专项行动总结工作的通知》等多项政策。

此外，网络购物的发展加速了移动电子商务的发展。随着智能手机的普及，移动近程通信技术（包括NFC、RFID等）的应用，手机上网用户规模的增加，以及各大电子商务企业的积极推动，中国用户的移动购物习惯正逐步养成，移动互联网、移动电子商务正逐步成为网络购物生态系统中的重要环节。2011年中国移动电子商务市场规模达到154.3亿元，中国移动电子商务已经进入发展启动期。

（6）电子商务IT投资明显加大

2011年随着中国电子商务市场的快速发展，第三方服务商与传统企业对电子商务平台建设的需求不断加大，IT领域投资规模已经明显增加。2011年中国电子商务IT投资规模达到151.7亿元，其中 B2C 领域构成了电子商务 IT 投资的主体，占比达到 97.6%，从 IT 新增投资与 IT 运维投资看，运维投资占比超过 50%，达到 56.9%（图 10-19）。

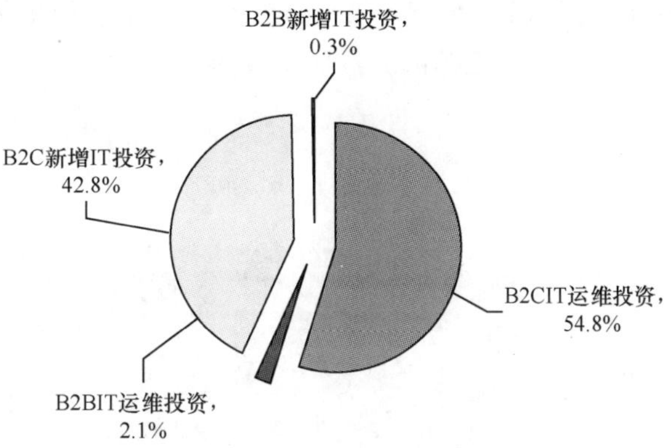

图 10-19　2011 年中国电子商务 IT 投资结构

（7）网银交易额增长稳步回升，个人网银业务占比加速提升

2011 年度中国电子支付的交易额为 824.1 亿元，较 2010 年度增长了 48.3%，2007—2011 年的平均增长率为 54.05%。

2011 年度，个人和企业用户对网银的使用率和活跃度进一步提升，越来越成为很多企业日常运营的首选。企业网银柜台业务替代率逐年增加，2011 年，平均每家活动用户使用企业网银替代了 60%左右的柜台业务。在全国企业网银用户中，活跃用户的比例超过了 85%，同比增长了 8.6 个百分点。从交易量的构成来看，企业依旧是网上银行业务的主体，交易量占比 75.2%；而个人网银交易额占比呈逐年提升态势，2011 年度交易量占比已经比 2006 年度增长了 20 个百分点，成为网银交易额增长的重要动力。

（8）电子商务与物流业融合发展

2011 年中国电子商务的应用范围越来越广，从行业应用看，金融、商贸流通、物流、建材、化工、制造等行业应用不断深化，行业与电子商务的融合越发紧密；从渠道建设手段看，电子商务已经不仅仅局限于网站营销，呼叫中心、短信、新媒体营销的比重逐步增加，企业对大电子商务理念的认可度越来越高。第三方平台中的京东商城与行业用户中的保险企业就是将网站、呼叫中心和其他手段进行融合发展电子商务的先驱。

2．2011—2012 年市场结构分析

1）品牌结构

（1）B2B 电子商务服务市场品牌结构

从收入规模来看，2011 年中国 B2B 电子商务服务平台收入规模达到 118.4 亿元，其中阿里巴巴收入规模达到 64.2 亿元，占 54.2%；环球资源收入规模达到 14.2 亿元，占 12.0%；生意宝收入 1.5 亿元，比 2010 年略有下降；其余垂直行业网站以及其他综合电子商务服务商占总体第三方 B2B 收入规模的 25.34%。总体来看，2011 年中国 B2B 服务平台营业收入平均增长率与 2010 年相比有明显下降，从 2010 年的 45.4%下降到 2011 年的 23.7%，原有 B2B 模式的营利能力与业务成长性遇到挑战（图 10-20）。

（2）B2C 电子商务市场品牌结构

B2C 电子商务是中国电子商务领域最复杂、最具特色的业务领域。由于业务模式的不同，此处只对 B2C 网上销售平台的品牌格局进行研究。

从网上销售平台来看，2011 年第三方 B2C 平台总收入达到 1645 亿元。天猫以 722.8 亿元的营业收入占据43.9%的市场份额；京东商城继续保持平稳的快速增长，收入从2010年的102亿元达到2011年的210亿元，同比增长105.9%；当当、卓越分别占有3.1%和2.2%的市场份额；腾讯2011年在网络购物领域开始发力，通过并购创建了QQ网购和QQ商城，实现了约80亿元的交易额；此外，新蛋、凡客、一号店、麦考林、易迅、库巴等网站位居市场第三集团（图10-21）。

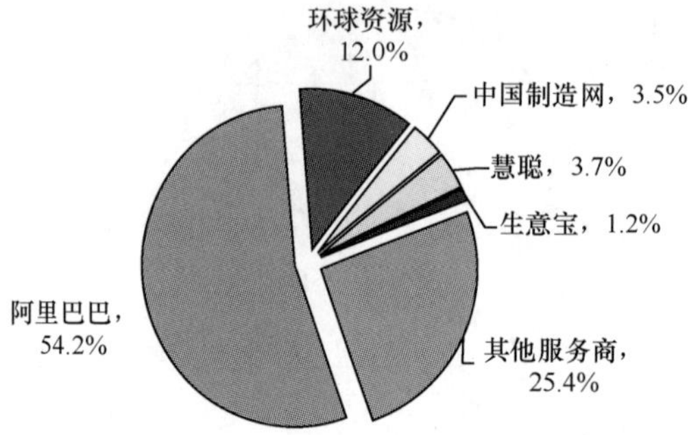

图10-20　2011年中国B2B电子商务服务市场品牌格局

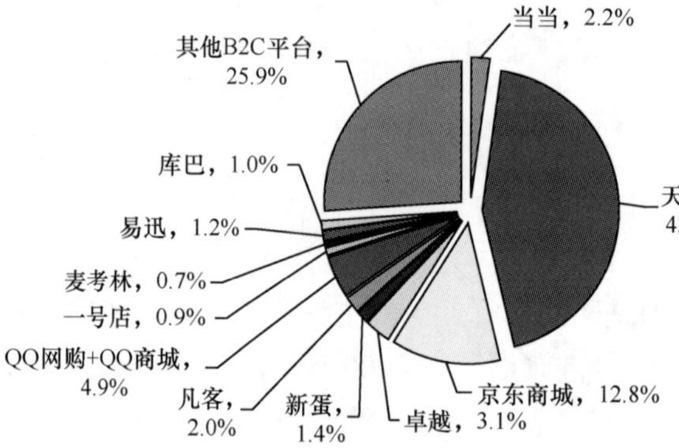

图10-21　2011年中国B2C网上销售平台品牌格局

（3）C2C电子商务服务市场品牌结构

2011年中国C2C市场格局基本与2010年一致，淘宝依旧占据绝大部分市场份额，以4392亿元的交易额占据84.8%的市场份额；腾讯拍拍进一步扩大自身市场份额，占比上升到12%左右；易趣以3.2%的市场份额，排在第三位（图10-22）。

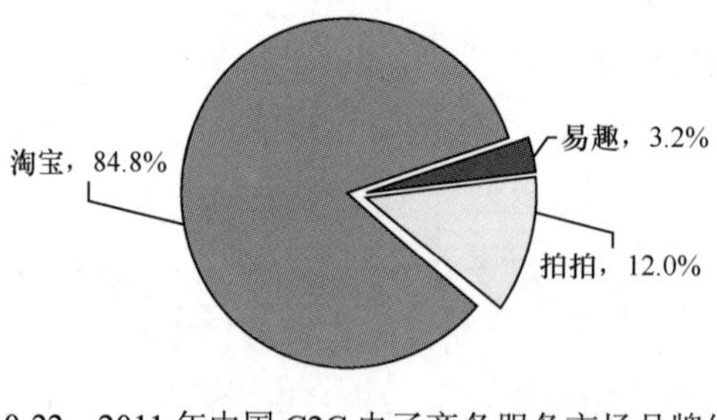

图10-22　2011年中国C2C电子商务服务市场品牌结构

2）运营模式结构

从电子商务业务模式来看，B2B依然是电子商务市场的主旋律，B2B交易额占中国电子商务总体交易额的84.2%，达到50886亿元；而B2C交易额达到4118亿元，占有率为6.8%，；C2C交易额达到5180亿元，占8.6%；团购在2011年爆发式发展，以216亿元占据0.4%的市场份额。整体业务格局的最大特点在于B2C与C2C的进一步融合，以及团购市场规模已经可以在整体业务格局中展现出来（图10-23）。

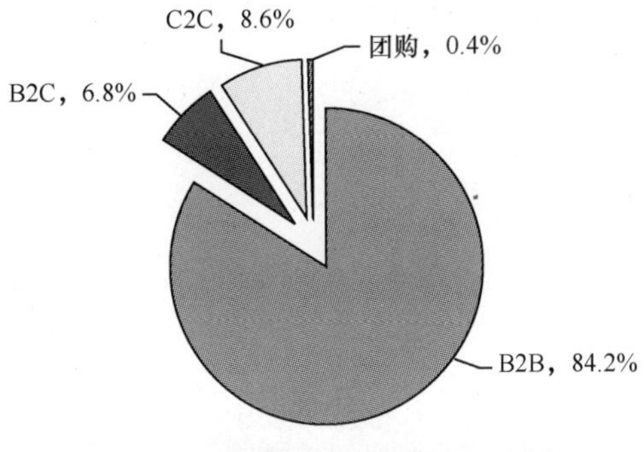

图 10-23　2011 年中国电子商务市场业务格局

从 B2C 与 C2C 的业务融合角度看，由 B2C（不含在线旅游交易额）、C2C 以及团购构成的网络购物市场逐步得到社会的关注。C2C 业务占有 66%的市场份额，B2C 占比达到 31.2%，团购在网络购物中的市场份额则为 2.8%。

3）行业结构

2011 年，中国电子商务行业应用进一步普及，行业电子商务平台数量和质量都有大幅度提高。传统行业参与电子商务的热情不断提高，一些重工业、制造业网上采购比例不断增加，网上金融业务不断扩张。

在电子商务服务企业的行业分布中，排在前十名的依次为：纺织服装、数码家电、钢铁机械、化工医药、建筑建材、农林、五金、包装印刷、食品糖酒、礼品饰品这些行业领域。其中纺织服装和数码家电行业所在比重最大，纺织服装类占比较 2010 年下降了两个百分比，数码家电类业务占比提升到 10.6%；此外，在线旅游业务交易额近年来迅速扩大，达到 1673 亿元，市场份额也达到整体电子商务交易额的 2.8%（图 10-24）。

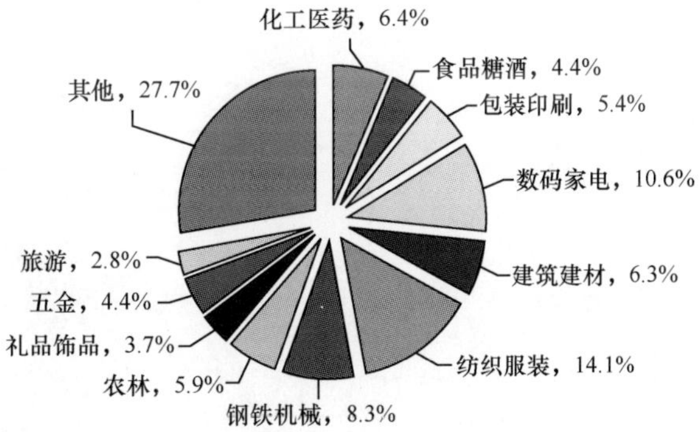

图 10-24　2011 年中国电子商务行业结构

4）区域结构

从中国电子商务区域结构看，2011 年中国电子商务发展活跃城市多集中于环渤海、长三角、珠三角、成渝四大地区之中，位于这些区域的上海、北京、广州、杭州、深圳、成都、重庆等城市 2011 年的电子商务交易额均超过 1000 亿元，上海、北京电子商务交易额超过 6000 亿元；而东北、华北、华中地区城市处于第二梯队，哈尔滨、郑州、武汉、西安等城市电子商务发展潜力巨大；而西北、西南等地电子商务应用还要进一步加强（图 10-25）。

从中国电子商务示范城市分布看，2009 年深圳成为中国首个电子商务示范城市，2011 年发改委、商务部等八部委进一步审批通过了北京、上海、天津、重庆、哈尔滨、长春、青岛、南京、苏州、杭州、宁波、福州、厦门、汕头、广州、郑州、武汉、南宁、昆明、成都、银川 21 个城市成为国家电子商务示范城市，它们的分布情况如图 10-26 所示。

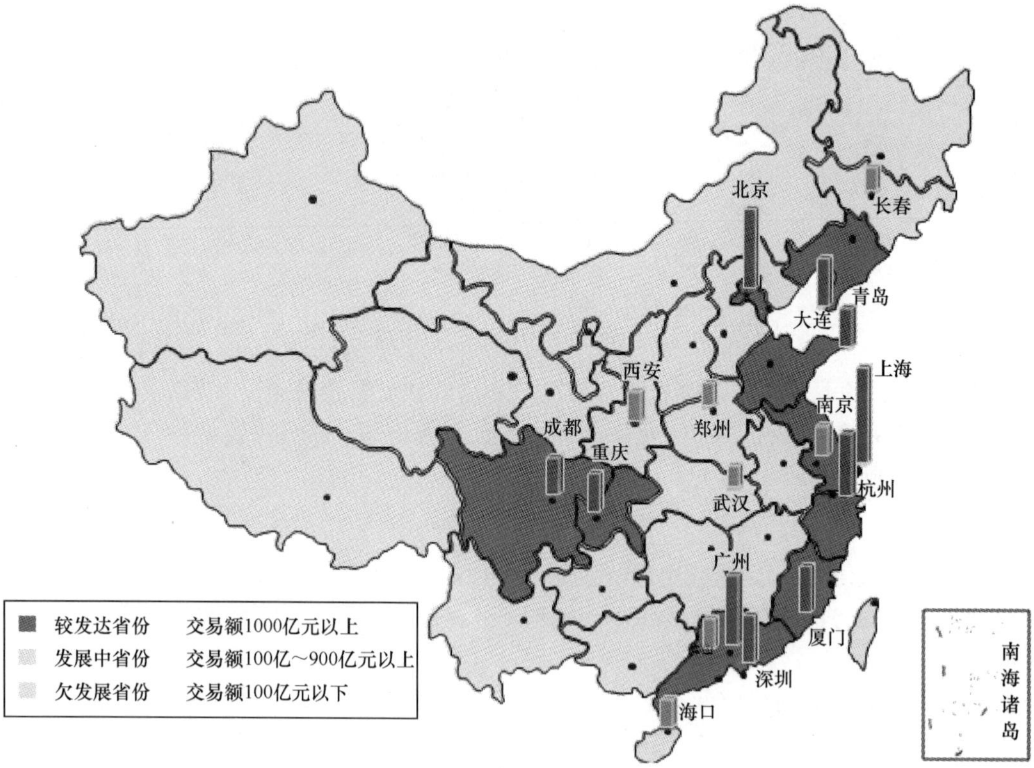

图 10-25　2011 年中国电子商务重点城市分布

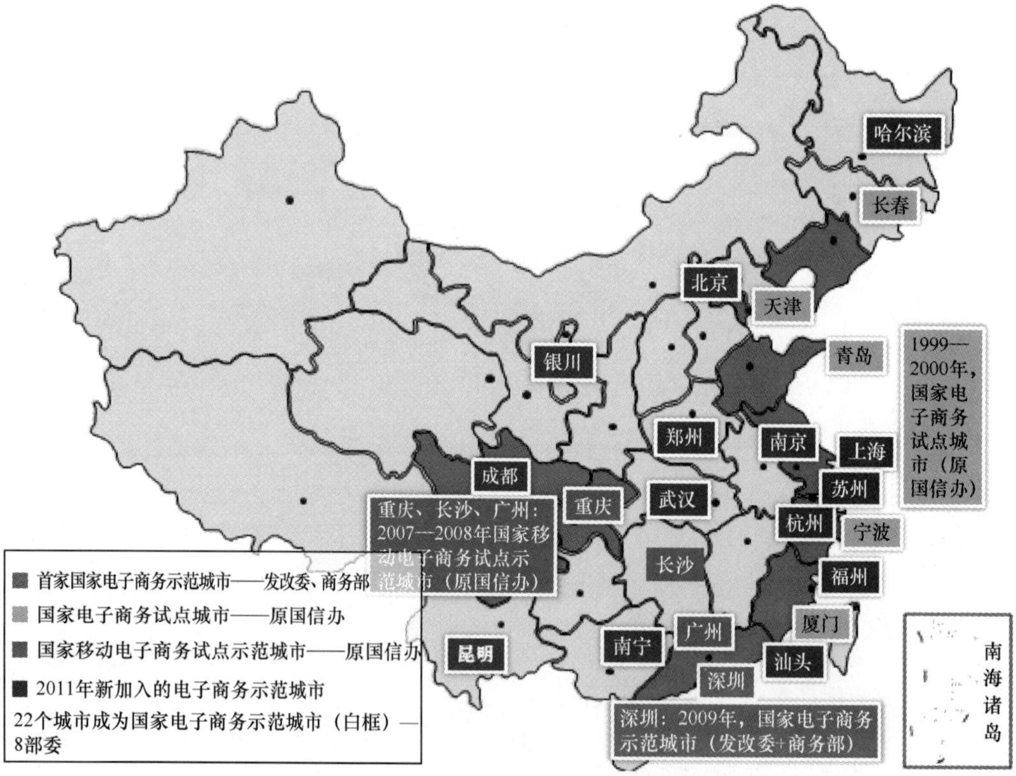

图 10-26　2011 年中国电子商务示范城市分布

10.2.3 艾瑞咨询电子商务市场数据

1. 2011 年中国电子商务规模

2011 年中国电子商务延续 2010 年快速发展态势，同时呈现出多种新的趋势，全年市场交易规模达 7.0 万亿元，同比增长 46.4%。从资本层面看，虽然在 2011 后半年团购企业和 B2C 企业可能遇到资金吃紧或 IPO 受阻等困难，但不影响整体投资环境上互联网巨头企业和风险投资对电子商务企业极高的投资热情；从电子商务企业的经营形态上看，各类型电子商务企业纷纷加速业务的纵向整合和横向扩展；传统企业进一步加大电子商务力度。

（1）年度规模：2011 年中国电子商务行业市场交易规模达 7.0 万亿元

艾瑞咨询数据显示，2011 年中国电子商务市场整体交易规模达到 7.0 万亿元，同比增长 46.4%（图 10-27）。

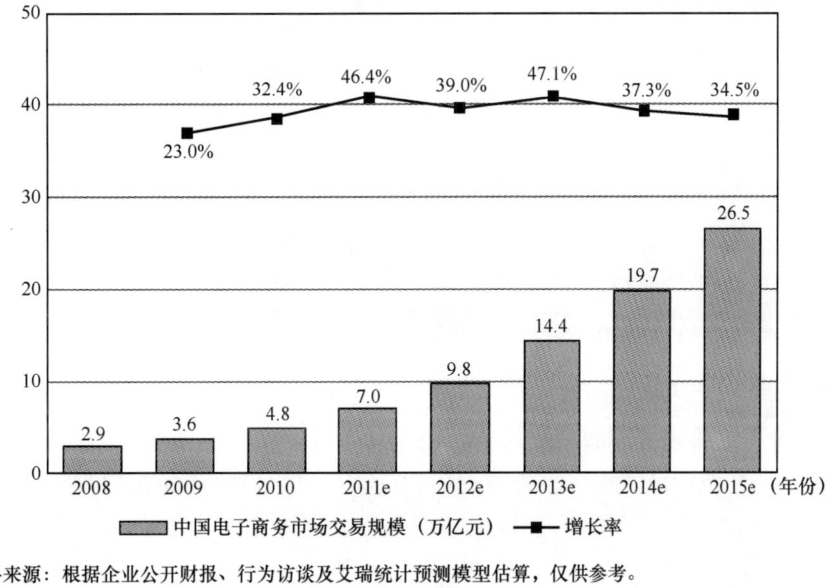

图 10-27 2008—2015 年中国电子商务市场规模

艾瑞咨询认为，电子商务市场规模的高速增长主要源于以下三个方面的发展：一是在国际、国内经济形势的共同影响下，2011 年中国的内贸额和外贸额相比 2010 年都有增幅，加之电子商务在企业间渗透率的逐年提升，企业间的电子商务交易需求得以迅速增加，促进 B2B 电子商务交易规模的增长。二是 2011 年电子商务企业加强产业链及仓储物流支付体系建设，加大电子商务行业布局力度，提高服务质量，丰富用户选择，规范市场环境，从而推动网络购物市场交易额的快速增长。三是第三方预订代理商即 OTA 业绩的增长及在线旅游产品的在线直销规模的大幅度增长，共同促进在线旅游行业 2011 年交易规模的高增长率，未来势必为电子商务市场贡献更多的交易额。

（2）季度规模：2011 年第四季度中国电子商务市场交易规模为 2.1 万亿元，环比增速超过 10%

艾瑞咨询数据显示，2011 年第四季度中国电子商务市场交易规模达 2.1 万亿元，同比增长 44.5%，环比增长 14.1%。

艾瑞咨询认为，第四季度电子商务交易规模的增长主要有两个方面的原因：一是内贸市场良好的发展环境及外贸市场小额订单量的增加，共同推动 B2B 交易规模的稳步增长；二是各大购物网站利用十一、双十一、双十二等节日契机，纷纷举行大规模的优惠促销活动，以及在年底冲量因素的影响下，网络购物市场的交易规模能够以20%的速度增长。

（3）市场格局：电子商务市场格局基本稳定，B2B占比略降

艾瑞咨询统计数据显示，2011年电子商务市场细分行业结构中，B2B电子商务交易额占比86.6%，较2010年略降1.7个百分点，其中，中小企业B2B电子商务交易规模占比最高，为48.9%，比2010年下降3.9个百分点；规模以上企业B2B交易规模占比37.7%，比2010年提高了2.2个百分点；网络购物交易规模占比由2010年的10.4%上升至2011年的11.0%（图10-28）。

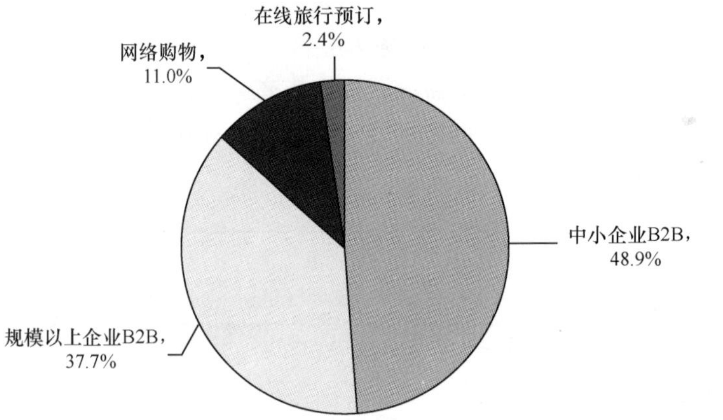

注：2011年中国电子商务市场整体交易规模7.0万亿元，为预估值。

资料来源：根据企业公开财报、行为访谈及艾瑞统计预测模型估算，仅供参考。

图10-28　2011年中国电子商务市场行业细分构成

2. 中国移动电子商务

特点一：传统电子商务的发展已经为移动电子商务发展奠定了良好的基础。在PC端，传统电子商务经过10多年的发展，已经解决了商家信用、货款支付等用户普遍关心的交易问题，电子商务在中国消费者中已经成为了一种时尚和重要的消费习惯。用户基于对电子商务的了解，可以快速实现对移动电子商务的认可和接受。随着移动电子商务应用意识和习惯在社会中的培养，移动电子商务服务将成为移动互联网用户生活中普遍使用的服务，中国移动电子商务用户规模将在未来2～3年迎来快速增长的阶段。

特点二：传统电子商务和电信运营商等布局移动电子商务的热情高涨，市场活跃度激增。2008年2月，淘宝网开通了其移动电子商务平台手机淘宝；2009年下半年，当当网在其手机购物平台提供了在线下单的功能；同期，电信运营商中国移动广东公司开通了广东移动商城；2009年12月，掌上亚马逊上线，卓越宣布进军移动电子商务；2010年3月，京东商城开通了手机京东网，开始布局移动互联网的商务平台。2011年，新兴的移动电子商务提供商立购网、爱购商城和钱库网纷纷推出了移动电子商务平台。传统电子商务提供商、电信运营商等在2011年也纷纷宣布进军移动电子商务。电信运营商、新兴移动电子商务提供商，尤其是传统电子商务提供商进入移动电子商务业务领域，为移动电子商务提供了更加丰富的商品，改变了原有信息发布和单一虚拟物品购买的格局，打开了移动电子商务发展的活跃局面，市场活跃度激增，这将对催发市场人气、做大市场产生重要促进作用。

特点三：2011年中国移动电子商务市场以B2C为主，C2C和B2B市场还远未成熟。通过手机

淘宝网的交易状况来看，交易规模主要以 B2C 为主，C2C 的交易规模较小，而其他类型的移动电子商务平台中，手机当当和掌上亚马逊等均为 B2C 的发展模式。限于手机端屏幕的大小，商品展示空间有限，商家与用户信息的充分沟通也存在一定困难，其他商务模式的发展还有待应用条件的进一步改善。

（1）中国移动电子商务用户规模

2011 年中国移动互联网的用户规模达到了 3.56 亿，而同期的网民整体规模是 5.13 亿，移动互联网的用户规模达到了网民整体用户规模的将近 70%。移动互联网用户规模的迅速扩大为移动电子商务的发展奠定了庞大的用户基础，移动互联网用户都是移动电子商务的潜在使用者和消费者。庞大的移动互联网用户规模将推动移动电子商务的快速增长。

（2）中国移动购物交易规模

中国移动电子商务自 2010 年后进入了快速发展阶段。从移动购物的数据来看，2011 年中国移动购物的交易规模达到了 114.6 亿元，相比 2010 年增长 416.2%。2012 年中国移动电子商务市场交易规模将达到 482.7 亿元，相比 2011 年增长 321.2%（图 10-29）。在市场份额方面，2011 年淘宝无线、手机京东和手机凡客诚品占据前三名。

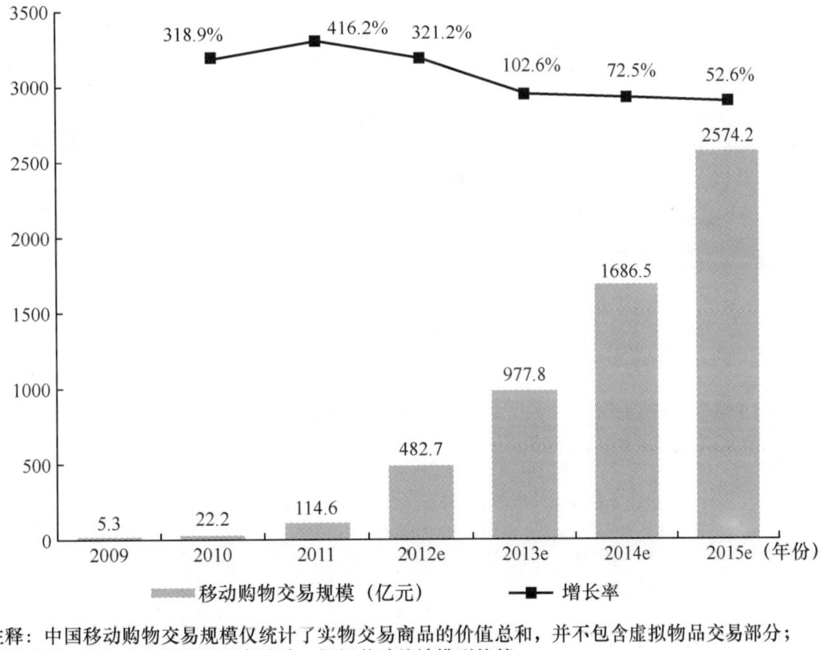

注释：中国移动购物交易规模仅统计了实物交易商品的价值总和，并不包含虚拟物品交易部分；
资料来源：综合企业财报及专家访谈，根据艾瑞统计模型核算。

图 10-29　中国移动购物交易规模及增长率

中国移动购物市场交易规模快速增长主要有三方面的原因：

① 客观条件方面，近年来，3G 网络和智能手机的快速普及，手机上网资费的下降和手机上网体验的改善，这些为移动电子商务的快速发展提供了现实基础。

② 商家方面，各大电子商务企业从 2011 年开始就积极布局和发展移动电子商务，从移动端产品的开发到吸引消费者使用移动端购物，各大电子商务网站都不遗余力。

③ 用户方面，越来越多的用户把手机视为最重要的终端，手机网民数量大幅增加，他们在手机上网方面的时间花费上也大幅升高。而且，随着消费者对第三方担保交易的信任度提高，同时大部分电子商务在大中城市提供货到付款服务，消费者开始形成了移动购物的习惯。

3．SNS 社区电子商务应用

2011 年，社区交友服务覆盖人数超 4 亿，渗透率达 80%（图 10-30）。

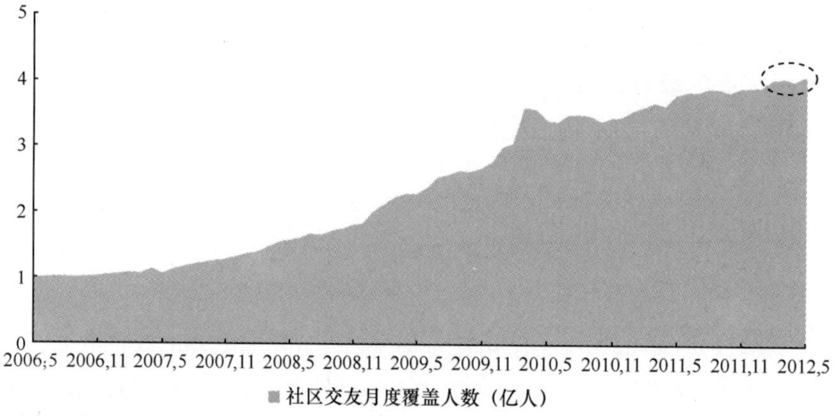

图 10-30　2006—2011 年中国社区交友类服务阅读覆盖人数情况

2011 年 7 月，微博月度覆盖人数达到 2.6 亿，首次超过社交网络，成为最流行的社交服务（图 10-31）。

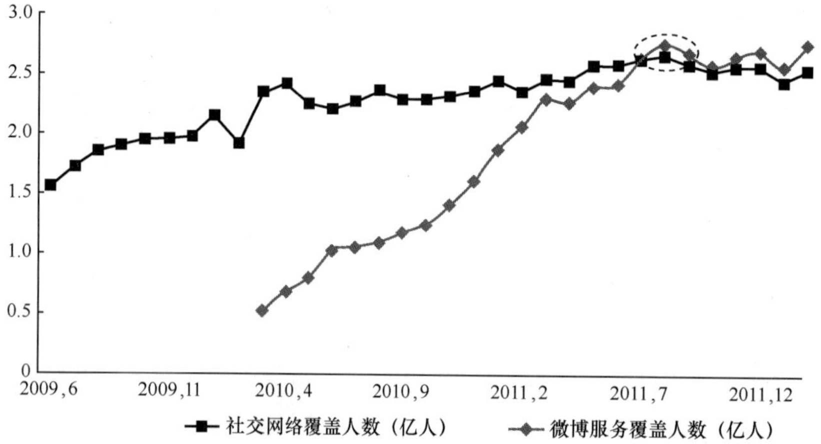

图 10-31　2009—2011 年中国社交网络和微博服务月度覆盖人数

10.2.4　易观国际电子商务市场数据

1．2011 年中国电子商务市场整体状况

1）B2B

易观国际的数据显示，2011 年全年中国电子商务 B2B 市场收入规模达到 116.7 亿元人民币，同比增长 32.5%（图 10-32）。

B2B 市场能够保持持续增长的主要原因在于：其一，全球经济逐渐回暖，走出谷底；其二，拉动内需政策带动内贸业务的高速增长；其三，线上 B2B 厂商深入挖掘现有客户市场，发展战略从快速扩张转为稳健经营。其中，受外贸经济大环境影响，各家厂商在内贸市场方面加大了力度，内贸占比提升至 45%。

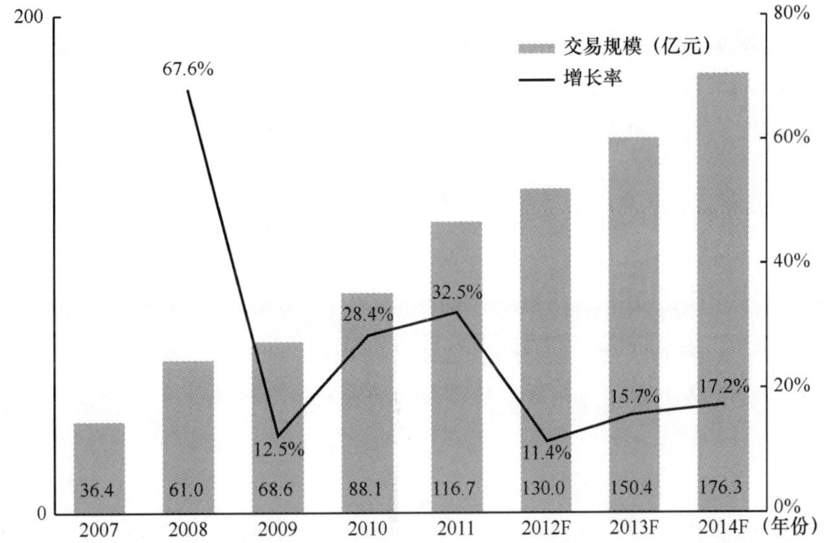

图 10-32　2007—2014 年中国 B2B 电子商务交易规模

在竞争格局方面，阿里巴巴仍占据着市场 55%的市场份额，一家独大，环球资源与慧聪网分别以 12.2%、3.9%分列市场第二与第三位。

2）B2C

根据易观国际数据显示，2011 年中国 B2C 的交易额达到 2400.7 亿元，同比 2009 年增长 130.8%，再次现实增长翻番（图 10-33）。

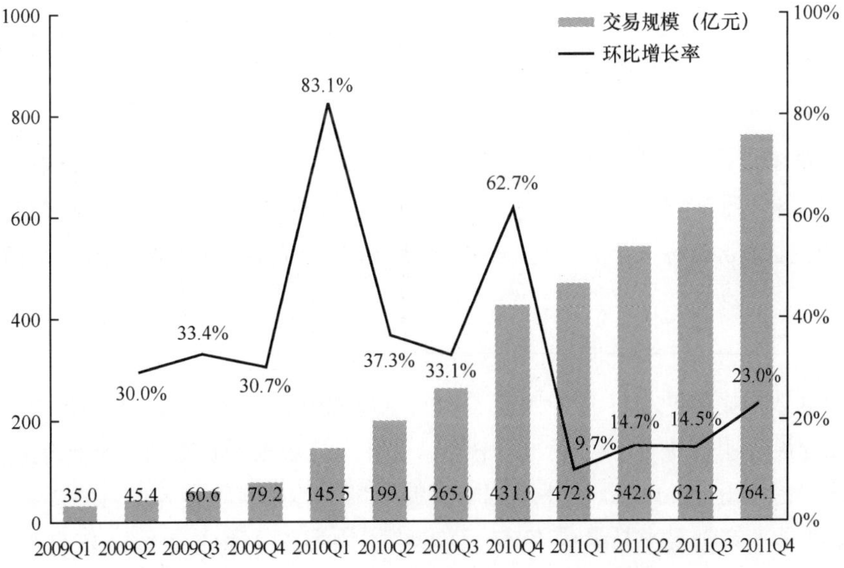

图 10-33　2009—2011 年中国 B2C 电子商务交易规模

从规模上看，2011 年是中国 B2C 大跃进的一年。市场快速增长的动因主要来自以下四个方面。

（1）资本驱动为主导力量

以海量广告投放获取订单的方式依然奏效，如凡客、苏宁易购、易迅、库巴等，2011 年投放策略的优化带来了持续的订单。

（2）传统企业强势入网

以苏宁、百丽、银泰等厂商为代表的传统行业已经逐步加大在线上业务的投入力度。随着资本市场的持续性低迷，2012 年传统企业相关的电子商务广告在整体电子商务广告中的占比将大幅提升。除此之外，还受益于促进传统企业触网的服务于传统企业的代运营平台、整体解决方案提供商、营销服务商等。

（3）细分市场的深耕细作开始显成效

2011 年表现突出的细分市场还是以服装和 3C 家电为主。其中主要包括鞋类、大家电、女装。细分市场的特征是用户认知度高，消费习惯成熟，商品相对标准化，易于规模化。鞋类 B2C 在 2011 年形成战国格局，除了传统的乐淘、好乐买之外，百丽背景的优购、名鞋库、西街网、淘鞋网、酷运动等都在鞋类市场有上佳表现。易迅网、库巴网 2011 年通过全面的广告投放也获取了交易额的大幅增长。

（4）巨头的拉动

巨头指的是天猫和京东商城。2011 年是天猫网购（淘宝商城）发力的第一年。系统的剥离、经营门槛提升、平台更名，是天猫网购 2011 年实现的三大跨越。2011 年天猫的交易额突破 800 亿元，同比增长 187.5%。独立运营之后，天猫和京东商城、QQ 网购之间的平台之争将是 2012 年中国电子商务零售市场的主要战争。

2011 年中国 B2C 市场表现出以下两个特点。

① 渠道思路和品牌思路的对决。以渠道角色杀入 B2C 市场的以来自传统行业的厂商为主，如苏宁易购、王府井、百丽等。它们在资金、产品、品牌方面优势明显，会对现有的渠道型平台形成冲击。而以产品品牌切入的厂商，如唯棉、NOP、初刻等，正在试图在某一个细分市场复制凡客的品牌成长故事。2012 年渠道型 B2C 的竞争将持续白热化，而品牌型 B2C 避开了惨烈的平台战。在传统品牌尚未苏醒之前，会有更多的空间，但是成长的速度已经很难复制凡客的轨迹。

② O2O 和移动商务是 2011 年电子商务的亮点。O2O 在中国仅仅只是起步，很多商业应用还只是概念阶段，对于用户和商户价值都只是在教化市场。虽然 58、赶集、大众点评网等服务于本地生活的平台在信息层面已经对市场做了教育，但是涉及交易服务环节依然没有突破。移动商务的发展和 O2O 的机会是紧密结合的。这些创新性应用有望成为 2012 年中国电子商务市场的投资热点。

3）团购

根据易观国家数据显示，2011 年中国团购网站交易规模达 237 亿元。从季度交易数据来看，上半年市场的增长速度要明显快于下半年。其中第二季度交易规模增长最快，环比增速达 54%。到第四季度环比增速已经下滑到 14.5%。其中第四季度的增量主体来自聚划算平台的实物交易。易观数据显示，2011 年第四季度聚划算交易量达 49 亿元，其中实物类商品团成交量约 45 亿元，占比高达 90%以上（图 10-34）。

数据显示，在资本的驱动下，前三个季度的增长处于非理性膨胀状态，交易额爆发式增长。到 9 月以后，团购市场的泡沫开始褪去，除去聚划算外，大部分厂商增长速度明显放缓。市场增长速度的放缓一方面是由于营销费用的缩减，另一方面是由于用户活跃度的下降。图 10-35 所示为中国团购行业发展周期曲线。

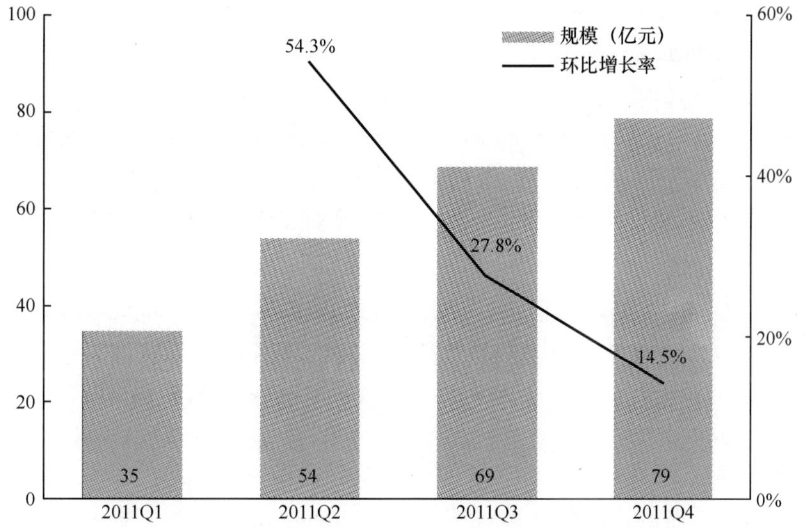

图 10-34　2011 年中国团购网站交易规模

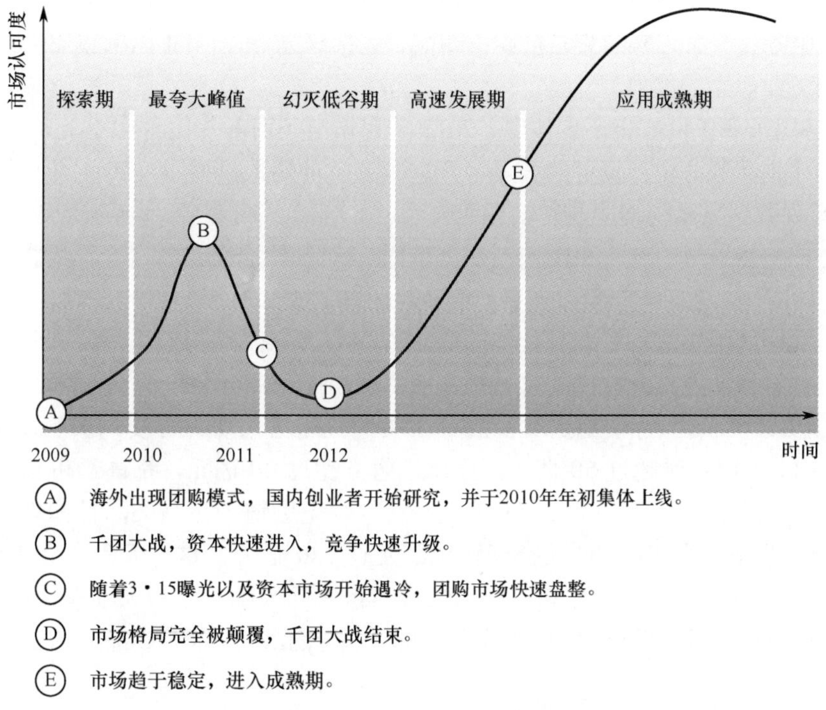

图 10-35　中国团购行业发展周期曲线

2010 年绝大部分的团购企业都在复制美国 Groupon 模式，行业同质化严重，资本驱动下团购网站通过海量广告投放和快速分站拓展的模式进行扩张。用户需求被相对创新的模式激活，其中生活服务类交易爆发式增长，互联网巨头如淘宝、腾讯、新浪等纷纷加入，其中聚划算在品牌、用户和商户方面的优势开始爆发。拉手、美团是当时市场的引导者，通过在退款机制、多团模式等方面的创新推动了中国团购市场的成长。到 2011 年中期，市场持续增长，领先团购站点月销售额纷纷破亿；然而到 2011 年上半年之后，宏观环境尤其是资本市场逐步遇冷，而前期粗放式的增长方式导致的造血能力不足的后果开始暴露。个人用户和商户对于团购模式的价值认知开始下滑。市场集中度快速提高，团购市场从千团大战逐步再次回归小规模阵地战。

2011 年全国已有 2000 多家团购网站在激烈的竞争中关闭、退出，占所有运营团购网站总数量的近 40%。这被称为中国商业史上最大规模的一次行业性集体阵亡。而其他网站，有的选择转型，有的选择坚守，毋庸置疑，烧钱时代结束，营销本质将凸显。

2011 年在团购带动下参与互联网化的商户数量约 108 万家。在行业遭遇滑坡的形势下，团购从本质上推动了本地化生活服务的电子商务市场的稳步成长。

① 互联网化和用户需求促成海量商户触网，108 万商家带动 237 亿元新兴市场。

团购的发展是整个传统服务业互联网化的趋势。行业真正的推动者是存在海量的推广营销需求的生活服务业商家。这些商家的推广需求和用户对于生活服务类电子商务的需求相结合，形成了推动团购发展的核心动力。2011 年中国团购交易规模为 237 亿元，这背后是 108 万家传统商家触网推动力的体现。除此之外，2011 年中国互联网用户突破 5 亿，其中网购用户超过 2 亿。庞大的用户需求也成为了团购成长的动力。

② 服务于传统商家互联网化是团购核心模式，服务业商家占比将持续上升。

团购未来商业模式延展的方向是从单一的营销模式向多元化逐步演变。通过对市场的厂商案例的研究，易观将未来团购企业的发展模式分为本地生活服务商模式、团购商城模式、流量整合平台模式三种模式。服务于传统商家互联网化（本地化电子商务）将是团购模式的核心。从 2011 年交易数据来看，传统服务业商家带来的交易量约占 50%，包括聚划算在内的主流团购网站都将在 2012 年强化服务传统服务业商家的能力。

③ 生活服务电子商务价值将逐步体现，2012 年餐饮电子商务占比将达 1%。

团购将本地化生活服务电子商务的大幕拉开。国家统计局数据显示，2011 年中国餐饮行业收入 20543.3 亿元。易观数据显示同期团购餐饮行业收入近 50 亿元，占整体市场的比重 0.23%，预计 2012 年餐饮电子商务比例将逼近 1%。2011 年全年团购企业对餐饮企业进行了全面的接洽，几乎覆盖了 90%以上成规模的商户。这意味着大部分商户已经对团购的模式有了初步的了解，对互联网形成了一定的感知。其中和团购网站进行了商务合作的商家约 108 万家。这相当于每天有近 700 家线下餐饮商户在和团购网站合作，通过互联网进行营销。生活服务电子商务的价值正在逐步显现。

2011 年中国 B2C 市场保持了稳定增长，3C 品类的快速增长功不可没。传统 3C 厂商表现突出，其中苏宁易购 2011 年销售额超过 50 亿元，库巴销售额超过 20 亿元，都高于市场的平均增速，带动着市场的稳定增长。而像当当网在 2011 年也开设了家电频道扩充品类，目标直指京东、苏宁易购。天猫（原淘宝商城）全年的 3C 品类销售额则突破 220 亿元，这与天猫在 2011 年一系列大促销有着密切联系。同时，传统品牌依托电子商务代运营入驻天猫，也为天猫在 2011 年的突出表现打下基石。2012 年将是天猫、京东和 QQ 网购之间新一轮的战争，而 3C 品类的价格战仍然是平台商的主要战场。

4）第三方支付

易观国际数据显示，2011 年第四季度中国第三方互联网支付市场交易规模达到 7385.8 亿元，环比增长 30.9%，同比增长 105%。

易观国际研究发现，2011 年第四季度中国第三方互联网支付市场交易规模再创新高。交易额达到 7385.8 亿元，交易额增长率高达 31%。2011 年全年各季度保持快速增长。第三方互联网支付市场第四季度较快的增长速度与政策刺激、季节性促销拉动以及细分行业的深入拓展都有密切关系。

2011 年第四季度互联网支付市场交易规模快速增长的原因主要体现在以下几个方面。

① 2011 年第四季度，央行在第三方支付市场的政策规范上相继发布了《支付机构预付卡业务管理办法（征求意见稿）》、《支付机构客户备付金存管暂行办法（征求意见稿）》，并于年底颁发了第三

批非金融机构支付业务许可证。这些管理办法虽然还处于征求意见阶段，但其发布表明了央行对于第三方支付市场的重视，加强了第三支付行业自身以及社会各界对于其未来健康发展的信心。所以，政策的正向刺激对于第三方支付行业的发展具有一定积极影响。

② 本季度电子商务市场活跃。天猫、京东商城、亚马逊、当当网等大型网购平台均发起了大型的促销活动。在网购交易拉动作用下，对互联网支付交易规模起到了积极的推动作用。此外，第四季度财付通、银联、汇付天下等大型第三方支付平台还联合银行和网购平台、航旅平台等电子商务企业开展联合营销活动，对互联网支付市场交易规模也有较大的刺激作用。

③ 第三方支付企业继续在航旅、物流、保险、教育等领域加大拓展力度。一方面拓展新的合作伙伴，增加已有合作企业的合作深度，另一方面还围绕服务细分市场进行产业链上下游延伸。与此同时，第三方支付企业利用传统企业互联网化的大趋势积极开拓传统行业，在钢铁、服装等行业拓展力度进一步加大，细分行业市场对于能够提升企业资金流转效率的支付解决方案也逐渐认可。

另外，本季度第三方支付市场也出现了一些新的动态。快钱也继支付宝和财付通之后也进军了跨境支付市场，未来跨境支付有望成为第三方支付领域的另一个蓝海市场。财付通推动银联与腾讯开展战略合作，两大巨头的联手也为未来的支付市场带来更多想象空间。汇付天下发布“Asi@”移动支付战略，三大运营商也在年底同时获得了移动支付的牌照，运营商的获牌和第三方支付企业在移动支付市场的举措为移动支付市场的发展增加了动力。

易观国际最新数据显示，2011 年第四季度中国第三方互联网在线支付市场格局继续保持稳定。支付宝以 46.9%的市场交易额份额占据市场第一的位置。财付通和银联网上支付分别以 21.4%和 10.4%排名第二和第三位。

支付宝、财付通、银联网上支付市场份额占前三位，共占据整个市场 81.7%的市场份额，与上个季度相比，排名前三位厂商的市场集中度提升了 1.1%。

5）移动支付

易观国际报告显示，2011 年中国移动支付市场发展迅速，全年交易额规模达到 742 亿元，环比 2010 年增长 67.8%。移动支付用户数达到 1.87 亿，与 2010 年相比增长 26.4%（图 10-36）。

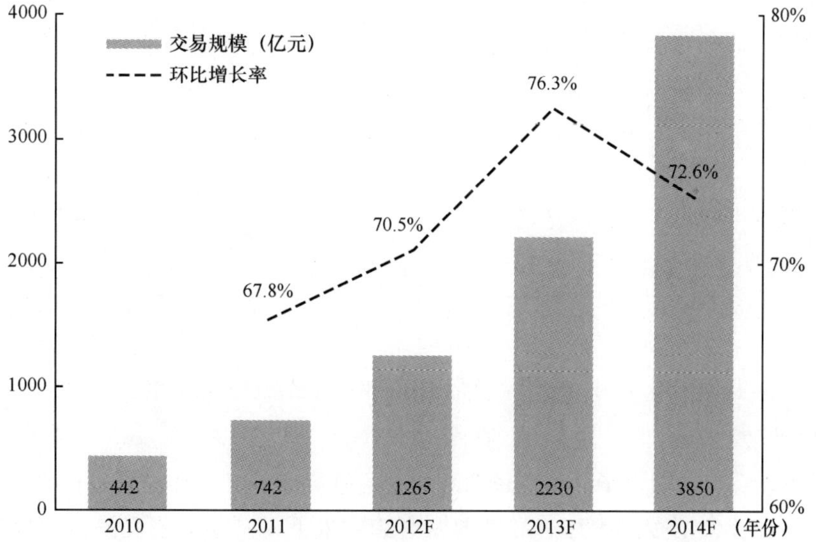

图 10-36 中国移动支付市场交易规模预测

2011 年移动支付市场发展迅速主要基于以下原因。

① 智能终端和移动互联网发展迅速，为移动支付发展提供了终端和网络基础。

2011 年中国智能终端销量达到 8066 万台，比 2010 年增长 150%，截至 2011 年年底智能终端保有量达到 17904 万台。根据易观智库的统计发现，截至 2011 年年底，移动互联网的用户数达到 4.3 亿，预计 2012 年移动互联网的用户规模将超过互联网的用户规模。智能终端和移动互联网的快速发展对移动应用和移动支付具有较大的促进作用。

② 移动应用数量的迅速增长为移动支付提供了较为丰富的应用环境。

2011 年基于智能手机的移动应用发展迅速，特别是购物、理财、生活服务等交易类应用的发展丰富了移动支付的市场应用环境。

③ 移动支付厂商加大产品开发和推广力度。

鉴于移动支付市场未来的发展前景，众多支付厂商加大了对移动支付领域的开发和推广力度。例如，支付宝、财付通、快钱、汇付天下等互联网支付厂商纷纷推出移动支付产品；银联、联动优势、钱袋宝等企业则举行了大规模的市场推广活动；移动、联通和电信三大运营商也纷纷成立支付公司，移动近场支付商用城市不断增加。

10.2.5 中国互联网协会数据中心电子商务市场数据

2011 年中国电子商务市场运营模式发生细分，市场竞争继续升级，竞争格局逐渐清晰。在资本与投入产出的压力下，开始舍弃高消耗的广告资源投入，将关注点移至成本消耗较低的方式。此外，如何通过优化网站内容、购物流程、服务质量等各个与用户接触的环节，也成为电子商务从业者进一步思考的内容。图 10-37 反映了中国电子商务细分市场的交易规模及增长率。

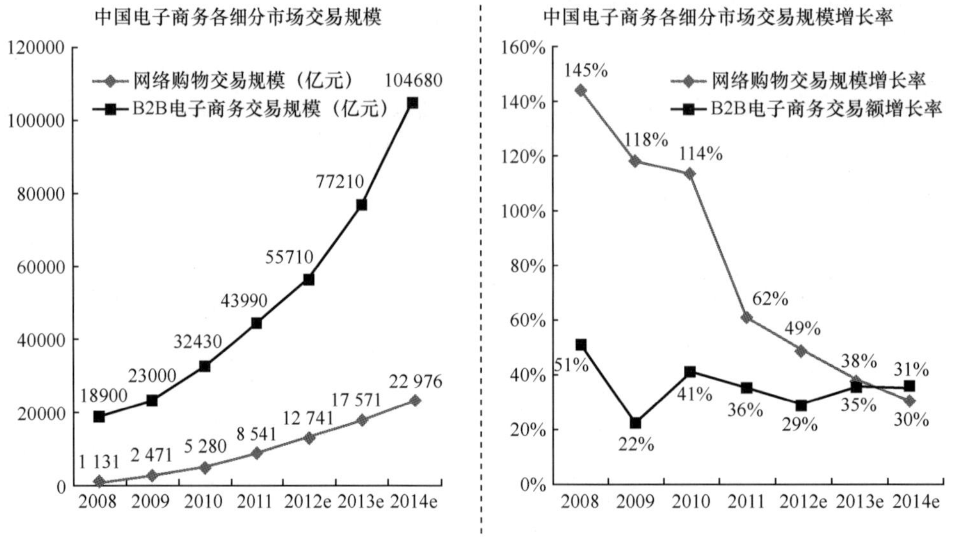

图 10-37 中国电子商务细分市场交易规模及增长率

数据来源：DCCI 2011 中国互联网调查。

从图 10-37 可以看出中国电子商务市场总体的交易规模增长率虽在减缓，但交易规模的绝对增长值却在不断增大。在社会消费品零售总额增速回落的背景下，网络零售交易额将保持快速增长，电子商务将成为重要的社会商品和现代服务方式。随着电子商务市场的不断发展，资本、市场和消费者等因素在不断促使电子商务企业走到了一个练内功、重新构造自己的基础阶段。

10.3 全国电子商务交易额计算

10.3.1 计算的基本思路

目前能公开收集到三方面的数据：一是由国家统计局提供的全国大中型电子商务统计数据，二是艾瑞咨询集团（以下简称艾瑞）、互联网数据中心（以下简称 DCCI）、赛迪顾问股份有限公司（以下简称赛迪）对中国中小企业电子商务的调查数据，三是艾瑞、易观智库（以下简称易观）、DCCI、中国互联网络信息中心（以下简称 CNNIC）、阿里巴巴电子商务研究中心提供的网络零售数据。

电子商务交易额计算的基本思路是：根据电子商务交易额的定义和现已掌握的数据资源，在加和法和自然增长法测算的基础上，最终形成了 2010 年和 2011 年中国电子商务交易额的测算值。

10.3.2 加和法

中国电子商务交易额应当是若干不同部分电子商务交易额的总和：

$$S=\sum S_i$$

中国电子商务交易额=大中型企业电子商务交易额+中小企业电子商务交易额+网络零售交易额

① 大中型企业电子商务交易额。根据国家统计局的统计，2005—2010 年中国大中型企业电子商务交易额、企业平均电子商务交易额、企业年均电子商务交易额复合增长率见表 10-9。

表 10-9　2005—2010 年中国大中型企业电子商务交易额情况

年份＼项目	企业数量（家）	交易额（亿元）	平均交易额（万元）	同比增长率	平均交易额年均复合增长率
2005	21058	5504	2613.75		0.190877707
2006	19267	6570	3409.74	0.304539455	
2007	21453	6728	3135.99	−0.080284714	
2008	39631	14127	3564.52	0.136649033	
2009	28872	9566	3313.24	−0.070494765	
2010	36807	13183	3581.71	0.081029445	

以 2008 年全国企业普查数（39631 家企业）为基准，按照平均交易额年均复合增长率计算：

2009 年中国大中型企业电子商务交易额=3313.24×39631≈13131（亿元）

2010 年中国大中型企业电子商务交易额=3581.71×39631≈14195（亿元）

2011 年中国大中型企业电子商务交易额（估算值）=3581.71×（1+0.191）×39631≈16906（亿元）

② 中小企业电子商务交易额。根据工信部《2009 年中国中小企业电子商务应用及发展状况调查》项目组对中国中小企业电子商务的调查，2009 年中国中小企业电子商务交易额达到 19900 亿元，年

增长率为 20.3%。根据艾瑞提供的数据，2010 年中国中小企业电子商务交易额为 25300 亿元，同比增长 36.4%[1]。根据艾瑞、赛迪、DCCI 提供的数据，取平均值，2011 年中国中小企业电子商务交易额为 32100 亿元，同比增长 26.9%（表 10-10）。

表 10-10　2009—2010 年中小企业电子商务交易额

公布数据的咨询企业	2011 年	平 均 值	增 长 率
赛迪（亿元）	33000	32100	26.9%
DCCI（亿元）	29000		

③ 网络零售交易额。根据艾瑞、阿里巴巴电子商务研究中心、易观、CNNIC、DCCI 提供的 2010 年和 2011 年网络零售交易额数据，取平均值，2010 年中国网络零售交易额为 5091.04 亿元，2011 年中国网络零售交易额为 7825.6 亿元（表 10-11）。

表 10-11　2010—2011 年中国网络零售交易额

公布数据的咨询企业	2010 年	平 均 值	2011 年	平 均 值
艾瑞（亿元）	4610[2]	5091.04	7735.6[3]	7825.6
阿里巴巴电子商务研究中心（亿元）	5131[4]		—	
易观（亿元）	5203.2[5]		8059.8[6]	
CNNIC（亿元）	5231		7566	
DCCI（亿元）	5280		7941	

由此推算：

2009 年中国电子商务交易额（修正值）=13131+19900+2586=35617（亿元）

2010 年中国电子商务交易额=14195+25300+5091.04=44586.04≈44586（亿元）

2011 年中国电子商务交易额（估算值）=16906+32100+7825.6=56831.6≈56832（亿元）

说明：

由于大中型企业与中小企业统计中有少量交叉（在工信部《2009 年中国中小企业电子商务应用及发展状况调查》中，中型企业约占 9%），会出现部分重复统计的情况，因此可能产生正偏差。

由于大中型农业和服务业企业电子商务交易额没有采集到，因此会产生负偏差。

由于①、②所产生的偏差方向相反，因此在互相抵消后尚存在部分负偏差。

网络零售交易额暂不包括航空电子客票交易、网络付费数字产品下载和网络代缴费等。

10.3.3　自然增长法

2004—2009 年中国电子商务交易额年平均复合增长率的计算结果见表 10-12。

1 艾瑞咨询. 2010 年中国中小企业 B2B 电子商务年度数据发布 [EB/OL](2011-01-18)[2012-04-03]. 艾瑞网站：http://ec.iresearch.cn/html/1 31564.shtml
2 艾瑞咨询. 2010—2011 年中国网络购物行业年度监测报告[EB/OL](2012-04-20)[2012-04-03]. 艾瑞网站：http://report.iresearch.cn/1542.html
3 艾瑞咨询. 2011 年中国网络购物交易规模达 7735.6 亿元[EB/OL](2012-01-13)[2012-04-03]. 艾瑞网站：http://column.iresearch.cn/u/dingjiaqi/476180.shtml
4 阿里研究中心. 网络零售价格指数（iSPI）报告[R/OL](2011-11-21)[2012-04-03]. 阿里研究中心网站：http://www.aliresearch.com/index.php?m-cms-q-view-id-68421.html
5 易观智库. 行业数据：2010 年第四季度中国网上零售市场规模达 1728 亿元出版物环比增长近 4 成 [EB/OL](2011-02-06)[2012-04-03]. 易观智库网站：http://www.enfodesk.com/SMinisite/maininfo/articledetail-id-5228.html.
6 易观智库. 行业数据：2011 年中国网上零售交易额达近 8060 亿元 B2C 升至三成 [EB/OL](2012-02-14)[2012-04-03]. 易观智库网站：http://www.enfodesk.com/SMinisite/maininfo/articledetail-id-313488.html

表 10-12 2004—2009 年中国电子商务交易额年平均复合增长率计算

年　份	交易额（亿元）	增长率（%）
2004	9293	—
2005	12992	39.8
2006	15494	19.3
2007	21709	40.1
2008	31427	44.8
2009	36730[1]	16.9
复合增长率	—	31.6

按 2004—2009 年中国电子商务交易额年平均复合增长率为 31.6%计算，则有

2010 年中国电子商务交易总额=35617×1.316≈46871（亿元）

2011 年中国电子商务交易总额=46871×1.316≈61683（亿元）

由于前期中国电子商务交易额增长较快，所以，测算出来的数值偏高。

10.3.4 全国电子商务交易额

中国电子商务交易额根据上述两种方法计算的结果进行测算。编委会组织有关专家，利用德尔菲法确定 2010 年和 2011 年加和法的权重为 0.6，自然增长法的权重为 0.4，由此可得：

2010 年中国电子商务交易总额=44586×0.6+46871×0.4=45500（亿元）

2011 年中国电子商务交易总额（估算值）=56832×0.6+61683×0.4≈58772（亿元）

2010 年比 2009 年增长 23.9%，2011 年比 2010 年增长 29.2%。

说明：

整体来看，B2B 增长幅度较小，网络购物（B2C 和 C2C）增长的比例较高。

本报告调查统计的网络购物交易以实物类商品为主，未考虑虚拟及服务类商品（如航空机票）的网络销售。

本报告所涉及的中型企业和小型企业是按照 2003 年国家统计局等部委联合发布的《中小企业标准暂行规定》所定标准统计的。

随着我国电子商务统计制度的建立，电子商务统计的数据来源与计算方法将进一步趋于完善。

（根据商务部《电子商务报告（2010—2011）》附录摘编）

由于 2012 年上半年商务部 2010—2011 中国电子商务发展报告编写时，尚未获得 2011 年大中型工业企业的统计数据，2011 年全国电子务交易额按以上加和法计算时，2011 年中国大中型企业电子商务交易额 16906（亿元）是由 2010 年企业平均交易额 3581.71 万元，按 2006—2010 年的年平均增长率 19.1%、39631 家企业计算出来的，是估算值，导致 2011 年中国电子商务交易额=16906+32100+7825.6=56831.6≈56832（亿元）也是估算值，有误差。后来国家统计局工业统计司已提供 2011 年 58754 家工业企业调查统计汇总电子商务采购额 19899.69 万元，电子商务销售额 24130.15 万元，由此按算术平均可得 2011 年全国大中型企业电子商务交易额为 22014.92 亿元，与估

1 根据《中国电子商务报告（2008—2009）》，修订后的 2009 年中国电子商务交易额= 35617×0.6+ 38401×0.4 = 36730（亿元）。

算值 16906.2 亿元相差 7404.15 亿元，企业平均交易额为 3746.96 万元。再按加和法计算，2011 年全国电子商务交易额应为：

2011 年全国电子商务交易额=22014.92＋32100+7825.6=61940.52（亿元）≈61941（亿元）

比 2010 年的 44586 亿元增长 38.92%。

按 2011 年自然增长法计算的结果是 61683 亿元，根据上述两种方法计算的结果进行测算：

2011 年中国电子商务交易总额=61941×0.6+61683×0.4=61837.8≈61838（亿元）

综上所述，2011 年中国电子商务交易总额不是商务部 2010—2012 年电子商务报告中的 58772 亿元，应修正为 61838 亿元，接近 62000 亿元。

（本章由中国电子信息产业集团有限公司六所　龚炳铮编）

第四篇

应用篇

第 11 章　传统产业电子商务应用

11.1　工业电子商务

11.1.1　钢铁行业电子商务

1. 钢铁行业电子商务发展概况

2010—2011 年，中国钢铁电子商务快速发展。钢厂、钢贸商、物流仓储企业纷纷试水电子商务。再加上以手机为载体的移动互联网的广泛应用更进一步强化了电子商务与传统钢贸的相互融合，钢铁电子商务发展的市场环境逐步趋于完善。

钢铁电子商务是我国最早发展电子商务的行业之一。经过 15 年的发展，钢铁电子商务从最简单的行业资讯发布，到供求信息匹配与交易撮合，再到整合了信息、仓储物流、交易融资管理的钢铁全程在线交易，钢铁电子商务已经步入成熟期。众多钢厂借助网络拓展销售业务，网络营销渠道的引入极大提升了钢厂对客户的管理能力、市场开拓能力。钢铁电子商务也已经完成了从"为了电子而电子"向"将传统的重复性劳动转变为简单高效的电子化作业"的蜕变。商务电子化诠释了钢铁电子商务的核心根本——借助信息技术与网络技术，优化现有的销售流程，提高效率，广开客源，创造效益。"便捷、实用、高效、创收"这四个关键词凸显钢铁电子商务已经彻底融入钢铁行业产业链，并为钢厂、贸易商与终端用户提供新的利润点与高附加值。

2010—2011 年，中国钢铁电子商务表现出以下特点。

① 钢铁现货电子交易市场成为新的发展趋势。鉴于我国钢材期货成功上市，大量中远期电子交易市场开始向现货电子交易市场转换延伸，如上海斯迪尔电子交易市场、欧浦电子交易市场等。还有一类钢铁行业电子商务网站发生了变化，从辅助交易的营销资讯平台转向现货交易平台，比如"我的钢铁"网、"今日钢铁"网。同时，还有一些原来的钢材交易市场也进入电子商务领域，如原来的逸仙钢市到现在的"第一钢市"。钢铁现货电子交易平台成为了钢铁电子商务企业发展的热门方向。

② 通过在线电子报价系统彻底解决产品报价集中管理的困难。产品报价管理包含三个关键点：产品详情与价格的录入、产品调价管理、报价单的发布传递。众多钢铁电子商务网站借助有序管理的产品信息化数据库，详细展现海量的产品规格与价格信息。特别是平台与手机终端的集成，潜在客户能够随时随地获悉钢厂的全部报价信息。

③ 借助电子商务平台的桥梁作用，提高"直供直销"比例，扩大终端目标用户群的覆盖。全球市场的萎缩，也使中国钢铁行业进入"微利时代"。传统的钢贸代理制、经销制遇到了相当大的挑战，利用电子商务提高"直供直销"的比例成为越来越多钢厂的选择。企业利用自有的电子商务网站和钢铁第三方电子商务交易平台开拓网络销售渠道，不仅服务老客户，更偏重开拓新客户，商务电子

化成为了钢厂开拓新市场、抢占终端用户、扩大市场份额与品牌影响力的利器。对于余材与高强板等流通较少的产品，客户的发掘与需求信息收集更是销售成功的关键。通过现有客户群的定向销售，可以极大提升销售业绩。这些销售模式与技巧都将极大地促进供需双方的交易，增进彼此认可。

④ 钢铁电子商务与钢铁物流进一步融合。为适应我国钢铁行业电子商务的快速发展，物流业也迅速调整自己的战略部署，发展与钢铁电子商务相适应的钢铁物流。钢铁物流业不仅总体规模在扩大，而且在传统的钢铁现货交易基础上发展了许多具有现代服务功能的新领域，涌现了一批现代化集钢材仓储、运输和交易等为一体的钢铁物流园区，成为我国钢铁电子商务的重要组成部分。2011年7月7、8日，中国交通运输协会运输与物流研究分会在杭州召开了“2011中国钢铁物流与电子商务会议暨第二届中国物流金融发展研讨会”，旨在推动钢铁物流、电子商务与物流银行等服务功能的协同发展，建立钢铁流通产业上下游合作信息平台，实现信息流、资金流和物流的“三流合一”。

2011年11月7日工信部发布的《钢铁工业“十二五”发展规划》进一步提出，加强钢铁产业链延伸和协同，积极发展电子商务等钢铁服务业。可以预见，未来钢铁电子商务将朝着集钢铁贸易、物流、金融、信息共享、加工配送、电子商务于一体的综合服务平台发展。通过整合，打造一个钢铁产业战略合作供应链体系，继续完善基于互联网的物流信息平台建设，将供应链体系内包括原料供应、物流服务、金融服务、钢材销售等钢铁产业链各个环节有机串联起来，不断形成产业链“竞合”优势，从而提升我国钢铁产业的整体竞争力。

（华东政法大学　杨立钒编）

2. 东方钢铁电子商务

2010年，东方钢铁以钢铁数字化协同为导向，建设、完善采购、营销电子商务平台，推出供应链融资，电子单据、呼叫中心及战略用户专业服务等共享增值服务，大力推广电子商务采购和销售业务。2010年全年，电子商务交易额达1842亿元，比2009年增长43%，创历史最高水平。其中，钢材网上期货交易额848亿元，钢材现货交易金额44.5亿元，网上采购178.5亿元，同比分别增长44%、200%和92%。

2011年，东方钢铁电子商务交易额达2005亿元，创历史最高水平，比2010年增长35.29%。其中，采购交易额超过260亿元，销售交易规模突破1700亿元，其中竞争性产品销售金额为159.33亿元（图11-1）。

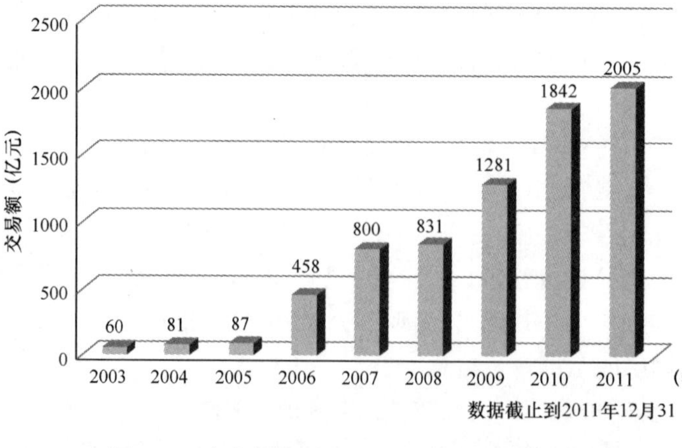

图11-1　东方钢铁2003—2011年电子商务交易额

2010年，以宝钢在线为基础的营销电子商务平台整合全面启动，完成了宝钢在线升级、现货中心等项目建设，电子商务服务正全面覆盖钢材产品销售和物料采购的各个环节，服务能力和价值不断提升。东方钢铁电子商务完善大客户通道标准解决方案，建立了对于用户的集中采购、跨区域协同、系统对接等业务服务模式，全年新上线及升级31家大客户服务通道，提升了宝钢供应链协同，启动了宝钢国际加工中心电子商务，为客户提供了一体化电子商务（IEC）服务方案。

在现货交易方面，东方钢铁电子商务打造支持多贸易单元、统一客户信息、统一交易模式的现货平台，深化现货在线交易中心服务，大大提高了贸易效率，钢材现货交易额比2009年增长了2倍。宝钢部分现货及循环物资网上竞价交易更加活跃，竞价交易规模达35亿元，溢价2.4亿元。

供应链融资平台作为厂、商、银在线合作的创新服务模式，在合作伙伴、服务模式、服务水平和系统功能提升等多方面获得长足发展，越来越受欢迎。全年，共为宝钢国际10家子公司、13家省级银行、149家客户提供了供应链融资服务，累计融资金额近14亿元，对解决用户资金短缺、加快宝钢现货库存周转起到了积极的支撑作用。

2010年，东方钢铁还大力推进“阳光采购”。采购平台四期项目完成，新增网络商铺、交易管家、搜索引擎、供求信息等模块，优化了客户网络商务体验，采购物料品种涵盖通用设备、备品备件、工程类物资、化工原料、铁合金、废钢等。宝钢集团公司内采购组织由23家发展到119家，供应商数量逾1.2万家，采购规模大幅扩大。2011年9月，办公用品采购平台一期建成上线，实现了在宝钢集团总部14个部门内试用。配合宝钢国旅充实差旅服务，提高服务水平，协议航空公司有国航、东航、南航等，协议酒店约1000家，降低了宝钢差旅成本。

2011年，东方钢铁以云技术和云商务理念为导向，构建集云制造、云采购、云销售、云资金为一体的数字化供应链服务平台，建立开放、共享、共赢的服务型供应链。通过解决云端化的服务封装、建立云服务的运营体系、研究服务云的商业模式，推动钢铁行业的制造业服务化进程，促进相关中小企业发展。

2011年全年，东方钢铁电子商务交易额达2005亿元，创历史最高水平。其中，采购交易额超过260亿元，销售交易规模突破1700亿元，其中竞争性产品销售金额为159.33亿元。

在营销电子商务方面，2011年东方钢铁完成了对宝钢电子商务的整合工作，实现了宝钢股份统一对外的服务渠道，对于宝钢股份电工钢及钢管的直销业务进行了全面支撑，加工中心电子商务服务得到了全面应用，完成了57家大客户通道的实施工作。宝钢的现货销售进一步集中，新增了寄售模式、定金支付模式，提升了宝钢的市场影响力和渠道管理能力。

在采购电子商务方面，东方钢铁已经完成宝钢集团宝钢金属、宝钢资源、宝钢工程、宝钢发展等板块的深入推进，新增19家采购组织（总计132家）。新增长协采购模式，推进了电子单据、设备修复等深层业务协同服务；差旅服务机票总发生额为7789万元，协议酒店总发生金额为630万元，平均节约20.7%。

在电子交易方面，2011年，东方钢铁加强对交易资源的集约化和规模化管理，让目标客户集中在“东方钢铁在线”，扩大了客户的参与。充分的竞争机制帮助卖方实现价值最大化，同时，企业敏感/紧俏产品销售、市场价格不透明的闲废物资处置业务得到了应用。2011年正品和闲废物资的网上竞价成交量突破100万吨，成交总金额42.9亿元，溢价2.37亿元。

2011年8月，东方钢铁与特变电工签订合作协议，全面推进共享型采购电子商务服务；11月宝钢与昆钢控股签订电子商务战略合作协议，双方将借助东方钢铁的电子商务服务平台和运营经验，共同推进B2B电子商务在昆钢控股的实施和应用，东方钢铁电子商务社会化应用取得了突破性进展，2011年3月与宝钢化工公司武汉焦煤共同设立了化工宝电子商务有限公司，全年销售成交18.6万吨，总计13.05亿元。

在电子商务支付与融资方面，东方钢铁于2011年3月设立东方付通信息技术有限公司，从事B2B第三方支付服务。中国人民银行于2011年12月向公司颁发了互联网支付许可证，为公司的长远发展奠定了基础。目前东方付通已经实现全面运作，2011 年资金流量为 31 亿元，资金存量为 6500 万元，供应链融资规模为 15 亿元。在煤化工产业方向，于 3 月与宝钢化工公司武汉焦煤共同设立了化工宝电子商务有限公司，全年销售成交 18.6 万吨，总计 13.05 亿元。

（东方钢铁电子商务有限公司）

3. 兰格钢铁网

兰格钢铁网（http://www.lgmi.com）是 2006 年经国家工商行政管理部门核准成立的专业化钢铁电子交易市场，是一个集市场管理、风险控制、交易、交割、结算及信息服务功能于一体，银行、仓储、物流等服务机构广泛参与的电子交易服务平台。

兰格钢铁网具有五大专业频道、50 个专业栏目、数百个子栏目，包括宏观经济、产业动向、市场行情及企业动态等内容，提供资讯、数据、互动三位一体的网络营销平台。兰格钢铁网拥有十余万注册用户。

兰格钢铁网的服务产品有建材、冷板、冷镀、线材、型材、炉料、管材、特钢（不锈钢、弹簧钢）、热卷等钢材产品，同时还提供钢铁行业的信息咨询、金融支付、第三方拍卖系统，为客户提供一个网上电子交易平台，也为行业内做咨询报告以及为国家统计局提供年鉴数据。

（兰格钢铁网）

4. 中国钢铁现货网

中国钢铁现货网——国内钢材的网上集散地，由长沙钢为网络科技有限公司创建。长沙钢为网络科技有限公司成立于 2006 年 5 月，是集钢铁资讯、电子商务、网上现货交易、网络技术服务为一体的全国性大型 IT 综合服务企业，提供专业的钢铁资讯交互、钢铁在线交易、一站式钢铁电子商务服务。通过经营旗下“中国钢铁现货网”，钢为网络首创了完全开放式的资讯频道——中国钢铁信息库；构建了国内统一查询 24 小时内最新现货资源的资讯频道——中国钢铁资源库；与商务部的国付宝成功合作共同推出了国内首个第三方钢铁现货网上在线交易频道——中国钢铁现货超市；以最优质的产品，为钢铁产业链用户提供最专业的服务。

中国钢铁现货网是国内钢铁行业首家引入第三方支付系统的企业，同时也是全国最大的钢铁行业独立第三方在线交易平台之一。目前，公司拥有员工近两百人，在全国 11 个省份开展了业务，为客户提供及时、准确、可实现在线交易的服务。2011 年，公司入选国家电子商务示范企业和湖南省高新技术企业。

中国钢铁现货网是致力于实现钢铁行业第三方在线交易的国内最大网站之一。截至目前，已经实现了每天 24 小时内均可交易，可供交易的资源明码标价、品种丰富；网站将传统的“谈”钢材生意，逐步引导至网上现货超市“选购”钢材；现拥有注册会员 20 多万家，首页日均点击量超过 150 万 PV，每日资源量发布超过 20 万条，网站流量居业内榜眼。

（中国钢铁现货网）

5. 广州钢铁交易中心

“你的钢网”（www.usteel.com）是由广州钢铁交易中心于 2010 年推出的大型钢铁现货交易平台，成立于 2010 年 9 月，是国内领先的大宗商品综合运营商。2011 年钢材超市成长为中国最大的钢铁现货交易平台，推出了不锈钢、有色、矿产、煤炭等四大超市，已经成为“广东钢铁价格指数”发布单位，与广州市经贸委联合发布钢铁经理人采购指数（PMI 指数）。

2011年，“你的钢网”与中国500强企业包钢集团达成深度合作意向，联手打造国内全新的钢材电子商务平台。在钢铁行业已进入微利时代的大背景下，借助电子商务拓宽市场渠道、节约储运流通成本，成为了钢铁行业企业必然的选择。包钢作为年销售收入超1000亿的大型钢铁企业，已经深刻认识到电子商务在钢材产品销售中的重要作用。“你的钢网”交易平台已联合工行、五矿物流、中海物流等行业知名企业，提供钢铁现货的在线交易、支付、融资、物流、信息等服务，钢材日均挂货量达到了300万吨，日成交量5000多吨；其“钢付通”、“仓储联盟”等创新的产品彻底解决了大宗商品的交易资金和货物监管问题，在业内引起了巨大的反响。两家联手打造国内全新钢材电子商务平台，将实现优势互补、资源共享，对于推动大宗商品电子商务的高效发展具有非常重要的意义。

（广州钢铁交易中心有限公司）

6. “我的钢铁”网

上海钢联电子商务股份有限公司成立于2000年，是我国领先的从事钢铁行业及相关行业商业信息及其增值服务的互联网平台综合运营商。公司旗下运营“我的钢铁”网、“我的不锈”网、“我的有色”网、“大宗商品”网、“搜搜钢”网五大网站，为客户提供商业信息、宣传推广、研究咨询、会务培训等全方位服务。

公司现有员工近千人，拥有20多个城市组成的全国网络，覆盖全国生产性大宗商品生产流通的重点地区。公司组建资讯采集团队近700人，建立起了完善的信息采集体系，通过对市场的监测和数据采集，直接面向1万5千家企业，采集全国60多个城市钢铁、能源、矿业、有色金属等51个大类273个小类产品。

凭借11年的基准报价实践，公司已经形成了独立健全的数据采集体系和合理的质量指导原则，并积累了行业内详细、完整的各项统计数据。在每日行情报价的基础上，公司编制了“我的钢铁中国价格指数”，以准确、真实地反映我国钢材、铁矿石的基准价格与变化趋势。作为我国大宗商品现货价格指数的先行者和领先者，在公司强大的数据采集体系和研究体系的支撑下，逐步发展成为业内参考的标杆，并通过新华社、中央电视台（CCTV）、第一财经（CBN）等主流大众媒体平台对外发布。

上海钢联提供价格行情、生产环节数据、商情信息、产业环境信息四类资讯，并借助旗下平台的影响力为客户提供宣传推广服务，通过研究中心提供专业行业研究咨询服务，并举办行业高峰论坛、地区沙龙、供需见面会、培训，为客户搭建桥梁。

上海钢联的客户遍布生产性大宗商品的全产业链，从上游的矿业、有色金属、能源的生产贸易企业，到钢铁冶炼加工及贸易企业，再到建筑、汽车、机械制造等众多下游行业，上海钢联秉承“为客户提供有效服务”的理念，帮助客户降低信息获取成本，提高市场洞察力，实现在线推广，寻求贸易机会。此外，上海钢联的客户还包括金融机构、行业研究机构、咨询公司、政府部门、主流媒体等大宗商品市场数据的需求者。

（“我的钢铁”网）

11.1.2 石化行业电子商务

1. 高度重视电子商务在石化工业发展中的重要作用

面对石油市场竞争全面升级的形势，中国石化集团党组和董事会深刻认识到，我国正处于可以大有作为的重要战略机遇期，加快发展方式的转变，积极推进结构调整，不断开拓新的业务领域，引领行业发展是“十二五”期间最重要的任务。要将实体网络和互联网紧密结合，推进采购、仓储、配送等专业化经营，扩展在线支付功能，规范交易流程，推进电子商务快速发展。

2011 年 8 月 3、4 日，中国石化集团专门组织了各省市公司主要领导干部的座谈会，探讨解放思想、大胆尝试、开发新的商业模式的问题。与会领导认为，中国石化已经站在一个新的起点上，进入了新的发展阶段。差异化战略成为公司重要的发展战略之一。

2011 年，中国石化加油卡售卡量已超过 5000 万张，销售企业的差异化就是要加强加油卡的便捷性和功能性，让“长板”变得更长。同时，要大力拓展非油品业务。河北石油总经理提出，探索利用加油站网络发展电子商务，拓展非油品业务领域是未来可以大有作为的发展方向。安徽石油党委书记表示：中国石化加油站在加油的同时，也可以完成水电费、煤气费的缴纳以及交通卡充值，电影票、报刊的销售。云南石油总经理建议：应该解放思想，多措并举，无论是高速公路服务站还是快餐业务、汽车服务业务，抑或是电子商务，只要有机会就可以大胆尝试，尽快形成消费者容易识别的差异化优势，增强市场竞争力和影响力。

广东石油积极组织全体员工进行电子商务知识培训。该公司印发《电子商务应用知识普及手册》到各机关部门、加油站和油库，做到人手一册，重点学习广东石油电子商务网站及中国石化易捷网站的功能及操作方法。员工学习后，要全员参加“培训管理系统”（TS）在线测试，不合格者将组织继续教育。通过电子商务知识普及学习，使全体员工充分了解了广东石油电子商务网站及中国石化易捷网站的基础知识，掌握了各种功能的操作及使用，为更好地向客户宣传广东石油公司电子商务的产品及业务，开拓网上市场奠定了基础。

2．中国石化物资采购和化工产品销售电子商务平台业务快速增长

中国石化物资采购、化工产品销售两个电子商务平台于 2000 年 8 月 15 日投入运行，经过 11 年的发展，取得了丰硕的成果。物资采购电子商务网已成为中国石化内部采购工作必不可少的重要平台。化工产品销售电子商务和客户关系管理（CRM）系统已成为面向化工产品客户的统一窗口。

物资采购电子商务平台覆盖了中国石化全部下属企业以及 20045 家供应商，网上用户 31781 个，网上交易物资品种覆盖 56 大类 107 万种。每年中国石化下属企业的 130 万条采购订单在系统中提报，15 万份询价书在网上发布，近 28 万份合同在网上签订，95%以上的生产建设物资实现了网上采购，网上累计成交金额 1.2 万亿元，其中，2010 年实现网上采购金额 1978 亿元，2011 年 2547 亿元。

化工销售电子商务平台活跃客户 8700 余家，每月形成客户需求计划 8500 余条，每日登录次数 4000 余次，每日安排订单 3000 多个；化工销售 650 余名客户经理每日在网上开展业务处理工作，客户服务中心每日记录 100 条以上的交易记录；网上竞价自从 2010 年上线以来，已在化工销售公司范围内广泛使用，累计举行竞价销售 465 次，成交量 38.57 万吨，成交金额 40.52 亿元，平均加价 318 元/吨，加价金额合计为 1.23 亿元。

3．石化企业应用电子商务热情高涨

2011 年，中国石化集团所属企业从不同方面积极探索电子商务的应用。

2011 年 11 月 8 日，广东石油电子商务网站正式试运行，至此，在广东的中石化用油客户可以通过电子商务平台了解公司的商品以及加油卡网上充值、查询等业务。

作为中石化最早实现电子商务网上招标采购的企业之一，扬子石化大力推进物资采购招标工作，取得了显著成效。2010—2011 年，招标上网率均达到 100%，不仅有效节约了采购资金，还为安全、及时、经济保供奠定了基础。

河南石油 2011 年加大了物资供应信息技术推广应用力度，针对升级改进的 EC 系统（电子商务系统）、CMIS 系统（合同管理信息系统）、ERP 系统的应用，积极组织员工培训学习，培训人员达 500 多人次。

截至 2011 年 9 月 25 日，华北油田电子商务采购完成 31.79 亿元，完成率达 147%。截至 2011 年 8 月底，电子商务采购累计节约采购成本 1154.58 万元。至此，华北油田电子商务采购率跻身中国石油前列。目前，华北油田电子商务Ⅱ类物资已涵盖 13 个大类，1.5 万个品种，采购平台网上物资供应商已有 100 余家。

安庆石化坚持把市场价格分析作为科学理性采购的主攻方向加以落实。在发出询价前，采购人员在了解市场价格变化，深入分析商讨的基础上，仔细在电子商务系统中查询 BW 数据库中兄弟企业采购价及历史采购价，先后对近万条相关数据进行分析比对。同时在商务谈判前他们还建立了材料采购价格数据分析表，根据每个包物料特点，确定谈判预估价。由于价格分析到位，从而在谈判时更加胸有成竹。

4. 积极推广电子商务应用经验

2009 年中国石化电子商务被国资委评为中央企业信息化示范工程，2010 年工业和信息化部将电子商务系统作为供应链信息化第一号案例在其官方网站上向社会推广。中石化物资采购电子商务的典范作用吸引中石油、中海油、中煤、神华、中铝、中船和航天科技等国有大型企业先后多次到中石化交流考察。目前已将中石化物资采购电子商务经验推广实施到中船集团、中化集团、伊泰集团等企业。

中国石化物资采购、化工产品销售两个电子商务平台的持续深化应用对培养石化行业供应商、客户的在线交易习惯也作出了重要贡献。

5. 中国石化物资采购和化工产品销售电子商务平台的新探索

（1）商务模式创新

中国石化电子商务模式的创新突出表现在以下两个方面。

① 物资采购电子商务平台配合中国石化储备管理制度的改革，联合企业 ERP 系统和总部储备系统，实现了企业采购需求与战略储备库、区域储备库的库存平衡，某种程度上说是对总部和企业内部商务模式的创新。

② 化工产品销售电子商务平台启用网上竞价，从残次品、过渡料网上竞价，逐步扩展到正品及其他产品的竞价，竞价范围涉及合成树脂、有机化工、合成橡胶过渡料及残次品等 150 多个品种，化工产品销售还细化了商机管理，客服中心 2011 年共接到客户咨询购买产品电话 5802 个，根据客户类型、月使用量和稳定性等因素，客服坐席共创建商机 914 笔。

（2）供应链协同商务

物资采购电子商务平台连接总部、各分（子）公司和供应商的大型 B2B 电子商务网站，既是采购交易网，也是物资管理网和信息传递网。不仅实现了总部与企业的采购业务协同，以及中国石化与供应商之间的商务协同，2011 年还实现了中国石化电子商务与宝钢、天钢等战略供应商的 ERP 系统集成交互，实现跨企业集成在线协同，进一步缩短了供应链环节，提高了协同效率。

（3）电子商务系统与 ERP、CRM 集成

物资采购电子商务系统实现了与中国石化物装（国事）ERP 和下属油田、炼化、科研各业务板块企业 ERP 系统物资管理模块的紧密集成。ERP 采购申请上传电子商务生成电子商务采购需求，在网上通过询比价、竞价、招标等采购方式确定价格、供应商、交货期、交货地等信息并下载给 ERP，在 ERP 中根据询价结果形成 PO 上传至电子商务系统，合同执行后供应商评估上传至电子商务系统。

化工销售电子商务系统集成 CRM、ERP、物流等系统，实现了客户订单、在线结算、发货配送等业务环节的联动。

（中国石化股份有限公司信息系统管理部）

11.1.3 轻工行业电子商务

中国轻工业联合会坚决贯彻执行党中央、国务院关于推动信息化与工业化深度融合的战略部署，在工业和信息化部的领导下，紧密联合各行业协会和各地方管理部门，积极推进轻工业企业信息化工作和电子商务，在行业两化融合评估、信息化技术交流、典型企业示范、电子商务等方面，取得了良好的成效。

1. 深入开展轻工行业企业两化融合发展水平评估工作

中国轻工业联合会是工信部开展两化融合发展水平评估工作首批 7 家试点单位之一。按照工信部的部署，中国轻工业联合会于 2009—2010 年度圆满完成了造纸行业企业两化融合发展水平评估工作，2010—2011 年度完成了家用电器行业的企业两化融合发展水平评估工作。

2012 年，按照工信部的部署，中国轻工业联合会联合中国皮革协会，启动了皮革行业企业两化融合发展水平评估工作。皮革行业是我国轻工业的重点行业之一，选择皮革行业作为评估工作的重点，对促进皮革行业两化融合发展，以及带动轻工其他行业两化融合工作都具有重要意义。

为保障评估工作顺利进行，中国轻工业联合会与皮革行业协会成立了联合工作组和专家组，统一组织、协调行业评估工作。工作组组织专家先后调研了新百丽鞋业（深圳）有限公司、青岛双星集团有限公司、金猴集团有限公司，与企业一线专家就皮革行业两化融合评估进行了深入研讨和交流，结合皮革行业特点和实际情况，制订了皮革企业两化融合发展水平总体评估指标，设计了评估调查问卷。

为了更好地开展制鞋行业两化融合发展水平的评估工作，工作组于 2012 年 8 月 9 日，在温州召开了皮革制鞋行业企业两化融合发展水平评估培训交流会，培训会介绍了工信部开展企业两化融合发展水平评估工作的目的和意义，以及国家推进企业两化融合工作的最新政策、措施，工业行业企业两化融合发展水平评估指标体系设计的总体思想，制鞋行业企业两化融合发展水平评估工作前期工作情况；介绍了制鞋行业企业两化融合发展水平评估指标体系、评估调查问卷；布置了皮革行业两化融合发展水平评估工作及其他相关工作等，并组织了企业两化融合发展技术交流。约 80 名来自全国的企业代表参加了培训会，会议取得了圆满的成功。

根据工作计划，下一步将开展评估取样工作。选择 100 家左右重点企业作为样本企业取样调查，并组织专家对评估工作进行总结，对调查问卷进行统计、分析，撰写行业信息化评估报告，召开评估报告研讨会、评审会等，同时评选一批行业先进示范企业。评估工作完成后，将组织召开行业信息化大会，总结行业两化融合发展经验，发布行业两化融合发展水平评估报告，对两化融合先进示范企业进行表彰，加强对先进示范企业的宣传，组织同行业企业学习、借鉴它们的成功经验，从而实现以点带线、以线带面，促进行业两化融合全面发展。皮革行业两化融合的评估工作将在 2012 年年底完成。

2. 继续办好“中国轻工业企业信息化发展论坛及表彰大会”，深入推动企业信息化进程

为促进轻工行业企业信息化建设，推进信息化与工业化融合，推广企业信息化典型先进经验，激励、支持企业开展信息化工作和为企业信息化作出贡献的先进人员，中国轻工业联合会自 2004 年开始，连续举办“中国轻工业企业信息化发展论坛及表彰大会”，大会已经成为轻工行业贯彻落实国家有关信息化发展方针政策、展示行业企业信息化成果、交流信息化先进技术及解决方案的平台和联系全行业信息化工作者的盛会。大会得到了工信部信息化推进司、消费品工业司的大力支持

和肯定。

2012 年，共有家电、造纸、酿酒、洗涤、缝纫、工美、塑料、制笔、盐业等 15 家重点行业协会，黑龙江、山东、青岛、上海、天津、江西、广东、广西、内蒙、安徽、新疆生产建设兵团等 14 家地方轻工部门参与了推荐表彰工作，形成了行业、地区、企业积极参与的局面。经评审，格力电器等 120 家轻工企业及 98 名优秀领导、113 名科技人才、40 名优秀工作者，分别获得了“全国轻工业信息化与工业化深度融合示范企业”、“全国轻工业企业信息化优秀领导”、“全国轻工业企业信息化科技人才”、“全国轻工业企业信息化推进工作优秀工作者”荣誉称号。

中国轻工业联合会联合工信部信息化推进司、消费品工业司于 2012 年 9 月在京召开了“2012 轻工业企业信息化发展论坛暨表彰大会”。大会邀请了工信部领导介绍国家有关推进两化融合的相关政策措施，对轻工行业两化融合工作进行了总结，对获奖企业和个人进行了表彰，同时还组织了造纸、家电、皮革、酿酒、文体用品、日化等重点行业的技术交流。

3. 组织开展企业信息化技术交流与培训，促进信息化水平提高

2011 年 9 月，中国轻工业联合会信息化办公室联合山东省造纸协会，在山东济南举办了“2011 造纸行业信息化技术交流会”。会议邀请了工信部信息化推进司和造纸行业信息化专家等出席会议，分别就国家推进企业两化融合工作的最新政策和措施、造纸行业企业信息化发展现状及关键环节分析、造纸行业 MES 关键技术分析与解决方案、典型企业经验交流等进行精彩报告。“造纸行业信息化技术交流会”旨在搭建一个信息化工作的交流平台，展示行业企业信息化成果，交流信息化先进技术解决方案，更好地为行业服务。

2011 年 10 月，中国轻工业联合会信息化办公室联合中国酿酒协会在云南省丽江市召开了“2011 年全国酿酒行业信息化工作会议”。会议邀请到了工业和信息化部信息化推进司有关负责同志就制造业信息化发展方向、国家对企业信息化建设的政策支持、酿酒行业信息化未来走向等主题作了专题演讲。中国酿酒工业协会副理事长兼秘书长王琦同志作了题为“大力推进信息化与工业化深度融合，促进酿酒行业转变经济发展方式和产业转型升级”的工作报告。会议还邀请专家分别从企业信息化建设、企业管理咨询、酒类产品溯源等角度作了专题技术讲座。有关企业介绍了企业信息化建设经验，会上还对酿酒行业优秀信息员进行了表彰。

4. 积极配合工信部开展工作

工业和信息化部成立以来加强了组织领导，加大了力度，提高了推进效果，使推进工作上了新台阶。中国轻工业联合会在与工业和信息化部建立紧密联系的基础上，积极参与和配合了工信部的一些重点推进工作。2012 年，中国轻工业联合会积极配合工信部开展了信息化与工业化融合成果展览会工作、信息化和工业化深度融合专项专家库专家推荐工作、两化融合促进安全生产重点推进项目推荐和评审等。

5. 中国轻工业网建设工作

中国轻工业网（www.clii.com.cn）是由中国轻工业联合会（原中华人民共和国轻工业部、国家轻工业局）主办，中国轻工业联合会信息统计部、中国轻工业信息中心承办的中国轻工行业最具权威的政府网站和行业门户网站。

中轻网作为中国轻工业联合会唯一指定的新闻发布平台网站，授权独家发布中国轻工业联合会的新闻资讯。自 1997 年创办以来，历经十几年的建设，建成了集新闻资讯、电子商务、数据分析、行业研究为一体的、包含 30 多个行业频道的综合性行业门户网站，赢得了行业的普遍认同，为促进中国轻工业的发展，加强国际间的交流与合作发挥了重要作用。

中轻网是全国最大的轻工行业新闻集散地。自 1997 年创办以来，中轻网累计发布轻工行业新闻、资讯50多万条，覆盖食品、家电、造纸、塑料、酿酒、鞋业、五金、工艺美术、日用玻璃、缝制机械等27个行业，日均新增信息近200条，是展示我国轻工行业形象，了解我国轻工行业、企业发展的窗口。

中轻网是全国最大的轻工行业研究平台。中轻网依托中国轻工业信息中心行业研究平台，对轻工行业运行情况和行业热点问题进行研究分析，定期发布研究成果，为行业发展和企业生产经营提供决策依据。

中轻网是行业数据和预测预警的工作平台。中轻网无缝集成数据中心和全国轻工行业预测预警平台，用户还可通过中轻网实时查询轻工行业上市企业股价变动，以及重要产品价格变动趋势，并通过轻工行业预测预警平台，了解行业运行情况，规避潜在风险。

中轻网是全国轻工行业知名企业的电子商务平台。中轻网依托强大的电子商务功能，免费为知名轻工企业搭建展示平台，企业可通过该系统发布企业新闻，展示热销产品，捕捉商业信息。

6. 企业电子商务典型经验

岳阳林纸股份有限公司依靠电子商务平台在外部的客户关系平台和内部的价值链之间建造了一条稳固高效的沟通和共享的桥梁。以用户为中心，以订单管理平台为基础，联合分布于各地的采购中心平台和营销中心平台共同搭建具有岳阳林纸个性化的电子商务平台，以其作为纽带和桥梁实现岳阳林纸内外沟通共享，将客户关系平台和岳阳林纸自身价值链有效地连接起来，在“精细管理、敏捷制造”的指导下充分发挥各自优势，打造岳阳林纸的“价值网络”。

中国绍兴黄酒集团有限公司积极开展电子商务活动。公司在2011年重点实施了绍兴黄酒原酒电子商务平台的建设，该商务平台是在传统原酒交易的基础上，为进一步拓展原酒交易，提高投资流动性和交易的便捷性，方便消费者和投资者交易，建设专业从事原酒电子商务的平台，已售原酒和存量客户将作为原始产品和原始客户进入商务平台，为商务平台成功上线提供了良好的基础。同时公司和华夏银行合作，并借助华夏银行的技术力量和B2B三方存管平台共同推出原酒电子化商务平台——“绍兴黄酒原酒电子商务平台”。绍兴黄酒原酒电子商务平台从2011年12月9日建成并投入试营业以来，不断优化功能，提升服务质量，先后成功发售了四款新品和三款定价产品，取得了较好的社会效益和经济效益，得到了社会各界的肯定和好评。

上海晨光文具股份有限公司积极推动电子商务工作。晨光文具建立了由遍布全国及东南亚地区的30多个销售分公司，2000多个二、三级核心客户，以及50000多家“晨光样板店”所组成的完整的营销网络。为开展电子商务工作，公司专门成立了电子商务部，在O2O、B2B、B2C等电子商务领域开拓新的增长点，特别是能够充分利用公司现有的传统营销网络，即线下资源与线上交易结合起来，相互促进，在提高网络采购和销售水平、扩大网络营销覆盖率基础上，向网上交易、物流配送、信用支付集成方向升级。支持以电子商务为手段提高供应链协同和商务协同水平，带动产业链上下游企业发展，深化移动电子商务在工业和生产性服务业领域的应用。

九阳股份有限公司一直重视企业的信息化建设与发展，无论在领导决策、资金供给、规划实施方面都提供了强有力的支持。同时，通过基础设施的建设和人才梯队的储备培训，大大提高了企业各项业务的执行效率，为公司发展提供了有力的保障。为满足集团的快速发展，先后建设了ERP系统、PTS产品追溯系统、BI商务智能系统、ISP供应商管理系统、EPS电子采购平台、PLM研发平台、营销平台、客服平台等各种业务系统，完成了公司的生产、采购、研发、营销以及供应链的整合，实现了公司业务的高度智能化、信息化与自动化。电子商务方面，公司先后建立了九阳官方网站、豆浆生活网、招标网等网络平台，为用户提供全面了解公司历史、现状、规模、产品、销售策略、网上交易、售后服务等的渠道，发挥了电子商务平台的桥梁作用。

7. 下一步重点工作

进一步贯彻落实党中央、国务院关于推动信息化与工业化深度融合的战略部署，落实国务院《工业转型升级规划（2011—2015）》、《轻工业“十二五”发展规划》，以及中轻联的工作要求，进一步建立和完善行业信息化推进机制，加大对企业信息化和电子商务的组织和服务力度。

① 积极发挥行业协会政府与企业间桥梁作用，充分发挥行业、企业、科研机构、专业技术公司等各方力量的积极性，形成合力，共同推进行业信息化和电子商务工作。

② 在行业中加强对电子商务的宣传力度，提高企业认识，形成企业积极参与的良好氛围。积极组织电子商务技术交流与技术培训，促进企业人才队伍的培养。

③ 积极开展行业企业两化融合发展水平评估工作，把电子商务作为重要的评估内容。通过评估工作，了解把握企业电子商务总体发展趋势，总结行业经验，树立标杆企业，引导企业发展。

④ 做好典型经验的培育、总结和推广。联合工信部、专业技术公司培育一批行业电子商务示范企业。充分利用展示展览、会议论坛和各类媒体，加强对行业电子商务工作的交流与宣传，加大对示范企业电子商务经验的宣传推广。

⑤ 大力发展行业电子商务平台，促进行业电子商务发展。进一步加强中国轻工业信息网的建设，使之成为轻工行业最知名的电子商务平台。支持各行业、重点地区行业网站的建设，完善电子商务平台，为轻工企业提供最有效的行业电子商务服务。

（中国轻工业企业信息化领导小组办公室　郭和生）

11.1.4 纺织行业电子商务

1. 2011 年中国纺织服装行业电子商务基本情况

纺织服装行业是劳动密集型行业，企业多、规模小，产业链长，行业电子商务应用多为中小企业和商户，呈现出电子商务应用广泛、与实体企业紧密结合，以及服务更加专业、有针对性的特点。

据测算，2011 年全国纺织服装行业电子商务交易总额约 1.4 万亿元，占全国电子商务交易总额的 23%；其中 B2B 类交易额约 1.1 万亿元，占全国 B2B 电子商务总额的 22.5%；网络零售总额 2049 亿元，占全国网络零售总额的 25.6%。

2011 年全国纺织服装销售总额（规上企业）约 5.4 万亿元，服装类社会消费品零售总额约 1.4 万亿元。据此测算，全国纺织服装电子商务渠道 B2B 类交易额占传统渠道销售额比例不超过 20%，服装网络零售渗透率为 14.3%。纺织服装电子商务渠道成为企业开拓市场、增加销售收入的重要途径。

纵观 2010—2011 年，中国纺织服装电子商务市场呈现增速快、主体多样且互相融合、传统企业电子商务应用越来越活跃等趋势。纺织服装类产品一直是电子商务市场第一大类目，近年来保持快速的发展，尤其是服装网络零售交易表现尤为突出，2010 年增速为 111.2%，2011 年增速为 94.7%，预计到 2014 年服装网络零售交易市场整体规模将达到 5195 亿元，届时在整体网购市场中的占比将保持在 27%左右的水平。

2. 纺织服装类电子商务平台总体情况

纺织服装行业电子商务平台类型呈现多样性，按服务专业性划分，主要分为大型综合性平台、垂直专业性平台、原料大宗商品平台和企业自建平台，前三者属于第三方公共平台，强调服务和功能，企业自建平台供应链稳定，强调品牌和快速反应。

参与纺织服装行业电子商务的企业主体日益多元化，其中传统的渠道商或者品牌商，如纺织服装专业市场，则依托其在渠道上的货源及运营经验，开始“触电”进行线上销售，逐渐从幕后走向台前。表 11-1 反映了纺织服装类电子商务平台的业务情况。

表 11-1　纺织服装类电子商务平台的业务情况

电子商务平台类型	大型综合性平台	垂直专业性平台	原材料大宗商品平台	自建平台
商业模式	分级会员制	分级会员制	会员制	
供应产品类别	各行各业产品、从原材料到成品覆盖全产业链	纺织原材料、纱线、坯布、面辅料、服装、家纺产品等	原材料、纱线、化纤	自产产品
产品标准化程度	复杂、标准化弱		标准化强	
服务项目				
—信息展示	主要服务	主要服务	主要服务	主要服务
—网站建设	提供	提供		
—网络推广	提供	提供	提供	
—信息咨询	提供	提供	提供	
—网上沟通	提供	提供	提供	提供
—在线交易	部分提供	部分提供	提供	提供
—在线支付	部分提供	部分提供	提供	提供
—融资贷款	部分提供	第三方	提供	
—质量检测		第三方	提供	
—物流合作	第三方	第三方	提供	
—信用认证	部分提供	部分提供	提供	
—人工撮合		部分提供	提供	
—线下推广		部分提供	提供	
—管理软件		提供		
优势	资源强大、品牌效应好、产业链完整、产品生态丰富	行业了解透彻、个性化服务水平高，产业链齐全，信息匹配	对产品深刻了解，交易体系完善	自主性强、供应链稳定、
缺点	行业深入不足、专业服务能力弱、无法满足个性化需求	规模经济效益较弱，品牌积累能力不足	产品单一，产业链不完整、管理能力要求高，有一定的进入门槛	品牌效应需要加强、推广能力弱
典型平台	阿里巴巴、慧聪网、环球资源网	中国纺织网 网上轻纺城	清河羊绒电子交易所、无锡纺织材料交易所	李宁、七匹狼、爱慕

3. 中国纺织服装流通领域电子商务发展现状

1）流通领域电子商务发展迅速

据流通分会统计，中国纺织服装流通领域参与统计的万平方米以上专业市场约 700 家，2011 年近 80%的市场通过多种形式开展电子商务，其中超过 400 家专业市场通过自建平台为商户提供电子商务服务，电子商务总交易额接近 1000 亿元。2011 年以来，各市场自建电子商务平台数量增加，平台提供的电子商务服务更加专业实用，同时受内需不足影响，商户开拓电子商务渠道的积极性增加。例如河北清河，由于其商品的特殊性和地方政府对电子商务建设的大力支持，商户电子商务应用比例高于 70%。目前，清河中小企业和商户已经有 4000 多家开展了电子商务，2011 年电子商务交易额达 12 亿元。

2）电子商务公共服务是流通领域各专业市场和产业集群开展电子商务的特色服务

在电子商务建设和发展中，专业市场从自身实际和商户需求出发，为商户提供电子商务公共服务，节省商户电子商务应用的费用，提高电子商务应用效率。除了为市场商户提供电子商务平台外，在场地租用、配套服务、电子商务托管等方面，为商户提供细致、专业的服务。

在当前所提供的电子商务服务方面，技术咨询类的，占70.59%，人才培训类的，占61.76%，这也是当前阶段经营商户“触电”过程中最急需的两类服务。此外，物流、融资、公共专业摄影、网络接入等在内的电子商务拓展配套类服务，也大多已经开设。同时可以通过专业市场平台，集聚为商户服务的电子商务运营商、外包服务商和软件商，尽最大努力满足电子商务创业者的经营需求。

有些市场或产业集群，如清河与濮院，与当地政府合作，专门开辟电子商务产业园区，集办公、仓储、物流、网货超市、住宿于一体，为商户发展电子商务提供土地和税收等方面的优惠，引进专业的电子商务服务公司为商户电子商务应用提供贴身服务。图11-2反映了纺织服装专业市场提供电子商务公共服务的情况。

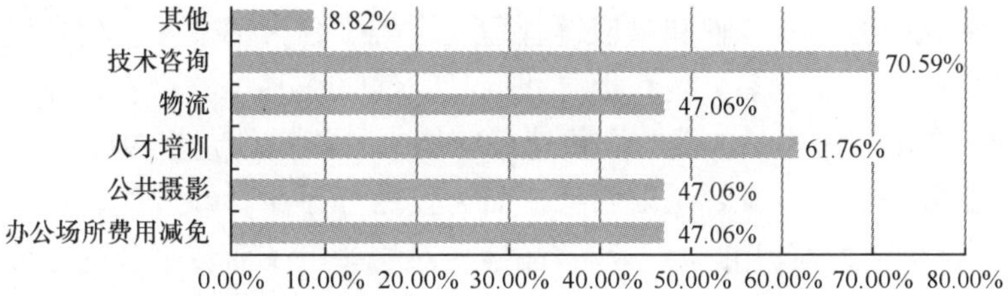

图11-2　纺织服装专业市场提供的电子商务公共服务

3）纺织服装流通领域电子商务发展的特点

经过多年的发展，作为电子商务最活跃的领域，纺织服装流通领域应用电子商务，已经表现出业务多样化，融合多向化，服务平台化、专业化的趋势。

（1）电子商务平台业务类型与传统销售模式相适应，业务形式多种多样

传统专业市场业务基本是以批发为主，零售为辅，但近年来市场中的零售业务比例有增大的趋势。市场电子商务平台业务多数与传统市场相似，B2B、B2B2C业务占据主导地位。电子商务平台的主体是商户，采用这种经营模式与商户的经营习惯有关。少数电子平台代理经营商户的电子商务业务，商户只负责供货和发货，而采用纯粹的B2C形式。

（2）电子商务B2B业务与B2C业务融合，网上流通产业链基本形成

专业市场自建电子商务平台大部分专注于网上批发业务，商户电子商务应用的主要方式是网上展示商品，线下实体店，网上选购、交易，线下物流配送。杭州四季青服装网、安徽四季青商城、嘉兴毛衫城等市场在做网上批发业务的同时，与淘宝、京东、天猫等B2C、C2C第三方平台合作，成为这些平台上服装网商的分销平台，直接为网商供货，使产品更直接地到达消费者手中。因此，批发平台B2B和网络购物平台B2C、C2C的网上通道打通了，促进了线上市场的相互融合。

（3）电子商务线上服务与线下服务相辅相成，融合速度加快

基于实体市场和商铺的专业市场电子商务平台，在线上提供更快捷有效的电子商务服务。如杭州四季青服装网，提供网上网下店铺进销存管理、射频技术支撑的仓储管理，以及一键上传淘宝等专业化服务，为商户开展电子商务提供更方便、更快捷和安全的专业服务。同时，网上店铺线下推广服务也是必不可少的，如绍兴网上轻纺城为商户提供的遍及世界各地的网下面料样品实体展示，让客户有了更加直接的体验，促进了交易的成交率。

（4）大平台专业化服务和以实体为基础的特色精准服务，是电子商务发展的两个方向

实体市场和企业的支撑，使流通领域的电子商务更加有生命力，专业化服务是垂直服务平台发展的基础和特色。平台服务是由客户群体多样性和产品多样性决定的，不仅需要专业化服务团队服

务，也需要强大的资金支撑。因此专业化电子商务平台面临的挑战更加突出，未来之路应该是寡头垄断式发展。如网上轻纺城地处中国最活跃的纺织产业集群，依托强大的中国轻纺城市场，汇集了从原料到成品的全产业链产品，为用户提供一站式电子商务采购和营销服务，做大做强专业化平台是其发展根本和优势。依托产业资源和特色产品，以专业化网络服务、贴身细致的人性化管理、成本最大节约的产销对接，做好做专当地商户的电子商务分销和直销服务，对单品市场电子商务发展来说，是未来发展的必由途径。

4）纺织服装流通领域电子商务平台分类

中国纺织服装流通领域涉及原料、纱线、坯布、面料、服装和家用纺织品等各种产品的供应与销售，专业市场及电子商务平台均基于这些产业实体，贯穿整个产业链，开展产品、设计、配套服务和支撑服务等电子商务业务。其中从事原料到面料电子商务的平台，商务模式相对简单，主要是企业间电子商务，注重服务的专业性和供应链管理。这类平台大部分提供信息发布、企业宣传、线下交易撮合等服务，产品交易更多采用线上寻找商品，线下交易、支付和物流。成品类电子商务平台，商务模式多种多样，注重网站的美观和快速反应能力，能提供完整的线上交易、支付功能。

流通领域电子商务平台，以平台主要经营产品为依据分为原料纱线类、坯布面料类、服装家纺类和公共服务类。根据平台性质、用户性质和产品性质对这些电子商务平台进行总体分析，见表 11-2。

表 11-2　纺织流通领域电子商务平台细分特征

	原料纱线类平台	坯布面料类平台	服装家纺类平台	公共服务平台
运行模式	B2B	B2B	B2C、O2O、B2B、B2B2C	—
平台性质	采用大宗商品现货交易模式，平台封闭，信用有保证，价格透明，线上线下交易信息化程度高，客户关系稳定	部分采取封闭平台运行，大部分平台为开放平台，以信息发布为主，价格不透明，支付、物流主要在线下进行，客户关系相对稳定，注重线下服务与线上服务结合	平台开放，注重网站呈现、交易流程简单顺畅化，价格相对透明，可实现网上支付，注重客户关系维护	市场公益性服务，为商户电子商务应用提供场地、支撑服务和配套服务，促进电子商务应用的积极性和便利性
用户性质	专业性强、对质量和信息敏感、对服务要求高	专业性强，对信息准确性和信用要求高、网上服务不敏感	分布广，对价格、信用敏感，网上网下服务速度要求高	专业性要求高，标准化强
产品性质	产品标准化高、交易量大、质量有保证	工艺复杂，有一定的技术含量，体验感强	类型丰富，价格适中，质量信誉需要积累	
典型平台	广州国际纺织交易中心、中国纺织材料交易中心、清河羊绒交易中心	网上轻纺城、中国绸都网	白马服装网、批吧网、四季青服装网、毛衫城、清河羊绒网、五爱购、中国常熟服装城网	即墨市场网、中国毛针织网、芦淞服饰网

（中国纺织工业协会）

11.1.5　烟草行业电子商务

1. 行业电子商务平台建设不断完善

（1）圆满完成电子商务平台保障和维护任务

2010 年中国烟草电子商务公司圆满完成了卷烟、烟叶网上交易活动的平台保障和维护任务，确保烟草电子商务平台稳定运行。2010 年，电子商务平台运转良好，卷烟、烟叶三次全国网上集中交易和日常合同分解工作均顺利完成。截至 2010 年 12 月 23 日，卷烟网上交易系统共完成合同分解 496042 份，合同交易量达 4369.5 万箱；烟叶网上交易系统共分解各类合同 96694 份，合同交易量达 5662.5 万担。6 月举行的全国烟叶网上集中交易期间，工商会员共签订烤烟各类购销协议 1086 份，成交总量达 462 万担；签订晾晒烟各类购销协议 105 份，成交总量为 144.8 万担。6 月和 12 月举行的全国卷烟网上集中交易期间，工商会员共签订半年协议 11666 份，协议交易量为 4542.01 万箱，成交金额为 5469.38 亿元。2011 年卷烟交易系统共完成合同分解 53 万份，合同交易量为 4480 万箱；烟叶交易系统共分解合同 11 万份，合同交易量为 6045 万担。烟叶集中交易期间，工商会员共签订烤烟购销协议 906 份，成交总量为 4950 万担；签订晾晒烟购销协议 118 份，成交总量为 195 万担。卷烟集中交易期间，工商会员共签订半年协议 12000 份，协议交易量为 4700 万箱，成交金额为 6600 亿元。

（2）认真做好烟草电子商务平台基础信息维护工作

2011 年，烟草电子商务公司根据国家局《关于部分卷烟牌规格退出国产卷烟调拨价格目录》清退可交易牌号 231 个，根据《2010 年度进口卷烟、雪茄烟产品目录》完成 59 个进口卷烟交易牌号规格、182 个进口雪茄烟牌号规格的交易价格的清理核对工作，根据《2011 年国产卷烟产品准产目录》完成对 2011 年度的 713 个卷烟交易产品核对调整工作。目前，烟草电子商务平台共有会员 1119 家，会员交易代表 2594 人。全年新增会员 4 家，新增会员代表 106 人，维护会员和会员代表信息 600 次；发放各类卷烟合同纸 598989 张，涉及 57 家会员，发放各类烟叶合同纸 269141 张，涉及 117 家会员。卷烟产品数量由年初的 142 个牌号 975 个规格，减少到目前的 129 个牌号 859 个规格。全年进行产品维护共计 800 余次。与科技司合作完成烟草网上交易系统与国家局代码系统的对接工作，实现卷烟代码和组织机构代码从国家局代码系统的实时接收，以技术手段保障各交易系统基础信息准确无误。认真落实《中烟电子商务系统卷烟、烟叶、物资交易平台会员管理办法》，规范会员管理流程，并按照国家局 CA 体系统一要求，对现有的会员管理平台进行整合，建设电子商务平台会员管理子系统。

根据网上交易业务需求，不断完善电子商务平台。解决了卷烟产品定向整合过程中 6 家工业企业产品异地调拨、异地开具准运证及异地出库等问题。针对销售公司合同鉴章系统与网上交易系统数据传输出现差异的问题，及时调整数据交互程序，确保数据一致。开发了交易系统监控程序，实现了系统运行出现异常时自动提示和报警的功能。为确保烟草电子商务平台长期稳定高效运行，推进了烟草电子商务平台信息安全整固、机房环境及网络结构改造工作。在国家局相关部门的支持下，相关项目的立项申请和招投标工作已基本完成。待项目建设完成，烟草电子商务平台的外部环境将得到明显提升，网络结构将进一步优化，安全防护能力将大大加强。

（3）认真做好交易数据分析工作，及时提供交易信息服务

截至 2011 年 12 月，共完成卷烟、烟叶交易信息月报 12 份、卷烟交易信息年度和半年度分析报告各 1 份、卷烟集中交易信息综述 2 份、烟叶集中交易信息综述 1 份。在做好日常数据分析工作的同时，主动结合“卷烟上水平”的行业主要工作，完成了《关于我国卷烟品牌发展情况的分析报告》，对近十年来行业品牌发展战略的演变过程进行了全面梳理，用大量的数据实证分析了近五年来行业品牌发展情况，并对部分重点品牌发展趋势进行了预测，从理论和数据两个角度对行业“532”、“461”的品牌发展战略进行了分析和论证。日常工作中，为国家局相关部门及基层单位提供交易信息查询服务，按照工商企业要求及时反馈交易数据。

（4）认真开展卷烟工商交易协同子系统和烟草电子商务平台资金结算系统的建设工作

按照国家局“行业调控信息支持系统”项目总体设计和要求，为解决目前行业卷烟工商交易协同工作中存在的“一对多”、“多对多”等问题，实现先协同后交易的业务模式，经基层调研、论证

研讨和广泛征求工商企业意见，在现有的卷烟网上交易平台上组织开发了工商协同子系统，为下一步网上配货工作的全面展开奠定了基础。经过多次修改完善，卷烟工商交易协同子系统已基本建设完毕，即将在选定的云南、湖南、山西、深圳等 13 家工商企业试点运行，计划于 2011 年 5 月正式上线。

（5）行业基础信息系统运维服务水平全面提升

① 以行业卷烟生产经营决策管理系统为核心的多层次运维服务管理体系基本形成。2010 年，全年运维中心共受理决策管理运维事件 7647 件，解决率为 99.7%；受理工商营销信息共享运维事件 262 件，解决率为 100%；受理商业企业数字仓储运维事件 5475 件，解决率为 99.9%。2011 年运维中心共受理系统运维事件 9000 多件，解决率为 99.9%；受理仓储系统运维事件 6700 多件，解决率为 99.7%；提供现场服务 129 次，开展网上培训 21 期；按照 ISO 20000 国际标准规范进行考核，运维服务整体满意度为 95.5%。

② 进一步拓展行业基础数据信息服务，为实现工商信息共享、协同营销，打造完整的行业物流信息链，提供更加完善、实用性更强的数据支撑，重点对信息共享平台进行了拓展和完善。部署实施了信息共享平台工业企业端软件；新增覆盖率、市场占有率等指标。

2．烟草行业现代物流建设全面推进

随着“卷烟上水平”各项工作的深入推进，行业现代物流建设进入全新发展阶段。经过全行业工商企业的共同努力，行业现代物流建设取得了较大发展，主要表现为：商业卷烟物流配送体系已经建立，工业物流建设取得积极进展，工商一体化物流建设有了新突破，物流基础工作进一步加强，物流队伍素质明显提高。现代物流建设已经成为展示行业形象、体现行业发展水平的新亮点和重要窗口，成为“卷烟上水平”、提升中国烟草竞争力的重要支撑。

1）现代物流建设工作的进展

（1）全国烟草现代物流建设工作会议召开

2010 年 5 月，全国烟草现代物流建设工作会议召开，明确了行业物流工作的基本思路，即烟草物流是行业核心业务，要建设不可替代的烟草现代物流体系，要打造具有鲜明行业特色的中国烟草物联网。2011 年，33 家省级局（公司）成立了物流管理处，16 家工业公司成立了物流中心，为开展现代物流建设提供了有力的组织保障。按照“工商一体化、供销一体化、两烟一体化”的建设思路，推动省级烟草工商企业开展现代物流建设、规划、编制工作。目前，29 家省级局（公司）、16 家工业公司完成了物流规划编制和报批。

（2）推动省级物流专职管理部门组建工作

中国烟草电子商务公司会同人事司向行业印发了《关于省级工业公司设立物流中心的通知》和《关于省级局（公司）设立物流管理处的通知》，明确了省级工商企业物流专职管理部门的职能定位。除直辖市、单列市外，山西、内蒙、辽宁等 20 家省级公司已正式成立物流管理处。河北、江苏、福建等 7 家工业公司已正式成立物流中心。有另外 7 家工业公司都在积极筹建物流中心。

（3）指导省级物流建设规划编制工作

为引导行业现代物流建设有效开展，国家烟草专卖局办公室发布了《关于以省级局（公司）和工业公司为单位编制现代物流建设规划的指导意见》，对省级局（公司）、工业公司为单位制订现代物流建设规划编制的基本原则、适用范围及期限、主要内容、工作要求等提出了明确要求。

（4）探索区域物流中心建设工作

根据全国烟草行业现代物流建设工作会议精神，配合“按客户订单组织货源”工作的深入推进，国家烟草专卖局拟建立一些区域物流中心。作为试点，在北京建设一个辐射东北、华北等 10 个省（市、区）的区域卷烟物流周转中心。同时，长株潭区域物流中心、甘肃兰白临区域物流中心、湖北武汉区域物流中心等区域物流中心建设试点工作也在推进。

2）烟草行业物流标准化工作继续推进

① 2010年《工商卷烟物流在途信息系统数据交换》、《卷烟工业企业物流作业规范》、《卷烟工业企业物流作业绩效评估》、《卷烟工业企业物流信息系统数据接口规范》、《烟草商业企业物流配送中心视频监控系统统一平台技术规范》五项行业物流标准出台。2011年，《工商卷烟物流在途信息系统数据交换》、《卷烟工业企业物流作业规范》两项标准通过全标委审查并在行业发布实施，《卷烟工业企业物流作业绩效评估》、《卷烟工业企业物流信息系统数据接口规范》两项预研标准以技术报告形式在国家局科技司备案，《烟草商业企业物流配送中心视频监控系统统一平台技术规范》根据会审意见进一步修改完善。

② 根据国家烟草专卖局2011年标准项目计划编制工作要求，2011年基本完成《烟草商业企业卷烟物流定额技术规范》、《卷烟物流配送中心现场管理规范》、《卷烟工业企业物流统计指标体系》三项物流标准的制订工作，完成了《烟草商业企业卷烟物流定额技术规范》等六项标准的技术审查，并向行业发布实施，《烟草商业企业卷烟物流配送车辆数据传输规范》等两项预研标准以技术报告形式在科技司备案。

③ 为进一步加强《烟草商业企业卷烟物流统计指标体系》、《烟草商业企业卷烟物流配送中心绩效考评标准》、《烟草商业企业卷烟物流配送中心服务规范》等行业物流标准的宣贯力度，提升商业企业物流管理水平，研究编制了《烟草行业商业企业卷烟物流统计报表制度》，并积极推进《烟草行业商业企业卷烟物流统计报表制度》及其相关软件的试点实施和行业推广工作。目前，《烟草行业商业企业卷烟物流统计报表制度》及软件已完成在江苏省公司的试点工作，正在向行业全面推广实施。

3）加大行业物流培训力度

2010—2011年，国家烟草专卖局强化了现代物流的培训力度。

① 为确保工商卷烟在途信息系统顺利推广，组织完成了“工商卷烟物流在途信息系统”推广培训工作。

② 为配合《烟草行业商业企业卷烟物流统计报表制度》及相关统计软件的行业应用工作，举办了烟草行业商业企业卷烟物流统计报表制度及统计软件培训班，来自省局（公司）及地市公司的物流统计人员共386人参加了培训。

③ 为全面提升省级局（公司）、工业公司物流工作主管部门负责人的业务素质，举办了两期行业高级物流管理人员培训班，省级物流管理人员共70人参加了培训。

3．烟草物联网研究与开发

（1）中国烟草物联网研究与建设正式启动

为贯彻落实“卷烟上水平”行业总体规划和全国烟草现代物流建设工作会议精神，中国烟草电子商务公司把中国烟草物联网建设作为一项重要任务。

① 开展中国烟草物联网发展规划研究和制订工作。为做好中国烟草物联网建设的顶层设计，拟定《中国烟草物联网发展规划》及《卷烟物流物联网建设方案》，待国家局审定。

② 开展中国烟草物联网相关技术论证。组织召开烟草行业物联网应用研讨会，围绕射频识别技术、条码技术等物联网核心技术的行业应用现状、发展前景、风险与效益等问题进行深入探讨和科学论证，逐步形成中国烟草物联网发展的基本技术路线。

③ 开展行业物联网单项目建设。2010年上半年，基本完成了工商卷烟物流在途信息系统在江苏、浙江、安徽、湖北中烟工业公司、红云红河（集团）的先期试点工作。8月向行业下发《关于全面推

广实施工商卷烟在途信息系统的通知》，正式启动工商卷烟在途信息系统的行业推广工作。为保证推广实施工作顺利进行，组织各工业企业、系统集成商和设备供应商召开“推广工作部署暨设备选型介绍会”，对推广实施工作作出了具体部署。9 月下旬起，由系统集成商、设备供应商共同组成的系统实施小组，赴各工商企业展开了系统对接调试、设备安装测试、操作使用培训等现场实施工作。已完成商业企业全部 348 个地市公司 401 个到货点，以及 18 家工业企业全部 92 个发货点的系统推广实施工作，共安装车载设备 6006 台套。

（2）加强行业电子商务和现代物流方面的学术交流

中国烟草学会电子商务专业委员会积极开展学术活动，发挥学术团体的作用。2010 年 3 月组织召开了“中国烟草学会电子商务专业委员会成立大会暨中国烟草电子商务和现代物流发展论坛”。会上宣布了电子商务专业委员会主任委员、副主任委员、秘书的名单和《中国烟草学会电子商务专业委员会管理办法》，选举产生了电子商务专业委员会委员，并对“中国烟草电子商务和现代物流发展论坛”获奖论文代表进行了表彰奖励。

4．商务物流公司 2011 年工作完成情况

商务物流公司 2011 年工作主要包括烟草电子商务平台建设、现代物流建设、行业基础信息系统运维三个方面。

（1）烟草电子商务平台建设不断完善

烟草电子商务平台是行业经济运行体系中的重要一环。

① 做好烟草电子商务平台运行维护、安全管理和技术支持工作，确保卷烟、烟叶等烟草专卖品网上交易顺畅完成。通过完善公司信息安全、机房管理、运行维护等相关制度，并严格按制度要求定期对软硬件设备进行巡检、维护，加强集中交易等重点时期的检测、维护，确保系统始终保持良好的运行状态。全年卷烟交易系统共完成合同分解 53 万份，合同交易量为 4480 万箱；烟叶交易系统共分解合同 11 万份，合同交易量为 6045 万担。烟叶集中交易期间，工商会员共签订烤烟购销协议 906 份，成交总量为 4950 万担；签订晾晒烟购销协议 118 份，成交总量为 195 万担。卷烟集中交易期间，工商会员共签订半年协议 12000 份，协议交易量为 4700 万箱，成交金额为 6600 亿元。

② 及时做好交易数据分析工作。认真完成每月、半年、全年各类型交易数据和集中交易数据的汇总分析工作，从理论和数据上对行业卷烟、烟叶交易情况进行详细分析。全年共完成卷烟、烟叶交易信息月报 12 份，卷烟交易信息年度、半年度分析报告各 1 份，卷烟集中交易信息综述 2 份，烟叶交易信息年度分析快报 1 份。同时，根据国家局相关部门和基层企业的工作需求，为国家局决策管理及工商企业生产经营提供数据查询、报表反馈等信息服务。

③ 根据业务发展需要，健全和完善电子商务平台。一方面，按照国家局“行业调控信息支持系统”项目的总体设计和要求，完成卷烟工商协同子系统的建设工作，为企业网上配货、精准营销奠定了平台基础。另一方面，配合行业打叶复烤管理体制调整，协同烟叶公司完成烟叶交易系统升级工作，确保烟叶集中交易顺利开展。

④ 组织开展烟草电子商务调研活动。主要是联合中国卷烟销售公司对行业 33 个省级局（公司）卷烟“网上订货、网上配货、网上结算、网上营销”工作开展情况进行了问卷调查研究，全面掌握了行业“四网建设”的基本现状。

（2）烟草行业现代物流建设全面推进

物流是烟草行业的核心业务。2011 年，在国家局领导的关心下，经过行业工商企业的共同努力，行业现代物流建设取得了新的进展，主要表现为：物流体系基本建立，物流规划基本完成，物流建设深入开展，物流一体化建设继续推进，物流管理全面加强，物流队伍素质明显提升。

① 组织召开了全国烟草行业物流工作会议。国家局姜局长为会议作出了重要批示，何副局长出席会议并做了重要讲话。会议认真总结了南京会议以来行业现代物流建设工作，按照“卷烟上水平”总体要求，安排部署了下一阶段的物流工作任务。

② 推进省级工商企业物流管理机构建设。目前，33 家省级局（公司）成立了物流管理处，16 家工业公司成立了物流中心，为开展现代物流建设提供了有力的组织保障。按照“工商一体化、供销一体化、两烟一体化”的建设思路，推动省级烟草工商企业开展现代物流建设规划编制工作。目前，29 家省级局（公司）、16 家工业公司完成了物流规划编制和报批。

③ 继续推进行业物流标准化建设。基本完成《烟草商业企业卷烟物流配送车辆管理规范》等四项物流标准的制订工作，完成了《烟草商业企业卷烟物流定额技术规范》等六项标准的技术审查，并向行业发布实施，《烟草商业企业卷烟物流配送车辆数据传输规范》等两项预研标准，以技术报告形式在科技司备案。

④ 切实加强烟草工商企业物流管理工作。进一步加强商业企业物流管理工作，在调研基础上，起草了关于加强商业企业卷烟物流管理工作指导意见和商业企业卷烟现代物流工作考核评价办法。坚持开展商业企业卷烟物流统计、对标工作，不断完善统计指标。研究制订了工业企业物流统计报表制度，并着手开发相关统计软件，为全面开展工业企业物流统计工作做好准备。

（3）行业基础信息系统运维服务水平继续提升

行业卷烟生产经营决策管理系统等行业基础信息系统，是信息化与行业工作深度融合的集中体现。为做好系统运维服务工作，主要做了以下几项工作。

① 不断完善卷烟生产经营决策管理系统运行维护工作。全年系统整体运行平稳，运维中心共受理系统运维事件 9000 多件，事件解决率为 99.9%，提供现场服务 129 次，开展网上培训 21 期，按照 ISO 2000 国际标准规范进行考核，运维服务整体满意度为 95.5%。

② 做好工商营销信息共享平台建设工作。按时为共享平台 2000 多个工商用户提供数据展现及统计分析服务，全年发送各类报表累计 9100 多张，行业工商用户访问达 62 万余次，各工业企业所有卷烟品牌规格在全国各地市公司每天的销售信息、库存信息、发货信息都能在第二天下午 2 点前通过共享平台发至各工业企业。配合销售公司开展精准营销数据分析服务，为行业 55 个重点品牌提供覆盖全国所有地市公司，按业态、城乡分类的“三维五率”数据分析服务。

③ 做好商业企业数字仓储管理系统运维工作。通过落实各级单位负责系统运行维护的部门和人员，对系统进行升级，确保上报数据及时、准确、有效。全年运维中心共受理仓储系统运维事件 6700 多件，解决率为 99.7%。

④ 做好工商卷烟物流在途信息系统建设工作。认真梳理在途系统运行状况和存在的问题，对系统进行了全面升级和培训，进一步落实责任部门和人员，规范操作。目前，系统运行总体情况良好，行业整体使用率已超过 80%。

（中国烟草电子商务公司）

11.1.6 汽车行业电子商务

1. 利用电子商务拓展销售渠道

当中国汽车行业在经销模式上遇到库存压力高、渠道建设成本加大、限购预期加剧等种种困境后，汽车电子商务成为了汽车制造厂商着力探索的一条新途径。

2010年3月，东风日产在网络营销中，采用“骊威连连看”和“骊威连连抢”的秒杀活动，为3款新骊威车上市造势。“秒杀”操作简单，立竿见影，满足了目标人群的上网心理。随后跟进的“喊动中国”活动进行一对多，甚至一对一的深度传播，以点、线取胜，最终形成了1294万用户参与疯抢新骊威的销售盛况。

2010年6月，长安汽车正式拉开了汽车业试水电子商务的大幕。在长安专门推出的网购平台上，长安微车旗下的全系车型都实现了挂网销售，包括微客、微货等都被挂上了网，长安微车成为了业内率先大规模试水网购的汽车厂商。

2010年7月，东风日产宣布正式推行汽车网购服务。这成为继长安汽车之后，又一家试水电子商务的汽车厂商。在广州汽车限牌实施后，东风日产又建立了二手车外迁批售平台，集合全国近3000家二手车网络拍卖买家，通过网络实时拍卖和线下集中拍卖两种相结合的方式销售，为客户提供二手车置换服务。

2010年12月吉利集团与阿里巴巴在杭州就“共同摸索汽车网络营销”签订了战略合作协议，双方约定未来将借助电子商务共同推进汽车网络销售。作为双方合作的第一步，12月13日，吉利与阿里巴巴官方传播平台“天下网商”开展了“帝豪系列汽车的网络团购”。吉利为此特别制作了“网商纪念版”帝豪汽车，此款量身定做的帝豪汽车除了有特殊的标志外，购买此车的客户还将得到阿里巴巴集团提供的一系列增值服务。

双方的合作对于阿里巴巴来说是探索传统汽车产业的线上营销模式，对于吉利来说是尝鲜电子商务的广阔市场。吉利汽车在阿里巴巴集团的另一家子公司淘宝网上也开设了网络旗舰店，正式开始了网上卖车的尝试。截至2011年年底，在天猫电子商务平台上，除了吉利及江淮已在天猫开通旗舰店，上海通用雪佛兰授权的经销商也已进驻天猫。其他包括浙江和诚、上海永达、宁波轿辰、浙江元通、北京首创森美、深圳兆方等多家汽车经销商集团入驻，带来了宝马、奥迪、奔驰、沃尔沃、一汽丰田、东风日产、北京现代等众多品牌车型在网络上销售。

2. 利用电子商务强化生产管理

在汽车制造领域，电子商务服务从两个方面开始进入。一方面通过培育第三方服务，搭建汽车生产销售和服务电子商务平台，形成了整车生产、销售、零部件配套等环节电子商务服务解决方案，为汽车制造业电子商务服务架构的形成打下了基础。另一方面支持汽车生产及零部件制造企业构建集团化电子商务服务平台。以多家企业为核心的汽车产业链协作企业群为服务对象，能够支持整车制造商、整车维修服务商、整车经销商、汽车零部件制造商、汽车零部件经销商以及客户服务需求，电子商务平台实现了商业化运作。而网络订单的批量出现，将引导汽车逐步走向按需生产的新模式，从而缓解当前车市面临的库存难题。

潍柴集团围绕载重车生产、销售、零部件配套等环节，构建以产业链售后终端服务企业为主体、多组织结构、多业务模型、跨技术平台的汽车制造业电子商务服务平台，为潍柴集团1700余家特约维修站、20余家配件批发中心服务，使企业降低了载重车成本，提高了企业在载重车市场的竞争力。

2011年9月按照《山东省电子商务企业认定管理办法》，山东滨州渤海活塞股份有限公司被认定为首批山东省电子商务企业。通过此次审核的36家企业中仅有4家生产制造企业，其他皆为电子商务及信息服务型企业。渤海活塞公司通过应用电子商务提高了公司的整体竞争能力，就内部而言使公司内部信息交流渠道更加畅通，生产运转更加协调；就销售而言，对产品市场状况能作出更快的反应，从而更好地为客户提供服务，提高客户满意度；就采购而言，扩大了物资采购寻源范围，简化了采购流程，提高了采购效率。

（华东政法大学　杨立钒编）

3．汽车网络广告快速增长

互联网媒体的发展日新月异，不断创新的模式对传统媒体形成了很大影响。在吸引了超过 5 亿受众的同时，也越来越得到广告主的青睐。广告主在互联网上投放的广告越来越多。其中汽车类广告主在网络广告投放上十分积极，已经成为互联网展示类广告中最大的行业广告主。

根据艾瑞咨询《2011 年中国汽车网络营销行业研究报告》，2011 年汽车类广告主的网络广告投放规模达到 48.3 亿元，同比增长 54.8%；部分汽车厂商在网络广告上的预算占到其整体广告预算的 20%（图 11-3）。

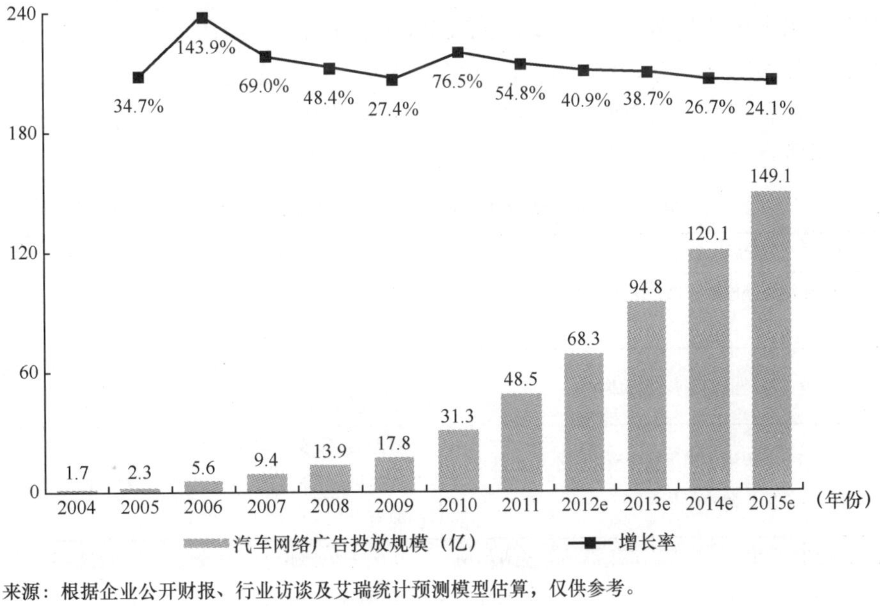

图 11-3　中国汽车行业网络广告市场规模

目前在汽车网络营销中，厂商是广告投放主力。厂商的策略着重于推广品牌，在媒体选择上注重大媒体、大范围。而经销商在意的是销量，并且具有区域性，目前的网络广告已经可以为经销商提供类似的区域定位营销，经销商在网络广告上的投放正在逐渐增加。

2011 年汽车行业在互联网广告投放的主要广告形式是图形展示广告，富媒体广告的投放增长较为缓慢，视频贴片广告增长比较快。展示类广告是汽车行业广告主首选和最主要的广告形式，这与汽车厂商的营销诉求密切相关。搜索广告还不是品牌广告主的首选，但搜索广告的重要性正在逐渐被认知。

在营销手段上，汽车厂商比较容易接受新的手段，在视频、移动等比较新的领域都是最早进行投放的。另外由于掌握有大量的汽车用户的数据，厂商和经销商在基于 CRM 的营销上也有很强的诉求。在以新车发布为核心的营销过程中，整合各种手段的营销策略被厂商所青睐，互联网媒体在其中扮演了重要角色。

汽车属于大宗耐用商品，有着独特的营销需求。厂商与经销商的不同营销诉求、不同类型用户的划分、不同地域消费者的消费特点都在被挖掘。媒体方面，正在向着更加细化的媒体类型分工发展，同时一些媒体的区域化营销更加深入。另一方面在投放技术上，基于 RTB（实时竞价）模式的精准投放技术在逐渐成熟，将帮助广告主更好地找到目标受众、提升广告效果。

随着国内微博、SNS 等社会化媒体的发展，其受众覆盖面不断增长，正在引起广告主的注意，企业官方账号纷纷建立，与用户的互动得到了提升。而移动互联网上更多的新营销形式和技术手段在这个平台上涌现，加上手机上有更多的个人属性，在互动性与精准投放广告上更有优势。

（艾瑞咨询）

11.1.7 建材行业电子商务

1. 中国水泥备件网

中国水泥网推出中国水泥备件网（www.cement365.com），于2010年7月20日正式上线，为众多水泥企业提供了数次网络招标，网上交易量达到20亿元。目前还有20多家企业已经或即将在备件网平台上进行采购和招标，近200条水泥生产线，共计价值50亿元的备品备件在备件网平台上流通，预计总共可为所有交易企业节省3亿～5亿元的交易成本（表11-3）。

表11-3 水泥备件传统交易与网络交易模式比较

传统模式	中国水泥备件网网上交易解决方案
交易模式传统：采购和销售差旅成本高，这些成本最终将会转嫁于产品价格上	在线交易：足不出户在线交易，零差旅成本
价格不透明：并不了解其他企业的采购交易成本	产品价格透明：所有的供应信息均包含报价，网站针对地区差异自动生成平均价
交易地位不平等：由于企业规模不同，采购数量大小差距悬殊，导致采购地位及所拥有的信息资源差距甚大	资源共享计划：将所有水泥企业的资源整合起来，通过中国水泥备件网平台共同分享整合优势，组织虚拟网络集团，提升各企业议价能力
质保金难以收回：采购企业担心产品质量问题需要供应企业缴纳质保金，而供应企业担心质保金无法收回，从而抬高产品价格保持利润。明知损失双方利益，但又不得不做	质保联盟计划：平台成交的交易，质保金保存于平台上，当出现质量问题时才执行"先行赔付计划"，平台的保证金可以循环的利用，从而减少保证金积压，增加企业资源流动性
出现故障推卸责任：设备故障在所难免，但出于利润都会推卸各自责任，最终也得不到很好的解决	专家咨询服务：由第三方专家介入解决纠纷，分析原因，给出处理方案。根据仲裁结果，由网站进行"先行赔付计划"，由中国水泥备件网将客户存在网上的质保金先行赔付给对方
应急备件采购困难：部分设备价格较高，若提前储备则流动资源受到影响，但若不储备万一发生质量问题时应急采购困难	风险储备计划：联合备件供应商储备相应的备件以备急用
企业诚信缺乏：部分企业缺失诚信，在货款收付，产品质量，售后服务等多方面缺失基本道德和诚信	互联网监督：互联网可以起到舆论监督作用。在线下，不诚信的交易行为，可能只是损失一个客户，在线上，不诚信的交易行为，损失的将会是一个行业
货款无法及时收付：很多供应企业都会遇到货款拖欠问题，但面对老客户，也都无可奈何	第三方担保交易：网上交易，买方将货款汇入第三方支付平台后卖方发货，待到货后由平台将货款较交于供方
买卖双方交易黑幕：存在商业受贿问题	第三方交易平台：公开，公平，公正

中国水泥备件网拥有自己的专家团队，涉及水泥业、备品备件的各个领域，这些专家有学术型、生产管理型和制造型，中国水泥备件网在一年的时间里已经拥有10万注册会员（图11-4），其中29%为水泥制造企业，67%为装备及备件企业，4%为其他机构。网站架构也在不断完善的过程中得到提升，除了解决信息交易等主要功能以外，通过第三方平台的搭建和资源整合为水泥企业带来很多额外的增值服务：风险储备、融资与专家服务等。这些额外服务不仅仅针对水泥企业，设备企业也同样可以享受。现在，水泥企业享受的不仅仅是在备件网平台上采购到性价比更高的备件，还可以获得资源储备，降低运营财务成本，这些都是以往所没有的服务。作为服务中最重要的支付模块于2012

年下半年上线。备件网的发展是循序渐进的，首先是在业内将备件网的知名度扩大。其次是实现最基本的信息招标、采购等服务，而第三方支付通道的开通，相应支付功能就可以实现，届时将更大地方便水泥企业与设备企业。对供应方装备企业来说，首先备件网创造的价值主要是信息整合，使其能够在整个交易或者商业信息沟通上能够做到通畅。比如说报价、意见、交流，都能够在平台上得到实现，能让采购方的领导获知企业的基本信息，能够给装备企业创造公平、公开、公正的环境，保证交易地位的平等。其次，通过备件网平台整合后，可以解决资金质保金的优化使用等，为装备企业节省资金的投入，能够有效将资金利用最大化。第三，通过备件网平台的融资服务与金融产品，能够让企业在生产销售过程中起到杠杆放大的作用。

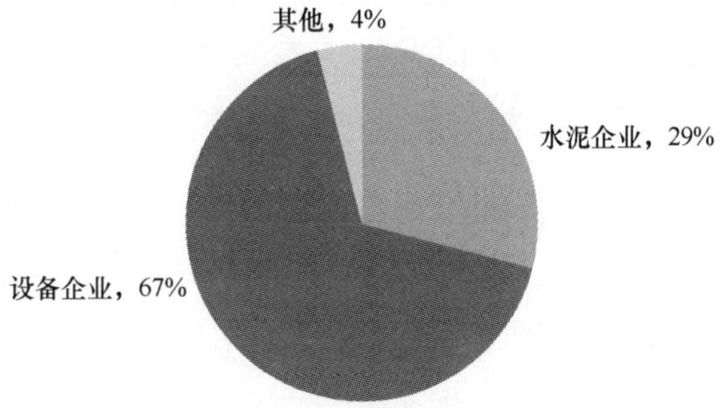

图 11-4　中国水泥备件网会员组成

2011 年一年的网上交易量达到 20 亿元，还有相当大的市场。2012 年中国水泥备件网的目标是 50 亿元的交易量，目前已经有 20 多家企业已经或即将在备件网平台上进行采购和招标，近 200 条水泥生产线的备品备件量在备件网平台上流通，50 亿元的目标相信可以轻松完成。

中国水泥备件网不但要把整个水泥行业备件采购与招标的流程固定下来，运营模式成熟后，还将向钢铁、冶金、矿山、电力、陶瓷等行业发展，利用相互之间的共通性，最后形成工业备件网。

2．中国水泥备件网电子商务实例

中国水泥备件网已经成功为多家企业进行网络招标，下面介绍两个案例。

（1）西部水泥（尧柏水泥）编织袋网络招标

西部水泥是陕西一家非常有竞争力的水泥民营企业，而装载水泥的编织袋一直由陕西地区的企业负责供应，但是历年来这些编织袋或多或少都存在一定的质量问题，因此西部水泥想增加新的供应商，促进供应商优胜劣汰，帮助企业赢得主动地位，提高竞争力。

而此次招标大约采购 1 亿条左右的水泥编织袋，市场平均单价因质量不同从 0.7 元至 1.2 元不等，整体成交金额高达上亿元。此次水泥编织袋的网络招标 4 月 13 日公布在中国水泥备件网上，18 号报名截止。根据西部水泥的要求，由于本次招标目的是提高水泥编织袋的质量和供应商的优胜劣汰，因此本次招标全部不接受陕西企业报名，但是仍有上百家全国各地的供应商参加报名。4 月 27 日水泥编织袋招标正式开标，从参与投标的上百家企业中确定了数十家企业，从而促成西部水泥与一些企业直接交流与合作。最后 5 月 7 日公布中标结果。从公布信息到最后公布中标结果只有 25 天，大大节约了时间成本。另外全部过程依靠互联网来完成，不仅让招标方节省了场地租用以及相关的费用，也让广大竞标企业节省了许多费用。根据西部水泥方面的数据显示，此次招标使得采购成本下降了 5.8%，而质量却大大提升了，漏灰、破袋等现象发生率有明显改善。而西部水泥的最初设想是在价格不变的前提下提高产品质量。此次招标全程利用了互联网的便捷性和快速性，使得招标的费用大幅降低，并且在公正、公开、公平的环境下，给予各家企业均等的机会，有利于企业对于供应商的选择和对采购成本的控制。并且由于中国水泥备件网暂时不收取0.2%的管理费用，因此可以说西部水泥的招标体现了电子商务的便捷、快速和低廉性。

（2）明峰建材集团钢球、钢锻网络招标

明峰建材是一家经营内容涉及熟料、水泥、商品混凝土和外加剂助磨剂的建材企业。除在浙江的稳定建设发展之外，还在内蒙古自治区、宁夏回族自治区、甘肃省等西部地区进行了大规模投资和建设。此次对于钢球、钢锻共计500吨的网络招标是为了浙江各地的粉磨生产线而采购。由于钢球、钢锻规格不一，大致每吨均价在8500元左右，因此此次招标金额为500万左右。

此次钢球、钢锻的网络招标于3月5日公布在中国水泥备件网上，9号报名截止。3月21日明峰建材集团钢球、钢锻网络招标会在中国水泥备件网正式进行，明峰建材主要是从价格、企业资质和服务三方面因素从参与投标的19家企业中筛选出马鞍山市海峰耐磨材料有限公司、宁国市开源电力耐磨材料有限公司、安徽省宁国诚信耐磨材料有限公司、中建材宁国新马耐磨材料有限公司、宁国金桥耐磨材料有限公司等十家供应商进行在线议价。最后在23日成功与宁国市东方碾磨材料有限责任公司达成合作意向。此次案例金额较小，流程更为简单，速度也更快，从公布到结束，总共才用了18天时间。根据明峰建材方面的数据显示，此次招标使得采购成本下降了11.6%，节约了大量人力、物力，并且方便快捷。而最终中标企业的服务也让明峰建材非常满意。

（中国水泥备件网）

11.2　农业电子商务

在“十二五”的开局之年，中国农业电子商务呈现蓬勃发展的良好势头，一批具有行业特色的农产品电子交易网站已经培育起来，大批先进的农民网商开始涌现。农业电子商务的建设不仅引领了我国传统农业向“信息化”、“标准化”、“品牌化”的现代农业转变，而且还促进了特色农产品走向“高端”发展路线。

11.2.1　我国农业信息化水平显著提高

“十一五”时期我国农业农村信息化的成就主要有四个方面：一是信息基础设施不断夯实，二是信息资源建设成效显著，三是信息亮点突出，四是信息技术在农业生产经营中有了一定的应用。

1. 信息化基础明显改善

经过多年的建设，我国农业农村信息化基础设施明显改善，“村村通电话”、“乡乡能上网”完全实现，广播电视“村村通”基本实现。截至2010年，全国行政村与20户以上自然村通电话比例分别达到100%和94%；全国100%的乡镇都能上网，其中能宽带上网的比例达到了98%；我国广播、电视人口综合覆盖率分别达到了96.78%和97.62%[1]。

1 中华人民共和国农业部. 中国农业农村信息化发展报告2010

农村基层信息服务组织体系日益完善。经过“十一五”的建设，“县有信息服务机构、乡有信息站、村有信息点”的格局基本形成。全国100%的省级农业部门设立了开展信息化工作的职能机构，97%的地市级农业部门、80%以上的县级农业部门设有信息化管理和服务机构，70%以上的乡镇成立了信息服务站，乡村信息服务站点逾100万个，农村信息员超过70万人。

更多惠农信息服务平台不断搭建。“十一五”以来，农业部已在全国24个省、78个地级市和350个县实施了“三电合一”项目，形成了农业网站、呼叫中心和广播电视节目等多种手段相结合的农业信息服务网络，服务惠及全国2/3以上的农户，实现了农业政策、技术、市场等信息的及时有效传播，满足了广大农民群众对信息的不同需求。

2．信息资源建设成效显著

经过“十一五”努力，覆盖部、省、地市、县的农业网站群基本建成，各级农业部门初步搭建了面向农民需求的农业信息服务平台，为农民提供科技、市场、政策等各类信息。截至2010年年底，我国涉农网站数量达31108个，比2009年增长了40.7%[1]。其中，政府建立的有4000多家，覆盖部、省、地、县四级政府的农业网站群基本建成。农业部形成了以中国农业信息网为核心、集30多个专业网为一体的国家农业门户网站。全国31个省级农业部门、超过3/4的地级农业部门和近一半的县级农业部门都建立了更新较为及时的局域网和农业信息服务网站。

“十一五”期间，农业部相继建设了农业政策法规、农村经济统计、农业科技与人才、农产品价格等60多个行业数据库；在全国农业系统建设了近40条信息采集渠道，部署信息采集点8000多个，通过远程联网采集、报送农业农村各行业和领域的生产动态、价格行情、科技教育、自然灾害、动物疫情、农民收入、质量安全等信息。农业信息采集系统包括16个统计业务子系统，系统填报用户近3万人，批发市场价格采集系统每日采集价格近万笔，电子结算数据十几万条。网站群日访问量达500万次以上，用户访问人数达8～10万人。

3．信息技术应用逐步深化

“十一五”期间，针对农业生产与市场需求的信息不对称问题，农业部加强了农产品批发市场信息平台和农产品电子商务平台的建设。先进的电子商务技术及时、快捷地把农业经营信息传递给农业生产者和消费者，提高了交易效率，降低了交易成本。同时，全国休闲农业信息服务平台也逐步建立，全国休闲农业经营、管理、服务的信息化逐步深化。

黑龙江农垦、北京、江苏无锡等地在大田种植、设施园艺、养殖等领域开展物联网应用示范，研发了一批适合农业特点的农业物联网自主产权技术产品，创新了物联网在农业领域的应用技术模式。这些物联网应用示范工程将为农业信息化建设工程的开展提供实施样板。

一批经济实力较强的农产品批发市场充分利用现代信息技术，实行了客户管理、摊位管理、人事管理、财务管理和治安管理的信息化。一些农产品批发市场摒弃了延续多年的“一手交钱、一手交货”的现金交易方式，采用电子统一结算（含双方刷卡交易）方式。少数农产品批发市场如深圳福田市场、山东寿光市场等尝试推行了电子拍卖交易，一些市场还开通了电子商务交易平台。

此外，农业生物环境信息获取与解析、农业无线传感网络、农业过程数字模型与系统仿真、虚拟农业与数字化设计、精准农业与自动监控、呼叫中心、移动通信、互联网等信息技术已经在农村综合信息服务、农业政务管理、农业生产经营以及农产品流通等领域开展了相关应用推广工作，整体推进迅速，并有逐步深化的趋势。

1 中华人民共和国农业部. 中国农业农村信息化发展报告2010

11.2.2 我国农业电子商务发展的主要特点

1．农业电子商务发展环境不断完善

截至2011年12月底，我国互联网用户已达5.13亿人，互联网普及率达38.3%，其中农村网民规模为1.36亿，占整体网民的比例为26.5%。全社会电子商务应用意识不断增强，网络购物、网上支付、网上银行、旅行预订在内的电子商务类应用在2011年继续保持稳步发展态势，其中网络购物用户规模达到1.94亿人，网上支付用户和网上银行全年用户规模分别为1.67亿人和1.66亿人。2010年，我国电子商务交易额达4.5万亿元人民币。推进电子商务发展的部门协同工作机制初步形成，电子商务相关政策、法律、规章和标准相继出台，电子商务市场逐步规范，电子商务支撑体系不断完善。

各级政府高度重视农业电子商务的发展。2011年2月商务部、农业部发布的《关于全面推进农超对接工作的指导意见》要求逐步开展网上签约和交易试点，发展农产品电子商务。2011年9月农业部出台产销衔接九项举措助推农民增收，其中一项措施就是农产品电子商务。2011年12月国务院办公厅发布的《关于加强鲜活农产品流通体系建设的意见》要求引导各类投资主体积极建设农产品市场的零售网店，发展电子商务，扩大网上交易规模，鼓励农产品批发市场引入拍卖等现代交易模式。另外，吉林省、青海省西宁市、湖南省娄底市等各地也积极出台各种政策推动本地农业电子商务的发展。

2．多层次农产品电子商务网络体系不断完善

截至2010年年底，全国农村电子商务网站已超过6000家，带动了农产品产供销模式的深刻变革。以中国农产品促销平台为代表的官方网站进一步加大农产品信息发布力度，密切产销联系；以菜管家、我买网、易果网、天鲜配等为代表的农产品电子商务网站丰富了电子商务业务，实现了网上选购、物流配送、电子支付等全程服务；以新希望、爱农驿站等为代表的农产品生产经营企业纷纷自建电子商务平台，实现了自有农产品产供销环节的电子化，从而形成了多层次的农产品电子商务网络体系，部分已取得良好效益，形成了信息环境下的全国性和区域性市场，成为农产品信息发布和交易的活跃地带。

2010—2011年，我国相继建立了多个大宗农产品网上交易中心，依托互联网组织全体交易商成员直接上网报价、配对，以网上订货、电子购物的方式实现买卖双方面对面的大宗农产品现货交易。例如，上海大宗农产品交易市场以油籽系列大宗商品为主，采用招投标交易和现货专场交易等多种现货交易方式实现农产品网上贸易，建立了规范完善的交易、结算体系和配套的仓储物流交割体系。海南农垦电子商务交易市场，到2010年11月已使我国70%以上的天然橡胶实现了网上交易。此外，山东寿光蔬菜电子交易市场、广东信立大宗农产品电子交易市场、湖北大宗农产品电子交易市场、长沙南方大宗农产品交易市场等纷纷组建并投入运营。

3．电子商务在农村大面积普及

（1）农业企业开始重视信息化建设

随着互联网的普及，众多农业企业开始认识到企业信息化建设的重要性，绝大部分的企业都接入了互联网；部分农业企业认识到网络宣传的重要性，纷纷打造具有展示企业形象、发布产品信息等功能的门户网站；一些龙头农业企业建设了农产品电子商务平台进行农产品交易，大大降低了企业的交易成本，提高了企业收益。还有一些农业龙头企业运用ERP系统进行企业管理，提高了企业在采购、生产、销售、营销、财务和人力资源管理等环节的信息化水平。

（2）各地农民合作社开始重视电子商务应用

各地农民专业合作社纷纷建立网站，可以随时通过网站发布合作社内部农产品的信息，可以实现在线交易、发布农产品新闻等功能，还形成了“网上联合社”，促进了农民专业合作社建设的规范化、标准化。自 2009 年开始，安徽省实施农民专业合作社信息化建设工程，全省 1500 家农民专业合作社加入“安徽农民专业合作社网”，实现了“生产在社、营销在网、业务交流、资源共享”。2010 年，甘肃省农牧厅帮助全省 100 个合作社建设网络信息平台，实现了合作社的信息数字化、管理流程化和产品销售电子化。

（3）电子商务“花开”全国各地

从东部到西部，从南方到北方，2010—2011 年中国农业电子商务的报道屡见报端。重庆围绕“西部农交会”推出重庆网上农产品销售对接平台；广东韶关完成了“九峰水果商贸网”、“翁源兰花电子商务平台”等 17 个特色应用项目；湖北建设了华中最大农产品交易网——三农天地网，该网实现了上万种农产品的网上查询和交易；宁波鄞州 3 万多用户通过“农民信箱”信息平台完成了一笔笔农产品交易，鄞州区农民每年依托网络销售的农产品已超亿元；苏州市阳澄湖蟹业协会授权专业网站作为协会对外唯一的官方电子商务平台；新疆和田地区依托电子商务等平台，使和田优质林果畅销内地。

4．新的农业电子商务模式不断涌现

在中国农业电子商务蓬勃发展的过程中，新的电子商务模式不断涌现，反映出新一代中国农民的创新意识和能力。

（1）沙集模式

“沙集模式”是江苏省睢宁县沙集镇东风村农民创造出来的一种电子商务模式，即：农户自发地从事简易拼装家具的网络销售及加工，直接对接市场，家具拼装业务急剧扩大。这种模式被更多的村民成功复制，迅速崛起的电子商务创业群，构建和形成了板材生产加工、五金配件、物流、快递等家具产业链，并全面拉动了沙集镇的经济发展。“沙集模式”具有三大特色。一是“农户+网络+公司”，家庭作为基本经营单位，投资较小、经营灵活、利益直接，符合苏北农村发展实际。二是“农民自发+政府服务”，网络创业这一农民自发行为得到了地方政府的大力支持，从基础设施建设、生产要素供给等方面都获得了全程服务保障。三是“工业化+信息化”，沙集镇农民的网络创业是信息化带动工业化、工业化促进信息化的成功范例。

（2）东高庄模式

“东高庄模式”源自河北省清河县东高庄村。清河是全国最大的羊绒纱线生产基地和重要的羊绒制品生产销售基地，拥有全国最大的羊绒制品专业市场。东高庄青年农民网上开店卖羊绒纱线获得成功，产生了带动效应，电子商务在该村迅速兴起。而部分在网上开店成功的创业者，也转身投资办工厂，建立自己的实体企业，从而促使东高庄村成为了全县最大的羊绒生产加工专业村。东高庄模式的主要特点是先工业化后商业化，在原有资源的基础上，利用电子商务带动特色产业转型升级，形成了虚实经济相互促进发展的新局面。

（3）网上供销社“娄底模式”

网上供销社“娄底模式”是湖南省供销社与湖南移动合作，将传统供销业务和移动电子商务有机结合，创办了为“三农”服务的“网上供销社”，农民不仅能在“网上供销社”里买到电器和农副产品等，还能发布自家生产的农副产品信息。它的特点是采取实体与网络相结合、计算机与手机相结合的电子商务新模式，构建“供应商—乡镇加盟店—村级加盟点—供销通会员”的“工业品下乡”以及“供销通会员—村级加盟点—乡镇加盟店—大型超市、批发商、生产厂家”的“农产品进城”

流通网络。通过与移动公司、农业银行合作，先后开发移动“供销通”手机服务平台、“支付通”支付平台等。

（4）世纪之村“兰田模式”

福建兰田村创建的农村信息化综合服务平台——“世纪之村”，该平台包含村级电子政务——村务、财务等网上公开，村级电子商务——农家店、企业形象展示等；同时在话费代缴点、水暖五金店等设置信息点、网上农家店。平台走“网络+实体超市+信息点”商贸模式，利用互联网和电话等信息媒介构建了信息服务网络，建立了对上连接市场、对内连接管理、对下连接农户的信息互动平台，搭建了上为企业提供农产品和农村必需品统计信息服务，下为农户提供市场、生产、技术服务的信息服务系统，解决农民特别是边远山区农民的农副产品交易难、信息闭塞、成本高等问题，打造农村版的阿里巴巴。同时，平台依托众多信息网点和草根物流配送队伍，与数十家国内大型营运商和供应商建立紧密合作关系，并与建设银行联合发行金融服务卡，形成比较完善、配套的市场化运作体系和独特的营利模式，保证了平台的可持续运行。

（5）上海“菜管家”模式

“菜管家”是目前国内最大的优质农产品订购平台，由上海农信电子商务有限公司建设运营，从2008年开始为企业提供农副产品团购服务。2009年7月菜管家网站改版上线试运行，推出个人在线订购服务。目前，“菜管家”提供涉及人们饮食的8大类37小类、近2000种涵盖蔬菜、水果、水产、禽肉、粮油、土特产、南北货、调理等全方位高品质商品，为3000多家大中型企业提供节日福利与商务礼品服务，为近20000个人提供网上订购和电话订购服务。此外，“菜管家”还在上海青浦建立了符合GMP食品安全管理体系的物流仓储基地，建成了一套集ERP、SCM、CRM、OA等信息支撑平台于一体的IT支持系统，开通了COD货到付款和在线支付的结算体系，提供安全、便捷的支付体验。

通过对上述案例的分析可以看到，农业电子商务的发展应注意以下几个问题：一是农业电子商业的落脚点应放在“提高农民收益、服务消费者”两个方面；二是农业电子商务的形势可以是多样的，但最终应形成从生产、采购到交易、配送整个流程的闭环运作，真正实现产供销对接；三是开展农业电子商务要注意区域化发展；四是开展农产品电子商务的过程中要“以点带面”，先占有一定的市场，再谋求进一步的发展。

（农业部信息中心　汤艳丽编）

11.3　交通运输行业电子商务

11.3.1　公路、水路电子商务

1．交通运输电子口岸

2011年交通运输部印发了《关于加快建设全国交通电子口岸公共信息服务平台的通知》，成立了全国交通电子口岸公共信息服务平台领导小组和工作组，批准设立了交通电子口岸连云港分中心，与国家质检总局联合下发《关于共同推进电子口岸建设的通知》，组织编制了连云港港口集装箱多式

联运信息服务系统工作报告。

沿海主要港口自1997年起陆续建设了EDI中心，率先使国际集装箱运输的运行模式与国际接轨，为推进和实现信息化技术奠定了良好基础。进入21世纪，港口逐步完善了电子数据交换功能，形成了“新一代港口EDI中心运作模式”：由原来的专网升级为Internet，更广泛、开放、实时、快速地为客户服务，增强了电子单证传输、数据转换和增值服务功能；同时港口EDI中心“1对多”的信息交换服务模式充分显示出港口在口岸物流信息共享方面所具有的优势，使客户能够更方便地得到所需的信息。港航EDI中心/交通电子口岸的发展为港口口岸物流及流通产业发展提供了良好的软环境，通过集约化“一点接入”式的EDI网络路由，大大降低了各业务单位的通信及信息管理成本，减少数据手工录入的差错率；并且形成了专业化、集中式的EDI数据交换枢纽，确保有关单位外网络数据的安全性，并为关联数据的横向共享与协同奠定了基础。截至2011年年底，全国已经成立了18个交通电子口岸分中心或港航EDI中心，同时中远集团、中外运-长航集团也成立了企业EDI分中心（图11-5）。

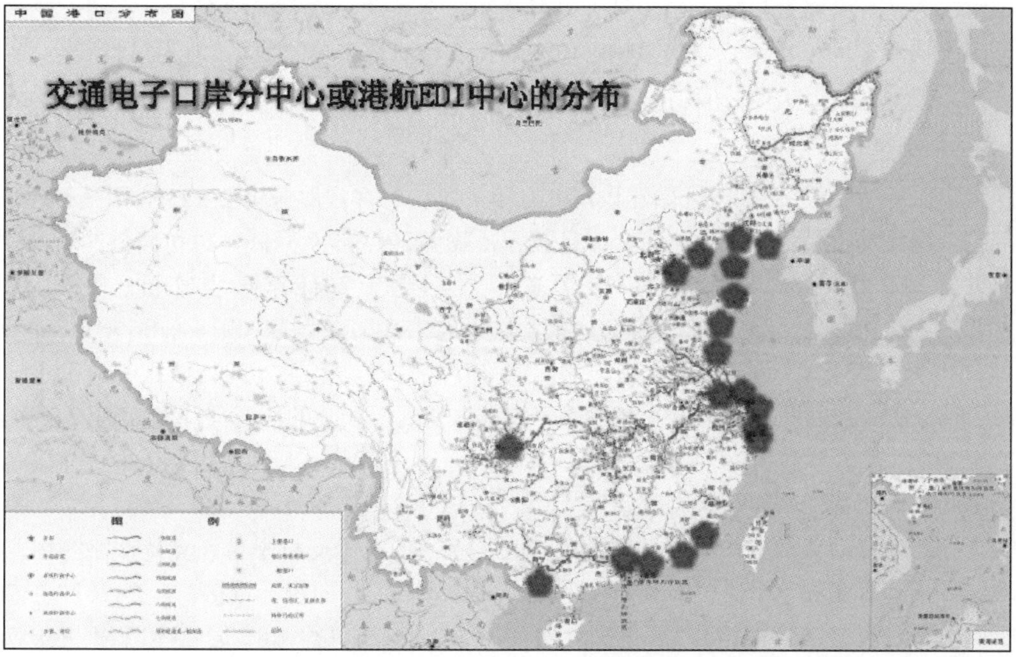

图11-5　交通电子口岸分中心或港航EDI中心的分布

以上海交通电子口岸为例，到2011年上海口岸通关物流常用的58种业务单证中，已有44种实现了电子化传输，电子化率达75.8%。业务已覆盖上海船公司、船代市场的90%以上，仓储堆场120多家，GPS覆盖的运输车辆10000辆，制造企业500多家，连锁零售企业及其直接或间接供应商近10000家。2009年平台数据传输量达160412MB，数据日处理达439MB，平台累计处理报文数9664万个，日处理单证达26万个，各类收费用户达到2000家。交通电子口岸及港航EDI中心已成为港口及区域经济运作与发展不可或缺的重要一环。

2．客运电子商务

2011年，交通运输部组织开展了道路客运售票联网系统建设示范工程的前期工作，组织编制了需求分析报告，开展了系统的建设和管理体制研究。在水路客运信息服务体系建设上，调研论证并确定了渤海湾水路客运联网售票系统示范项目；研究制定了长江航运综合信息服务管理办法，启动长江内河综合信息服务示范工程建设；调研并编制了珠江航运综合信息服务系统建设方案。

3．推进物流公共信息服务平台建设

2010—2011 年，交通运输部组织开展了国家交通运输物流公共信息共享平台调研及平台建设思路研究，完成了交通运输物流公共信息共享平台试点工程的报告审批工作，以浙江省为牵头单位，启动了 16 省（市、区）共建物流公共信息平台工作；推动了中日韩三国东北亚物流信息网络（NEAL-NET）建设，制订了数据交换规则，初步启动了信息交换，推进了长江航运公共物流信息平台建设，制订了实施计划，完成了 5 家企业应用需求调研。

（交通部科技司）

11.3.2 铁路电子商务

近年来，为适应铁路发展要求，满足人民群众和社会需求，铁路部门深入研究探索铁路电子商务技术，围绕铁路客运、货运、物资采购、电子支付、信息服务等领域，积极推进铁路电子商务业务开展，大力推动铁路电子商务应用。

1．客运服务

铁路客户服务中心于 2009 年开始建设，2010 年 1 月铁路客户服务中心 12306 网站开通，实现了客货运信息查询与发布、营销服务、综合信息服务。截至 2011 年 7 月底，总访问量约为 1.88 亿次，日均访问量为 34.8 万次，日均点击量为 965 万次。短信平台于 2011 年 6 月 12 日开通“互联网订票成功信息通知”功能，截至 2011 年 7 月底，共发送短信 33.1 万条。

2011 年 6 月 12 日，铁道部开通了京津城际铁路互联网售票业务；6 月 24 日开通了京沪高速铁路互联网售票业务。互联网售票和电子客票服务的推出受到了社会的广泛关注和欢迎。截至 2011 年 12 月 10 日全国所有动车组（G/D/C/Z/T 字头）都实现了网络订票。互联网售票、电话订票、自助售票机的使用，大大拓宽了旅客购票渠道。

为支撑铁路电子商务业务的开展，铁道部建设了统一的电子支付平台，支持铁路客运、货运、行包、理赔、采购等业务电子支付的统一接入，实现与外部银行的统一链接。截至 2011 年 7 月底，铁路电子支付平台资金结算总量达 3.81 亿元，其中，POS 机结算约 1.81 亿元，TVM 机结算约 0.87 亿元，互联网售票结算约 1.13 亿元；成功交易数量达 86 万笔，其中，POS 机成功交易约 33 万笔，TVM 机成功交易约 28 万笔，互联网成功交易约 25 万笔。

2．货运服务

为配合铁路货运大客户战略的实施，2005 年，铁道部通过中国铁路商务网建立了货运大客户服务系统，开展面向社会开放式的客户信息服务，实现了煤炭、电力、钢铁、石化、粮食等关系国计民生的大型骨干企业通过互联网进行运输订单提报、货物在途追踪、统一运费结算等功能。系统实施以来，已有 183 家大客户企业通过互联网进行铁路运输订单申请等交易，日均装车近 5 万辆，日均结算运费近 2 亿元，大客户运量占铁路运量约 40%。

在实施大客户服务基础上，2008 年，铁道部开始搭建“集中受理”信息平台，以开辟客户网上业务办理绿色通道为纽带，推进铁路货运业务的网上受理、一次提报和全程服务，对具备一定稳定运量的重点客户逐步开放网上受理业务。截至 2010 年年底，铁路已发展重点签约客户 1700 余家（不含大客户），占铁路运量 30%左右。

3．物资采购

为提升铁路物资管理水平、保障物资供应、节约采购成本，2010年3月，铁道部开始建立全路统一的“铁路物资采购商务平台”，利用互联网实现网上招标采购、物资竞买、询价、废旧物资竞卖，共享供货资源、采购价格、产品质量、供应商评价信息。该平台的竞买、竞卖业务已于2010年年底开通试运行。截至2011年7月底，平台共进行竞买项目4个、竞买包件7个，竞卖项目5个、竞卖包件20个，参与供应商约200家，发生交易金额2268.86万元，增收节支812.845万元，增收节支比为35.83%。

2010年7月1日，中铁集装箱运输有限责任公司网络营销平台试点运行，提供北京、郑州、上海、广州、成都、重庆和昆明等地区的国际、国内集装箱铁路运输和门到门运输服务业务办理，客户可以通过该平台提交网络订单、查询订单状态、查看货物运行轨迹并进行业务咨询。截至2011年7月底，网络营销平台累计访问8.66万次。

（铁道部信息办）

11.3.3 民航电子商务

2010年，航信航空公司电子商务平台业务处理量超过5900万旅客航段，交易金额超过520亿元。

2011年，借助网络信息技术的推动，中国最先成为全球航空电子客票普及率100%的国家。不仅实现了代理点、航空公司网站、电子商务网站等多渠道购票，还实现了机场自助值机、网上自助值机、手机值机等多渠道办理乘机手续，使旅客原先需要数十分钟排队等待办理手续的过程，缩短到一分多钟就能完成，并拥有了挑选座位的自主权。按照2011年中国民航旅客运量2.9亿人次计算，100%电子客票的实现，为中国民航年节约成本预计可达58亿元人民币。

2011年旅客自助服务产品日均处理旅客量已逾11万人次，全年使用自助服务的旅客量已超过了2700万人次，极大地方便了旅客的出行。位于北京首都国际机场的中国国际航空股份有限公司自助乘机登机系统平均每台机器的日服务旅客数量已逾300人，远远高于国际上每台机器日服务旅客80～120人的平均水平。

中国民航信息集团公司旅客自助服务产品已累计支持中国30家航空公司、149家海内外机场。自助柜机产品遍布中国、德国、加拿大、瑞典、日本等国家和地区。

中国国际航空股份有限公司通过不断完善网站和呼叫中心的功能，国航与广大的终端客户建立更加紧密的联系，为他们提供从旅游目的地信息搜索、航班和机票价格查询、订座、出票、在线支付、改期、退票、航班动态查询、自助办理登机手续、常旅客里程累计及兑换、行李遗失查询等全流程的旅行服务，极大地改善了旅客的购票出行体验。2010年，国航又推出了手机客户端应用，将销售和服务功能成功嫁接到移动互联网平台上，成为了业界不容忽视的亮点。

2011年8月，四川航空股份有限公司与阿里巴巴集团签订战略合作协议，加入淘宝旅行开放平台，开放全舱位、全航段机票在线销售。同时，阿里巴巴集团旗下支付宝将为川航官方网站在线机票业务提供支付解决方案及快捷登录服务。奥凯航空也与易宝支付在代理人在线支付、航旅专用支付及信用支付等三方面达成合作协议，并于12月中旬正式上线运营。

今后几年内，航空公司将大力投入面向直客的B2C业务，预计国内传统航空公司的电子商务直销市场份额将达到15%，3年内网络渠道销售比例将突破50%。

（中国民航信息网络股份有限公司）

11.4 服务业电子商务

11.4.1 邮政业电子商务

2011 年，中国邮政将发展电子商务列为中国邮政“十二五”时期最重要的战略重点之一。经过多年的不断探索实践，邮政网络购物、商旅票务、代理代办等几类业务近年来一直保持着较为强劲的增长态势。

1．邮政电子商务基础设施建设情况

2010 年，邮政信息网网络建设进一步加强，为邮政电子商务的发展打下了良好的基础，提供了强有力的技术支撑。2010 年 10 月底，全面实现了传统邮政、速递物流、金融、经营管理、电子商务五大类约 30 个应用系统的升级、改造及推广上线工作，提升了邮政业务的市场竞争力。

（1）邮务类

网运信息系统三期工程实现了动态调度优化、质量管控等 5 项系统功能。普通邮资封片业务系统满足了业务管理、生产管理和财务管理的需要。出版物连锁经营系统使邮政报刊零售及图书的生产作业、结算处理、经营分析与决策管理、信息服务等环节有机结合成网络体系。GPS 系统实现面向运输工具、人员和邮件的跟踪、监控、调度、统计、分析和决策等业务服务功能。投递信息系统实现与邮件跟踪查询系统间的互联互通及性能优化。普通邮件全程监控系统开始系统试点工作。报刊发行经营管理分析系统、集邮业务管理系统三期工程、商函名址互通工程上线应用。

（2）速递物流类

国家邮政局编制了《快递与电子商务信息交换标准化指南》，规范了电子商务物流的操作。速递综合信息处理平台二期工程实现省内（同城）代收货款、eBay、速递邮件真迹查询、礼仪业务平台、代收货款省内业务、收件人付费、积分换礼等功能，实现与 11183 呼叫中心、邮乐中国等 5 项系统的互联互通。南京集散中心系统软件设计开发和相关改造工作顺利进行。邮政物流综合信息平台实现与汇兑系统、速递系统、短信平台的互联互通。推进快递与网购联动发展成为了新的趋势。

（3）金融类

完成储蓄系统物理大集中工程 14 个省（区、市）的切换上线工作。集团客户现金管理系统分批进行技术联调、业务模拟测试、全国中心及试点客户上线。邮政储蓄信用卡系统实现公务卡和与对公系统的连接。完成代理保险大集中系统、商业票据系统、储蓄系统 2.0 版改造工程、邮政金融数据下载系统、对公后督系统、邮政储蓄银行个人网上银行及门户网站系统推广上线。

（4）经营管理类

量收系统二期工程实现农资连锁配送信息系统的接入。邮政客户营销管理系统完成三大板块改造、专业类型升级、与航空客票系统对接等功能的全国推广上线，完成欠费功能嵌入客管系统试点以及全国中心系统建设的开发测试。干线运费结算系统正式上线运行。名址维护系统完成统计局数据整理、新邮编维护、与 11185 和 11183 的互联互通，对数据质量管理功能进行升级。商函业务信息系统实现与平安集团总部函件的数据交换、数据处理监控等功能。

（5）电子邮政类

11185客户服务中心建设了11185中心互联网第三方接入系统。邮政业务网站建立了网上营业厅，具备网络/家乡包裹、虚实地址转换、业务查询、爱心包裹网上捐助、“自邮一族”会员等功能，逐步实现邮政业务的电子商务化。

2．邮政电子商务业务发展情况

（1）2010年邮政电子商务类业务发展情况

① 2010年8月，中国邮政与TOM集团合作推出的邮乐网正式上线。邮乐网正式上线，标志着邮政电子商务从环节服务领域进入电子商务全产业链运营领域。同年，邮乐网线下销售工作以河南省作为试点全面展开。2011年，邮乐网手机版正式上线。邮乐网的发展，初步奠定了中国邮政在世界各国邮政电子商务发展中的领头地位，也有效提升了中国邮政在万国邮联中的地位。

② 2010年邮政航空机票代理业务规模迅速扩大，全年销售同比增长140.5%。全年全国邮政销售机票超过260万张，解决了二、三线城市以及县以下地区的客户买票不方便的问题。同时，中国邮政作为世博会门票销售四家国内代理商之首累计销售世博会门票880余万张，荣获“上海世博会门票销售杰出贡献奖”，向社会各界充分展示了中国邮政的票务分销能力。安徽省邮政公司邮政联网代售汽车票业务2009年启动以来，得到了快速、有序的发展。截至2011年年底，全省有16个市、47个县的汽车站与邮政联网售票，百姓在家门口就能买到汽车票。同时，项目也加快了汽车客运公司推进信息化的进程，多方受益。

③ 2010年，全国规模以上快递服务企业的业务量达到23.4亿件，业务收入达到574亿元。其中服务于网络零售的业务量占快递总量的一半左右。2011年中国邮政集团公司总收入增长32.7%，其中，速递物流公司增长59.7%[1]，快递业与电子商务互相促进、协同发展的局面开始形成。江苏省邮政把商函和电子商务作为两大战略高地，2011年1～10月累计增幅已达31%，高于全国邮政平均水平20个百分点。在国际电子商务物流方面，国际电子商务产品取得了有效拓展。中国邮政速递物流公司与eBay网合作，邮件的月处理量已经发展到7万多件，覆盖了深圳和广州超过一半的国际业务量。

④“自邮一族”业务通过发展加盟商户，快速做大业务规模。全国26个省的110个地市局会员数已突破180万户。江苏邮政“自邮一族”业务呈现井喷式发展态势。江苏邮政各局通过组织会员自驾游等形式，在较短时间内扩大了品牌的知名度。截至2011年12月底，全省会员总数超过30万户，发展特约商户近2000户。

⑤ 11185客户服务中心支撑功能不断增强，全国话务总量累计9398.84万次，成为中国邮政的一个重要的对外服务渠道。

（2）2011年邮电电子商务类业务发展情况

2011年，电子商务、信息和代理业务持续快速发展，全年实现收入35.6亿元，同比增长30.1%。

邮乐网走差异化发展之路，短期内初步形成规模，网上商品超过8万种，跨境直购合作进入实质阶段，网站年交易额突破3亿元。航空机票全年销售450余万张，同比增长70.3%，中国邮政成为国内第6大航空机票代理人。邮政服务民生、参与公共服务的渠道进一步拓宽，便民服务站总数超过12万个，受到百姓的欢迎和政府的肯定。“自邮一族”会员总量达194万名，全国加盟商近1.5万家。短信业务全年实现收入20.6亿元，同比增长46.2%。全新的邮政业务网站上线运营，日均访问量近万次，基本实现各项邮政业务的在线查询和受理。11185客服中心全年来话超亿次，受理业务

1 中国邮政报. 全国邮政工作会议在京召开[EB/OL](2012-01-12)[2012-03-20]. 中国邮政集团公司网站：http://www.chinapost.com.cn/2/21/4791.html

6000多万次（件），支撑了航空机票电话订票等电子商务类新业务的发展。

（中国邮政集团公司）

11.4.2 旅游业电子商务

1. 基本情况

（1）旅游业发展受高度重视

在当今社会高速发展的背景之下，旅游业已成为全球经济中发展势头最强劲和规模最大的产业之一。经过改革开放三十年来的发展，中国旅游业发生了翻天覆地的变化。中国旅游产业随着改革开放的日趋深入和经济现代化的加速，所处的环境和面临的形势正在发生着深刻而重大的变化。

2009年11月，国务院讨论通过了《关于加快发展旅游业的意见》，提出把旅游业培育成国民经济的战略性支柱产业和人民群众更加满意的现代服务业。旅游业兼具经济和社会功能，资源消耗低，带动系数大，就业机会多，综合效益好。我国幅员辽阔，旅游资源丰富，人民群众日益增长的多样化消费需求为旅游业发展提供了新的机遇。

近年来，我国旅游业快速发展，但仍面临发展方式粗放、基础设施建设滞后、服务质量不高等问题，必须加强统筹规划，从改革、开放、服务、管理入手，着力提升发展质量，把旅游业培育成国民经济的战略性支柱产业和人民群众更加满意的现代服务业。加快发展旅游业，必须坚持改革开放，坚持以人为本，提高服务和管理水平；坚持以国内旅游为重点，积极发展入境旅游，有序发展出境旅游；坚持因地制宜，合理利用资源，推动旅游业特色化发展和可持续发展。

（2）旅游法规建设逐步推进

2010年4月19日，全国《旅游法》起草工作调研座谈会在杭州召开。国家旅游局局长邵琪伟在2010年全国旅游工作会议上表示，要全力配合全国人大财经委工作小组，认真做好《旅游法》起草工作，力争年内按计划完成立法基本框架。

（3）旅游产业融合发展不断深化

国家旅游局相继与建设部共同推动特色景观旅游村镇建设工作，与文化部联合出台《关于促进文化与旅游结合发展的指导意见》，与农业部加大发展乡村旅游工作力度；与环保部共同推进生态旅游标准实施，与国务院三峡办、扶贫办推动三峡库区旅游扶贫工作，与工商、质监、宗教、文物、国标委等部门共同开展规范宗教旅游场所文明燃香活动，与保监会共同推进旅行社责任险全国统保，与邮政集团建立旅游与邮政合作机制。进一步加强对重点省区市旅游业发展的分类指导，全年与11个省区市政府签订了推动旅游业发展的合作协议。与中国农业银行合作推动的旅游一卡通“金穗中国旅游卡”，是旅游业“金旅工程”和金融业“金卡工程”的具体实施。

2. 电子商务发展应用现状

（1）我国旅游信息化现状

旅游信息化是指充分利用信息技术、数据库技术和网络技术，对旅游有关的实体资源、信息资源、生产要素资源进行深层次的分配、组合、加工、传播、销售，以便促进传统旅游业向现代旅游业的转化，加快旅游业的发展速度，提高旅游业的生产效率。

旅游信息化的内容主要包括旅游企业信息化、旅游电子商务、旅游电子政务三项。电子商务是旅游产业信息化现阶段的重要内容。

（2）旅游电子商务的发展

随着互联网在全球范围内的飞速发展和普及，信息技术的成果正逐步渗透到人们社会生活和生产的各个方面，电子商务作为一种新的交易手段和商务模式，也正以空前的速度进入包括旅游业在内的传统商务的各个领域。

我国旅游网站的建设开始于 1996 年。第一代在线旅游企业，以携程、艺龙等企业为代表，极大地促进了中国在线旅游以“机票+酒店”商旅为主的市场的发展。随后各类旅游预订网站纷纷建立，行业规模逐渐扩大。第二代在线旅游企业，以淘宝、去哪儿、酷讯等企业为代表，以更低的价格促进了休闲为代表的在线机票、在线酒店市场的发展。第三代在线旅游企业，以途牛、悠哉、驴妈妈等企业为代表，以自由行、线路跟团等产品刺激了在线休闲度假市场的发展。在移动互联网、电子商务技术快速发展的 2011—2012 年，基于移动客户端、点评攻略的在线旅游解决方案成为市场发展的大趋势，同时“开放&合作”成为企业发展的新思路，各种细分的产品应运而生，并快速得到市场认可。

到 2011 年年底，我国拥有 5000 余家具有一定资讯服务实力的旅游网站，可以较全面系统地介绍旅游目的地的六要素信息及其旅游企业信息，但总体来上仍不能满足我国旅游市场的发展需求。

在线旅游行业已达到完全竞争状态，企业利润非常有限。居高不下的人力成本，越来越透明化的利润空间，使得低格策略似乎成为竞争的唯一手段，而价格战的最终结果可能是相当一部分企业退出市场，这是行业同质化竞争的必然结果。

以携程为代表的在线代理商，其主营业务都是酒店预订和机票预订，都以收取佣金为主要营利模式，业务同质化现象严重，在线代理商之间的竞争非常激烈。另外，产业链上游厂商直销力度的加强、垂直搜索网站的出现，使得酒店和机票价格的透明度越来越高，佣金逐渐下滑，给在线代理商带来了很大的冲击。在渠道和竞争的双重压力下，在线代理商希望通过其他业务的扩展来开拓新的营业收入增长点。

3．中国在线旅游市场交易规模与特点

（1）中国在线旅游市场交易规模

艾瑞咨询统计数据显示，2010 年我国在线旅游市场交易规模突破 1000 亿元，达 1037.4 亿元，同比增长 58.0%，呈高速增长的态势。2011 年中国在线旅游市场交易规模为 1313.9 亿，同比增长 38.5%（图 11-6）。其中，在线机票交易规模约 817.7 亿元，占在线旅游市场六成以上；在线酒店交易规模为 319.3 亿元，约占在线旅游市场交易规模的 24.3%；度假产品及其他交易规模约为 136.9 亿元，占整体的 10.5%；租车等其他项目交易规模约为 39.9 亿元，占整体的 3.0%。

根据艾瑞咨询统计数据，2010 年中国在线旅游第三方在线旅行服务代理商市场营业收入规模为 67.6 亿元，同比增长 56.0%（图 11-7）。2011 年第三方在线旅行服务代理商市场营业收入规模为 78.6 亿元，同比增长 16.3%。

（2）2011 年中国在线旅游市场发展的特点

2011 年中国在线旅游市场的发展表现出以下六个特点。

① 市场规模持续高增长，达 1313.9 亿元，增速达到 38.5%。

② 在线机票市场趋于成熟，代理人在线分销进一步多元化和规范化，航空公司在线直销力度逐渐加强。

③ 在线酒店市场前景广阔，现付为主，预付产品“百花齐放、百家争鸣”，单体、特色、度假酒店迎来在线销售春天。

④ 在线度假市场蓬勃发展，新型度假电子商务高速成长，自由行、出境游成为发展热门。

⑤ 在线旅游平台加强中小供应商整合力度，开放与合作成为了行业发展的主题。

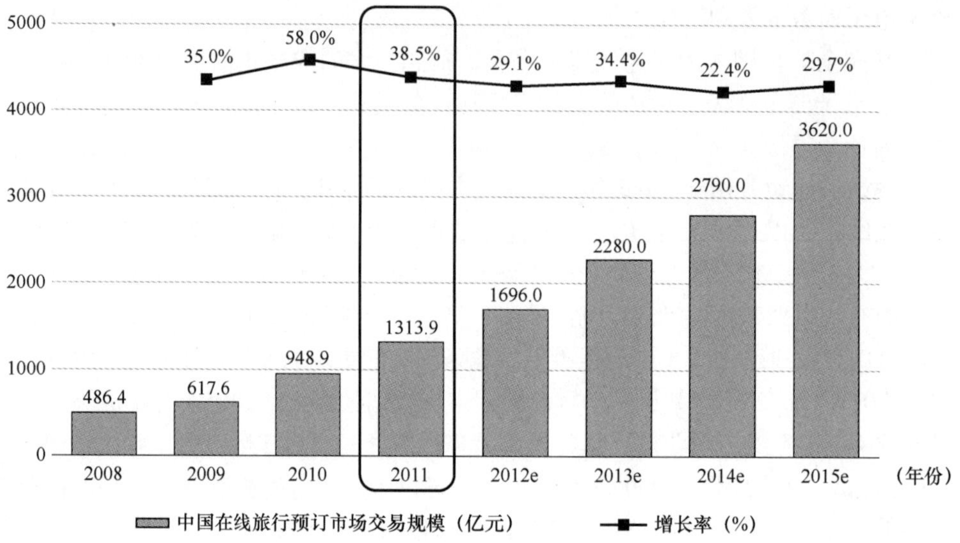

图 11-6　2011 年中国在线旅游市场交易规模

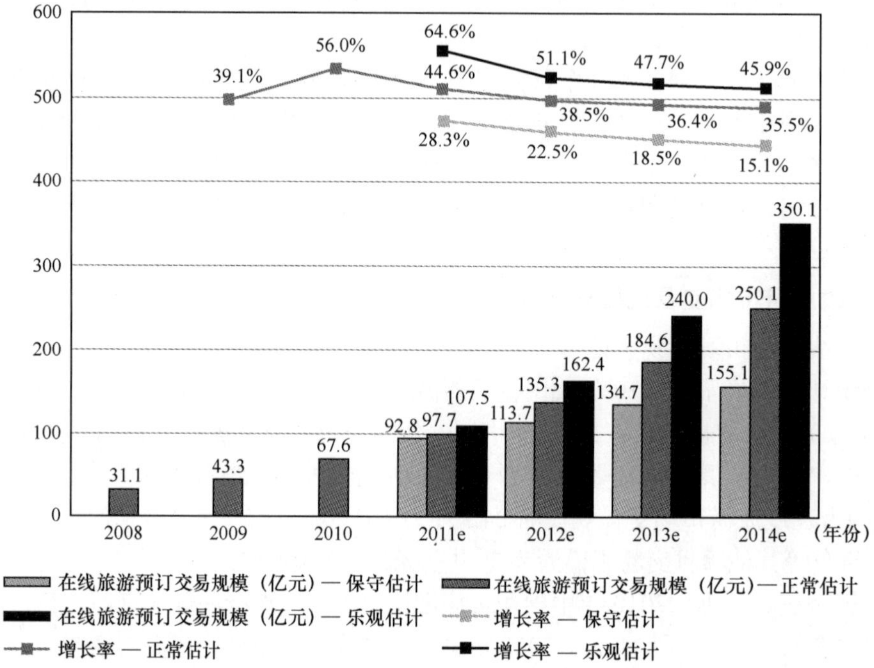

注：市场营收规模指第三方在线旅游代理商佣金收入规模，包括电话预订和在线预订的营收规模之和。

图 11-7　2010 年中国第三方在线旅游代理商电子商务营业收入规模

⑥ 新的促销方法，如“点评”方式大大帮助在线旅游消费行为形成良性循环，微博营销等社会化营销手段受到在线旅游企业的高度关注，移动客户端成为了在线旅游企业的重要营销手段。

（艾瑞咨询）

4．国内旅游网站新典型

（1）途牛旅游网

2010 年 3 月，途牛网获得 GobiPartners（戈壁合伙人有限公司）的风险投资，达数百万美元，迎来了新一轮的发展机遇。新资金将主要用于增加出发地覆盖，拓展优化产品结构，提升上游合作，加快市场推广，加强团队建设，为了“让旅游更简单”的使命继续快速前进。2011 年 4 月，途牛旅游网成功完成 C 轮约 5000 万美元融资，投资方为红杉资本、乐天集团、DCM、高原资本。

途牛旅游网目前提供全国 20 多个城市出发旅游产品的预订，包括周边自助旅游，周边跟团旅游，国内长线跟团旅游，海南、云南、广西等自助旅游，以及包括马尔代夫海岛在内的出境自助游、出境跟团旅游等。

（2）欣欣旅游网

欣欣旅游网拥有国内最大的旅行社联盟体和旅游线路库，聚合 4 万多家全国各地的旅行社，荟萃 120 万条国内外的跟团、自由行旅游线路。欣欣旅游网拥有全国 395 个一级城市的旅游门户阵群，为广大游客提供中国所有地级市以上城市的最详尽的景点介绍、游记攻略、旅游问答等旅游信息服务，同时提供这些地区的实时旅游、订房、订票、会议、导游等旅游服务。

欣欣旅游通过搭建专业的旅游产品网络营销平台，吸引全国各地超过 4 万家旅行社加盟合作，帮助消费者从浩繁的旅游信息中快速找到适合的资讯。游客通过欣欣旅游网可充分享受“直销一体式”服务，自助选择自由组合。游客可从旅行社在欣欣开设的专属旅游网店中，获取最新旅游产品信息，了解各类旅游产品优势，从而从众多产品中选择合适的产品以及对应的服务商，预订后享受旅行社提供的各类旅游服务。

欣欣旅游拥有强大的后台支持，不单提供查询预订服务，还会及时记录更新旅行社和游客的业务变动情况，以便业务双方都能够随时随地地查阅订单记录，为之后的服务和需求起到很好的导向作用。除此之外，欣欣还会联合第三方企业推出一系列基于旅游电子商务服务的保障性服务，例如：支付担保、信用评级、用户评价、业务累计等。

（3）腾讯旅游

腾讯于 2010 年 9 月 1 日正式推出在线预订平台——QQ 旅游，提供机票预订和酒店预订服务。2011 年 3 月腾讯收购知名在线旅游运营商同程网 30%的股权，交易金额在 5000 万元到 6000 万元之间。

2011 年 5 月 16 日，腾讯向艺龙投资 8400 万美元，购买了艺龙新发行的约 1100 万股股份，持有艺龙 16%的股权，成为艺龙第二大股东。腾讯此次入股艺龙，可以说与其最近采取的开放策略有密切的关系，那就是腾讯要充分利用其高达 6.74 亿的活跃 QQ 用户来进行流量变现，而其中的具体手段之一就是加强与各类垂直网站的合作。在艺龙宣布腾讯入股的前一天，腾讯正式推出“Q+”开放平台，第三方应用商将可对接 QQ 客户端。这个举措被外界视为腾讯向“开放式平台”转型的实质性行动。

近年来在线旅游业发展势头迅猛，腾讯以开放平台为契机，通过入股艺龙和开展与其他在线旅游公司的合作，打通旅游服务生活圈，将原有庞大客户群进一步套牢在自身平台上，并实现旅游业务的模块化、功能化，这是腾讯进军旅游业的长期战略。

纵观腾讯目前的旅游业务，已经与不同的公司开展了合作：外包腾讯旅游频道，主要发布旅游业资讯和经营旅游线路预订；与南航合作推广南航财付通专区；QQ 旅游销售机票、酒店产品；近期腾讯与“去哪儿”在旅游搜索领域也展开了合作。不过腾讯高调进军旅游业，现阶段似乎更多是试水性质，但潜在的问题也不可回避：一旦多个第三方旅游网站上线腾讯开放平台，各方的产品和服务难免有所交叉、重叠，是否会加剧竞争，损害部分合作方利益；再则，腾讯作为一个开放平台，对这个平台上的产品和服务承担一定责任，如何监控这些产品和服务质量。这都是摆在腾讯面前的巨大的挑战。

（4）淘宝旅行

2010 年 5 月，淘宝旅游平台上线，淘宝旅行是淘宝网旗下的综合性旅游出行服务平台。淘宝旅行整合数千家机票代理商、航空公司、旅行社、旅行代理商资源，为旅游者提供机票、酒店、景点门票、签证、租车、邮轮等旅游产品的信息搜索，购买、售后服务的一站式解决方案。

淘宝采用了不同于携程的商业模式——平台战略，为航空公司，票务代理公司以及旅行社提供机票销售的平台，并收取少量的服务费用。这部分费用远低于携程等机票代理公司收取的佣金，因此淘宝所销售的机票价格可以更低。另外淘宝用户群非常可观，2 亿的用户群远远超越了携程，而且淘宝在这些用户中的口碑也不错。

淘宝的上升势头非常明显。根据淘宝公布的数据，从 5 月旅行平台正式上线至 8 月初，淘宝旅行平台每日机票出票量已经达到 1 万张左右，相当于每 8.6 秒就售出一张。背靠亚洲最大的网络零售商圈淘宝网和高达 2 亿人的淘宝用户群，无疑淘宝旅游平台具有了先天优势。

旅行平台上线后，占据了当前国内机票市场 70%以上市场份额的 200 多家传统机票代理商纷纷入驻淘宝，因为众多机票销售商的加入，使淘宝旅行形成了一个自由竞争的大市场，从而使平台机票价格达到最低，而服务水平稳步上升。

在机票价格上，除了淘宝本身收取的服务费用低以外，其开放平台战略也为其积聚了大量的资源，其中不乏能够提供低价机票的资源。例如，目前东航、深航、联航、幸福航空等航空公司已经在淘宝旅行平台开设了官方旗舰店，航空公司通过机票直销可以提供更低价的机票。

不仅是航空公司，包括不夜城航空、网逸航空、滕邦、深圳达志成等 200 多家实力强劲的一线机票代理商也已入驻淘宝，这些代理商规模巨大，能够从航空公司拿到较高的代理费返点，因此在机票价格上也很有竞争力。

航空公司不论从数量还是规模上都很有限，淘宝主要的资源还在于数量众多的票务代理商。预言淘宝将颠覆在线旅游行业格局的互联网数据中心的胡延平主任，也承认淘宝面临着“短期内如何优化、整合商家资源”的挑战。而且淘宝虽然在机票上有优势，但是在酒店和旅游服务上是否占优还很难讲。因为消费者对机票价格比较敏感，但是对酒店和旅游服务上可能并不是那么敏感。更何况携程经过多年的经营，已经积累了强大的酒店资源，在旅游服务上也有完善的系统。在这两大业务上，淘宝还很难在短期内超越。

（国家旅游局　信宏业）

11.4.3　外贸行业电子商务

1. 外贸电子商务应用现状

2011 年是中国入世 10 周年。中国进出口首次突破 3 万亿美元，全年进出口总值达 36420.6 亿美元，比 2010 年增长 22.5%。面对外需减弱、人民币升值、生产成本增高等多重压力，对外贸易在“稳出口、扩进口、调结构”的政策驱动下保持了稳定增长，电子商务在稳定中国对外贸易中发挥了重要作用。

（1）政府加大外贸领域电子商务支持力度

为了巩固贸易大国地位，推进贸易强国进程，商务部加快了国际电子商务平台的建设。2011 年 4 月，商务部公布了 2011—2012 年度重点推荐的开展对外贸易第三方电子商务平台的名单，阿里巴巴速卖通、敦煌网、中国制造网、中国诚商网榜上有名。

2011 年 12 月 26 日，由中国国际电子商务中心和上海市商务委合作共建的“中国（上海）网上国际贸易中心平台”正式开通。该平台由上海市商务委员会和商务部电子商务司、中国国际电子商务中心三方共同打造。项目分两期建设：一期以商务领域公共信息服务平台建设为主，围绕内贸流通、外贸促进、对外投资合作、贸易预警等商务核心业务，联合业界专家及专业咨询机构，以广泛的数据资源、深入的挖掘分析、独到的专业见解为特色，提供全面、准确、权威的商务公共信息与决策支持服务，服务政府决策、服务企业市场开拓；二期主要是围绕内、外贸等业务领域，以市场需求为导向，推进平台的功能性服务，同时，结合国家现代服务业支撑平台建设，形成上海市电子商务公共服务平台体系。

2010 年 12 月，南通市进出口、出口、进口值三项指标全部刷新月度最高纪录，在全国大中城市排名中，南通外贸进出口总量排名进入 25 强。南通市政府将国际电子商务作为重要抓手，组织 1500 多家企业加入阿里巴巴、中国制造等电子商务出口平台，通过网络与国外沟通，引导企业通过互联网走向世界，收到了很好的促销效果。

（2）电子通关顺利推进

2011 年中国的电子通关进入了国家电子口岸和地方电子口岸两个层面共同发展的崭新阶段，已有 35 个地方电子口岸平台在线运行。中国电子口岸已经实现了与国务院 12 个部门，以及 14 家商业银行的信息共享和互联互通，在线运行项目达到 80 个，入网企业超过 55 万家，日均登录电子口岸办理业务的企业达 15 万家，日处理电子单证数量 140 万笔，门户网站日点击率超过 560 万次。电子口岸在为政府部门之间共享信息、提高效率、加强监管和为企业提供贸易便利、加快通关速度、降低贸易成本等方面发挥着日益重要的作用。电子口岸进一步的发展，将全面实现“单一窗口”功能，进一步提高我国贸易便利化水平，增强企业国际竞争力。

2011 年中国海关开展通关作业无纸化改革的试点工作，现已经完成对报关所需单证的梳理，2012 年将在业务量大、有代表性企业中推广完全无纸化的通关方式，以适应单证审核依据由纸质单证为主向电子数据为主的转变。通关作业无纸化改革是在全面推进分类通关改革的基础上进一步便利通关的措施。中国海关自 2009 年 5 月以来逐步推进实施分类通关改革试点，以企业资信状况为基础，按风险高低对进出口货物实施差别化通关作业，受到了广大进出口企业的好评。2011 年前三季度，全国实施分类通关的出口货物平均通关时间为 1.51 小时，与 2010 年前三季度相比缩短了 0.18 小时；进口分类通关平均通关时间为 18.53 小时，与 2010 年前三季度相比缩短了 0.77 小时。通过改革进一步缩短进出口货物的通关时间，降低企业通关成本。

2011 年 12 月 21 日在“长三角区域大通关建设协作第四次联席会议”上，上海、江苏、浙江三地口岸主管部门共同签署了《推进长三角口岸城市群大通关合作协议》。自 2007 年 5 月长三角区域大通关建设协作机制推广以来，长三角区域推行的“属地申报、口岸验放”、出口“直通放行”、“进口转检”等政策实现全覆盖，通过上海口岸的受惠企业扩大到 5000 多家，占上海与各地区域合作企业数的 70%。船舶动态信息共享和船检网上联动机制、保税货物“分送集报”、“江海直达”、“铁海联运”、“空陆联运”、“陆改水”等口岸物流多式联运体系等方面的建设有序推进。据统计，截至 2011 年 11 月，苏浙沪三省市外贸进出口总额已接近 1.2 万亿美元，比 2010 年同期增加约两成，在全国占比超过 1/3；比 2007 年启动区域大通关协作时增加了六成，年均增长率近 20%，呈现出在较高水平上稳健增长的良好势头。

经过两年半的建设，辽宁电子口岸十大先导建设项目已陆续上线使用，其中舱单综合服务系统、大通关综合信息查询系统、空港通关支持系统、油气液体化工品通关支持系统、场站综合服务系统等已经在口岸发挥出重要的作用。直接开户的企业用户数已经达到了 279 家，系统日传输报文量超过 10000 票，网站日平均点击量逾 3000 人次，取得了巨大的社会效益及一定的经济效益。

广州海关积极贯彻《海关总署广东省人民政府共同建设全国加工贸易转型升级示范区推进转变发展方式合作备忘录》，推进加工贸易企业、外经和海关三方联网。目前，关区内全部电子账册企业185家都已实现三方联网。其中142家企业通过广东省加工贸易联网监管审批系统实现了三方联网管理，其余43家电子账册企业通过广州市加工贸易联网监管审批系统实现了联网管理。通过三方联网平台，企业在外经贸部门系统审批的电子数据可直接传输到海关H2000系统，如原来需要1、2天办理经营范围变更手续的时间现在缩减至1、2小时；海关则在H2000系统进行手册备案、变更审核时，直接比对电子底账与外经贸部门审批的《业务批准证》电子数据，提高了行政审批效能。

“网上支付”系统是海关推进口岸“大通关、大物流”的重要环节，通过连接海关业务系统与银行业务系统，实现企业税费支付的网络化，大大提高了进出口货物的通关效率，降低了企业的贸易成本。2011年，江阴海关通过“网上支付”及“电子支付”系统共办理税单1992票，征收税款4.67亿元，单量和税款同比分别增长21.3%和13.9%，创历史新高。

（3）外贸电子商务网站稳定发展

商务部中国国际电子商务中心与各级政府共建区域电子商务平台，开创了以信息化手段促进区域经济协调发展的新举措。通过中国诚商网，以“政府支持、资源共享、专业服务、企业受益”的电子商务平台发展模式，有效地促进了电子商务普及化、政府与企业的管理决策科学化、贸易电子商务全流程化、电子商务诚信化以及电子政务和电子商务的融合化。

2008年5月，以福建省国际电子商务应用平台为代表的区域电子商务发展模式正式运行，以“政府支持、资源共享、专业服务、企业受益”为理念，采取“数据在中央，服务在地方”的“云计算”模式，中国诚商网创新了政府引导、扶持企业应用电子商务的崭新模式，为政府推进地方信息化建设探索出一条新路。

截至2011年年底，已有38个国内区域电子商务平台（福建、天津、重庆、广州、青岛、四川、晋江、山西、江西、威海、临沂、甘肃、大连、宜昌、淄博、汕头、湖南、香港、嘉兴、烟台、吉林、河南、南宁、湖北、唐山、延边、潍坊、西宁、广西、辽宁、沈阳、温州、呼伦贝尔、宝鸡、贵州、黑龙江、吴兴、扬州）和9个国际电子商务平台开通并上线运营。服务范围覆盖中国的东北、华北、华中、华南、西北、中国香港等重要省市及巴西、哥伦比亚、韩国、斯里兰卡、马来西亚、越南、新加坡、法国、埃及等国家和地区。

中国诚商网（www.Trade2CN.com）成立于2009年8月，是国家级、权威、诚信的贸易全流程电子商务平台，隶属于中国商务部中国国际电子商务中心（CIECC）。2011年被评为商务部“重点推荐的开展对外贸易第三方电子商务平台”，其前身是有着“永不落幕交易会”美誉的在线广交会和中国商品交易市场。近年来，在商务部的领导、各地政府的配合和CIECC的支持下，以“政府扶持、资源共享、专业服务、企业受益”的发展模式，采取“数据在中央，服务在地方”的云计算应用模式，开通了38个国内区域电子商务平台和9个国际电子商务平台。目前，中国诚商网在全国设立了105个销售服务节点，依托国际站和中文站两大门户，共享中国外经贸主干网和金关工程价值数十亿的国家级冗灾系统，面向会员推出了在线广交会、全球数据宝、M平方计划、易天下、商洽通、诚交会等服务，实现了信息的精准匹配和交易全程的无纸化。

截至2011年9月，中国诚商网已经拥有国内外注册用户1200余万，涉及全球五大洲两百余个国家的贸易信息和商业数据，70余个国家和地区的实时交易数据，每日全球采购信息更新数量约为300余条，全球供应信息更新数量约2000余条，29个中国主要进出口行业数据年更新量为300余万条，与全球55个国家和地区、434家商协会建立了长期友好合作关系。从2009年初至今，已举办规模性线下中外客商洽谈会200余场，约11000余家外商和56453家中国供应商应邀参会，行业覆盖建筑材料、机械及行业设备、家居用品、纺织服装、电子元器件、装饰用工艺品、化工产品、五金工具等。据不完全统计，线下累计意向成交额达 133 亿美元。

加入 WTO 刺激了国内外贸中小企业的电子商务运用。阿里巴巴官方数据显示，中国加入 WTO 十年间，阿里巴巴国际交易市场的会员增长了近 73 倍。2011 年阿里巴巴拥有 76.5 万名付费会员，营业收入规模达 64.2 亿元，同比增长 15.5%。阿里巴巴全球速卖通上架商品数超过 1000 万件，日均商品交易额一年内增长了 6 倍，B2B 在线交易平台流量居国际首位。

2011 年上半年，中国制造网主营收入达到 3.1 亿元，同比增长 37.58%，净利润达到 1.2 亿元，同比增长 28.46%。

2010 年，中小型外贸企业网上批发平台敦煌网宣布投入 1 亿元资金打造华南基地，首次跨出北京总部加速拓展。

109～111 届广交会期间，通过在线广交会实现：

① 109 届广交会的现场意向成交额为 41756 万美元，确认成交额为 12811 万美元，现场优质采购商为 12873 家，国外访问量为 1892 万次，网站累计访问量为 8139 万次。

② 110 届广交会的现场意向成交额为 42136 万美元，确认成交额为 12882 万美元，现场优质采购商为 14982 家，国外访问量为 1903 万次，网站累计访问量为 8667 万次。

③ 111 届广交会的现场意向成交额为 40302 万美元，确认成交额为 11917 万美元，现场优质采购商为 13564 家，国外访问量为 3013 万次，网站累计访问量为 1.31 亿次。

（中国国际电子商务中心）

2. 中小外贸企业电子商务应用

中小外贸企业可通过电子商务手段参与到全球供应链中，增强了其对供应链的掌控，中小外贸企业经营模式变为不仅仅单纯地进行中间贸易的经营，而且还可对供应链进行管理或提供信息服务，从而为中小外贸企业带来了更多商机，有利于中小外贸企业确立自己的核心竞争力。

（1）SaaS 服务的推广[1]

软件即服务（Software as a service，SaaS）服务模式发展至今，种类与产品已经非常丰富，面向个人用户的 SaaS 服务包括在线文档编辑、表格制作、账务管理、文件管理、照片管理、资源整合、日程表管理、联系人管理等，面向企业用户的服务包括 CRM（客户关系管理）、ERP（企业资源计划）、在线存储管理、网上会议、项目管理、HRM（人力资源管理）、STS（销售管理）、EOA（协调办公系统）、财务管理、在线广告管理等，还有一些针对特定行业和领域的应用服务。

从近两年 SaaS 在国内的发展可以看出，市场已经度过了概念期，进入了更为务实的发展阶段。SaaS 中国市场经过了 6 年的发展时间，现在已经初具规模，已经得到各中小企业及行业专家的认可，但真正要使中国的中小型企业都能认识到 SaaS 带来的实惠，还需要各 SaaS 厂商的不断努力，以更加完善的产品来推动 SaaS 市场。2010 年和 2011 年是云计算的概念导入期，2012 年中国云计算应用市场将进入高速发展期，而 SaaS 在此两年间随着软件产品应用探索的逐步成熟、品牌集中度的提高、用户认知的大规模普及以及互联网租用形式的成熟，SaaS 应用也将逐步进入更为快速的市场发展周期。

据中国电子商务研究中心数据显示，2011 年上半年中国管理型 SaaS 市场份额方面，排在前三名的分别为：金蝶友商网、用友伟库网和亿禧网，接下来的则为 800APP、铭万、Xtools 等厂商（图 11-8）。

全程电子商务的落实需要循序渐进，现阶段基于电子商务平台上的中小企业最直接的需求仍是寻找商机，立足于网络营销的企业市场营销管理将会是 SaaS 市场的增长点。而现阶段对于中国绝大多数中小企业而言，寻找商业机会仍然要比管理交易本身更为重要，特别是基于 B2B 平台上的中小

1 2011 年上中国电子商务市场监测报告，中国电子商务研究中心

企业，用户在满足商业机会的获取之后，才可能接受更高级的需求，立足于此，营销管理在未来将会有很大的市场空间。所以基于电子商务的营销管理将是 SaaS 厂商未来的重点。

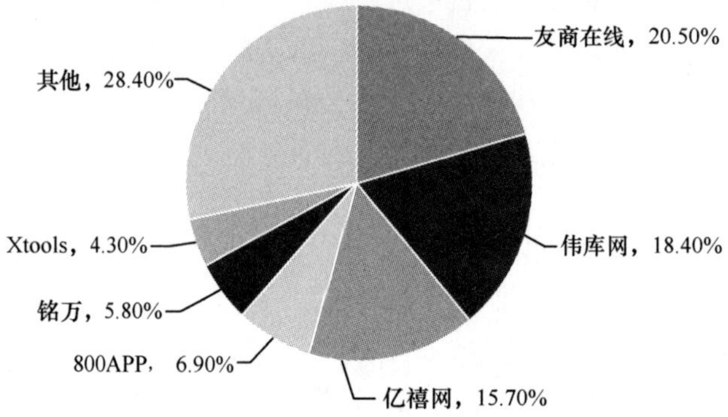

图 11-8 2011 年上半年 SaaS 行业企业市场占有率

（2）B2B 电子商务外贸平台的推广

由于受到资金、人才等方面的制约，目前大多数中小外贸企业实行电子商务还应主要采取第三方平台的方式。交易双方利用成熟的第三方中介提供的交易平台，发布供求商品或服务信息，完成询价、洽谈、签约、交易、支付、配送和售后服务等业务。有些专业的电子商务平台甚至能为交易企业提供全面配合交易的服务，如网上结算、交易管理和配送服务等，可以大大节省外贸企业的时间和精力。

根据外贸电子商务 B2B 平台的使用调查[1]，外贸 B2B 平台作为客户开发手段，普及率较高。59%的受访者选择了使用 B2B 平台寻找新客户。通过互联网寻找新客户已经成为了被众多外贸企业所接受的销售模式，观念上是被认可的，普及率较高。

作为最主要的客户开发手段，线上方式优势明显。外贸企业开发客户的主要手段，展会占到 26.2%，外贸 B2B 平台占 23.4%，利用企业网站占 19.1%，其他方式占 31.3%，各有效途径分布较为均匀，其他方式（如老客户推荐、媒体广告投放、黄页等）也占到了一定比例。

在使用外贸 B2B 平台的企业用户中，每年用于网上推广的花费在 10 万元以上的用户占 9.9%，3 万～10 万元的占 29.8%，1 万～3 万元的占 27.2%，在 1 万元以下的占 33.1%。使用最高级别会员的用户占 37.7%，使用银牌会员的用户占 23.2%，使用免费会员的用户占 39.1%。

从外贸 B2B 平台询盘的有效性看，认为询盘有效性非常满意的企业占到 2.6%，认为满意的企业占到 11.3%，认为基本满意的企业占到 66.9%，认为不满意的企业占到 19.2%。需要注意的是，对询盘有效性不满意的用户数，要远高于满意的用户数。使用外贸 B2B 平台的企业用户中，每周收到 10 个以内询盘的用户数占 39.7%，每周收到 10～49 个询盘的用户数占 47.7%，每周收到 50～100 个询盘的用户数占 7.9%，每周收到 100 个以上询盘的用户数占 4.6%。询盘主要来源，33.1%的用户认为询盘主要来自推广类产品，21.9%用户认为来自最新供求，17.9%的用户认为主要来自普通产品，只有 5.3%用户认为主要来自公司介绍页。

在使用外贸 B2B 平台的用户中，仅有 23.8%的用户购买了另外的付费广告位或推广位，76.2%的用户没有购买外贸 B2B 平台上付费广告位或推广位。认为广告位的效果非常明显的占 8.3%，认为广告位效果明显的占 41.7%，认为效果一般的占 47.2%。总体来看，97.2%的曾经购买过外贸 B2B 平台付费广告位的用户认为广告是有效果的。

45.3%的企业用户未来会考虑使用阿里巴巴（alibaba.com），32%的企业用户未来会考虑使用中国

1 李冠艺．外贸 B2B 平台使用总体情况[J]．进出口经理人，2010(7)：48-49.

制造网（made-in-china.com），23.4%的企业用户未来会考虑使用环球资源网（globalsources.com），15.2%的企业用户未来会考虑使用 Tradekey（tradekey.com）。

我国从事外贸业务的 B2B 电子商务网站近年来发展迅速。

① 阿里国际业务（www.alibaba.com）2012 年成为阿里巴巴集团七大事业群之一。原阿里巴巴国际站信息平台和全球速卖通平台整合升级，组成阿里国际业务，旨在打造以英语为基础、任何两国之间的跨界贸易和购买平台，帮助全球中小企业拓展海外市场。截至 2012 年第一季度，阿里国际业务注册用户数为 2730 万，企业商铺数量为 240 万，服务覆盖超过 240 个国家和地区。

② 商务部中国国际电子商务中心运营的诚商网（www.trade2cn.com）以“政府支持、资源共享、专业服务、企业受益”的电子商务平台发展模式，有效促进了外贸电子商务的发展。截至 2011 年年底，该网站 38 个国内区域电子商务平台和 9 个国际电子商务平台的“云计算”模式开通并上线运营，服务范围覆盖中国内地、中国香港及巴西、哥伦比亚、韩国、斯里兰卡、马来西亚、越南、新加坡、法国、埃及等国家和地区。截至 2011 年 9 月，中国诚商网已经拥有国内外注册用户 1200 余万；涉及 200 余个国家的贸易信息和商业数据，70 余个国家和地区的实时交易数据；每日全球采购信息更新数量约为 300 条，全球供应信息更新数量为 2000 余条，29 个中国主要进出口行业数据年更新量为 300 余万条。

③ 敦煌网（www.DHgate.com）是一个聚集中国众多中小供应商的产品，为国外众多的中小采购商有效提供采购服务的全天候国际网上批发交易平台。该网站充分考虑了国际贸易的特殊性，全新融合了新兴的电子商务和传统的国际贸易，为国际贸易的操作提供专业有效的信息流、安全可靠的资金流、快捷简便的物流等服务。该网站已经实现 100 多万家国内供应商在线，2500 万种商品上架，遍布全球 224 个国家和地区的 400 万买家在线采购，每小时有 10 万买家实时在线采购，每 6 秒产生一张订单的规模。即使在国际贸易环境复杂多变的 2012 年，该网站仍然保持了持续营利的状态。

④ 中国制造网（made-in-china.com）是一个荟萃中国产品信息，面向全球提供中国产品的电子商务服务商，已稳定运营十多年，成为数百万用户信赖的综合性电子商务网站。2011 年，该网站与江苏省经信委共同组织实施了“百千万电子商务应用促进计划”，在江苏省举办了 200 场免费电子商务专项培训，并设立了江苏省中小企业电子商务专区以促进省内中小企业尽快加入使用电子商务的行列。

（3）小额 B2C 外贸网站[1]（小额外贸批发与零售业务）

这里的外贸 B2C 指一般意义上小额跨境网络零售，分为两种：一种是自己组织货源，销售给买家；另一种是搭建卖家平台，促成卖家与买家交易，平台企业收取佣金。采用第一种方式的企业有米兰、兰亭集势等；采用第二种方式的有敦煌、易唐、速卖通等。

外贸 B2C 近几年取得了长足的发展，正成为传统贸易的有力补充。目前每年大概一两万亿美元的出口额中，整个外贸 B2C 占到的份额接近 1%。

随着搜索引擎对客户查询信息的垄断、外贸经济危机的持续和传统 B2B 平台的效果降低，外贸性生产企业必须面对国内日益加剧的竞争，而 B2C 形式有效地解决了这个难题，企业只要供货给 B2C 网站，后续的海外营销就可以交给网站了，可以使用更多的网络营销方式、更方便地与客户沟通、进一步压缩中间环节，使得外贸企业能够把小额批发与零售业务在互联网上开展。因此外贸 B2C 的行业发展顺应了电子商务的发展。

目前，外贸 B2C 公司业务大都遍及世界各地。敦煌网已经能够覆盖全球 237 个国家，拥有 400

1 特别说明，此部分中的小额外贸 B2C 定义为跨境网络零售，即国内厂商通过电子商务手段，将货物销售给国外消费者（这里的消费者是一般意义的消费者，包括个人和厂商）

万海外采购商、97 万国内供应商，每 6.2 秒就会产生一个订单。米兰网覆盖全球 180 多个国家和地区。

（4）网络海外代购

近年来，随着人民币持续升值的带动，海外代购业务作为一种新型消费模式在国内蓬勃兴起。私人代购大量涌现，国内各大电子商务平台也纷纷将“海外代购”作为重点业务来发展。伴随着代购行业的日趋成熟，与其相关的法规实际上也在不断完善。2010 年海外代购的市场交易规模达到了 120 亿元，2011 年达到了 265 亿元，较 2010 年增长 120.83%[1]。

网络海外代购一般是指为购买者提供代理购买海外产品并从中赚取代理费等相关费用的服务。在模式上，网络海外代购包括 B2C 和 C2C 两种服务方式，即商家直接搭建的专业 B2C 代购网站（如金蚂蚁商城、亦得代购网）和依附于大型购物网站的私人代购 C2C 网店（如淘宝网的海外代购店我爱淘美衣、索菲亚）。

网络海外代购突破了产品和服务的国境屏障（国境限制、语言障碍、国际物流等方面的壁垒），促进了自由贸易。海外代购也丰富了国内百姓的消费选择。消费者通过网络海外代购市场，足不出户，就能买到本地没有、新款限量的外国商品。但网络海外代购也带来了一定的负面影响。例如，造成国家税收损失，对本土产业形成巨大的价格竞争压力，可能引发多种金融风险。

2010 年 9 月 1 日，海关总署发布的《关于调整进出境个人邮递物品管理措施有关事宜》生效。有关措施包括：外国邮寄进境的个人物品免征额度从原来的 500 元调整为 50 元；对部分产品的邮寄进口税率有所上调；个人邮寄进出境物品超出规定限值的，应办理退运手续或者按照货物规定办理通关手续等。

新规定对部分经营者存在较大影响。对于采用从境外邮寄商品的网络代购商而言，新规定大幅提高了代购的成本，引发了网上外购商品的涨价。另外，新规定限制了不规范的个人海外代购的规模化发展，不仅能堵住海外代购关税流失的缺口，还对国内产品在渠道和价格方面给予了保护。

（5）外贸会展电子商务

在非大众消费品企业中，展会是企业一个非常重要的营销工具，特别是一些做外贸的企业，每年的广交会和一些行业展会是企业拓展业务的绝佳渠道。

但是，随着“展会营销”热潮的兴起，展会的成本在不断增加，参加一次展会少则几万元，多则几十万元。在国际贸易环境恶化，外需持续严重疲软的情况下，参展这一传统的营销方式受到了严峻挑战。在这种背景下，会展电子商务作为一种新的营销手段，为企业拓展海外市场开辟了一条新的出路。传统线下的实体交易会受时间、场地、费用等多种因素限制，而网上交易会永远在线，不受时空限制。尤其对于中小企业来说，利用网下和网上的交易会，可以得到丰富的全球客户资源，用最经济的手段，找到最合适的贸易伙伴。

第 111 届广交会期间，“在线广交会”网站累计访问量达 1.31 亿次，实现意向成交 9630 万美元；现场接待海外客商 21000 余人次，精准匹配 9500 多次，促成合作意向共计 270 余次，意向成交 40502 万美元；线上、线下累计意向成交额首次突破 5 亿美元，标志着中国诚商网线上、线下相结合的贸易服务迈上了一个新的台阶。

由中国诚商网主办的诚商进出口交易会（成交会）涉及交通运输、建材、电子、能源、纺织服装、食品、家居用品等各大行业。截至 2010 年 8 月，中国诚商网已经成功举办了 126 场中国诚商进出口交易会，参会采购商有 5451 家，中国供应商有 56453 家，意向成交额高达 133 亿美元。合作伙伴遍及亚洲、欧洲、北美、拉美及阿拉伯国家和地区。服务语言包括英语、韩语、日语、西班牙语、

1 中国电子商务研究中心．2011 年度中国 B2C 电子商务市场调查报告[R/OL]. (2012-06-07)[2012-11-20]. http://b2b.toocle.com/detail--6041566.html

法语、阿拉伯语。通过网上和网下的洽谈和撮合，有效推动了外贸的进出口。

（6）外贸网站的营销推广

网站是企业在互联网上宣传其形象，展示其产品与服务的重要窗口，是企业在互联网上形象的代表。而我国大多数中小外贸企业在开展电子商务时，一般会首选 B2B 外贸平台进行推广，而并没有意识到外贸网站的重要性。

现有的我国大部分外贸公司网站还处于利用网页宣传介绍公司和公司经营的产品、利用电子邮件进行通信联系的阶段，网页更新频率不高，与客户的互动性不强。

加强对自身网站的建设，开展适当的网络营销活动，是我国外贸企业需要高度重视的一个重要问题。同时，还需要注意以下几种网络营销手段的应用。

① 社交媒体推广营销。如在博客、微博、论坛等社交网站上发布网络博文；在博文中可适当添加些公司链接，在博文标题上下工夫，提升浏览量。如在百度空间、阿里巴巴、慧聪、若邻、企博网等网站上发博文。

② 电子邮件营销推广。电子邮件营销是广告主投入最多的网络营销方式，并已成为企业塑造品牌的新宠。要通过高水平的邮件吸引客户，并避免客户产生反感。

③ 搜索引擎推广。主要是搜索引擎网站竞价排名的应用。

④ 交换友情链接等。

（7）外贸企业对电子商务更多的需求

面对越来越激烈的市场竞争，外贸企业需要使用功能更多的电子商务服务。

① 外贸企业需要有独立的外语宣传网站。外语企业门户网站是企业的综合展示平台，在企业形象展示、产品信息发布、客户接单服务等很多方面具有长期、稳定且深入的优势。

② 外贸企业需要有更多的网络营销手段。在激烈的市场竞争环境下，企业在网络营销方面需要主动出击。最传统的有 SEO、AdWords、E-mail 等这些最直接、最实用也是必不可少的网络营销手段，而现在，SNS 和移动商务则是大趋势。

③ 外贸企业需要更深入的客户维护，更加强大的订单、客户服务和支付物流体系。为了使自身的销售渠道稳固并持续扩大，企业需要依托外语企业门户网站或在线销售网站进行更深层次的客户关系维护，定期地举办推介、优惠等活动，同时用 E-mail、在线客服等手段，加深与客户的交流和关系。

④ 直接网上进行小额批发或零售，已经有不少外贸企业和个人 SOHO 开始了在互联网上的直接销售，将传统外贸交易变成直接的在线收款后快递发货的网购模式。早期会通过 eBay、敦煌等平台，目前更倾向于功能更全面的独立的外贸网上零售网站。这些进一步的功能将能够帮助外贸企业从单纯的生产制造环节，进一步扩展销售渠道，进军产业链的上游，如策划、营销和零售环节。

3．外贸电子商务的新典型[1]

除了阿里巴巴、敦煌网、中国制造网这些老牌的第三方外贸 B2B 电子商务平台运营商，2010—2011 年，又涌现出一批外贸电子商务的新典型。

（1）易唐网：平台模式跟随者

易唐网（www.tradetang.com）于 2007 年诞生，第二年正式上线，如今年销售额达到 6 亿元人民币。

易唐网的对象主要是中国制造产品的海外买家，其中包括普通消费者，也有一些小额批发零售商，在其自己的网络或实体平台销售产品。通过搜索的方式，可以在易唐网找到相关品类的产品，

1 http://www.chinanews.com/cj/2011/10-15/3390872.shtml 中新网，国际电子商务成对外贸易新动力人才缺口逾 600 万人

在查看图片与点评后了解到产品特点、价格并下单，通过 Paypal 进行支付，款项停留在支付平台上。之后卖家以快递等形式发货，10 天左右将产品送达。待买家确认后完成交易。

易唐网的身份有些像“国际淘宝”，是提供给国内厂商的平台，以往普通的海外买家在当地采购中国出口的产品，往往需要支付较为昂贵的费用，其中的原因主要在于跨国外贸环节的烦琐，而代购等形式也存在一些不便。而易唐网所做到的“终端对终端”服务，可以压缩传统外贸供应链，符合未来商业发展的必然需要。而在自身收入方面，易唐网会在卖家供货价格的基础上增加一定比例的佣金以获得收益，由买方支付。此外，另一个主要收入点为会员制，金牌、银牌、铜牌会员上缴固定会员费之后，产品会进行重点推广。

（2）米兰网：卖家身份整合销售

与敦煌网的形式不同，米兰网自己就是一个网络卖家，通过公司在海外的团队挖掘一些好的产品版式，由国内一些签约的固定供货商负责产品生产，海外买家下订单后便进行生产，之后米兰网负责支付、物流、在线客服咨询等处理。米兰网销售的产品有动漫服装、礼服、婚纱等 18 大类，多数产品在中国都是小众类服饰，但在国外则有广阔市场空间。

米兰网的收入主要来自于从供应商收取产品后销售之间的差价。在欧美一些地区，米兰网拥有类似于“买手”的调研团队以及调研公司作为合作伙伴，及时发现当地产品的新趋势，将好的版式传回国内进行打版。而国内供应商中，既有一些以前就从事外贸出口的厂商，也有之前主要进行内销的厂商，他们的产品经过米兰网团队的质量考核通过后签署合作协议，此后只需要每日登录中国供应商网站国内入口，检查全球分配过来的订单，按照米兰网的要求进行生产、发货即可。产品会经过厂商与米兰网的两次质量检测，再进入物流渠道，被分别发往位于成都和广州的仓储中心。

（3）兰亭集势：以“新奇”为特色

与米兰网模式有些类似的是兰亭集势（www.lightinthebox.com），该网站销售的产品主要为 3C、婚纱礼服等服饰类产品，作为商家，在供应商进货之后发往海外，还同天娱旗下“快乐盒子”合作，销售艺人潮流产品。兰亭集势销售的一些 3C 产品以“新奇”为特色，以往国外买家不得不在 eBay 上寻找中国代购，如今可以在兰亭集势上找到。

（中国国际电子商务中心）

11.4.4 零售行业电子商务

1．网络零售服务平台规模

从中国网络零售服务平台发展规模来看，截至 2011 年 12 月底，平台数量已达到 1.22 万家。这些平台中，除极少数提供 C2C 网络零售服务（如淘宝、拍拍、易趣等）外，绝大多数是从事 B2C 服务的网络零售平台。

B2C 网络零售的渠道价值已经被越来越多的企业发现并重视。一方面，淘宝商城、QQ 商城此类的零售平台，成为传统品牌商、制造商触网的试验田；另一方面，随着网上交易商品的丰富，鞋类、钻石、奢侈品等细分领域的垂直 B2C 企业不断涌现，成为 B2C 网络零售快速成长的推动力。

C2C 网络零售服务平台正在吸引越来越多的企业进入电子商务领域。以淘宝为例，截至 2011 年 9 月，接受开放平台进入电子商务领域的企业或零售商数量达到 42609 家，是 2010 年同期的 11 倍多，日均新增接入服务商 200 家（图 11-9）。

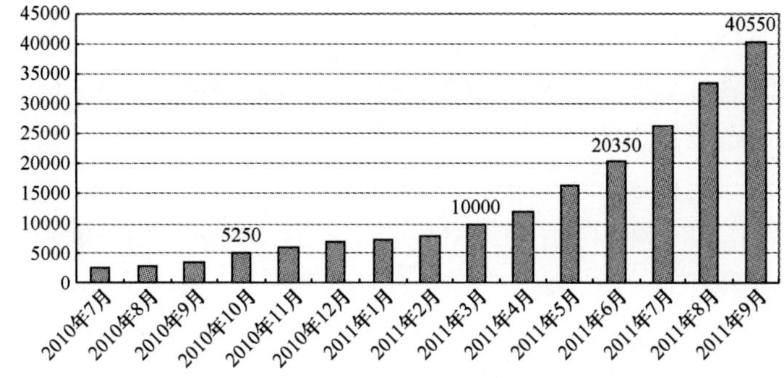

图 11-9　2010 年 7 月—2011 年 9 月接入淘宝 C2C 服务平台的企业或零售商数量

资料来源：阿里研究中心，2011 年 10 月。

2．网络购物用户规模

统计数据显示，截至 2011 年 12 月底，我国网络购物用户规模达到 1.94 亿人，网络购物使用率提升至 37.8%。随着中国网络购物市场诚信体系的建设和支付环境的不断改善，在“80”后网民逐步成为消费主力等背景因素的推动下，未来几年，中国有望成为全球最大的网络零售市场（图 11-10）。

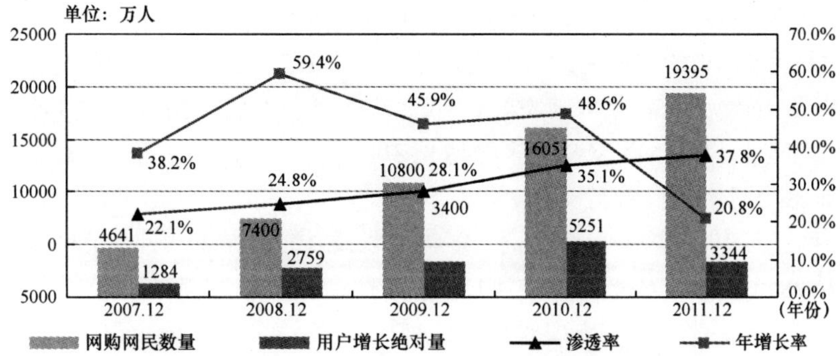

图 11-10　2008—2014 年中国网络零售市场用户规模情况

资料来源：中国互联网络信息中心，2012 年 1 月。

3．网络零售市场交易规模

从年度数据来看，2010 年中国网络零售交易额为 5091.04 亿元，2011 年中国网络零售交易额达到 7825.6 亿元，延续了多年来高速发展的态势（图 11-11）。

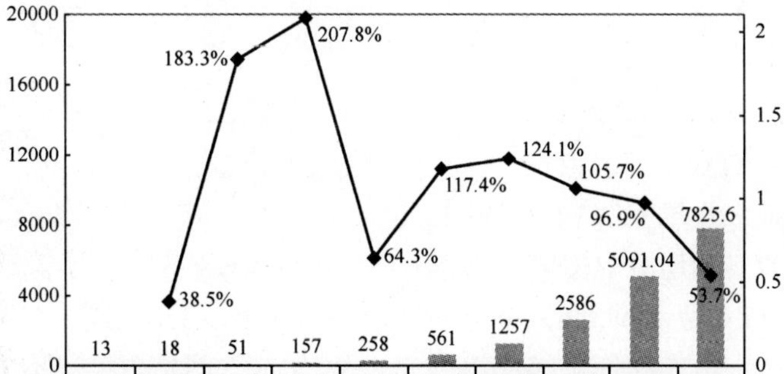

	2002年	2003年	2004年	2005年	2006年	2007年	2008年	2009年	2010年	2011年
网络购物交易额	13	18	51	157	258	561	1257	2586	5091.04	7825.6
网络购物交易规模增长率		38.5%	183.3%	207.8%	64.3%	117.4%	124.1%	105.7%	96.9%	53.7%

图 11-11　2002—2011 年中国网络零售额增长情况

资料来源：艾瑞咨询，2011 年 6 月。

从中国网络零售市场交易规模的结构来看，C2C 网络零售仍是主流。2011 年 C2C 交易规模达到 5994 亿元，占网络零售整体交易的 76.6%。但 B2C 市场交易规模已经占到 23%，较 2010 年增长了 70.8%。这种情况与网络购物用户购物心态逐步成熟，从单纯注意价格逐步转化为注重网上零售服务品质有关。

与 2010 年相比，2011 年中国 C2C 市场格局变化不大，淘宝网仍一家独大，占据八成以上市场份额，拍拍网次之，易趣网的市场份额走低。未来这一市场格局将保持相对稳定。

4．网络零售电子商务发展特点

2010 年以来，中国网络零售市场呈现出交易规模化、主体多样化、电子商务企业品牌化以及零售网站平台化四大特征。

（1）交易规模继续扩大

2010 年中国网络零售市场交易规模达 5091.04 亿元，较 2009 年增长 96.9%。2011 年中国网络零售市场交易规模达 7825.6 亿元，同比增长 53.7%。中国网络零售市场交易规模占社会消费品零售总额的比重从 2009 年的 2.1%、2010 年的 3.30%增加到 2011 年的 4.32%，上升趋势非常明显。未来几年，网络零售市场规模还将不断扩大。

与此同时，零售网站交易规模也在不断扩大。据不完全统计，2010 年中国网络零售市场上，有 2 家年交易额过百亿元的 B2C 零售网站；年交易额介于 10 亿～30 亿元的零售网站不少于 7 家（其中 3 家包括了其电话销售、目录销售的部分）；年交易额介于 1 亿～10 亿元的零售网站超过 20 家。交易规模刚过亿元的零售网站，年交易规模约增长 300%。

（2）传统企业主动向电子商务转变

2010—2011 年，中国的品牌商、制造商、零售商以及传统的旅游企业，纷纷搭建网络销售渠道，发展电子商务。从苏宁易购、国美商城、TCL、格兰仕上线，到物美、银泰百货网上商城开业，从中国邮政与 TOM 集团合作推出邮乐购，到申通、圆通等物流公司推出自己的 B2C 网站，传统企业已经充分认识到发展电子商务对其未来发展的重要性。

以苏宁易购为代表的传统企业网络零售业务发展迅速，2011 年连续 4 个季度销售额均超过 10 亿元，跻身中国 B2C 网络购物市场前 3 名。同时，银泰集团的银泰网，国美集团的国美电器网上商城、百联集团的百联 E 城等也创造了很好的网上销售业绩。

传统企业通过制订合理的全网营销战略，线上销售的水平屡创新高。来自淘宝的数据显示，2011 年，仅在淘宝分销平台上进行分销的供应商或品牌商达 8.1 万家，入驻的分销商达 130 万家，参与分销的品牌商中传统企业占据重要份额，典型的企业有波司登、艾美特、Thinkpad、帮宝适、博洋家纺、澳优、TCL、惠氏、格兰仕等。

此外，传统企业的网络旗舰店在 2011 年体现出极强的实力。2011 年淘宝双十一光棍节促销当天，传统企业旗舰店 GXG、骆驼服饰、博洋家纺三家的销量超过 4000 万，杰克琼斯的销量突破 3000 万，富安娜、真维斯、水星家纺三家突破 2000 万。

境外企业也开始现身中国电子商务市场。2011 年，全球最大零售企业沃尔玛的沃尔玛深圳山姆会员网上商店（http://www.samsclub.cn/sams/homepage.jsp）上线。富士康公司的飞虎乐购网（http://www.efeihu.com/）开始在网上经营 3C 产品。虽然这些网站规模还不大，但这些重量级角色的进入，无异增加了中国电子商务市场的竞争强度。

表 11-4 显示了中国连锁百强企业开展网络零售业务的情况。

（3）市场竞争强度加大

伴随着电子商务企业的增加和原有电子商务企业规模的不断扩大，网络市场竞争的强度也在不断加大。网络促销手段不断翻新。

表 11-4　2011 年中国连锁百强企业中部分开展网络零售业务的企业

公司简称	网店名	网址
苏宁电器	苏宁易购	http://www.suning.cn
国美电器	国美电器网上商城	http://www.gome.com.cn/
百联集团	百联 E 城	http://www.blemall.com/
家乐福	家乐福在线商城	http://e-shop.carrefour.com.cn/cn/index.do
金鹰商贸集团	时尚金鹰网	http://www.goodee.cn/eshop/
王府井集团	劲购网	http://www.goonow.com
大商集团	大商网上商城	http://www.66buy.cn/
迪信通	迪信通商城	http://www.dixintong.com/
欧尚（中国）	欧尚网购	http://www.auchan.com.cn/
成都伊藤洋华堂	伊藤洋华堂网络超市	http://shop.iy-cd.com/
宏图三胞	宏图三胞网上商城	http://www.pcarm.com/
北京西单友谊集团	西单 igo5	http://www.igo5.com/
天虹商场	网上天虹	http://www.myrainbow.cn/
银泰百货	银泰百货网上购物	http://www.intime.com.cn:8000/shop/
农工商	便利通商城	http://www.chblt.com/
广百股份有限公司	网上广百	http://eshop.grandbuy.com.cn/index.jsp
宁波三江	三江购物网	www.sanjiang.com
利群集团	利群商城	http://www.liqunshop.com/
友谊阿波罗	商虎网	http://www.9448.net/jrdshop/
中百集团	中百网	http://www.zon100.com/
北京翠微大厦	翠微百货网上奥特莱斯	http://cwjt.com/
青岛维客	点点网	http://www.weeklydd.com
中央商场	中央商场	http://www.njzysc.com/shop.php
话机世界数码连锁	手机世界	http://www.3chot.com
文峰大世界	文峰大世界网上商城	http://www.wfdsj.com.cn/shop
全福元商业集团	全福元商业集团	http://www.sgbhdl.com:8080/ehdshop
哈尔滨中央红	哈尔滨中央商城	http://www.zysc.com/
石家庄北国人百	如意购物	http://www.ruyigou.cn/
邯郸市阳光百货	阳光百货购物街区	http://www.hdyg.com/gwjq.do?o=toGwjq
广州友谊集团	广州友谊商店	http://121.8.125.2:6090/

2011 年，阿里巴巴加大了单身节的营销强度，并组织了双 12 促销活动，创造了全天成交额 43.8 亿元的新纪录。苏宁易购作为电子商务的后起之秀，将传统企业灵活的促销方式搬到网上，先后组织了“128 年末狂欢季”、“年末终极大扫货”等促销活动，收到了很好的效果。

2011 年，中国网络零售企业开始大量使用线下广告进行推广宣传。例如，凡客签约明星代言，京东商城赞助体育赛事，玛萨玛索开设线下实体店。此类活动有助于电子商务企业抢先覆盖潜在网购用户，增加其未来同传统实体企业竞争的砝码。

除了原有的网络营销手段外，2010 年微博营销开始流行。2010 年世界杯期间，伊利营养舒化奶与新浪微博深度合作，在“我的世界杯”模块中，结合伊利舒化产品特点，与世界杯足球赛流行元素相结合，打响了品牌的知名度。东方航空公司的微博“@东航凌燕”目前拥有 3 万多名粉丝。该微博通过空姐们在世界各地拍摄的风景照片和自己的航空服务切身体会吸引粉丝，开展线上线下各种营销活动，扩大东方万里行的会员队伍。

为了提高市场竞争力，2011年各类电子商务交易平台都加强了诚信体系建设。淘宝网出台一系列平台规则，加强平台内的诚信监管，完善平台的交易环境；拍拍网推出诚信保证计划。京东商城、凡客、新蛋等B2C电子商务网站进一步加强了商品入库监管和跟踪服务，团购网站拉手网提出了“团购三包”策略，扭转了客户对团购的不良印象。

网络零售全行业处于低毛利。数据显示，京东商城、库巴网、当当网等均处于亏损状态。造成这种状态的原因，主要是各个网站大都靠烧钱做推广，靠拼价格揽顾客。要走出这种竞争状态，电子商务零售网站必须调整自己的战略战术。

在众多商品市场中，家电市场成为网购竞争的焦点，越来越多的企业介入该领域。家电网购从淘宝C2C小卖家，到京东商城、苏宁易购、易迅网、新蛋网、世纪电器网、新七天等B2C网上商城的涌现，再到以海尔、创维等品牌家电厂家为代表的网络直销模式的崛起，以及以苏宁、国美为代表的渠道商战略布局电子商务“制高点”，纷纷自建网购平台，无疑凸显了中国家电网购市场竞争的惨烈程度。

（4）零售网站平台化

2010年中国零售网站运营呈现出平台化的发展方向。京东商城宣布开放平台，凡客推出V+平台，淘宝商城发布独立域名，平台化成为了零售网站的重要发展趋势之一。

平台化一方面可以满足消费者一站式的零售需求，为消费者提供更为丰富的商品；另一方面可以帮助企业快速拓展商品种类，扩大营业规模，分摊运营成本。依据国外发展经验，未来整个市场能够容纳的电子商务平台数量有限。如何把握网络零售市场的发展趋势，培养核心竞争力，更好地与淘宝商城等大型B2C零售网站竞合是以自营为主的中小型B2C零售网站需要重点考虑的问题。

摘自《全国连锁经营协会传统零售商开展网络零售研究报告（2011）》

11.4.5 金融行业电子商务

1．银行业电子商务

（1）加强政策引导

2011年8月，中国人民银行发布了《中国人民银行信息系统电子认证应用指引》，旨在进一步加强和规范金融服务网络信任体系建设，提高电子认证应用的安全性。该《指引》为满足联网信息系统对电子认证应用的“广度”和“深度”需求，提供了多种版本的应用开发包和应用开发包软、硬件实现方式，从开发源头上实现电子认证应用的规范性；提供通用的电子认证应用接口，创造性地提出了“小交叉方案”，解决不同单位多个信任域间的证书互认问题。同时，《指引》还明确规定了电子认证应用类型、应用模式和应用实现策略及流程，规范了应用的操作。

网上支付跨行清算系统是处理网银贷记业务、网银借记业务、第三方贷记业务、跨行账户信息查询业务的关键系统。为了保证该系统的稳定、安全运行，2011年8月，中国人民银行针对网上支付跨行清算系统发布了一组管理办法，包括《网上支付跨行清算系统运行管理办法》、《网上支付跨行清算系统业务处理手续》、《网上支付跨行清算系统业务处理办法》、《网上支付跨行清算系统数字证书管理办法》。

2011年3月15日，中国人民银行发布了《关于推进金融IC卡应用工作的意见》，决定在全国范围内正式启动银行卡芯片迁移工作，“十二五”期间将全面推进金融IC卡应用，以促进中国银行卡产业升级和可持续发展。

（2）电子商业汇票业务发展迅速

自2009年中国人民银行的电子商业汇票系统上线运行以来，电子商业汇票的每月出票、承兑、贴现、转贴现主要业务呈现持续增长的趋势。2011年9月出票、承兑首次突破2万笔。各月发生笔数、金额趋势对比情况如图11-12、图11-13所示。

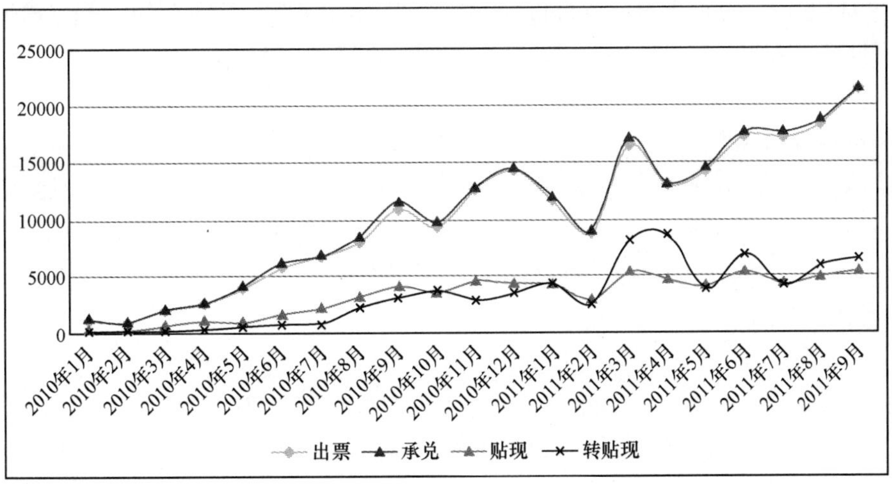

图11-12　2010年1月到2011年9月中国电子商业汇票每月笔数对比图

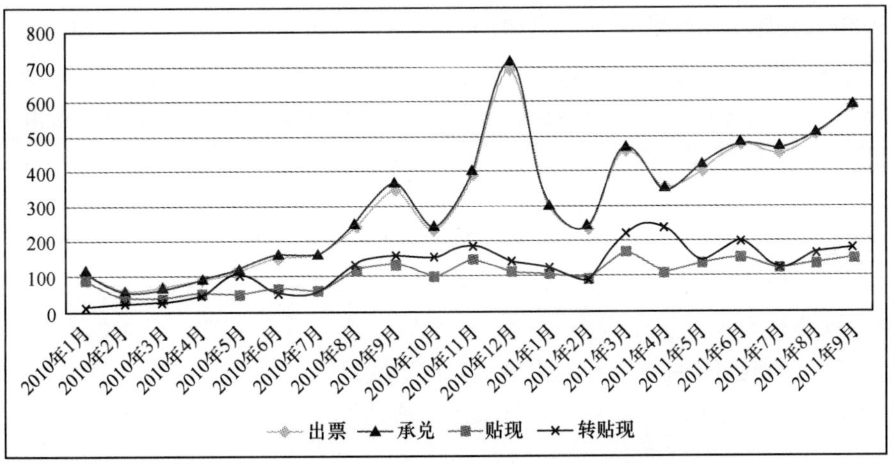

图11-13　2010年1月到2011年9月中国电子商业汇票每月金额对比图

（3）金融IC卡扎实推广

2010年5月，中国人民银行在1997年的《中国的金融集成电路（IC）卡规范（V1.0）》（PBOC 1.0,）基础上，正式颁布了PBOC 2.0版（2010年）。经过此次增补，银行卡受理范围拓展到公交、出租、地铁、高速、超市、加油、报刊、便利店、电影院等快速支付领域。

与此同时，中国人民银行积极开展受理终端技术改造。截至2011年4月30日，各商业银行累计完成POS接触式改造89万台，ATM接触式改造10万台；中国银联完成接触式改造并发生金融IC卡交易的终端总量约为155.3万台，并根据试点地区和项目需要，投放26.4万台非接触式受理终端。

各地商业银行积极参与金融IC卡工作。截至2011年4月底，工行宁波分行金融IC卡累计发卡量达50.17万张，占宁波全市金融IC卡发卡量的45.99%。各地相继发行了广深铁路牡丹卡、国民旅游休闲卡、长隆牡丹信用卡、世博IC卡、长沙市民卡、广州羊城通卡、南京市民卡等。

2010—2011年，我国非现金支付工具应用形成高潮，已经建成以票据和银行卡为主体，互联网支付、移动支付等电子支付为补充的非现金支付工具系列。

（4）101 家第三方电子支付企业获得支付牌照

中国人民银行于 2010 年 6 月发布了《非金融机构支付服务管理办法》，明确规定非金融机构应当取得支付业务许可证，成为支付机构，依法接受中国人民银行的监督管理。

2011 年 5 月 26 日，首批支付业务许可证颁发给 27 家单位，其中支付宝、银联商务、财付通、快钱等企业首批获得许可证。8 月 29 日第二批支付牌照颁发给 13 家企业。12 月 31 日，第三批支付牌照颁发给 61 家企业。至此，中国人民银行共向 101 家企业发放了第三方支付牌照。

第三方支付许可牌照的发放标志着中国第三方支付已经正式进入金融业务领域。它赋予了第三方支付企业合法的地位，把第三方支付企业正式纳入国家的政策监管体系之下，有利于第三方支付行业朝着更加规范、健康的方向发展；从另一方面讲，支付牌照也是对第三方支付企业各方面资质的一个认可，对于提升企业的品牌形象和公信力具有重要作用。

2．保险行业电子商务

（1）概况

2010—2011 年，保险行业已有将近 80%的保险公司设立了信息化工作委员会。2010 年保险业信息化直接投入约 62 亿元，比 2009 年增加 20%，全行业已经基本形成一支约 1.1 万人的信息化人才队伍，占行业职工总数近 2%。

2010 年，中国保险电子商务取得了新的进展。很多保险公司都设立了电子商务营业部，全行业有 36 家保险公司都开展了网络销售业务。2010 年共实现电子商务保费收入约 52 亿元，有 46 家保险公司还开展了电话销售业务，实现保费收入 231 亿元，电子商务促进了保险业销售服务模式的转变[1]。但我国保险业电子商务总体上还处于发展的初级阶段，它给未来保险业的渠道创新留下了巨大的想象空间。

我国寿险业非传统渠道的发展时间较短，业务规模占比非常小，但发展速度相对较快，价值贡献日益突出。2011 年以来，在三大主渠道增速放缓的情况下，非传统渠道，尤其电销和网销渠道则取得了较快发展，在新业务价值方面的贡献更加显著。截至 2011 年 6 月底，我国寿险业通过交叉销售实现的寿险总保费约为 50 亿元，同比增速超过 50%；通过网销渠道实现的总保费约为 7.2 亿元，同比增速超过 70%。截至 10 月底，寿险业电销渠道实现总保费接近 80 亿元，预计全年保费将超过 100 亿元，同比增速将超过 80%。这些非传统渠道的快速发展成为了我国寿险业 2011 年发展中的一大亮点。

（2）三类基本模式

2011 年，中国保险电子商务网站已经形成了三类基本的模式。第一类是保险公司官方网站直属的网上保险商城，这是最常见的保险电子商务形态，例如平安、人保、太保、阳光等保险公司都运用这种模式。第二类是门户网站和大电子商务平台，在淘宝、新浪、网易等大的电子商务网站或门户网站上开设保险门户网站。例如，泰康、阳光、华泰三家保险公司与淘宝网结成合作伙伴，通过淘宝网销售旗下的保险产品。第三类是专业的第三方网上保险平台，即“保险中介+电子商务”的模式，例如泛华保险服务集团旗下的保网。该平台集合了多家保险公司的保险产品，可进行在线查询价格和综合比较，覆盖车险、旅游险、意外险、健康险等产品。

为了拓展专业中介渠道在保险领域中的应用，中国保监会 2011 月 9 月出台了《保险中介服务集团公司监管办法（试行）》。《办法》将保险代理和保险经纪纳入一体化管理，将在政策角度促进专业

1 李伟华. 技术创新与风险管理是保险业的永恒课题[EB/OL](2011-12-01)[2012-03-20]. 中保网：http://www.cnta.gov.cn/html/2011-9/2011-9-14-23-1-76970.html

中介做大做优的积极性。未来3～5年，我国保险中介市场和企业将在资源整合、网络销售、营销渠道创新等方面持续受到监管部门的支持，保险专业中介机构迎来了黄金发展期。

（3）电子商务新技术在保险业的应用也在不断加深

① 影像技术、VPN网络技术、数据仓库和商业智能BI技术已经在全行业得到了广泛应用，移动互联网、云计算等技术正逐步应用到保险业的相关领域。在信息化基础设施建设领域还广泛应用了虚拟化、模块化、智能化、绿色节能等新理念和新技术。

② 部分行业领先的公司正在研究建立全新的应用架构，利用面向服务的SOA理念，通过建立企业服务ESB总线，将各单位应用有机结合，形成集成化的应用体系，部分集团公司也在推进网络扁平化和双数据中心运营的模式，以缩减信息机构运营压力，实现低成本、高效率运营。

③ 涵盖电话、网络、手机平台等多渠道、全方位、立体化的电子商务系统正在全行业推广。先进的电子商务系统，采用先进的技术架构和系统服务组件化方式，既保证了各业务模块功能相对独立，又便于服务组件整合和应用扩展，从而大大提升了开发效率；业务数据模型基于保险要素和标准流程设计，基础代码全部采用行业标准；新系统搭建了可靠运行的基础架构，采用双机双存储，确保主机和数据的双备份，建立了完善的中间件平台和网络双链路，实现了应用和网络负载均衡。

（本章由中国电子信息产业集团有限公司六所　龚炳铮编）

第 12 章　中小企业电子商务应用

12.1　2010 年中小企业电子商务应用

12.1.1　基本状况

中小企业一直是我国企业的主要组成部分，在我国国民经济中占据着十分重要的地位。2010 年年末，全国工商登记中小企业超过 1100 万家，个体工商户超过 3400 万个，二者相加占到中国市场主体的 99%以上。全国规模以上中小企业工业增加值增长 17.5%，占规模以上工业增加值的 69.1%；实现税金 1.5 万亿元，占规模以上企业税金总额的 54.3%，是 2005 年的 1.9 倍，年均增长 13.1%；完成利润 2.6 万亿元，占规模以上企业利润总额的 66.8%，是 2005 年的 2.4 倍，年均增长 18.9%[1]。

在世界经济萎缩的大环境下，中国中小企业的发展遇到巨大困难：采购价格同比上涨 12.6%，用工成本同比上涨 14.8%；近一半的中小企业获取订单比较困难；平均产能利用率仅 66.1%。超过两成的中小企业出现资金短缺和用工短缺，外贸企业尤其突出[2]。

面对严峻的挑战，转变发展方式已经成为中国中小企业的迫切任务。而电子商务行业在中国表现出来的强劲生命力和良好的市场表现，为中小企业提供了更多的市场机会。2010 年以来，政府为支持电子商务的应用制订了多项战略规划和支持方案。在政府政策的推动下，中国中小企业逐渐认识到电子商务的重要作用，并加快了进军电子商务的步伐。

根据艾瑞咨询统计数据显示，2010 年中国中小企业 B2B 电子商务交易规模达 2.53 万亿元，同比增长 36.4%，较 2009 年有了大幅的提升。[3]

2010 年中国 B2B 电子商务市场格局中，阿里巴巴占市场份额的 58.0%，垄断优势明显，环球资源网和慧聪网分属第二和第三位。敦煌网、金银岛等新兴电子商务模式逐渐成长起来，未来有较大的增长空间，B2B 的竞争将进一步加剧。阿里巴巴注册会员数达到了 6180 万人，付费用户突破 80 万，居于行业首位。其他的一些 B2B 企业也实现了注册用户和付费用户的稳定增长。

为了进一步推动中小企业电子商务的应用，“十二五”期间，工业和信息化部将实施“十二五”中小企业公共服务平台网络建设工程，加大财政资金支持力度，引导社会投资，在具备条件的省级地区建立健全中小企业公共服务平台网络。以中小企业公共服务为主导，引导带动信息、融资、担保、技术、人才培训、市场开拓、管理咨询、对外合作等专业服务，促进服务领域和对中小企业服

1 工业和信息化部．“十二五”中小企业成长规划[R/OL](2011-09-23)[2012-04-03]. 工业和信息化部网站：http://www.miit.gov.cn/n11293472/n11293832/n11293907/n11368223/14178245.html

2 资料来源：阿里巴巴中小企业经营状况调研，2010 年 12 月

3 艾瑞咨询. 中国中小企业 B2B 电子商务行业年度监测报告[R/OL](2011-04-29)[2012-04-03]. 艾瑞网站：http://report.iresearch.cn/1528.html#

务的覆盖面不断扩大，服务质量不断提升。

12.1.2 中小企业电子商务发展的主要特点

1. 中小企业电子商务整体投入增加

中小企业最优先的需求是市场与营销。调查表明，52.7%的企业首先关注市场与营销（销售）方面的问题。说明中小企业对于信息化的主要需求，集中在解决眼前急迫的生存问题，明显有别于更多关注长期效益和无形效益，更加关注战略、管理控制问题的大企业。

2010 年中小企业加大了对电子商务的投资（图 12-1）。以在阿里巴巴落户的中小企业为例，企业的电子商务平均花费为 3.8 万元，占总营销费用的比例提升至 42.2%，而 2009 年这个比例为 23%。其中出口中小企业花费 5.2 万元，同比增长 116%；内贸中小企业花费 0.5 万元，同比增长 160%。

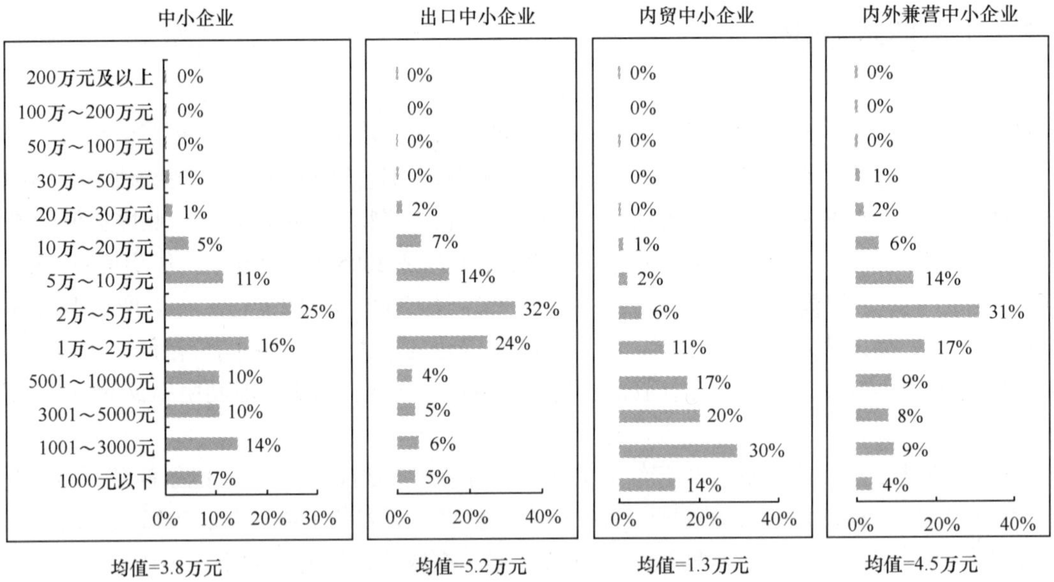

图 12-1　2010 年在阿里巴巴落户的中小企业电子商务投资状况

资料来源：阿里巴巴中小企业经营状况调研，2010 年 12 月。

2. 中小企业电子商务生态良性循环加速形成

电子商务发展从规模量级和结构综合来看正在跨越一个临界点。以中小企业为主体组成的网商产业阶层正在不断壮大并呈现新的面貌，网商促进生态发展，生态发展又带动网商发展，网商、生态与社会正呈现自驱动的良性循环，中小企业电子商务生态体系正逐渐壮大，并将改变传统商业社会结构。

5.12 大地震前，四川省青川县的电子商务刚刚起步。地震后，由于交通问题，电子商务悄然兴起。到 2010 年宽带网用户发展到 6516 户。移动手机的用户发展到 14.1 万户，其中天翼 3G 手机用户达到 11789 户。经营物流业务的企业发展到 3 家，改变了邮政快递一统天下的局面。电子商务的发展带动了当地网络运营商、网商服务商、电子商务创业园的全方面发展，而基础环境和生态的改善又拉动更多的网商和中小企业加入并壮大网商阶层，从而形成了一个自驱动式的良性循环。

3. 新的协作模式不断呈现

在电子商务服务业的促进下，中小企业根据自身的业务优势，定位于产业链的特定环节，企业之间会基于供应链关系产生自发的协作。同时，随着电子商务应用渗透率不断提升，客户对电子商务交易的需求进一步提升，围绕电子商务服务的工作流程不断细化，新的商业形态不断涌现。新的协作模式与新的商业形态正在催生一个开放、协同、共赢的商业生态系统。

"魔范团"是包括珂兰钻石、植物语、麦包包、Justyle、格瑞尔、飘飘龙等18家网货品牌的中小企业组成的联合体。该联合体充分利用了互联网开放、协同的游戏规则，使异业合作的内容不断走向深层次。联合促销是该联合体深化协作的标志性事件。每家成员企业出一份价值不低于10元的赠品组成一个大礼包，消费者在任何一家店里购买的产品价值超过188元，就可以获得由联盟企业赠品组成的大礼包。据了解，在推广活动中，18家企业平均每天的销售额达到3万元。在短短半个月时间内，"魔范团"成员企业的销售额之和超过了800万元。

12.1.3 中小电子商务服务企业情况

中国电子商务研究中心的调查数据显示，2010年，我国B2B电子商务服务企业达9200家，同比增长21.3%。B2B电子商务企业营业收入达到95.5亿元，同比增长35%（图12-2）。

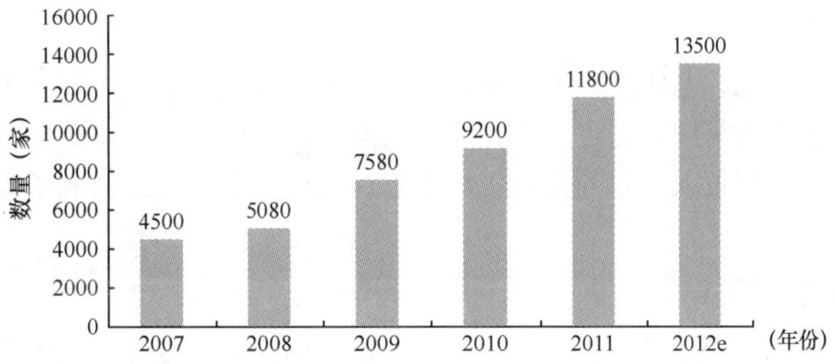

图12-2 2007—2012年B2B电子商务企业规模

在B2B的发展历程中，以中小企业为主要客户的电子商务服务市场发挥了普及、培育、提供应用平台和商务服务等一系列作用，推动了我国电子商务的快速发展。

2010年，我国主要B2B服务商市场份额为阿里巴巴占63.5%，环球资源占7.3%，中国制造网占3.4%，网盛生意宝占2.9%，慧聪网占2.5%，金银岛占2.2%，铭万网占1.9%，敦煌网占1.3%，其他占15%（图12-3）。

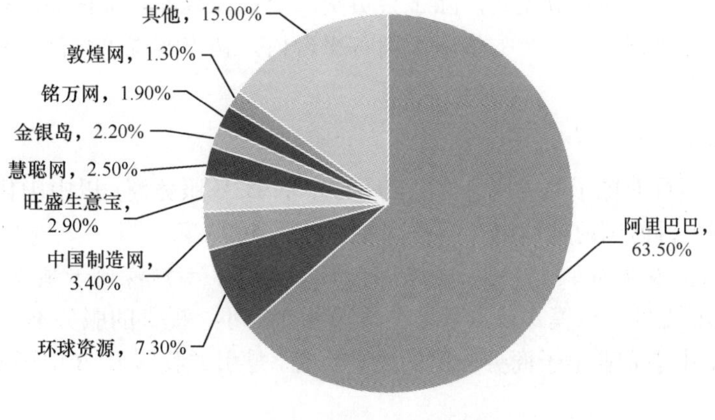

图12-3 2010年中国B2B企业市场占有率

12.1.4 电子商务服务商的商业模式

纵观目前国内数千家第三方 B2B 电子商务服务商，按其商业模式可分为四类，即综合 B2B 模式、行业 B2B 模式、“小门户+联盟”模式和仓单模式（表 12-1）。

表 12-1 B2B 电子商务服务提供商四类商业模式

模 式	主 要 特 征	典 型 企 业
综合 B2B 模式	品牌知名度广，行业覆盖面广，大而全，泛而不精，无法提供专业化的 B2B 产品与服务	阿里巴巴、慧聪网、中国制造网、环球资源
行业 B2B 模式	内容与服务专业化，规模相对较小，难以打通上下游产业链，大都以“会员+广告”为基础营利模式	中国化工网、中国服装网、中国纺织网
小门户+联盟模式	将行业网站和综合 B2B 网站进行优势互补，提供“既专业又综合”的 B2B 服务	生意宝、中搜行业中国
仓单模式	多样化的收费模式，提供在线交易，进行支付结算和物流配送服务，交易商资金由银行第三方监管	金银岛、广东塑料交易所、浙江塑料网上交易市场

1. 综合 B2B 模式

该模式目前以阿里巴巴、慧聪网、中国制造网、环球资源网四家为典型代表。

这类模式的特征表现为品牌知名度广、行业覆盖面广，但也存在“大而全、泛而不精”的不足，限于网站的编辑、运营与服务人员对各行业了解不够深入，一定程度上影响了提供 B2B 产品与服务的专业化水平。

2. “小门户+联盟”模式

该模式以 A 股上市公司网盛旗下生意宝（Toocle.cn）网站、中搜行业中国等新一代 B2B 网站为代表。

该模式的主要特征为将行业网站和综合 B2B 网站进行优势互补，劣势抵消，将行业的信息孤岛用联盟方式整合，提供“既专业又综合”的 B2B 服务，以实现价值最大化。

3. 仓单模式

该模式以金银岛、广东塑料交易所、浙江塑料网上交易市场三家为典型，适合该模式在线交易的商品首先必须标准化，而且成交量比较大。

这些服务商提供多样化的收费模式，除了会员费、交易佣金外，金银岛还提供以现货吞吐为核心的大宗产品全方位解决方案。在全方位电子商务平台内，初步实现了物流、资金流、信息流封闭循环运作。

4. 行业 B2B 模式

行业 B2B 模式（即行业电子商务网站）聚集了最多的 B2B 服务商，以中国化工网、中国服装网、中国纺织网等为典型，目前国内行业电子商务网站超过了 5000 家。

行业 B2B 模式特征表现为专业性强，相比综合 B2B 网站，专注深耕于某一行业，无论在网站内容与提供的服务上都很专业；该模式缺点是产业规模相对较小，提供的服务不易打通上下游产业链。行业 B2B 模式是目前中小企业电子商务应用的主要途径，是引领我国 B2B 电子商务朝着专业化发展的“生力军”。

2010 年，我国使用第三方电子商务平台的中小企业用户规模已经突破 1400 万。随着国内电子商务的飞速发展，越来越多的中小企业开始利用电子商务平台拓展海外市场；加之政府的扶持政策等外部因素的促进，加快了企业应用电子商务的步伐。

12.1.5　中小企业电子商务服务业发展状况

1．电子商务服务业生态体系发展壮大

中国电子商务服务业将成为全球领先的战略性新兴产业。按当前的发展曲线计算，到2015年，电子商务平台的交易规模将增长5～10倍，截至2010年12月，电子商务平台服务业的网络零售交易额占全国社会消费品零售总额的比例超过2.7%；同时，基于平台的大中型衍生电子商务服务商数量同比2009年增长约8倍。

以淘宝网为代表的网络零售平台将覆盖5亿消费者，交易额有望超过20000亿元，占中国社会消费品零售总额的比例将达到7%，带动直接及间接就业3000万人，给物流业带来超过1000亿元的收入。

电子商务服务业是一个动态演进的生态系统，十年来在规模和质量上取得了长足发展，已渗透到各个垂直行业，同生产、流通、消费、资本等相关领域发生了深刻的融合。

从淘宝网来看，电子商务服务业的生态体系已经形成了良好的互动正反馈循环，到2011年上半年，淘宝网卖家已经达到600万，2010年淘宝网过亿元规模的卖家数量已经达到54家，因为有这个基础，电子商务服务商的数量也在快速增长，目前淘宝网上电子商务服务商总量接近20万，并且增长迅速。

2．电子商务服务业的社会效应

（1）降低社会交易成本和促进就业

在社会交易成本上，电子商务服务业的“降成本”效应非常明显，包括信息成本、营销成本、渠道成本、信用成本、物流成本与时间成本等。通过淘宝物流平台，将长途物流转为短途后，将有效降低货车空返率，物流成本显著降低30%。

电子商务服务业有效提高了社会资源配置效率，促进了社会分工协作，并引爆了商品、服务、营销、模式、金融等多个领域的创新。

电子商务服务业能够带来数十倍于投资额的社会总需求和国民收入。以就业为例，IDC研究发现，截止到2010年年底，阿里巴巴B2B平台涉及中小企业专业电子商务人员已达到1520万人，通过淘宝网实现直接就业的人数为182.3万人，并带动了超过500万的间接就业。

（2）促进中小企业创新

电子商务服务使更多企业可以较低的成本使用诸如客户管理、进销存管理和财务管理等现代企业管理服务，直接提升生产和经营水平；同时，电子商务服务商为网商提供包括采购、营销、融资等环节的全程服务，从而使网商从冗余流程中解放出来，中小企业能够将更多资源投入核心竞争环节——即发掘客户需求，实现产品和服务创新。

中小企业一方面通过不断丰富产品线，尽可能多地满足消费者个性化、差异化的需求，实现在产品上的多层次创新；另一方面也专注于以专业的服务满足消费者个性化的需求，使得服务成为商品增值的重要组成部分，利于创造良好的消费体验和提升客户忠诚度。

在营销方面，越来越多电子商务应用企业通过碎片化的信息与互动的人际网络，以极低的成本准确地定位自己的潜在顾客，与他们建立联系并友好对话，有效聚合先前高度离散的个性化需求，迈出个性化生意的第一步，在商业模式方面产生诸如混批、预售、团购、定制等广泛的突破和创新。

（3）提高社会资源配置效率

在电子商务服务业的支撑下，无论是传统企业还是个人创业者都可以通过外包、采购、战略合作等方式，与供应链不同环节的合作伙伴建立起广泛而紧密的联系，有效整合人力、技术、生产与资本等社会资源，高效率为客户提供产品和服务。以 IT 服务为例，服装、鞋帽、化妆品等行业的电子商务企业在采用了 ERP 解决方案后，客户的业务质量与管理水平不断提升，其中 75%客户的仓库及货架管理效率得到了显著提高[1]。

3．电子商务服务业显著降低中小企业交易成本

电子商务服务商在交易的各个环节提供专业服务，有效地降低交易成本，具体表现为：降低准备成本、营销成本、渠道成本、物流成本、资金周转成本等。

（1）降低准备成本

电子商务平台免费为企业提供网络空间、在线店铺、技术维护等支持，帮助企业节省了独立建站的经济和时间成本，减轻了企业的负担。同传统商铺相比，网络店铺替企业节省了日益高昂的实体店面成本。2009 年 8 月对淘宝网活跃网店抽样调研表明，以同期相应地域店面租赁价格和运营费用为基准进行折算，淘宝网每个月替卖家在成本方面节省约 9.2 亿元。

（2）降低营销成本

借助于先进的信息技术和系统的数据分析，网络营销具有精准投放、实时监测和良好互动等优点，其成本普遍低于电视、报纸、户外等传统的营销渠道。网络营销提供多样的付费模式，例如按展示付费、按点击付费、按交易付费等，企业可以根据需要灵活选择和组合，良好地平衡费用投入和营销效果，实现价值最大化。

（3）降低渠道成本

电子商务交易服务平台有效去除了交易过程的中间环节，众多电子商务卖家绕过分销商，直接向制造工厂下订单；企业也可以通过在交易平台上建立网络直营店，直接抵达海量的用户。传统的多级销售渠道正被缩减为“生产商——网络零售商/网络直营店——海量消费者”的新型渠道体系，大大简化了产品从生产商到最终消费者之间的层级，从而有效降低了渠道成本，提高了渠道效率。

（4）降低物流成本

通过电子商务物流平台，企业无须为维护物流体系而支付成本，只需要根据业务使用量支付实际使用成本，同时拥有专业物流配送能力。企业组织更具弹性，既有轻资产的灵活，又有重资产的能量。与此同时，当长途配送变为短途配送后，运输成本明显下降。研究显示，专业的电子商务物流平台可以为企业节省 20%～30%物流成本。

（5）降低资金周转成本

在传统的多级分销零售体系中，各级分销商和零售商之间往往存在复杂的账目关系，呆账、坏账比较普遍，影响到资金流转速度。电子商务让渠道层级得到简化，有利于财务成本的降低。电子支付服务能够帮助企业直接在网上完成支付结算。在同样的资金规模下，更快的资金周转率能够帮助用户支撑更高的业务量。

（6）降低信用成本

商业信用在商品经济中发挥润滑和流通的作用，完善的信用体系可以节省资金，提高产品的生产力水平和商品流通速度。在商业信用缺失的情况下，商业交易成本将大幅增加，社会资源配置效率大幅降低。网商与电子商务平台间的相互适应，推动了诚信体系的不断完善和成熟。

（摘自阿里研究中心《中小企业电子商务发展报告（2010）》）

1 IDC 与阿里研究中心合作．为经济复苏赋能：电子商务服务业及阿里巴巴商业生态的社会经济影响．2010.01

12.2 2011年网商发展情况

12.2.1 2011年百佳网商对电子商务充满信心

1. 网商企业规模扩大

2011年百佳网商的调研表明，百佳网商从企业人员规模、电子商务投入以及对电子商务未来发展的信心这几方面都呈现出可喜的势头。从调研的百佳网商的企业人员规模来看，2010年33.3%也即三分之一的百佳网商企业人员规模都在100人以上，预期2011年将增长到42.7%（图12-4）。

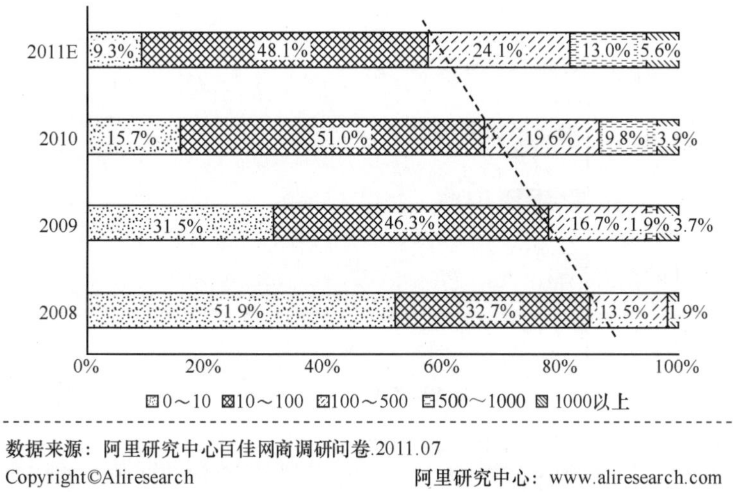

图12-4 2011年百佳网商企业人员规模

卖家的销售规模也在迅速扩大跨越量级。百佳网商中2011年预计有17.3%的网商跨入亿级俱乐部，而淘宝网整体卖家中，10.1%的淘宝卖家2010年销售额在50万元以上，1.1%的淘宝卖家年销售额在500万以上，而大卖家比例更高，团队10人以上的淘宝卖家年销售额在50万以上的占85.5%，年销售额在500万以上的占27.2%，超过1/4的10人以上团队的卖家年销售额在2010年已经突破500万元（图12-5）。

2. 卖家经营扩张意愿较强，对未来充满信心

卖家经营扩张意愿较强。根据最新调研[1]，淘宝卖家未来一年表示将大力投入大幅扩张的比例接近1/3，达到30.8%。而淘宝卖家中大卖家的经营扩张意愿更足，大团队（指有10人以上团队的大卖家）中有大力投入大幅扩张意愿的占到了76.1%。相比较而言，仅有不到2%的卖家表示会减少投入，仅有不到6%的卖家表示维持现状。

卖家对未来的信心较强。超过1/3的淘宝卖家对未来非常有信心，约3/4的淘宝卖家对未来有信心。而百佳网商更是高达81.1%的比例对未来的发展充满信心（图12-6）。

1 阿里巴巴集团研究中心与淘宝网用户研究团队2011年8月针对淘宝全网卖家的在线调研。

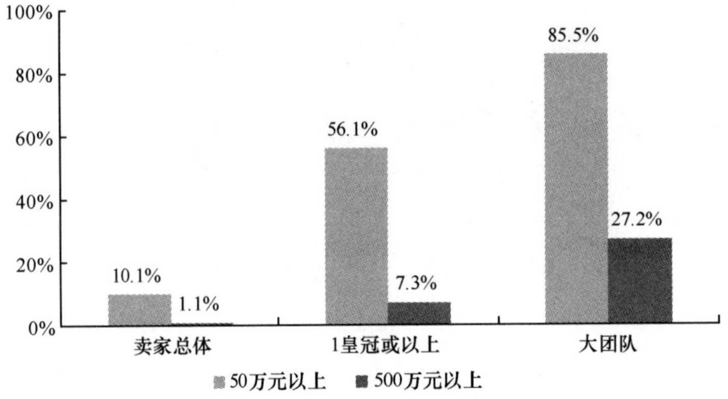

数据来源：阿里研究中心&淘宝网在线卖家调研，2011.08 N=5146
Copyright©Aliresearch 阿里研究中心：www.aliresearch.com

图 12-5 2010 年淘宝卖家店铺销售额情况统计

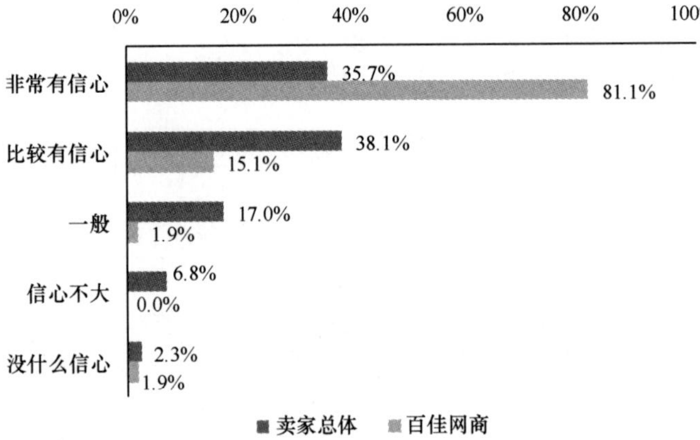

数据来源：阿里研究中心百佳网商调研问卷.2011.07
Copyright©Aliresearch 阿里研究中心：www.aliresearch.com

图 12-6 2011 年百佳网商与淘宝卖家总体对电子商务发展信心对比

12.2.2 2011 年网商发展新现象

在电子商务整个业态发展突飞猛进已经达到一个新的量级的基础上，作为电子商务主体单元的网商正在大步流星迈入主流经济并在引领创新。2011 网商百强调研中，我们看到了不少新现象。

1. 2011 网商发展新现象的系列关键词

① 网商层面：个性化规模定制、柔性化生产、品牌化、轻公司、阿米巴管理和买手制、隐形冠军；网商发展迈上新台阶，体现规模化、品牌化发展及创新。

② 生态层面：区域生态、农村电子商务、线上线下加速融合，网商自下而上正在塑造新的商业生态。

③ 社会层面：产业升级、公平和包容。网商及生态对社会发展与转型形成长远深刻影响。

2011 年的调研，从网商个体发展层面看，个性化定制与柔性化生产、品牌化、阿米巴模式和买手制、线上渠道快速发展、范围经济造就隐形冠军、轻公司是突出的现象。

2. 个性化定制和柔性化生产

2010年网商研究报告中提出，海量个性化消费是经济发展的必然趋势，互联网和电子商务有望加速这种趋势，最终以大规模定制乃至个性化定制的生产方式，满足海量个性化的消费需求。

2011年，到个性化定制和柔性化生产已经越来越普遍，网商能够从消费者需求出发以需定产，反向改造和整合生产与供应链条，从而实现整条基于消费者需求的弹性生产供应链，利用互联网重新塑造了顾客和企业的关系，改变了传统工业化生产的单向粗放模式，以围绕消费者需求来组织各种资源提供产品与服务，并实现了很高的生产服务效率。

网商中已经涌现出越来越多的成功实践者，例如本次调研中的网商：尚品宅配和埃沃寰球定制，这些网商的创新已经反映了满足今天与未来消费者和企业关系的新模式的成功实践，那就是C2B——消费者驱动的商业，网商已经走在了商业创新的前沿。

（1）尚品宅配

特征：个性化规模定制，柔性化生产。

尚品宅配借力实体行业全国配送服务并实现零库存的营销模式，以及“品牌家具网上量身定制”+“网上户型布置、空间规划”网络服务模式。通过网络加实体店面为消费者提供整体家具解决方案，而这种模式正好适应了家居行业的发展潮流。

尚品宅配大规模定制的探索之路改变了“生产商生产什么家具，顾客就只能买什么家具”的情形，而是依据顾客的个性化需求，“顾客想买什么，生产商就生产什么”。在生产环节，尚品宅配灵活高效的生产制造能力，为大量的个性化需求提供了坚实的生产保障：3D虚拟制造、虚拟纠错、虚拟装配技术，自动化智能审单、拆单、排产系统，基于条形码的过程控制系统，电子开料锯、CNC数控加工中心设备信息化改造技术。

通过信息化和工业化的深度融合，尚品宅配实现了生产方式和商业模式的深度创新：先下单，后生产，零库存；年资金周转10次以上；日产能力提高10倍，交货周期从30天缩短到10天左右。

2006—2010年，该公司每日订单从40单增长到1000单（25倍），员工从100人增加到1500人（15倍，含全国500个直营店的设计人员）。

（2）埃沃寰球定制

特征：个性化规模定制。

模块化标准模式，通过线上营销推广加线下体验的服务，在男装的个性化定制细分市场上领跑了华南地区。

一件衬衫，埃沃将其分解成领口、袖子、版身、后摆等几个部分，再按照流行的样式在每个部分中推出不同的样式来供消费者选择。消费者可根据自己的喜好进行组合，实现有限度的量身定制。

3. 品牌化趋势

2011年网商调研中，入围的30强网商中有16个淘宝网品牌，在消费者定义品牌的互联网时代，网商的品牌化趋势很明显，通过互联网塑造的网货品牌大行其道。从淘宝网卖家调研可以看到，建立自有品牌和公司化运作成为了卖家优势，是大卖家未来三年最优先的发展规划。

传统商业环境中，人们必须臣服于由生产者决定的消费规则和条件，向消费者传递品牌内涵的，是被精心包装过的某位明星、某段广告场景，甚至是某句触动情感深处的广告词。但是，新的消费时代逆转了传统商业逻辑。发挥“窄播”潜力的互联网使得深度沟通、定向传播得以实现，根本改变了消费者在品牌传播中的地位，新人类为主体的新型消费者主动参与到品牌成长中，它要求商业世界的代表者们在消费者的空间而非企业组织的空间中运作。[1]

1《2011网货品牌研究报告——消费者共创品牌》，阿里研究中心，2011

2009年，芳草集成立，仅用半年时间，芳草集便从月销售额200万元上升到2000万元。如今，芳草集已经成为网购人群耳熟能详的化妆品品牌。

作为一家前身是拥有26年芳香精油研发、提纯、生产背景的专业美容公司，芳草集进入伊始就力图阐述中国化妆品品牌在另一种维度崛起的可能。当时的中国电子商务格局尚未明朗，更多的人非常质疑网络销售的产品及品牌公信力。但为了成就一个顶级化妆品品牌的梦想，为了迎接中国电子商务崛起，芳草集毅然决定举公司之力以电子商务作为公司核心业务来发展。

电子商务的崛起，颠覆了化妆品领域传统的游戏规则，改变了消费者的购买习惯，无疑让吕长城看到了一个中国品牌崛起的希望。他抛弃了所有的质疑与反对，毅然开始了淘宝电子商务品牌发展之路。

这条路上芳草集坚持高品质、高性价比，以用户为核心的原则，于2009年一年的时间里连续推出了30多款新品。紧随其后芳草集又以淘宝用户为核心进行了一次大刀阔斧的品牌升级，重塑了品牌VI（视觉识别）系统。出于对淘宝网彩妆需求的看好并响应用户需求的升级，2010年芳草集更是专为淘宝网定制了一款时尚的彩妆品牌“Vivigarden”，加上之后创建的萃舍、美丽处方品牌，以及2011年3月收购的贞水品牌，芳草集开始了公司的多品牌之路。

4．线上渠道快速发展

“小狗电器”和线下传统渠道决裂，“爱家居”不爱居然只爱蜂潮[1]，这些现象实际上体现了线上渠道的快速发展。

新渠道滋生新生态：新渠道，直接面向消费者市场，敏锐把握市场需求。

决裂：对小狗电器来说，一路都在陪国美玩“零和游戏”。最终不堪忍受高达80%的“苛捐杂税”，小狗电器决定与国美彻底决裂，随后又与苏宁、永乐、大中断供，最终与线下“彻底决裂”。

5．网企管理：阿米巴模式与买手制

阿米巴模式与买手制是网商规模化发展形成网企以后对组织与管理创新的众多模式中的一种。

阿米巴经营模式源于稻盛创业早年的困境，当时他一个人既负责研发，又负责营销，当公司发展到100人以上时，觉得苦不堪言，非常渴望有许多个自己的分身可以到各重要部门承担责任。于是，他把公司细分成所谓“阿米巴”的小集体，从公司内部选拔阿米巴领导，并委以经营重任，从而培育出许多具有经营者意识的领导。买手制就是阿米巴模式在服装领域中的一种应用模式。

服装的买手制是由超市最先提出的，由于超市在经营服装的时候对进货没有经验，所以请有经验的人进行购货，而这种有经验的人称为买手。

（1）韩都衣舍买手制

韩都衣舍拥有40个买手，以5人为一小团队，每天为韩都衣舍提供50～60款新韩服。与大多数的淘宝卖家不一样，韩都衣舍并没有试图去打造爆款，而是多批小量的模式，通过不断创造新款韩装去吸引女性用户。而这些韩式设计风格，则来自1000多个韩国本土的优秀服装品牌。创造的理念源自ZARA的买手制。ZARA是全球最大的服装企业之一，拥有接近200名设计师，每年设计出来的新款将近5万种，真正投入市场销售的大约有12000多种。事实上，如此海量的款式，并非ZARA的设计，而是靠其遍布全球的买手和快速响应市场的终端用户信息收集系统。

（2）上海宝尊——掌柜文化

对于宝尊这样运营数十家旗舰店的企业来说，由于是多行业、多产品，店长就显得尤其关键。宝尊的店长多来自线下行业、优秀客服、管理培训生等，公司推行掌柜文化。店长自主权较大，可

1 爱蜂潮是北京爱蜂潮科技有限责任公司和淘宝商城创建的家居业的第一家电子商务“线下体验馆”。

直接与大品牌沟通，在定价和做营销活动方面有较大权力。这方面跟韩都衣舍的买手制、7天酒店的放羊管理等都类似。

6．范围经济造就隐形冠军

电子商务的范围经济能发挥出长尾效应，铸就了很多隐形冠军，他们聚焦于一些不为常人所注意的细分市场，将产品和服务做到了极致。

（1）小纸箱大生意

江浙沪地区一个纸箱供应商，仅仅在2010年，凭借不到10个人的团队，就完成了1000多万元的销售业绩。

（2）隐形冠军，做客户的最佳配角

隐形冠军理念是B2B企业在当下经营环境的最好战略方法。ECK尚优电子的经营之道最关键的一点就是，在产品选择上要用除法，除到结果只剩下一。ECK尚优电子正是由于聚焦于耳机用的电位器这一突破，不用费很多心机就在网络上打出了名堂。聚焦产品的原则是：宽度一毫米，深度一公里，就是选择一个很小的产品，做深、做透、做精、做强、做长，最后就会变成冠军。

12.2.3　2011年网商生态化、体系化发展

1．区域生态

网商生态正在成为普遍的现象，网商生态同时也以一种新的产业生态在改变传统的产业生态模式。

沙集模式和义乌淘宝村，2011年网商调研中，义乌的混批网商汇奇思带动形成网商聚集区、淘品牌长生鸟三次创造产业升级打造电子商务园区的区域生态现象都值得思考。网商带动区域生态发展正在成为普遍的经济社会现象。

（1）汇奇思

特征：网商聚集，区域生态。

汇奇思在义乌搬迁过很多次，从最早入住当时尚不出名的淘宝村——青岩刘村、青口圆盘，到现在的城北路国际商贸城附近，每次搬迁，都会吸引一批淘宝网商跟随着迁移，形成新的网商聚集区，这甚至抬高了周围的房屋租金。

（2）长生鸟

特征：产业升级，区域生态，产业链整合。

三次创造产业升级：将珍珠产业由农业转变为工业。

长生鸟2004年成立电子商务部。2009年，将网络销售主阵地转移到淘宝网，2010年成为淘宝上111个淘品牌之一。2010年，经过短短几个月时间，到8月，长生鸟淘宝旗舰店月销售就突破了100万元，是2月销量的18倍。经过7年多电子商务摸爬滚打，长生鸟现在已经成为网上珍珠粉销售第一品牌。

2011年1月，长生鸟联合政府、高校、产业的力量，投入4000多万合力打造这个技术创新服务平台。该平台提供珍珠养殖技术和加工技术的推广、质量检测、珠宝首饰的设计、共性技术的研发、组织实施科技成果推广和产业化应用，开展技术咨询和服务培训六大服务，助推珍珠产业转型升级。“产业死了，企业活不下去；产业活了，企业也就活了。希望珍珠粉产业可以在一个健康的环境下发展、成长”，长生鸟正计划在诸暨打造一个电子商务园区，为当地珍珠产业的电子商务工作作出更多事情。

2．农民网商和农村电子商务

2011年网商调研中，农民网商和农村电子商务绝不止江苏沙集模式这一个典型的农民网商自发组织形成的生态，我们还发现了蜂农、茶农、养殖户的“农户+公司+网络”的案例现象。例如，艺福堂茗茶旗舰店则是网商秉承茶产业梦想，集合茶农资源缔造区域生态，实现企业品牌化规模化发展的案例。农民网商和农村电子商务正在全国蓬勃发展。

李晓军要让类似龙井茶等所谓的高端茶叶品种走下神坛，并真正走进寻常百姓家。老字号的惯性思维就是小产量、高价格——小产量能够不用那么辛苦，然后利用一些消费者的虚荣和攀比心理大大抬高价格。这样虽然保证了利润，但却无法使其茶叶产品变成集群化的大型产业。

李晓军有个理想，大约用10年时间，在合理借鉴“立顿”这种现代化、标准化的生产模式的同时，又不放弃自己对茶叶的品质要求，用自己的茶包类品牌在国内市场全面超越“立顿”。

“我们公司和杭州境内3000亩龙井茶茶农签订了协议，从他们那里固定收购茶叶。”李晓军强调，这并不是简单的收购协议，而是为了从源头上就尽量能保证茶叶的质量。签订协议后，这些茶农们必须严格在“艺福堂”的农药、肥料等指导下进行种植；而一旦某家茶农的茶叶质量优于其他家，就能得到更优厚的收购价格待遇。

李晓军计划着，让“艺福堂”三年后成为艺福堂集团，在创业板上市；然后在十年内销售额达到10亿，建立10座加工厂，开启上千家连锁直营店，并能成立一所“茶学院”。

3．线上线下融合

线上线下的双向融合正在加速，线下企业正在加快走向线上，而线上品牌也在尝试走向线下。这实际上体现了互联网与传统经济相互融合并催生出新的模式的过程。

茵曼将通过终端连锁加盟，打造“线下实体店与线上网店”合二为一的品牌体验店。

以终端店铺货品零库存，100%退换零风险的形式，吸引优秀实体商家加盟。每个加盟商，可免费获得一个完备独立的线上网店，实现一次加盟做两线生意（线上线下）。

同时茵曼负责整个ERP系统的维护、线上网店的技术支援，品牌市场推广，打造中国最容易赚钱的商业连锁品牌。以广州为起点，重点向全国二、三线城市纵深扩张，实现连锁品牌全覆盖。

12.2.4 2011年网商发展对国民经济的巨大影响

1．产业升级：中国制造到中国智造

网商推动产业升级，以更加敏锐的触角把握市场需求，引领创新。前面已经提到了长生鸟三次产业升级的案例，为数众多的网商正在通过电子商务直接面对客户需求，推动中国制造升级到中国智造。

某贸易有限公司采纳建立电子商务平台的建议，金融危机后不仅以电子商务实现了贸易产品成功转型，并正在实现企业贸易生产一体化的品牌化发展之路。

电子商务实际上已经改变了这个贸易公司的DNA。电子商务使得贸易公司的话语权在增强，通过客户需求掌握订单，然后参股生产，并且有4个工程师专门做研发，形成了研产销一条龙。

总结优势，这个贸易公司认为：外贸服务方面贸易公司有很大优势；电子商务面向终端客户能够直接把握客户需求，快速反应，作出自己的特点和优势；有些已经可以自己生产，这样可以加大贸易公司自身的竞争力。

2．公平和包容性增长：电子商务为弱势群体赋权

互联网为个人赋权，电子商务为弱势群体和小卖家赋权：两个兄弟一瘫一残开创网上卖牛羊的事业，成为了2011年全球十佳网商，这个案例实际上高度诠释了这层含义，弱势群体和小卖家也有机会在这个舞台上施展才华并充分释放自己，实际上体现出电子商务给人们带来了更加公平的机会。

轮椅上的网上巨人——瘫痪哥哥与残疾弟弟共同开创网上卖牛羊的事业，从欠债十万到打造百万家产，通过电子商务帮助当地养殖农户销售牛羊年超20万头，形成以一个牛羊养殖中心为渠道带动超过200家当地农户和千人就业的网络+养殖场+农户的模式。

谁能想象通过阿里巴巴网上卖牛羊能做成大事业，拿到千万大单？而更难让人想象的是，这笔网络牵手的千万大单竟然是刚创业4年的残疾兄弟拿下的？兄弟二人办的山东牛羊养殖基地通过电子商务渠道，2011年平均每天能卖出500～600头牛羊，一年牛羊能卖出20多万头。

兄弟二人身残志坚，靠坚强的意志自立自强从零开始开创了网上卖牛羊的事业，创造了牛羊版的1+N的网络+养殖场+农户的农村畜牧业电子商务发展模式，以牛羊畜牧业的电子商务实现数亿元的产值规模，带动当地畜牧产业创新形成良性循环，树立了农村畜牧业电子商务发展的标杆，并谱写了残疾人坚强创业自立自强的乐章。孟宏伟和孟伟强兄弟俩用他们不屈服、不认输的勇气创造了生命的奇迹，也书写了不凡的精彩人生。

党的十七届五中全会提出“包容性增长”，它包含着缩小贫富差距、增强社会的公平正义、转变经济增长方式等要求，在政策取向上是要让更多的人享受发展成果，让弱势群体得到保护，在经济增长过程中保持平衡等。而网商调研过程中的网商现象，包括农民网商和农村电子商务，包括孟宏伟等残疾人网商，电子商务给个人带来了更加公平的发展机会，并实现了行业和地区的包容性增长。

（摘自阿里网商研究中心《2011网商调查报告》）

12.3 2011年中小企业电子商务发展情况

12.3.1 中小企业互联网应用概况

据互联网数据中心（DCCI）调查，我国中小企业计算机和互联网的使用普及率基本稳定在较高水平，受访5千多家企业中88.8%在2011年使用计算机办公，82.1%在过去一年使用互联网办公。经常使用计算机工作的雇员比例平均约为44.5%，经常使用互联网工作的雇员比例平均约为41.7%。从企业互联网的接入方式来看，固定宽带的普及率较高，达到91%；移动宽带的普及率略有上升，13.2%的受访企业在过去一年中使用移动宽带接入方式。受访5千多家中小企业中拥有独立网站或网店的比例为44.3%，100人及以上的企业中拥有网站或网店的比例超过70%，而7人以下的受访企业中拥有网站或网店的比例仅为22.1%，表明微型企业的建站意识还有待加强。

对外沟通联络、了解市场信息、管理金融财务成为近一年中小企业使用互联网的三个最主要目的。而企业建站的主要目的仍然是展示产品或服务、树立品牌形象、提供客户服务渠道，这说明企业想通过网站或网店达到宣传和推广、与客户沟通的目的。受访中小企业中，普及率最高的互联网应用分别是收发电子邮件、了解商品或服务信息、网上银行，分别为76.8%、66.8%和67%。

12.3.2 中小企业电子商务应用情况

目前我国中小企业电子商务的普及程度还有较大的提升空间，本次调查中有 31.6%的受访企业在过去一年中有过在线销售活动，32.9%有过在线采购活动，其中，以信息传输、计算机服务和软件业中小企业在线采购比例最高，超过总体平均水平 4.3 个百分点；而建筑业和房地产业的中小企业在线采购比例仍然偏低，仅为 26.1%。除机械制造业外，其他重点行业的中小企业在线采购比例均高于在线销售。

互联网依然是中小企业广告和营销投入的重要渠道。受访中小企业中，有 24.2%在过去一年中曾在互联网中进行过广告或营销推广方面的投入，远超过户外广告、杂志、报纸和电视等传统媒体。互联网营销推广凭借其方式灵活、成本相对传统媒体更低等优势，在中小企业营销选择中占据着重要地位。

利用电子商务平台推广是受访企业中最普遍使用的网络营销方式，2011 年普及率达到 60.9%。中小企业调查覆盖的传统行业企业占比较大，尤其对于传统行业中的小微企业来说，网络营销仍然是一种比较新颖的商业营销模式，而电子商务平台具有成本较低、使用简单的特点，故在中小企业中的渗透率较高。预期随着电子商务平台精细化运营趋势的出现，将会有越来越多的中小企业寻求更专业的电子商务平台服务和解决方案。

2011 年，在开展过网络营销活动的中小企业中，利用即时聊天工具进行营销推广的普及率为 57.5%，位居第二。QQ 等即时聊天工具作为营销推广的重要手段，优点在于成本低、即时互动等，传达的信息能够直接抵达客户群体，有助于企业增进与客户的联系，排在第三位的是搜索引擎营销推广，普及率为 56.7%。另外，根据本次调查结果，网站展示型广告、电子邮件营销方式的普及率也分别达到了 49.6%和 47%，这种由企业单向发出信息的推广方式，其侧重点在于企业品牌的建立和知名度的提升。而网络视频广告、微博营销、团购类网站营销推广的新兴方式在本次受访的中小企业中普及率较低，仅为 17.9%、16.9%和 13.3%，还有较大的发展空间。

由于目前大部分中小企业对网络营销推广的认知不够、自我运营能力不强，同时缺乏有效的指导和独立的第三方网络营销效果评价体系，有 17.2%的受访企业表示会减少甚至不再进行相关投入，有近 30%的企业表示对未来互联网营销投入不确定。

未尝试过互联网营销方式的企业的未来投入倾向并不乐观。本次调查数据显示，未进行过互联网营销推广的受访中小企业中，仅 6.6%明确表示会在未来投入资金开展互联网营销，仅 8.3%的企业会尝试使用免费的互联网营销进行推广。针对未进行过互联网营销、且未来也不打算进行相关投入的受访中小企业，询问了其不认可互联网营销方式的原因。结果显示，其中多达 89%的中小企业认为目前业务不需要使用互联网进行营销推广，原因可能在于部分企业主对互联网营销这种新兴的营销方式认知程度还不够。

调查对于过去一年在互联网营销方面有投入、但未来打算减少或停止相关投入的中小企业，询问了其对互联网营销推广方式产生消极预期的具体原因。结果显示，超过 40%的中小企业认为使用互联网进行营销推广的效果并不理想，另有超过 28%的中小企业认为目前不再需要互联网营销推广。

通过对参与本次调查的中小企业开展网络营销活动的现状进行分析，可以发现，目前互联网营销推广方式在中小企业中的普及程度还较低，有些企业甚至还对这种营销方式存在错误的认识。出现这种情况的原因主要在于以下几个方面。

① 多数中小企业对互联网营销的了解程度不够。传统企业，尤其是传统中小企业，受到行业封

闭性、从业人员文化素质水平等方面的影响，在信息化基础建设及互联网应用水平等方面存在不足，难以充分认知互联网对企业经营、管理方面的巨大作用和价值，很多的中小企业主没有意识到网络营销在品牌推广、促进销售等方面能够发挥的作用。

② 缺乏针对中小企业互联网营销的有效指导。有些企业已经对互联网营销推广模式有所了解，甚至已经开始进行尝试。但由于互联网营销推广具有多样化的模式、形态，涉及的专业知识较为广泛、深入，对于不具备相关人才、缺少成功经验的传统中小企业，在没有专业指导的情况下，将无从开展具体的营销工作，或者即使开展了，也不会有好的营销效果。

③ 缺少有效的互联网营销效果评估评价体系，推广效果难以衡量，难以帮助企业实现效用最大化，原因在于缺少客观的评价体系、评价工具和独立的第三方来衡量营销效果。

④ 尚未形成规范的市场体系，服务质量难以保证。互联网营销服务市场正处于形成阶段，准入机制、法律规范等尚未建立和完善，欺诈点击、乱收费等现象时有发生，导致中小企业主心存疑虑。

针对以上问题，在中小企业中推广电子商务，应当做好三方面的工作：

① 做好传统中小企业的教育培训工作，加深互联网营销认知。

② 构建有效的评估体系，鼓励第三方提供互联网营销效果评估服务。

③ 规范互联网营销服务市场，严格贯彻执行相关法律法规，加强网络广告监管，营造规范有序的互联网营销服务市场环境，以便吸引更多的中小企业参与到互联网营销活动中来。

（摘自互联网数据中心（DCCI）《2011 年中小企业互联网应用调查报告》）

（本章由中国电子信息产业集团有限公司六所　龚炳铮编）

第 13 章　电子商务服务企业

13.1　基础网络服务企业

13.1.1　中国移动

截至 2011 年年底，中国移动集团客户总数接近 6.5 亿户，比 2010 年增长 11.2%，总通话分钟数达到 38872 亿分钟，比 2010 年增长 12.3%；数据业务收入达到 1393 亿元人民币，比 2010 年增长 15.4%；数据业务收入占运营收入的比例达到 26.4%，比 2010 年提高 1.5 个百分点；无线上网业务流量达到 3614 亿 MB，比 2010 年增长 152.1%。

1．手机证券

手机证券是中国移动向客户提供的证券应用服务，内容包括：实时图形化行情、多券商在线交易以及各类专业资讯，方便用户随时随地把握证券市场脉搏。

2．飞信

飞信是中国移动推出的“综合通信服务”，可融合语音（IVR）、GPRS、短信等多种通信方式，覆盖三种不同形态（完全实时、准实时和非实时）的客户通信需求，实现互联网和移动网间的无缝通信服务。

飞信不但可以免费从 PC 给手机发短信，而且不受任何限制，能够随时随地与好友开始语聊，并享受超低语聊资费。在飞信的基础上研发的飞聊也于 2011 年 9 月 28 日发布，可以实现跨平台免费短信发送。

3．铁通宽带业务

中国移动铁通宽带业务是中国移动和其子公司铁通合作推出的家庭上网服务，客户可以通过中国移动沟通 100 服务厅进行业务办理。在加强铁通发展 TD 无线座机的同时，铁通宽带获得 150 亿元建设资金，用于宽带建设，并建议发展两个宽带品牌，一个是高端的集团用户，可以采用光纤接入，提供高质量服务；一个是低端的集团用户，主要是家庭用户，中移动借力铁通宽带全力抢占家庭市场。

在以固话、宽带业务为主的基础上，大力发展数据业务和智能业务，进一步深化和推广 MPLS VPN 业务、全视通业务、成长 e 站、呼叫中心 10050 业务等。

4．有线通宽带业务

中国移动依托铁通发展自己的有线宽带的同时，发展移动有线通，这是中国移动在 2008 年电信业重组之后与广电合作推出的一种有线宽带上网业务。中国移动为了和电信、联通进行有线宽带服务的竞争，推出了这个业务。移动有线通是向家庭用户或企业提供的基于双向有线网络的宽带接入服务。

目前移动有线通还没有很好的网络覆盖，对于大多数想尝试移动有线通的用户必须先咨询移动公司才能办理这个业务。

5．WLAN

WLAN（Wireless Local-Area Network）是一种无线上网 WiFi 业务，可通过笔记本电脑或 WiFi 手机在 WLAN 信号覆盖范围内，以无线方式接入互联网。

CMCC 即 China Mobile Communication Corporation 的简称，是中国移动随 e 行 WLAN 业务，CMCC-EDU 适用于中国移动校园网业务。

6．无线音乐

中国移动无线音乐俱乐部（以下简称无线音乐俱乐部）是为广大中国移动用户提供的一站式音乐体验新平台，包括音乐下载、音乐共享、音乐传播、音乐交流等服务。

7．手机报

手机报是中国移动与国内主流媒体单位合作的一项自有增值业务，它以彩信通信方式为主，以 WAP 方式辅助浏览，向客户提供资讯服务（含新闻、体育、娱乐、文化、生活等内容），客户可以定时收到报刊彩信或随时通过 WAP 方式直接阅读。

8．手机钱包

手机钱包是指通过短信、WAP 或 IVR 通信方式，以二维码、RFID、USSD 等方法购买商品、查询账户信息，实现移动电子商务支付的个人金融信息服务。手机钱包业务的支付账户包括话费账户和银行卡账户，话费支付指通过手机话费进行支付性操作；银行卡支付指将手机号码与银行卡或存折账户（以下统称“银行卡”）进行绑定后，通过银行卡账户进行支付性操作。

9．手机商界

“手机商界”是中国移动和商务部国际电子商务中心联合推出的，利用商务部权威信息，立足于将移动无线通信技术与现代电子商务紧密相融，整合商务部多种政策及行业资源和中国移动网络系统，深入开展面向个人提供移动电子商务信息及应用服务的全方位运营。

手机商界业务具有政府公信力强、资源稀缺和行业信息精准的特点。

10．手机游戏

中国移动游戏频道是精品手机游戏的集中地，游戏内容丰富向上，类型多样，数量众多，适合于各年龄段的用户下载使用。

最近新增了诸如客户端网游、游戏业务包、试玩转激活（TB）等新型游戏，更加丰富了用户的选择。游戏分为下载类游戏和在线游戏两种。

11．139 邮箱

139 邮箱是中国移动为客户提供的具有多项手机增值服务的电子邮箱业务。139 邮箱除具备常规互联网邮件服务功能外，新邮件到达后可在手机上收到提醒，并可通过手机收发邮件。

12．12580

12580 是中国移动提供的生活信息查询服务平台，为用户提供即时便捷、随时随地的生活信息查询服务，包括餐饮、娱乐、交通、优惠等丰富生活信息，以及优惠酒店、机票的查询和预订，用户可以通过短信查询、WAP 查询、手机客户端、语音查询等多种方式，随时随地获取所需的生活信息服务。同时，12580 还提供引领生活时尚潮流、含有丰富生活资讯的彩信杂志《12580 生活播报》以及丰富的生活信息订阅服务。

13. 手机阅读

中国移动手机阅读是中国移动自有的增值业务，以手机和移动电子书为主要业务形态，向用户提供海量精品图书、杂志和漫画的内容服务，让用户真正享受随时阅读的乐趣。

14. 手机视频

手机视频是由中国移动与国内知名媒体合力打造，为中国移动用户提供基于移动网络收看音视频节目的服务，让用户无论身处何地都可以通过手机下载和在线观看新闻、影视、娱乐、体育等精彩视频内容。

13.1.2 中国电信

2011 年中国电信集团发展取得喜人成绩，经营收入达到 2450.41 亿元人民币。扣除初装费因素的影响后，经营收入为 2449.43 亿元人民币，同比增长 11.7 亿元，收入结构持续优化，为未来持续发展奠定了坚实基础。

1. 天翼

“天翼”体现了自由自在的移动体验和广阔的覆盖；“天翼”与“添翼”谐音，寓意用户使用中国电信的移动业务后如虎添翼，可以更畅快地体验移动信息服务，享受更高品质、更自由的信息新生活。

“天翼”是中国电信发展 3G 业务而诞生的一个品牌，最早由明星代言，向广大手机使用者宣传其健康、高速、便捷、无线的 3G 网络，从而向用户介绍 CDMA2000 网络制式的 3G 网络。

2. 天翼领航

“天翼领航”品牌主要面向中小企业信息化市场，这是中国电信继“天翼飞 Young”、“天翼 e 家”之后第三个客户品牌。

中国电信针对企业业务的原品牌为“商务领航”，此次推出的“天翼领航”品牌实际上是“商务领航”品牌的延续和提升。

天翼领航是中国电信面向企业客户推出的客户品牌，以“融合信息应用，远见成就价值”为品牌核心内涵，全面支持企业客户提升信息化水平、降低成本、提高效率、增加商业机会、创新产品、改善客户服务、防范经营风险、促进业务增长。

针对不同类型企业客户的综合通信和信息需求，中国电信提供天翼领航通信版、信息版、行业版等系列应用。

3. 天翼 WiFi

中国电信天翼宽带 WiFi 客户端是针对中国电信天翼宽带 WiFi 业务定制开发的拨号软件客户端。中国电信天翼宽带 WiFi 用户在国外仍可使用，客户端将自动搜索当前中国电信合作伙伴的热点，会主动进行提示，只要使用可国际漫游的账号登录即可。其支持 Android 1.6 以上操作系统的智能终端，在无线网络信号名称为 ChinaNet 的网络覆盖区域内，连接后即可畅游无线互联网。

4. 其他

天翼阅读是中国电信整合各类阅读内容，满足客户阅读需求的一项业务。

189 邮箱是中国电信针对 C 网手机用户、宽带用户提供的新一代的邮箱服务。

“爱音乐”是中国电信数字音乐业务的统一品牌。

天翼 Live 可在手机端、电脑端用统一账号轻松登录。

中国电信通行证是面向中国电信用户提供的互联网应用（包括移动互联网应用）的统一账号。

天翼视讯客户端产品同时向中国电信全国用户提供服务。

天翼 QQ 号码是腾讯公司与中国电信联合推出的一项服务，只要是中国电信 180、189、133 和 153 号段的手机用户，便可在完成必要的认证程序后，使用该手机号码作为 QQ 号登录和使用腾讯公司相关产品和服务。

天翼云，中国电信正式发布了 10 个天翼云计算产品。这些云产品主要集中在资源云（IaaS）、能力云（PaaS）、应用云（SaaS）三个层面，包括云主机、云存储、云桌面、云呼叫中心等，可为政府及各行各业提供丰富多样的云服务。天翼云产品将逐渐融入日常生产与生活中，成为社会公共资源，广泛运用于政务、金融、交通、医疗、教育等领域。

号簿助手是中国电信推出的安全、可靠、跨终端、跨网络的通讯录管理服务，支持手机通讯录与 189 邮箱、天翼宽带等业务系统的即时同步，用户可以通过 Web/WAP/手机客户端等多种方式进行联系人的查询、编辑、备份和恢复，是用户换机时的好帮手、管理通讯录的好助手。目前，中国电信提供 Android 版、Brew 版、Windows Mobile 版和 iOS 版手机客户端。

13.1.3 中国联通

截至 2010 年年底，中国联通资产规模达到 5126.75 亿元人民币，全系统从业人员达到 31.27 万人，用户总数超过 3.11 亿户，其中移动电话用户 1.67 亿户，宽带用户 4722 万户，固定电话（含无线市话）用户 9664 万户。中国联通的收入规模、用户规模及上市公司市值均位居全球电信运营商的前列。

1．沃 3G

“沃 3G”是“沃”品牌面向个人客户的业务板块，通过个人业务的营销推广，使个人客户感受到高速 3G 的精彩体验，丰富并完善沃品牌“精彩在沃”的内涵。

“沃 3G”让个人客户体验到无线通信和国际互联网等多媒体通信相结合的新一代移动通信系统，手机视频、海量下载、无线上网。在“沃 3G”之中，没有年龄和地域的界限，人人都是精力充沛、思维活跃的个体。

联通 3G 全业务品牌“沃 3G”，由英文“WO3G”和中文“沃”搭配组成，品牌标识使用橘红色，象征了 3G 业务带给消费者新鲜、时尚、愉快、充满想象力的现代生活。

2．沃商务

“沃商务”是“沃”品牌面向集团客户的业务板块，通过集团业务的营销推广，使集团客户感受到信息解决方案的精彩体验，丰富并完善沃品牌“精彩在沃”的内涵，基于联通 WCDMA 3G 高速网络和 PKI/CA 数字认证技术，通过手机、上网本、笔记本电脑、台式机等多种办公设备，用户可以在任何时间、任何地点，高速、稳定、安全地访问 OA、CRM、ERP 等办公系统或生产系统，随时随地处理公文、收发邮件、查询信息，为用户提供了“三屏一体”的全面解决方案，使工作变得更加轻松、便捷。

3．沃服务

“沃服务”是“沃”品牌面向客户服务的业务板块，使个人、家庭、集团、青少年客户感受到沃品牌以客为尊的精彩服务，丰富并完善沃品牌“精彩在沃”的内涵。用“服务”作为业务板块区分的名称，表现了对消费者的重视与关怀，体现以客为尊的服务理念。通过“精彩在沃”口号丰富沃品牌核心价值。用品红色来作为服务板块的主色系。暖色调能缩短距离感，充分体现温暖、体贴、周到的待客之道，强调品牌的服务精神。

4. 无线 WLAN

WiFi 业务可在公共热点覆盖区域搜索并连接“ChinaUnicom”无线网络，再在浏览器中输入任意网址将能打开中国联通 WLAN 业务门户页面，依据提示输入手机号码和登录密码即可完成登录。

中国联通还可为客户提供 ADSL+WLAN、LAN+WLAN 等组合宽带接入方式，用户不仅可以在家中上网，还可以在中国联通布网的商务酒店、休闲中心等公共区域实现 Internet 接入。

5. 116114

116114 为客户提供基于 114/116114 语音查询、手机 WAP、互联网及黄页等多媒体渠道的综合信息服务，向老百姓提供“医、食、住、行、游、购、娱”全方位的生活服务信息内容，通过信息查询、预订机票、酒店、美食、土特产、医疗挂号、法律咨询、教育导航等业务实现“一号订天下”。

6. 其他

手机电视：是中国联通提供的在手机上观看视频节目的业务。使用该业务需要中国联通 WCDMA 网络的支持。可以通过手机电视客户端或联通 3G 门户点播、下载、上传视频，还可以实时收看多个电视直播频道。

可视电话：视频电话业务是在 NGN 网络上提供的集语音、视频为一体的多媒体通信业务，该业务以客户端软件和视频电话终端形式，为用户提供便捷的点对点、多媒体通信业务，可以满足用户在亲情会晤、视频会议、多媒体悦铃、多媒体信息浏览和互动等方面的应用。

沃商店：中国联通沃商店应用软件平台于 2010 年 8 月 19 日在上海正式发布，并按照集团在 3G 上的品牌策略，命名为“WoStore”。目前中国联通沃商店支持的操作平台也比较齐全，如 Symbian、Windows Phone、iOS、Android 以及非智能系统（Java）。

沃友：中国联通沃友是一种基于互联网和通信网络的跨运营商、跨平台、跨网络的免费的全方位沟通方式，集成即时通信、微博和社区功能，形成统一的信息聚合业务。

沃云：沃云是中国联通自主研发的面向个人、企业和政府用户的云计算服务。沃云业务实现了用户自己的信息/文件在多个设备上的协同功能（即云同步）和文件/资料的集中存储、安全保管功能（即云备份）。

13.2 电子商务 B2B 交易平台服务企业

13.2.1 阿里巴巴

2010 年，阿里巴巴集团旗下 B2B 电子商务平台的两个交易市场共新增了 1410 万名注册用户、超过 170 万个企业商铺及 194150 名付费会员。交易市场加上中国万网的付费客户总数，超越了 100 万大关。截至 2010 年 12 月 31 日，在国际及中国交易市场上，共拥有 6180 万名注册用户、850 万家企业商铺及809362名付费会员。

1．阿里巴巴集团2010年大事记

1月，淘宝网宣布，2010年为淘宝的消费者年，“消费者”成为淘宝这一年的第一大关键词。

3月，阿里巴巴集团宣布成立大淘宝战略执行委员会，其成员来自淘宝、支付宝、阿里云计算和中国雅虎的高管。

3月，阿里巴巴中国站（alibaba.com.cn）战略升级为在线采购批发大市场，正式启用新域名www.1688.com。

4月，青海玉树县发生地震，阿里集团通过中国红十字会向青海玉树灾区捐赠2500万元善款，帮助灾区群众尽快渡过难关。

4月，阿里巴巴集团获得国内首张电子商务小额贷款执照。

4月，阿里巴巴集团宣布，将在未来五年内，继续向支付宝投资50亿元人民币。

5月，阿里巴巴集团宣布，从2010年起将年度收入的0.3%拨作环保基金，以促进全社会对环境问题的认识。

9月，阿里巴巴集团第七届网商大会暨第六届西湖论剑在杭州举行，揭晓第七届“全球十大网商”，正式发布“新商业文明宣言”。

10月，阿里云定制服务器F1A交付生成，首批生产了100台。

11月，淘宝商城启动独立域名Tmall.com。

2．阿里巴巴集团2011年主要情况简介

截至2011年年底，阿里巴巴旗下B2B国际交易市场注册用户达2550万名、企业网站/商铺220万家，其中付费会员10.66万名；中国交易市场注册用户达5080万名、企业网站/商铺780万家，其中付费会员65.88万名。

阿里巴巴旗下淘宝网注册用户达4.7亿名，日在线商品数为8亿件，创造直接就业岗位270.8万个，创造间接就业岗位772万个。为中小企业融资贷款服务的阿里金融，当年获贷客户为12.97万家，获贷金额为277.75亿元，获贷笔数为398.30万笔。在2011年的“双十一”当天的促销中，淘宝全网销售达到了52亿元，其中天猫33.6亿元，支付宝支付成功3369万笔，比2010年的纪录增长了近170%。

3．阿里巴巴集团2011年大事记

1月，阿里巴巴集团宣布将大力投资中国物流业，阿里巴巴集团及其融资伙伴首先会投入人民币200亿～300亿元。

2月阿里巴巴（B2B）宣布，公司在2010年清理了约0.8%（逾千名）涉嫌欺诈的“中国供应商”客户，公司CEO卫哲和COO李旭晖承担责任引咎辞职。阿里巴巴集团绝不允许触犯商业诚信原则和公司价值观底线。

2月，淘宝网正式宣布2011年为淘宝开放年，全年战略将围绕“开放”二字展开。

5月，支付宝获得央行颁发的国内第一张《支付业务许可证》。

6月，阿里巴巴集团将淘宝网分拆为三个独立的公司：淘宝网、淘宝商城（现更名为天猫）和一淘，更精准和有效地服务客户。

7月，阿里云正式推出由阿里云独立研发的阿里云操作系统——阿里云OS。

7月，阿里巴巴集团、雅虎和软银三方就支付宝股权转让事件正式签署协议。

7月，支付宝正式宣布推出“快捷登录”计划，用户可凭借支付宝账户登录多家电子商务网站。

10月，阿里巴巴集团宣布将向淘宝商城追加投资18亿元，用于将淘宝商城打造成“品质之城”。

10月，阿里巴巴集团宣布，淘宝网旗下的团购平台聚划算将以公司化的形式独立运营，成为阿里集团旗下的又一家独立子公司。

11 月，光棍节当天淘宝商城支付宝交易额突破 33.6 亿，淘宝商城和淘宝网总支付宝交易额突破 52 亿元。支付宝当天支付成功 3369 万笔，再度刷新纪录。

12 月，支付宝宣布拆分旗下集分宝业务，成为支付宝的独资子公司。

12 月，淘宝网“全民疯抢”活动全天交易额达到 43.8 亿元，同时涌入 1.2 亿名用户。

（阿里巴巴集团）

13.2.2 环球资源

环球资源（Global Sources）是一个商对商（Business-to-Business，B2B）多渠道的国际贸易平台，亦是大中华地区双边贸易的主要促进者。Global Sources 植根中国大陆达 28 年，于全国设有 44 个办事机构并拥有超过 2500 位团队成员。环球资源以外贸见长，主要为专业买家提供采购信息，并为供货商提供综合的市场推广服务。环球资源在外贸方面的表现非常抢眼，并在 2007 年推出中文内贸网，帮助中国的内贸公司和希望进入中国市场的海外公司拓展新业务；2005 年，环球资源中国总部移师深圳，从某种意义上表明了环球资源网加速本地化的决心。

Global Sources 为其所服务的行业提供广泛的媒体及出口市场推广服务，供货商采用公司四项基本服务，包括网站、专业杂志、展览会和网上直销服务进行出口市场推广。Global Sources 同时提供广告创作、教育项目和网上内容管理等支持服务。

Global Sources 通过 14 个行业网站、13 本贸易月刊、超过 100 本采购信息报告、12 个 China Sourcing Fairs 及其他展览会，将 450 万条产品信息及超过 247000 条供货商信息传递给 Global Sources 的买家社群。每年，Global Sources 买家社群透过 Global Sources Online 向供货商发出超过 9600 万次信息查询。环球通（Global Sources Direct）是 Global Sources 最新推出的服务，旨在协助供货商透过网站营销。

Global Sources 的贸易解决方案凝聚了 40 年国际贸易杂志出版的丰富经验、16 年统筹及管理亚洲展览会及 15 年经营国际贸易网站的成功经验。

2011 年 4 月 27～30 日，四场“环球资源时尚服饰及配件春季展”在中国香港亚洲国际博览馆举行，首创的“在线展会”吸引了众多买家与供应商，买家总数增加了一倍。

Global Sources 拥有 39 年促进国际贸易的成功纪录，公司在全球超过 60 个城市设有办事处。

13.2.3 慧聪网

慧聪网（HK8292）成立于 1992 年，是国内领先的 B2B 电子商务服务提供商，依托其核心互联网产品买卖通以及雄厚的传统营销渠道——慧聪商情广告与中国资讯大全、研究院行业分析报告为客户提供线上、线下的全方位服务，这种优势互补、纵横立体的架构，已成为中国 B2B 行业的典范，对电子商务的发展具有革命性影响。

慧聪网承诺，以专业、创新和迎合需求的服务与产品，来提高电子商务社区买卖双方的交易机会，为扩大国内乃至国际贸易创造机会。慧聪网深信，在日趋成熟的互联网技术下慧聪网将更有作为，慧聪网将在一个如此庞大与充满商机的市场中继续引领潮流、不断开拓创新，并不断为买卖双方企业赢造网上贸易奇迹。

2003 年 12 月，慧聪网实现了在中国香港创业板的成功上市，为国内信息服务业及 B2B 电子商务服务业首家上市公司。2009 年 2 月，慧聪网顺利通过 ISO 9001 质量管理体系认证，成为国内首个引入该标准的互联网公司。目前，慧聪网注册用户超过 1500 万名，买家资源 1300 万个，覆盖行业 70 余个，员工 3500 名，成交额达到 696 亿元，是国内最有影响力的 B2B 电子商务公司之一。

13.2.4 中国制造网

中国制造网（made-in-china.com）是一个荟萃中国产品信息的网上世界，面向全球提供中国产品的电子商务服务，旨在利用互联网将中国制造的产品介绍给全球采购商。已稳定运营十多年，成为数百万用户信赖的综合性电子商务网站。

中国制造网关注中国企业特别是众多中小企业的发展，因为中国制造网深信，只有在中小企业发展的基础上全球经济才能更健康地成长。凭借巨大而翔实的商业信息数据库，便捷而高效的功能和服务，中国制造网成功地帮助了众多供应商和采购商建立联系、提供了商业机会。

公司自主开发运营的中国制造网电子商务平台作为第三方 B2B 电子商务平台为中国供应商和全球采购商提供了一个发布供求信息和寻找贸易合作伙伴的电子交易市场，为供求双方提供交易信息的发布、搜索、管理服务，提供初步沟通与磋商的手段与工具，以及其他涉及供求双方业务与贸易过程的相关服务。

中国制造网电子商务平台由中国制造网英文版和中国制造网中文版组成，已成为全球采购商采购中国制造产品的重要渠道，英文版主要为中国供应商和使用英文的全球采购商提供信息发布与搜索等服务，中文版主要为中国供应商和使用中文的全球采购商提供信息发布与搜索等服务。

中国制造网电子商务平台为中国供应商和全球采购商提供会员服务，注册免费会员可以通过虚拟办公室发布并管理企业、产品和商情信息；注册收费会员（目前为中国供应商）除享有免费会员的所有服务外，还可以发布网上展示厅、拥有专业客服支持、在产品目录和搜索结果中享有优先排名的机会。焦点科技通过电子商务平台还向收费会员提供名列前茅（TopRank）、产品展台（Spotlight Exhibits）、横幅推广（BannerPro）等增值服务以及认证供应商（Audited Suppliers）服务，以增加在互联网上的展示机会，增加与全球采购商的接触机会，从而达成交易，获得收入和利润。焦点科技积极平衡中国供应商与全球采购商、免费会员与收费会员之间的服务与利益以维持中国制造网电子商务平台的持续稳定发展。

中国制造网立足内贸、面向全球，以推广中国企业为己任，努力营造良好的网络商业环境，搭建更为宽广的网上贸易平台，为国内贸易的繁荣开启了一扇方便的电子商务之门。

中国制造网由焦点科技股份有限公司全力开发及运营。焦点科技股份有限公司成立于 1996 年，是国内最早专业从事电子商务开发及高新技术应用的企业之一，致力于为客户提供全面的电子商务解决方案。焦点科技拥有雄厚的资金、技术、通信资源和市场运作实力，经过多年持续、高速的发展，伴随着中国电子商务应用的逐渐深化，逐步建立了一支技术过硬、善于创新的技术队伍和一套规范、完善的服务体系。

13.2.5 环球市场

环球市场集团（Global Market Group）是全球最可信的国际电子商务平台之一，通过全球专业的推广，建立优质制造商的群体品牌 GMC，让国际买家认识和信任中国的优质制造商。16 年来，集团一直专注于让“中国制造”成为优质标志。

环球市场集团经历了 16 年的成长与发展，得到了社会各界的认同与支持，2012 年 6 月 22 日于伦敦证券交易所挂牌上市。

环球市场集团是一家 B2B 国际营销服务商。公司成立于 1995 年，总部设于广州，目前员工近 1000 人，在中国各主要制造业基地有 30 个办事处，2008 年获得投资机构 Jafco，以及在美国、中国香港、日本、新加坡上市的 4 家公司联合注资 3000 万美金，并收购中国香港网络营销上市公司 TRADEeasy 和中国香港电子商务公司 Marketplace。

环球市场集团主要定位于为高端客户提供包括市场推广、国际物流、出口融资等服务。环球市场采用自创的 GMC 标准筛选，目标客户只有 10 万家，大约是中国 4300 万家中小企业里的 1/430，而且全是制造商，贡献了目前中国 90%以上的出口市场份额。截至 2010 年 12 月 31 日，环球市场平台上总共拥有 1626 家注册制造商、70 万注册国际买家。环球市场向卖家（制造商）提供的服务收费，向买家提供的服务免费。

13.2.6 敦煌网

敦煌网（www.DHgate.com）是国内首个聚集中国众多中小供应商的产品，为国外众多的中小采购商有效提供采购服务的国际网上批发交易平台。作为国际贸易领域 B2B 电子商务的创新者，敦煌网（www.DHgate.com）充分考虑了国际贸易的特殊性，全新融合了新兴的电子商务和传统的国际贸易，为国际贸易的操作提供专业有效的信息流、安全可靠的资金流、快捷简便的物流等服务，是国际贸易领域一个重大的革新，掀开了中国国际贸易领域新的篇章。

敦煌网（www.DHgate.com）CEO 王树彤是中国最早的电子商务产业的行动者之一，1999 年参与创立卓越网并出任第一任 CEO，2004 年创立敦煌网。敦煌网（www.DHgate.com）目前已成为中国最领先的在线外贸交易品牌之一，是中华人民共和国商务部重点推荐的四家中国对外贸易第三方电子商务平台之一。由于敦煌网（www.DHgate.com）可大大提升中国出口型中小企业的国际竞争力、带动重点行业和区域经济发展，中华人民共和国工业和信息化部电子商务机构管理认证中心已经将其列为示范推广单位，工业和信息化部中小企业发展促进中心也将其作为战略合作伙伴。

敦煌网（www.DHgate.com）采取佣金制，免注册费，只在买卖双方交易成功后收取费用。据 Paypal 交易平台数据显示，敦煌网是在线外贸交易额中亚太排名第一、全球排名第六的电子商务网站，其在 2010 年的交易达到了 60 亿元的规模。作为国际贸易领域 B2B 电子商务的创新者，敦煌网采用 EDM（电子邮件营销）的营销模式，低成本、高效率地扩展海外市场，自建的 EDMSYS 平台为海外用户提供了高质量的商品信息，用户可以自由订阅英文 DM 商品信息，第一时间了解市场最新供应情况。

13.2.7 网盛生意宝

浙江网盛生意宝股份有限公司是一家专业从事互联网信息服务、电子商务和企业应用软件开发的高科技企业，是国内垂直专业网站开发商，国内专业 B2B 电子商务发展模式的标志性企业。2006 年 12 月 15 日，网盛生意宝在深交所正式挂牌上市（股票代码：002095），成为了“国内互联网股”，并创造了“A 股神话”。

网盛生意宝拥有一支由博士、硕士、学士组成的层次合理的技术开发队伍、市场开拓及服务队伍，现有员工900余人，平均年龄为27岁，98%为大学本科以上学历。网盛生意宝先后在北京、上海、广州、南京、济南、郑州、成都、沈阳、韩国首尔、美国西雅图、荷兰等地设立了分支机构，形成遍布全国、辐射全球的市场及服务体系。

网盛生意宝被浙江省科技厅认定为浙江省高新技术企业（浙科发高〔2001〕248号），被批准为杭州高新技术产业开发区软件产业园企业（杭高新〔2001〕347号），通过了软件企业认证（浙信〔2001〕287号）。网盛生意宝曾先后承担"国家高新技术产业化项目"、"浙江省软件产业发展计划项目"，"省经贸委推进流通企业电子商务进程项目"，"杭州市第一批高技术产业化项目"等省市乃至国家级重点项目。

网盛生意宝先后创建并运营中国化工网（www.chemnet.com.cn）、全球化工网（www.chemnet.com）、中国纺织网（www.texnet.com.cn）、国际纺织网（www.TexWeb.com）、中国医药网（www.pharmnet.com.cn）等多个国内外知名的专业电子商务网站，以及国内专业化工搜索引擎ChemIndex（www.ChemIndex.com），在行业网站运营领域具有深厚的经验、技术与资源优势。网盛生意宝通过收购、参股的方式运营有中国服装网、中华服装网、中华纺织网、中国农业网、中国机械专家网等高成长性垂直网站，成功地推出了基于"小门户+联盟"理念的生意人门户——生意宝（www.toocle.cn），荣获了2007年度最佳商业模式。

网盛生意宝近年来所获得的荣誉有：网盛生意宝上市事件被杭州市政府评选为2006年杭州市"数字事件"，被写进深交所历史并荣获2006年度中国上市公司百佳市值管理奖（名列第四），被国务院发展研究中心信息中心及《新经济导刊》杂志社评选为"2006新经济十强企业奖"。网盛生意宝被评为杭州市信息化示范企业、浙江省重点流通企业，公司旗下各网站多次荣获"百强网站"称号，网盛生意宝创造性推出的"小门户+联盟"模式被授予"2007年度最佳商业模式"。

网盛生意宝对网络经济的贡献和影响得到了社会各界的赞誉和肯定，得到了CCTV、人民日报、新华社、中新社、China Daily、中国经营报、雅虎、新浪等主流媒体的广泛关注、报道，拥有良好声誉。

13.2.8 中国网库

中国网库（www.99114.com）于1999年在北京成立，最初经营114查号台网络平台，积累了海量的中国中小企业数据。中国网库拥有13年的网络营销和实体企业电子商务服务经验，致力于为实体企业提供基于行业细分的单品电子商务交易服务，至今已为全国近30万家中小企业提供了基础电子商务服务，并与800余家具有单品优势的实体企业共同构建了800多个单品电子商务交易平台。

在公司创始人兼董事长王海波先生的带领下，中国网库已发展成为今天中国电子商务内贸领域主流的B2B电子商务服务公司和国内最大的单品电子商务聚集平台，是目前国内最活跃的B2B电子商务外包服务公司之一（前三名分别为阿里巴巴、慧聪、中国网库）。截至2012年12月，中国网库在全国共设立了157家地方分支机构，拥有3900多名运营人员，全国累计服务外包收入近5亿元，推动B2B交易900多亿元。

从2012年5月开始，中国网库为了大力发展区域电子商务，推动各地特色产业的单品电子商务应用，积极和各地政府及开发区共同构建区域性电子商务产业园（电子商务谷），目前已经在武汉硚口、贵阳、山西侯马、广州黄埔等7个地区建立了区域性运营总部，预计两年内将在全国23个省市建立区域电子商务外包服务总部。

1．公司主要业务和服务

（1）推动企业单品电子商务应用——品类网

中国网库根据13年的实践经验，提出了以单品聚合为特征的第三代电子商务模式——“单品电子商务”，把中国电子商务推进到“单品时代”。这种模式专注于细分行业的电子商务应用，帮助实体企业获得按行业特性找到下游采购商的精准通道，可以更好地解决企业招商、分销和零售等问题。

中国网库以品类网为实施的单品电子商务平台，具有以下特征：最大的单品品牌会聚区，单品上下游产业的交汇点。

（2）构建各地区域电子商务产业园——电子商务谷

为充分发挥地方特色产业聚集优势，加快区域电子商务发展，中国网库利用单品电子商务平台的集聚特性，与各地政府及开发区合力打造地方产业化电子商务集群，营造区域电子商务产业发展环境。

2．网库发展历程

1999年，首创性地将114电话查号服务模式应用到互联网，建立了114网络查号台。2006年，联合中国电子商务协会、中国互联网协会、全国组织机构代码管理中心等十家权威机构发起成立“中国行业网联盟”。

2007年，与美国纳斯达克上市公司富基融通达成全方位资本与战略合作，发起建立中国电子商务协会企业网络应用推进工作委员会并被授权成为承办单位。

2008年，创立创新的电子商务理论——“4B”电子商务模型，基于4B理论创建产业链上的全新B2B服务平台。

2009年，完成中国网库与中国行业网联盟内各行业网全面整合，成为基于“4B”理论创建产业链上的全新B2B平台。

2010年，推出集企业报价中心和电子商务交易平台一体的行业通会员服务，帮开展“上网—推广—互动—认证—交易”五位一体的全程电子商务。

2011年，联合艾瑞咨询集团、中国银联、新华信集团、移众传媒等发起成立中国B2B电子商务服务联盟，集中联盟内各企业的资源与力量，为中小企业提供创新的B2B电子商务应用服务，共同扶持一批具有创新意识的传统企业进入电子商务领域，促进中国中小企业的产业转型和升级。

2012年，启动“百城千品”工程，推动各地电子商务产业发展。

3．网库荣誉

2005年，在“2005年中国商业网站百强”评选活动中荣获“2005年中国商业网站100强”称号。

2006年，荣获“中国web2.0百强网站”、“2006中国行业电子商务TOP100强”称号。

2007年，荣获首批“电子商务企业信用评价AAA级信用企业”、“优秀电子商务服务商”称号。

2008年，荣获“最佳电子商务应用奖”、“北京市电子商务诚信十佳企业”称号。

2009年，入选2009电子商务风云榜“十大品牌影响力企业”。

2010年，入选中国电子商务E价值榜“中国电子商务成长创新十佳企业”、北京电子商务协会常务理事单位，荣获首批“电子商务信用认证网站”、“中国电子商务百强企业”、“综合类B2B电子商务企业奖二十强”称号。

2011年，成为全国电子商务人才专业化委员会成员单位，荣获“中国电子商务百强企业”、“中国电子商务最佳B2B企业”、“中国电子商务最佳雇主”称号。

（中国网库）

13.3 电子支付服务企业

13.3.1 支付宝

支付宝（中国）网络技术有限公司是国内领先的独立第三方支付平台，是由阿里巴巴集团CEO马云先生在2004年12月创立的第三方支付平台，是阿里巴巴集团的关联公司。支付宝致力于为中国电子商务提供“简单、安全、快速”的在线支付解决方案。

支付宝最初是淘宝网公司为了解决网络交易安全所设的一个功能，该功能为“第三方担保交易模式”，由买家将货款打到支付宝账户，由支付宝向卖家通知发货，买家收到商品确认后指令支付宝将货款发给卖家，至此完成一笔网络交易。

支付宝公司于2010年12月宣布用户数突破5.5亿。2011年9月5日，支付宝收购安卡支付以深度拓展跨境业务。

支付宝公司从2004年建立开始，始终以“信任”作为产品和服务的核心。不仅从产品上确保用户在线支付的安全，同时让用户通过支付宝在网络间建立起相互的信任，为建立纯净的互联网环境迈出了非常有意义的一步。

支付宝以稳健的作风、先进的技术、敏锐的市场预见能力及极大的社会责任感，赢得了银行等合作伙伴的认同。目前国内工商银行、农业银行、建设银行、招商银行、中国银行等各大商业银行以及中国邮政、VISA国际组织等各大机构均与支付宝建立了深入的战略合作，不断根据客户需求推出创新产品，成为金融机构在电子支付领域最为信任的合作伙伴。

13.3.2 银联支付

“银联在线”是中国银联倾力打造的互联网业务综合商务门户网站，致力于向广大银联卡持卡人提供“安全、便捷、高效”的互联网支付服务。

“银联在线”依托具有中国自主知识产权、国内领先的银联CUPSecure互联网安全认证支付系统和银联EBPP互联网收单系统，构建了银联便民支付网上平台、银联理财平台、银联网上商城三大业务平台，为广大持卡人提供公共事业缴费、通信缴费充值、信用卡还款、跨行转账、账单号支付、机票预订、基金理财和商城购物等全方位的互联网金融支付服务。

银联便民支付网上平台的业务范围包括信用卡跨行还款、水电燃气缴费、移动电话及固定电话缴费充值等业务。

银联理财平台的业务范围包括基金直销业务、银行理财产品销售业务等。

银联网上商城平台精选国内、境外银联认证的优质商户，为持卡人提供万余种商品的网上购物支付服务。

随着业务覆盖范围、应用领域的不断扩大，“银联在线”正受到越来越多发卡银行、收单机构、商户和广大持卡人的欢迎。未来，中国银联将依托安全、稳定、可靠的基础转接与清算服务系统，完整配套的业务规范、技术标准及专业化服务体系，日益完善的网上支付风险防控流程，强大的技术研发与系统运营能力，积极努力，加强创新，不断满足日益多元化、个性化的网上支付需求，携手产业各方，共同推动中国电子支付行业快速、健康发展。

13.3.3 贝宝

贝宝是由上海网付易信息技术有限公司与世界领先的网络支付公司——PayPal 公司通力合作为中国市场度身定做的网络支付服务。贝宝利用 PayPal 公司在电子商务支付领域先进的技术、风险管理与控制以及客户服务等方面的能力，通过开发适合中国电子商务市场与环境的产品，为电子商务的交易平台和交易者提供安全、便捷和快速的交易支付支持。

上海网付易信息技术有限公司成立于 2004 年 8 月，注册于张江高科技园区的浦东软件园。贝宝已同国内多家主要银行以及中国银联支付服务公司（Chinapay）等达成战略合作，为网上交易的个人与企业提供支付服务。

PayPal 公司成立于 1998 年 12 月，是美国 eBay 公司的全资子公司。PayPal 利用现有的银行系统和信用卡系统，通过先进的网络技术和网络安全防范技术，在全球 190 个国家为超过 1.5 亿个人以及网上商户提供安全便利的网上支付服务。

13.3.4 财付通

财付通（tenpay）是腾讯公司创办的在线支付平台。财付通与拍拍网、腾讯 QQ 有着很好的融合，按交易额来算，财付通排名第二，份额为 20%，仅次于阿里巴巴公司的支付宝。

财付通是腾讯公司创办的中国领先的在线支付平台，致力于为互联网用户和企业提供安全、便捷、专业的在线支付服务。

个人用户注册财付通后，即可在拍拍网及 40 多万家购物网站轻松进行购物。财付通支持全国各大银行的网银支付，用户也可以先充值到财付通，享受更加便捷的财付通余额支付体验。财付通的提现、收款、付款等配套账户功能，让资金使用更灵活。财付通还为广大用户提供了手机充值、游戏充值、信用卡还款、机票专区等特色便民服务。

针对企业用户，财付通构建全新的综合支付平台，业务覆盖 B2B、B2C 和 C2C 各领域，提供卓越的网上支付及清算服务，还提供了安全可靠的支付清算服务和极富特色的 QQ 营销资源支持，与广大商户共享腾讯用户资源。

专业的在线支付服务使财付通获得了业界和用户的一致首肯，并先后荣膺 2006 年电子支付平台十佳奖、2006 年最佳便捷支付奖、2006 年中国电子支付最具增长潜力平台奖和 2007 年最具竞争力电子支付企业奖等奖项，并于 2007 年获得“国家电子商务专项基金”资金支持。

13.3.5 快钱

快钱是国内领先的独立第三方支付企业，旨在为各类企业及个人提供安全、便捷和保密的综合电子支付服务。目前，快钱是支付产品最丰富、覆盖人群最广泛的电子支付企业，其推出的支付产品包括人民币支付、外卡支付、神州行卡支付、联通充值卡支付、VPOS 支付等众多支付产品，支持互联网、手机、电话和 POS 等多种终端，满足各类企业和个人的不同支付需求。

作为国内领先的信息化金融服务提供商，快钱致力于利用信息化平台为企业打造专业高效的流动资金管理解决方案，帮助企业快速获取和优化现金流，从而加速企业发展。

作为专业的信息化金融服务提供商，快钱依托于与各大银行的战略合作伙伴关系，打造了跨银行、跨地域、跨网络的信息化平台。以此为基础，快钱针对企业现结、赊销、预付三种业务经营模式，向企业提供电子收付款、企业电子采购账户等创新产品组合，形成一整套专业高效的流动资金管理解决方案，实现了资金流与信息流的无缝整合，帮助企业提升资金流转效率。

借助快钱专业高效的流动资金管理解决方案，企业能够快速获取和优化现金流，实现整体效率的提升，加速业务发展；同时，快钱的解决方案还打通并盘活了产业链上下游的资金流，有助于提高产业链乃至整个社会的资金流转效率，推进电子商务向传统行业的普及和渗透，带动社会整体生产效率的提升。正因如此，快钱所代表的信息化金融服务产业被列为国家重点支持和鼓励的战略性新兴产业，成为优化社会资源配置、推动国家产业结构升级、引导未来经济社会发展的重要推动力量。

为了推进信息化金融服务的发展和落地，快钱在国内业已形成了完善的战略布局。快钱总部位于上海，在北京、广州、深圳等地设有分公司，在天津设有金融服务公司，并在南京设立了全国首家创新型金融服务研发中心，形成了一支超过 1300 人的专业化服务团队。如今，快钱正在与超过 180 万家商业合作伙伴一道，共同见证着信息化金融服务的巨大价值。快钱的流动资金解决方案不仅广泛应用于商旅、保险、电子商务、物流等现代化服务产业之中，也渗透到制造、医药、服装等传统领域；合作伙伴覆盖东方航空、南方航空、平安集团、中国人寿、京东商城、当当网、宅急送、百度、新浪、李宁、联想、戴尔、神州数码等各行业内领军企业。2011 年，快钱交易量总额突破了 12000 亿元人民币。

2011 年 5 月快钱首批荣获央行颁发的《支付业务许可证》，并担任中国支付清算协会常务理事。

13.3.6 环迅支付

迅付信息科技有限公司（简称环迅支付）在 2008 年由国内最早从事电子支付业务的上海环迅电子商务有限公司投资成立，以提升社会整体运行效率为使命，致力于为中国电子商务提供金融级的优质支付服务。环迅支付总部位于上海，在北京、深圳及广州均设有分支机构。

环迅支付是中国银行卡受理能力最强的电子支付平台，与国内所有主流银行及国际主流信用卡组织均建立支付合作伙伴关系，每天处理数十万笔来自全球各地的银行卡在线支付。环迅支付业务遍及电子商务、教育、传统企业、供应链、B 端市场、外贸企业等电子商务的各个领域，并不断帮助商户提升效率，创造价值。

环迅支付凭借丰富的支付运营经验，不断研发国际领先的支付产品及行业资金解决方案，拥有包括 A.N.T.（信用卡支付反欺诈系统）、C.A.T.（信用卡授权支付系统）、ICPAY（国际信用卡支付系统）、SINOPAY（人民币卡支付系统）在内的 3 大系列 25 款领先产品，充分满足商户的在线金融管理需求。

环迅支付始终关注在线支付的风险控制问题，目前环迅支付已经构建了具有高等级的安全体系，通过全面升级支付的软、硬件环境，在业内率先投入使用了异地灾备机房，并成为国内首家通过 PCI-DSS 支付卡安全认证的支付企业，充分保障企业资金流动的高安全性。

在满足各种支付需求的同时，环迅支付始终承诺为用户提供放心和愉悦的支付体验，并在原有7×24小时的一对一个性化服务的基础上，创新提出全新的服务精进计划，制订标准化服务流程，为用户提供全方位、立体化的优质服务。

13.3.7 百付宝

北京百付宝科技有限公司（以下简称“百付宝公司”，www.baifubao.com）由中文搜索引擎公司百度所创办，是中国领先的在线支付应用和服务平台。百付宝以建立“简单可依赖”的在线支付信用体系为己任，其创新的产品技术、丰富的应用功能、为用户量身定做的交易体验流程，为互联网用户和企业提供安全、可依赖的在线支付服务。

百付宝提供卓越的网上支付和清算服务，为用户提供了在线充值、交易管理、在线支付、提现、账户提醒等丰富的功能，特有的双重密码设置和安全中心的实时监控功能更是给百付宝账户安全提供了双重保障。

在电子支付领域，百付宝凭借创新而务实的风格、领先的技术、敏锐的市场预见力、对消费者和商家双重负责的企业形象，迅速赢得了银行等合作伙伴的高度认同。截至目前已与中国工商银行、招商银行、中国农业银行、中国建设银行、中国银联等建立了战略合作伙伴关系。

随着中国经济的快速发展和网络应用的不断成熟，电子商务产业已进入高速发展阶段。百付宝将一直致力于在线支付行业，不断地根据客户的需求推出创新产品，为促进电子商务产业的持续发展作出不懈努力。

13.3.8 易宝支付

易宝支付（YeePay.com）是中国领先的独立第三方支付公司，2003年8月由北京通融通信息技术有限公司创建。总部位于北京，并在广州、深圳、上海、成都、南京、杭州、西安、济南等地设有分支机构。易宝支付自运营以来，一直致力于为广大商家和消费者提供“安全、简单、快乐”的专业电子支付解决方案和服务。2011年5月，易宝支付获得了央行颁发的首批支付牌照。

在立足网上支付的同时，易宝支付不断创新，首家推出电话支付，将互联网、手机、固定电话整合在一个平台上，使电子支付实现了“网上线下”全覆盖。并以随需应变、量身定制为原则，陆续推出了航旅、数字娱乐与游戏、网上购物、教育考试、电信缴费、保险基金、物流等行业的专业电子支付解决方案。目前，易宝支付签约的大中型商家超过了30万家，其中包括百度、搜狐、易趣、慧聪、九城、盛大、完美时空、迅雷、国航、南方航空、海南航空、深圳航空、四川航空、中国航信、中国联通、中国电信等知名企业，年交易额超过千亿元。

易宝支付首倡“绿色支付，快乐生活”的理念。“绿色支付”的内涵是安全、便捷、低成本、高效率、创新、公益，易宝支付的理念是：用“绿色支付”服务绿色商家，绿色商家创造快乐生活。易宝支付为所有公益机构提供“零费率”政策，通过“绿色支付”推动网络公益发展，实现“人人可慈善”。易宝支付承诺“每完成一笔支付，将捐赠1分钱用于公益事业”，让每笔支付都具有人道的力量。易宝支付创建了公益圈（gongyi.yeepay.com），截至2011年10月底，易宝公益圈已联合联合国儿童基金会、中国扶贫基金会、壹基金、中国妇女发展基金会等三十余家入驻的公益机构募集善款2500余万元。

易宝支付在电子支付领域创新而务实的风格、领先的技术和负责任的爱心企业公民形象，深得银行等合作伙伴认同。截至目前，易宝支付已和IBM、中国电信、中国移动通信、中国联通、VISA、Master Card、JCB等国际信用卡组织以及中国工商银行、招商银行、交通银行、中国建设银行、中国农业银行等30余家金融机构建立了战略合作伙伴关系。

易宝支付的卓越服务得到了业界的广泛认可，易宝支付荣获"2011 易观 EnfoCommerce Award 电子商务之星——最佳电子商务支付平台奖"，2010中国互联网产业"最具创新在线支付平台"及"年度百强企业"大奖，并连续六年获得CHINICT"新星企业奖"；2010年，易宝支付荣获第十三届中国国际电子商务大会颁发的"电子商务诚信企业奖"和"电子商务行业优秀企业奖"，并入选"2010 CV Awards 100"榜单及"创业邦100"榜单。

13.3.9 联动优势

联动优势科技有限公司由中国移动与中国银联于2003年8月联合发起成立，致力于为企业和消费者提供创新、绿色、安全、高效的金融及电子商务产品和服务，是目前国内领先的跨综合支付服务、智能金融信息服务、移动化的本地多应用服务三大领域的移动金融及移动电子商务产业链服务提供商。

联动优势秉持诚信、专业、激情、创新、共赢的企业精神，将客户需求贯穿产品设计、技术开发、运营服务全过程，目前联动优势旗下拥有U付、U信、U慧三大业务平台以及银信宝、回款通、联盈为代表的一系列高品质的产品和服务，旨在为企业用户及个人消费者提供全方位的支付、金融信息与生活应用服务。截至2012年3月底，联动优势累计服务用户逾5亿，年处理资金近500亿元，并于2011年1月成立全资子公司——联动优势电子商务有限公司，全面负责联动优势旗下支付相关业务。

联动优势在企业发展过程中，始终关注产业前沿，力求通过不断创新的思维、技术、产品及服务引领行业，实现"用科技创造人人乐于享用的生活方式"的企业愿景。在关注企业发展的同时，联动优势不忘积极承担企业公民责任，通过"红袜子"、"100365首善行动"、"爱让视界完整"等一系列公益实践回馈社会。

13.4 电子商务技术服务及其他服务企业

13.4.1 ShopEx

ShopEx成立于2002年，是国内最大的电子商务软件及服务提供商之一。ShopEx长期专注于电子商务软件的研发及电子商务解决方案与服务的提供（图13-1和图13-2）。

ShopEx 主要是为电子商务企业提供从前端到后端的一揽子IT和系统研发维护外包解决方案。ShopEx服务体系包括大中型企业、中小型企业、淘宝商家、微型企业。

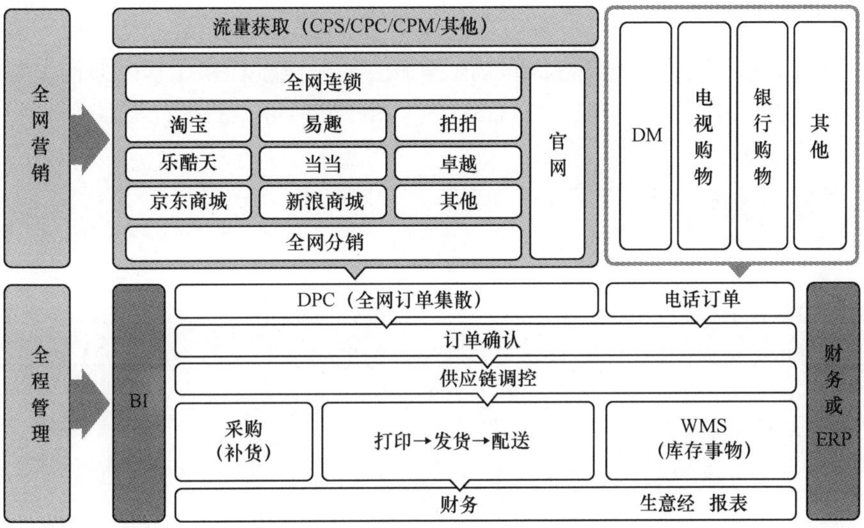

图 13-1 ShopEx 的全网全程模式

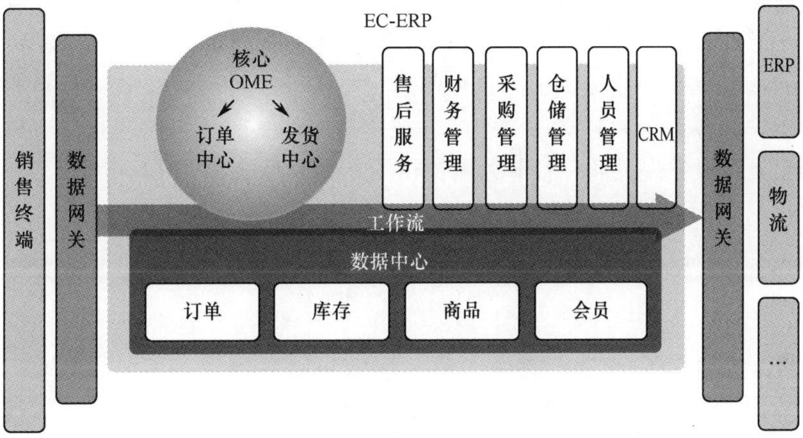

图 13-2 ShopEx 的技术实现方案

13.4.2 阿里云

阿里云计算（简称阿里云）是阿里巴巴集团全资所有的高科技公司。公司于 2009 年 9 月创立，目标是打造以数据为中心的先进云计算服务平台。阿里云致力于提供完整的公共计算基础服务，使计算能和水、电一样成为公共基础服务设施；促进整个电子商务生态圈和基于云计算的产业链的成长；支持低碳经济，促进清洁能源的有效使用。阿里云在杭州、北京和美国硅谷等地设置研发机构，已在高效能数据中心、低成本高带宽集群网络、自动化基础设施管理和操作平台、高可靠安全系统、大规模智能计算、海量数据存储和应用服务等方面取得了显著成果。

截至 2009 年 8 月，数据中心机房资源使用机柜数量已达到 2768 个，随着业务发展，预计 2012 年年底将达到 5000 个。经过近几年的高速发展，截至 2009 年 8 月，阿里云的服务器主机数量已经达到近 30000 台。预计今后几年，服务器仍将保持高速增长，保守估计到 2012 年后会突破 15 万台的规模。

运营业务主要分为三个部分，其一，阿里云公司在线服务：搜索服务、电子邮件服务、地图服务、即时通信服务、在线广告服务等。其二，针对阿里巴巴集团的服务：电子商务基础架构服务、电子支付基础架构服务、数据分析服务、数据存储服务、物流管理系统基础架构服务等。其三，针对第三方基于云数据中心的服务：在线软件服务、数据存储服务、数据分析服务等。

13.4.3 中国万网

万网作为中国域名主机行业传统服务商，在域名主机相关市场具有较强的竞争优势，据艾瑞咨询企业访谈及桌面研究发现：截至 2010 年 12 月，万网的域名市场占有率为 21.4%，主机为 20%，万网的企业邮箱业务市场占有率为 14%，由于万网收购了欧科动力、宁波网博、狼烟网络等一系列地方性建站公司，使得万网在建站方面也具备较强的实力。

域名、主机及邮箱业务是万网最先涉足的业务，在市场上具有较高的知名度。建站是企业发展相对较晚的产品，但却具有较快的发展速度，目前已经有 15 万家企业选择了万网的建站服务。万网与阿里巴巴合作，可以通过阿里巴巴的影响力和资源发展网点业务，和阿里巴巴形成资源、业务互助互利，特别是使网站建设业务能得到快速的发展，取得行业内的领先地位，并且万网利用阿里巴巴的资源优势推出了“阿里阿外”和“淘里淘外”两款建站产品来提升自己的竞争实力。

万网为中国的众多中小企业提供了与企业信息化相关的各种服务，如域名相关服务、主机相关服务、网站建设相关服务、企业邮局相关服务、网站推广相关服务等，这充分地体现了中国万网的市场定位——企业上网服务提供商。目前万网提供的产品及服务如图 13-3 所示。

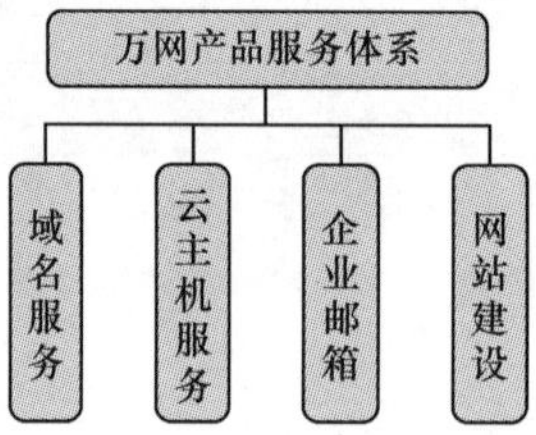

图 13-3　万网产品体系图

13.4.4 百分点

北京百分点信息科技有限公司拥有目前国内专业的推荐引擎技术平台、跨网站消费偏好平台，专注为电子商务企业提供站内流量转化和商业智能分析的整体优化解决方案。百分点的产品包括百分点推荐引擎（BRE）和百分点分析引擎（BAE），这些产品旨在通过分析全网消费偏好，为电子商务企业提供精准的营销服务，提高电子商务网站的流量转化率、客单价，提升客户购买的品类数和多样性，延长客户生命周期，从而提高电子商务企业的核心竞争力。

百分点于 2009 年 7 月在北京成立，在沈阳、上海、深圳设有分支机构，并与电子科技大学互联网科学中心合作，在成都建立了个性化推荐系统联合研究所，该研究所专注于个性化推荐系统、消费心理学、交叉推荐等相关研究。2011 年 7 月，百分点获得 IDG 资本和名力中国成长基金 720 万美元的投资。目前百分点已经和凡客诚品、库巴网、唯品会、58 团购、走秀网、红孩子、麦包包、玛萨玛索、途牛网、果壳网、天极网等在内的近 300 家知名电子商务企业和资讯类网站成为合作伙伴。

作为跨网站消费偏好数据平台及推荐引擎技术平台，百分点引领并推动了个性化技术在国内的应用，并希望这一新模式和新技术在国内更多企业中运用，让更多的国内企业掌握营销的核心竞争力，让用户感受“让世界为你改变”的全新上网乐趣。

13.4.5 亿玛

亿玛（www.emar.com.cn）是中国网络营销行业内独树一帜的“电子商务网络营销领航者”。公司2004年年初由网络营销业内资深人士创立，并于2006年至2011年成功获得华登国际、鼎晖投资、兰馨亚洲、日本亚洲基金、CyberAgent和Antfund多家机构组成的A轮、B轮和C轮投资。

亿玛致力于通过整合、挖掘、提升各类互联网媒体和通路的流量与广告价值，充分依托旗下“两大营销投放网络”以及“一个 DSP 平台”，为以“泛电子商务”为代表的新兴主流广告主群体提供“以更有效果为追求目标”的效果整合营销服务。“两大营销投放网络”指效果联盟网络——亿起发（www.yiqifa.com）和中国第二代智能广告网络——亿告（www.yigao.com），“一个 DSP 平台”指帮助广告主实现包含搜索营销和广告营销在内的一站式营销优化平台——易博 EMARBOX（www.emarbox.com）。2012 年 3 月，亿玛成功上线了致力于移动互联网效果营销的广告平台——易积分（www.yijifen.com），其通过在海量手机应用中展示广告（积分）墙的形式，把营销效果从 Web 端迁移到移动端。此外，亿玛还拥有一个直接面向网购消费者的提供比价返现服务的易购网（www.egou.com）。

亿玛除拥有多个创新的效果广告网络、优化工具和多样化效果计费方式以外，亿玛团队还不断以提高各类合作伙伴的网络营销效果为己任，坚持效果是精准投放和过程优化的统一结合体，以为合作伙伴提供满意的专业顾问式“效果整合营销”服务为长期追求的目标。

13.4.6 派代网

派代网（www.paidai.com）创立于2007年2月8日，公司成立于2009年8月。派代网定位为中国电子商务交流分享平台，提供给用户更有价值的内容。

派代网目前是中国最具影响力、交流最活跃的电子商务行业深度交流平台之一，用户数已经超过27万。派代聚集了大量中国电子商务领军企业的创始人、资深行业专家、淘宝大卖家等，如刘强东、李阳、李树斌等。

13.4.7 亿邦动力

亿邦动力网是在我国中小企业中颇具影响力的电子商务实战分享平台，创建于2007年，其前身是国内电子商务行业杂志——《电子商务世界》，经过多年积累，已拥有近20万优质会员。

亿邦动力网面向我国4000余万中小企业提供电子商务实战知识、电子商务新闻动态、实战社区、中小企业电子商务培训、电子商务会议、行业研究报告、中小企业IT支持、金融支持、物流支持等多项服务。

亿邦电子商务两会，即由亿邦动力网主办的一年一度中小企业电子商务大会（1000 人以上）和中国网上零售年会（1000 人以上），包括京东商城CEO刘强东、VANCL（凡客诚品）CEO陈年、阿里巴巴原 CEO 卫哲、谷歌全球副总裁刘允、著名经济学家郎咸平、今日资本徐新等 1000 多位企业嘉宾出席了每年度的大会。

思路是由北京亿商联动国际电子商务有限公司全力打造的面向企业和服务商的电子商务服务超市，是亿邦动力的旗下网站，在企业和服务商之间搭建起一座诚信、精准、便捷的沟通桥梁。企业在开展电子商务中不再为寻找合适的服务商而烦恼，而服务商又多了一条高效获取商机的可信渠道。

13.4.8 金马甲资产与权益网络交易服务平台

北京金马甲产权网络交易有限公司，前身为北京产权交易所金马甲电子商务中心，2009 年 12 月 15 日，经三十多家产权交易机构共同出资，成立北京金马甲产权网络交易有限公司。公司注册资金为 5050 万元人民币。2010 年，金马甲完成二期增资扩股工作，共有 17 家机构注资，其中新增股东机构 10 家、原股东增资机构 7 家。作为国内最具公信力的资产与权益交易门户，金马甲通过汇集全国各地优质资产和权益项目信息、投融资及专业服务信息，实现信息的统一披露、在线路演、在线实时报价交易等功能。为各种资产和权益的交易提供包括动态报价、网络竞价、网络展示、网络招标、网络采购等先进的工具集，刷新了网络交易及电子商务行业的多项纪录。金马甲平台成功完成了北京奥运会开幕式用奥运缶网络交易、上海世博会场馆异地复建权交易、贵州茅台十二生肖酒网络交易等重大项目的在线交易。2010 年，金马甲相关的网络交易项目数量众多，通过网络竞价系统和动态报价系统共成交项目 2185 个，成交标的数为 2480 个，成交总金额为 69.50 亿元。同时，金马甲强大的信息集市平台已经形成，2010 年，金马甲信息平台共新增项目 7740 个，项目金额为 2822 亿元。

2011 年，金马甲相关的网络交易项目数量众多，通过网络竞价系统和动态报价系统共成交项目 3875 个，成交标的数为 3941 个，成交总金额为 99.40 亿元。同时，金马甲强大的信息集市平台已经形成，公司网站访问量日均突破 20000，注册用户数量近 30000 户，信息订阅用户超过 700 人，手机报用户超过 1000 人，金马甲官方微博粉丝突破 2000 人。

（北京金马甲产权网络交易有限公司）

13.4.9 上海商业发展研究院

上海商业发展研究院，是上海市商务委员会和上海商学院合作共建的、致力于商业理论和实务研究的知识服务平台。以教育部、财政部“高校创新能力提升计划”和上海市教委“知识服务提升工程”为引擎，主动对接国家和上海社会发展规划，充分发挥高校知识服务能力，推动产学互动，推进全国商业的创新驱动、转型发展。

研究院旨在整合国内外商业研究的优质资源，共同打造立足上海、面向长三角、服务全国的商业发展研究平台；开展商业发展战略研究，为政府决策提供依据与支持；发布商业发展相关指数与年度报告，形成具有重要影响的学术品牌；建立产学研沙龙，促进产业界与学术界的直接对话与交流；开展人才培训，培养具有国际化视野的中高层商业经营与管理人才；加强与国外知名商业研究机构和国外知名商科院校的联系，建立战略联盟，形成集聚优势，产生溢出效应。

研究院以社会经济发展实际需要为出发点，针对商业发展中的重大问题，组织若干知识服务团队，推动学科交叉研究，谋划、争取、完成重大专项任务。形成以知识服务平台为纽带，政府部门、行业组织、外援高校、行业企业等多方参与、合作共建的组织机制。

电子商务知识服务团队成员以上海理工大学、上海商学院、华东政法大学和东华大学等高校学者为主，同时吸纳电子商务企业家、法律界相关专家和政府相关部门人员。团队成员长期从事电子商务研究，发表了大量高水平电子商务论文和著作，已经具备厚实的研究基础和较大的社会影响力，能够适应电子商务交叉学科研究特征。

上海商业发展研究院最终将建成中国商业的领航者，商业发展的推进器，国内外商业领域知名智库。

（上海商业发展研究院）

（本章由海博智讯（北京）软件有限公司　蔡亮华，中国电子商务协会理事　赵廷超编）

第 14 章　电子商务零售及其他服务企业

14.1　淘宝网

淘宝网（taobao.com）是中国深受网民欢迎的网购零售平台，目前拥有近 5 亿的注册用户数，每天有超过 6000 万的固定访客，同时每天的在线商品数已经超过了 8 亿件，平均每分钟售出 4.8 万件商品。截至 2011 年年底，淘宝网单日交易额峰值达到了 43.8 亿元，创造了 270.8 万个直接且充分的就业机会。随着淘宝网规模的扩大和用户数量的增加，淘宝也从单一的 C2C 网络集市变成了包括 C2C、团购、分销、拍卖等多种电子商务模式在内的综合性零售商圈。目前已经成为世界范围的电子商务交易平台之一。

2010 年，淘宝注册用户达 3.7 亿，在线商品达到 8 亿。2010 年 11 月 11 日，当天淘宝网单日交易额达到了 19.5 亿元。2010 年淘宝网用户人均成交笔数比 2009 年增长了 35%，用户对网购的接受度大大增加。消费者最常购买的商品类型快速扩展。截至 2010 年 12 月 31 日，淘宝网创造了 182.3 万个直接就业机会。据全球咨询机构 IDC 测算，每一人在淘宝开店实现就业，就将带动 2.85 个相关产业的就业机会。也就是说，截至 2010 年 12 月 31 日，淘宝网已经为产业链创造了超过 500 万个就业岗位。

2010 年作为淘宝的消费者年，淘宝全年接到 1260 万通来电，一次性解决率上升到 86%，全年接受并处理消费者维权 216 万起，其中消费者申请维权涉及金额 1.9 亿元，最终成功维权金额为 1.69 亿元，金额保障比率为 89.14%。2010 年年初，淘宝宣布实行全网购物保障制度，消费者在淘宝任一店铺购物如遇实物描述不符、质量问题等与卖家产生纠纷，淘宝均可动用消费者保障基金先行赔付。6 月，淘宝启动大物流计划，平台将通过 API 接口的全面开放，使得物流服务商、淘宝卖家和外部商家以及各类电子商务网站均能借助物流宝平台实现订单交易信息、物流信息和商家自身 ERP 系统的全面打通。

淘宝网继续发展平台优势，坚持开放，推动整个电子商务产业链快速发展。除物流快递外，2010 年还衍生出围绕电子商务的多种服务行业，目前淘宝网平台上通过淘宝网认证的合作伙伴达到了 220 家，涵盖运营、客服、营销、仓储、培训等各行业。同时，淘宝打造的电子商务生态圈中还包含了 50 万中小站长的参与，淘宝联盟为他们提供了参与电子商务的商业模式。目前通过 50 万家中小网站的推广，每天能给淘宝网上的商家和商品带来 20 亿的浏览量。

14.2　京东商城

自 2004 年年初正式涉足电子商务领域以来，京东商城一直保持高速增长，连续七年增长率均超过 200%。京东商城始终坚持以纯电子商务模式运营，缩减中间环节，为消费者在第一时间提供优质的产品及满意的服务。

京东商城目前拥有遍及全国超过6000万名注册用户，近万家供应商，在线销售家电、数码通讯、电脑、家居百货、服装服饰、母婴、图书、食品等12大类、数万个品牌、百万种优质商品，日订单处理量超过50万单，网站日均PV超过1亿。2010年，京东商城跃升为规模超过百亿的网络零售企业。

2011年年初，京东商城获得俄罗斯投资者数字天空技术（DST）、老虎基金等共6家基金和社会知名人士融资共计15亿美元，说明了投资者对京东商业模式和出色经营业绩的认可，对于正在发展的京东商城乃至中国电子商务行业具有非常积极的意义。

京东商城提供了灵活多样的商品展示空间，消费者查询、购物都将不受时间和地域的限制。依托多年打造的庞大物流体系，消费者充分享受了"足不出户，坐享其成"的便捷。2009年年初，京东商城斥资成立物流公司，布局全国物流体系。目前，京东商城分布在华北、华东、华南、西南、华中、东北的六大物流中心覆盖了全国各大城市，并在西安、杭州等城市设立了二级库房，仓储总面积超过了50万平方米。

2011年年初，京东商城推出"GIS包裹实时跟踪系统"；3月，京东商城获得ACER宏碁电脑产品售后服务授权，同期发布"心服务体系"，京东商城开创了电子商务行业全新的整体服务标准。

14.3 苏宁易购

苏宁易购（www.suning.com）于2009年8月上线试运营，2010年2月1日正式上线，是苏宁电器的第四代电子商务平台，上线之后作为苏宁电器控股的独立子公司进行运作，它的出现也标志着苏宁电器正式进军电子商务领域。

苏宁易购在家电、3C、快速消费品、百货产品、家居产品、娱乐产品、图书、虚拟产品、酒类、机票、酒店预订等领域全面布局，利用网络平台便捷的优势，提供一站式的购物体验。强大的实体物流配送网络和售后服务网络给消费者带来的优质服务，是苏宁易购区别于传统B2C企业的特征和最核心的竞争力，确保实现由家电3C零售商向综合产品零售商的转型。

（1）苏宁易购定位

苏宁易购是建立在苏宁电器强大后台基础上的电子商务平台，以上市公司控股的独立公司进行运作，作为与实体连锁平行的销售渠道，苏宁易购旨在通过利用苏宁既有优势，通过自主采购、独立运营，利用10年的时间，打造等量齐观的苏宁。

品类拓展上，苏宁易购不拘泥于家电零售，在家电、3C、快速消费品、百货产品、家居产品、娱乐产品、图书、虚拟产品、酒类、机票、酒店预订等领域，全面布局，利用网络平台便捷的优势，提供一站式的购物体验，实现由家电3C零售商向综合产品零售商的转型。

在区域覆盖上，苏宁易购将会依托中国香港地区、日本的平台，利用网购领域无国界的特点，借助强大的管理后台、技术平台，同步进军国际电子商务市场，并向东南亚地区实现渗透。

（2）苏宁易购发展历程

1999年开始，苏宁电器就开始了长达10年的电子商务研究；

2005年，组建B2C部门，开始尝试电子商务业务；

2005年，苏宁网上商城一期面世，销售区域仅限南京；

2006年12月，苏宁网上商城二期在南京、上海、北京、广州、深圳、成都、武汉、天津、苏州、杭州、济南等大中城市上线销售；

2007年，苏宁网上商城三期上线，销售覆盖全国并且拥有了单独的线上服务流程；

2009年，苏宁电器网上商城全新改版升级并更名为苏宁易购，8月18日新版网站进入试运营阶段；

2010年2月1日，苏宁易购正式对外发布上线；

2012年1月1日，苏宁易购全新LOGO正式启用，标志着苏宁易购已完成品牌升级，同时借助新形象全力冲刺市场；

2012年2月，苏宁易购在全国成立12个大区，开始全面发力的步伐；

2012年4月23日，苏宁易购举办总部大楼奠基仪式，标志着苏宁易购向世界级电子商务总部又迈进了一步；

2012年4月18日，苏宁易购打响"E18全网底价月"战役，成为首家实现促销常态化的电子商务企业，行业由此全面进入2012年价格战阶段；

2012年5月中旬，苏宁易购品牌旗舰店上线，惠而浦、飞利浦、联想、苹果、LG、索尼、韩都衣舍、佐丹奴、联合利华、欧莱雅、中信出版社等百余家知名厂商旗舰店的加盟，标志着苏宁易购逐步实现品类SKU的快速丰富以及对单品销售体验服务专业度。

（3）苏宁易购经营品类

2010年，苏宁易购正式上线，品类覆盖彩电、冰箱、洗衣机、空调、手机、数码、电脑、生活电器、OA办公等品类；

2010年至今，服装、百货、虚拟产品等品类陆续上线；

2011年10月31日，苏宁易购图书、虚拟频道正式上线；

2012年4月27日，苏宁易购商旅频道正式上线；

2012年5月9日，苏宁易购酒类频道正式上线。

（4）苏宁易购的发展优势

作为零售行业的网上延伸，苏宁易购成功的核心优势是产品、物流和服务，尤其是强大的实体物流配送网络和售后服务网络给消费者带来的优质服务，是苏宁易购区别于传统B2C企业的特征和最核心的竞争力。

（5）强大的供应链资源

与全球数万家厂商建立了高效的供应链关系，苏宁易购能够在这个平台上采购到更优质、价格更有优势的产品，为网站的货源、商品质量和商品品类提供有力保证。

（6）成熟的物流配送体系

苏宁易购拥有覆盖全国的近1800家门店、100多个配送中心、3000多个呼叫中心坐席、4000多个售后服务网点，形成了立体的实体服务体系，为网络销售排除了后顾之忧。苏宁易购当前覆盖全国90%以上的城市和地区，有苏宁门店和苏宁服务网点的城市都能够享受本地化服务。

（7）强大的品牌影响力

苏宁电器作为消费者最信赖的品牌之一，品牌价值达728.16亿元，作为苏宁电器旗下的电子商务平台，苏宁易购也拥有了与生俱来的品牌信誉度和信赖感，苏宁易购消费者在享受网购乐趣的同时，也能感受到苏宁安全、可靠的信誉保证。

（8）完善的信息管理系统

苏宁易购依托目前全球领先的零售信息管理系统，已经实现了前后台整合，并不断与IBM、思科、百度等技术开发、网络推广企业等进行深度合作，根据技术发展和网民需求变化，持续进行技术和营销创新。

（9）苏宁易购未来规划

未来 10 年，苏宁易购的发展目标为年复合增长率 50%，销售规模达到 3000 亿元；SKU 总量 200 万以上；注册会员数 1 亿人；整体团队 2.5 万人；覆盖全国 90%以上的城市；云计算、云服务能力位居世界领先行列，搭建苏宁的网络生活平台，成为智慧苏宁转型的重要组成部分。

14.4 当当网

当当网（www.dangdang.com）是全球最大的综合性中文网上购物商城之一，由国内著名出版机构科文公司、美国老虎基金、美国 IDG 集团、卢森堡剑桥集团、亚洲创业投资基金（原名软银中国创业基金）共同投资成立。

1999 年 11 月，当当网（www.dangdang.com）正式开通。当当网在线销售的商品包括图书音像、美妆、家居、母婴、服装和 3C 数码等几十个大类，超过 100 万种商品，在库图书近 60 万种，百货近 50 万种，当当网的注册用户遍及全国 32 个省、市、自治区和直辖市，每天有上万人在当当网浏览、购物。

当当网于美国时间 2010 年 12 月 8 日在纽约证券交易所正式挂牌上市，成为完全基于线上业务、在美国上市的 B2C 网上商城。自路演阶段，当当网就以广阔的发展前景而受到大批基金和股票投资人的追捧，上市当天股价即上涨 86%，并以 103 倍的高 PE 和 3 亿 1 千 3 百万美金的 IPO 融资额，连创中国公司境外上市市盈率和亚太区 2010 年高科技公司融资额度两项历史新高。

当当网获得了机械工业、中信、中国青年、中国财政经济、上海声像等著名图书出版、音像发行机构最佳经销商荣誉称号。

当当网得到了人民日报、光明日报、中国青年报、各地都市报纸等国内媒体广泛的报道，在顾客的赞誉和建议中，当当网还在不断完善服务。

当当网被纽约时报、华尔街日报、华盛顿邮报、经济学家杂志、CNN、BBC、路透社、美联社等大量报道，借助国际主流媒体提升当当网和中国企业的国际影响力。当当联合总裁俞渝是“达沃思世界经济论坛”数年演讲嘉宾，并曾应邀在 2005 全球 CEO 论坛中演讲“网络时代中国企业家的创新精神”。该活动由国务院新闻办和美国时代华纳共同主办，国家主席胡锦涛、副总理曾培炎、北京市市长王歧山与来自各地的 CEO 讨论中国经济的发展。

公告显示，当当网 2011 年第四季度总营业收入为 12.32 亿元人民币，同比增长 73%，但净亏损达 1.30 亿元。当当网 2011 年总营业收入达 36 亿元，其中百货业务同比增长 210%，销售额占全年总营业收入近 40%。

当当网亏损原因主要是由于四季度继续加大对物流的投入，并加大电子书、手机购物等创新业务的开发力度，另外加上持续大力度促销。

2011 年 Q4 当当网百货业务实现超高速增长，除了长期坚持的低价策略外，其过去一年在仓储基地建设、物流配送服务等方面的投入也发挥了相当大的作用。当当网物流负责人表示：“继上一季投入将近 1.3 亿元人民币后，当当网在 Q4 持续加大物流方面的投入力度，通过快递提速、包装改善、售后服务提升等措施明显改善了消费者的网购体验。

14.5　1 号店

2010—2011 年是 1 号店发展历程中至关重要的阶段，尤其是 2011 年，1 号店折桂“2011 未来之星”第一名，并以 3 年 192 倍的复合增长率荣登德勤“2011 年亚太高科技、高成长企业”第一名。同时，1 号店与全球最大零售巨头沃尔玛建立了战略合作伙伴关系，以便为顾客带来更好的购物体验。

1. 2010—2011 年度数据

品类继续增长：2010 年 5 万种，2011 年 18 万种。

员工增长：2010 年员工 1400 名，2011 年员工达到 4800 名。

销售额：2010 年全年销售额 8.05 亿元，2011 年全年销售额 27.4 亿元。

注册用户数量：2010 年年底为 400 万，2011 年年底达到了 1500 万。

2. 2010—2011 年度 1 号店重大战略

（1）顾客体验

1 号店的目标是“做业界最好的顾客体验”。从 2010 年到 2011 年，1 号店围绕顾客体验的体验持续进行各种尝试和改善。将顾客体验细化到购物的每一个环节，表现为：

品类齐全，满足顾客一站式需求。覆盖食品饮料、进口食品，美容护理，母婴玩具，厨卫清洁，数码电器，家居运动，服装鞋帽，营养保健八大品类数十万种商品。

品质优良，放心购物。在供应商筛选、商品质量管理和商品入库等环节上，由专业队伍严格把关，保障所有商品都为正品，并严格遵照国家三包法规，让顾客能放心购买。

物美价廉，给顾客带去实惠。与传统零售相比，1 号店有 3%～5%的成本优势，同时，通过建立高效优化的供应链，节省采购、仓储、配送、售后服务等各个环节的成本并回馈给顾客。

购物方便，省心省力省时。送货上门，配送快捷，并提供半日达、一日三送等服务满足顾客快速收货的需求。1 号店提供物流查询，货到付款和正规发票，同时保证退货无忧。

（2）品类扩张

2010 年 11 月，1 号店汽配事业部成立，旨在提供最优秀的汽配采购和服务提供商。同年 10 月，1 号店推出火车票代购服务，支持从上海、北京、天津、河北、浙江、江苏、安徽始发的车次。使用该服务后，用户即可坐等快递送票上门，大大便捷了日常出行。截至 2011 年年底，1 号店在线销售商品种数达到 18 万，涵盖食品饮料、美容护理、厨卫清洁、母婴玩具、数码电器、家居运动、营养保健、钟表珠宝、服装鞋帽、机票服务等十二大类。

（3）区域拓展

2010—2011 年，1 号店以上海为核心，开始向其他地域辐射。2010 年 2 月，1 号店北京仓储中心投入使用，1 号店加速开拓以北京为中心的京津唐地区业务发展。2010 年 4 月，广州仓储中心投入使用，以便为以广州为中心的珠三角地区顾客提供更快捷、高效的配送服务。2011 年 7 月，武汉、成都两大仓储中心正式投入运营。至此，1 号店上海、北京、广州、武汉、成都五大仓储中心基本确立。同时，截至 2011 年 12 月，1 号店在全国 34 个城市设立了 138 个自配送站点。

（4）创新

创新是 1 号店企业文化基因。2010 年 10 月，1 号店“无限货架”店中店项目正式上线，创新开展 Fulfilled by Yihaodian 新合作模式。2011 年 2 月，1 号店的手机客户端“掌上 1 号店”推出。同年 7 月，在“掌上 1 号店”的基础上，1 号店增加了二维码的应用，在全国范围内创新推出了“无限 1 号店”，将商品和二维码以平面图的形式展示在人流量较大的地铁站内，用户通过扫描二维码即可实现实时购买。

（5）品牌提升

1号店的品牌知名度在成长过程中不断提升。作为1号店最新升级的品牌服务理念，将为消费者打造一种更好的生活理念，围绕“家庭”需求构建起的服务体系以及追求“供应链管理为王，客户体验至上”的发展理念始终引领着1号店走在区别于其他传统电子商务企业发展的路径之上。

（6）与沃尔玛战略合作

2011年6月，1号店携手战略合作伙伴沃尔玛，共同打造业界第一的用户体验购物平台。

这种传统行业与新兴行业的结合，都是一次创新之举。1号店与沃尔玛都表示，此次合作对各自企业发展具有重要的战略意义。

（1号店　市场部供稿）

14.6 银泰网

银泰网（www.yintai.com）是专注于精品时尚百货经营的大型B2C电子商务平台，由国内领先百货连锁集团银泰百货投资控股。

银泰网抱着“为13亿中国人传递新的生活美学“的梦想，把“为用户提供超出想象的满意服务，传播优质品牌影响力”作为使命，致力于让中国时尚消费人群“专享最时尚、最品牌、最品质、最价格”的生活品质与潮流购物体验，成为中国最卓越的精品时尚百货购物网站之一。

中国银泰投资有限公司（下称“银泰集团”）是一家全国性投资集团，总部位于北京。银泰集团业务涉及零售业发展、房地产开发及经营、金融投资三大主业，控股及参股多家国内外上市公司及100余家下属企业。

银泰百货（集团）有限公司是中国银泰集团投资的以百货零售业为主营业务的全国性大型百货连锁集团，于2007年3月20日股票全球发行、成功在中国香港联交所挂牌上市（1833.HK）。目前银泰百货（集团）正在运营及筹建中的大型百货商场和购物中心有三十多家，门店遍布北京、武汉、西安、杭州、宁波、温州、金华、义乌等城市的商业中心，与300多个国际、国内著名品牌建立了长期战略合作关系，已形成了全国性的百货连锁集团公司。

银泰集团投资的房地产是国内拥有全方位城市综合体产品开发经营经验的公司。曾经开发并经营着北京银泰中心、上海新天地凯悦酒店、杭州西湖湖滨奢侈品商业街等十几个标志性建筑。

银泰集团还积极投身于中国的慈善事业发展，是华夏爱佑慈善基金和大自然保护协会等慈善组织的理事单位。

14.7 国美网上商城

国美电器成立于1987年，是以家电及消费电子产品零售为主的全国性连锁企业。

国美电器在中国大中型城市拥有直营门店1700多家，年销售能力在千亿元以上。

2003 年国美电器在中国香港开业，迈出了中国家电连锁零售企业国际化的第一步，2004 年国美电器在中国香港成功上市。

2010 年，国美完成了新的五年战略规划并开始了全方位的实施与推进。国美电器以满足消费者需求为导向，进一步以网络优化和提升单店营利能力为核心，进一步扩展网络覆盖保持有效规模增长，并注重精细化管理。

作为具有卓越竞争力的民族连锁零售企业，国美电器坚持“薄利多销，服务当先”的经营理念，依靠准确的市场定位和不断创新的经营策略，引领家电消费潮流，为消费者提供个性化、多样化的服务，国美品牌得到了中国广大消费者的青睐。本着“商者无域、相融共生”的企业发展理念，国美电器与全球知名家电制造企业保持紧密、友好、互惠的战略合作伙伴关系，成为了众多知名家电厂家在中国的经销商。

作为中国最大的家电连锁零售企业之一，国美电器直接为社会创造就业 30 万人，每年为国家上缴税收达 15 亿元以上。国美电器是中国企业 500 强之一，被中央电视台授予“CCTV 我最喜爱的中国品牌特别贡献奖”；睿富全球最有价值品牌中国榜评定国美电器品牌价值为 586.26 亿元，多年位居中国连锁零售第一品牌；中国保护消费者协会连续多年授予国美电器“维护消费者权益诚信满意单位”。美国德勤服务公司公布的 2010 年全球 250 家零售企业排名，国美电器连续三年位列家电零售第一位；国美被《福布斯》杂志列入“2011 年亚洲上市企业 50 强”，是上榜的唯一一家亚洲家电零售商；在全球顶尖零售行业研究公司 PlanetRetail 发布的 2011 年全球 Top30 电器/娱乐及办公用品零售商榜单上，国美电器位居中国家电零售第一品牌；全球一流的零售洞察力与咨询公司 KantarRetail 发布的 2010 年度全球 Top50 零售企业榜单，国美电器成为唯一入选的中国零售业品牌。

作为社会企业公民，国美电器在重视自身发展的同时，更积极履行社会责任，践行公益事业，回报社会。2010 年中国内地发生严重旱灾和地震灾害，国美电器向重点灾区累计捐赠 710 万元现金和 100 万元物资。2008 年 5 月，国美电器向四川地震灾区捐赠 6000 万元现金和物资，并向中国红十字会中国红项目、中国扶贫基金会分别捐赠 150 万元和 232 万元，帮助贫困偏远地区建立医疗救助站和解决基本体育设施缺乏问题。2006 年 7 月，国美电器向潮汕星河奖基金会捐资人民币 500 万元，作为奖学助学基金，用于支持和鼓励品学兼优的星河奖获得者，帮助更多的贫困学生完成学业。2005 年 1 月，国美电器发起“让世界充满爱”援助印度洋海啸受灾国孤儿活动，并率先捐款 1000 万元，成为了当时第一个帮助受灾国进行灾后重建的中国企业。

14.8 易迅网

易迅网由上海易迅电子商务发展有限公司于 2006 年创建，并通过强大的大规模集约采购优势、丰富的电子商务管理服务经验和最先进的互联网技术为用户提供最新最好的时尚精选商品。

易迅网一直以来以“诚信”作为公司和每位员工的行为准则，以“超越客户期望”为目标，致力于为用户提供丰富的商品选择、便捷的购物方式和完善的售后服务，打造更好的 E 时代购物体验。

易迅网在线销售商品包括电脑产品、数码通讯、家居家电、汽车用品、鞋服百货五大类、上千个品牌、数万种商品。

易迅网严格按照国家法规政策正规经营，经营的产品皆为正规渠道引进合法缴税的原装正品，并对每一件商品都提供 100%实样的高清晰数码照片、详尽的技术性能指标和制造厂商的介绍。

易迅网采用多种便捷的支付方式，符合绝大部分互联网用户的使用习惯，并通过先进的互联网技术进行订单的实时跟踪，保证每一位客户资料的安全与保密。

易迅网在上海、苏州、杭州、扬州等城市自建物流配送体系，长期以来以快捷可靠的物流配送获得了用户的一致称赞。

易迅网有着完善和快速响应的保修、退货与售后服务制度，为每一位用户带去满意的购物服务。

14.9 快书包

快书包网上线于2010年6月9日，推出全新的“一小时到货”服务，以媲美大型网店的优惠价格，为消费者提供精挑细选的热门商品，和完全创新的“限时送”、“定时送”配送服务。“限时送”突破电子商务配送速度极限，一小时到货；“定时送”，配送时间由消费者自主选择。

迄今快书包已经开通了北京、上海、西安、成都、长沙、杭州、天津七城市的服务。以上七个城市的配送服务区域内，顾客都可以享受1小时到货的服务，或者由顾客约定送达时间的“定时送”服务。

14.10 凡客

2007年10月，凡客诚品成立，目前已是根植中国互联网上，遥遥领先的领军服装品牌。据最新的艾瑞调查报告，凡客诚品已跻身中国网上B2C领域收入规模前四位。其所取得的成绩，不但被视为电子商务行业的一个创新，更被传统服装业称为奇迹。2009年5月被认定为国家高新技术企业。

凡客诚品快速崛起的原因，概括如下：

① 技术领先，利用互联网整合先进的中国服装制造业；

② 客户体验至上，以及高性价比的经营之道；

③ 品牌文化顺应互联网时尚消费的潮流；

④ 陈年及其团队合作默契，具有市场敏感度以及突出的执行力。

凡客诚品目前已拓展至男装、女装、童装、鞋、配饰、家居六大类，随着在各品类间的不断深化，逐渐成为网民购买服装的首选。

业务快速成长的同时，凡客诚品在运营初期短短十个月里，即获得了IDGVC、联创策源、软银赛富、启明创投的先后三轮投资。

14.11 唯品会

唯品会是中国领先的名牌折扣网，并于2012年3月23日成功在美国纽约证券交易所（NYSE）上市，是中国华南首个在纽交所上市的电子商务公司。

唯品会（vipshop.com）网站以大幅优惠的折扣价，向中国消费者提供优质、受欢迎的品牌正品，商品囊括时装、护肤品、箱包、皮具、配饰、香水等。

唯品会坚持以安全诚信的交易环境和服务平台、可对比的低价位、高品质的商品、专业的唯美设计、完善的售后服务，全方位地服务于每一位会员，致力打造中国一流的B2C网络购物平台。

14.12　麦考林购物

麦考林成立于1996年，是目前中国最大的线上服装企业之一，致力于为顾客提供时尚、物超所值的产品和愉悦的购物体验。

麦网（www.m18.com）是麦考林的网络平台，不仅提供自有品牌欧梦达（Euromoda）和兰沛琪（Rampage），更提供了精心选择的第三方品牌，其中包括知名的国际品牌和一些有特色的本土品牌。

14.13　聚美优品

聚美优品由三位海归学子创立于2010年3月，首创了“化妆品团购”概念：每天在网站推荐几百款热门化妆品，并远低于市场价折扣限量出售。从创立伊始，聚美优品便坚持以用户体验为最高诉求，承诺“100%正品”、“100%实拍”和“30天拆封无条件退货”政策，竭力为每个客户带来独一无二的美丽惊喜。

目前，聚美优品已经发展为在北京、上海两地拥有总面积达五万多平方米的自建仓储、专业客服中心、超过五百万用户、月销售额数亿的中国领先的化妆品电子商务网站，成为2011年中国发展速度最快的电子商务公司之一。

14.14　乐蜂网

乐蜂网（LAFASO.com）是中国第一个拥有专家明星进驻，以提供“女性时尚解决方案”为主要服务的网站。LAFASO的由来，即Lady Fashion Solution这三个英文单词各取前两个字母组合而成；而中文网名“乐蜂”，除了与LAFASO发音近似之外，也来自“快乐的小蜜蜂”这个概念。

乐蜂网鼓励一种欢乐的、积极向上的生活态度，时尚向来不是高高在上，而是一种积极追求美好生活质量与流行品味的生命哲学。

因此在乐蜂网，用户可以通过专家群，以及引领时尚趋势潮流的达人们，获取各类流行信息、时尚情报、生活品味以及购物乐趣。

14.15 走秀网

走秀网（xiu.com）成立于2008年，是中国成长最快、最受瞩目的时尚类B2C电子商务平台之一，连续多年蝉联“中国时尚电子商务第一”。2011年入选“全球最具价值100家网络新锐”，成为上榜的仅三家中国网站之一。

走秀网（xiu.com）总部位于深圳，设有美国、欧洲、亚太三个海外分部，建立起了完善的全球采购和供应体系。一直积极引导国际品牌进入中国消费市场，包括更富有价格竞争力的奢侈品牌、更丰富的国际一二线品牌、国际设计师品牌以及部分国内知名品牌。目前在线销售品牌超过3000个，商品近10万种，涵盖服装、箱包、鞋、珠宝配饰、钟表、化妆品、家居等品类。

走秀网（xiu.com）致力于成为国际品牌进入中国零售市场的桥梁和门户，以更快捷、更及时、更丰富的商品和资讯服务，将全球品牌商品带给众多时尚消费人群。

14.16 好乐买

好乐买运用创新化商业模型，结合了资本、管理、网络技术与国际、国内优质合作伙伴等优势，正在逐步成为中国最大的正品鞋网上商城之一。

好乐买通过将现代电子商务模式与传统零售业进行创新性融合，以现代化网络平台和呼叫中心为服务核心，以先进的直销营销理念，配合高效完善的配送系统，成功实现了无中间商、无店铺租金的经营模式，真正做到物美价廉，为消费者提供高品质的正品鞋与时尚服装。正品授权、货到付款、免费退换等政策为客户提供了完美购物体验。

好乐买凭借强大的资金实力、采购实力，目前已与NIKE、ADIDAS、CONVERSE、PUMA、KAPPA、NEWBALANCE、李宁、CROCS、KISSCAT、达芙妮、千百度、斯凯奇等众多知名商家签订销售协议，保证销售产品的质量、更新率、数量和价格优惠，同时完善的网络技术为消费者提供了更方便的产品查询、订单跟踪功能、更全面的产品介绍，辅以营销创新实力和全国1100个城市的配送货渠道的建立，为满足客户个性化需求提供了强有力的保障。

好乐买的企业使命是让消费者用更少的精力，享受更好更安全的购物体验，买到更加超值的正品鞋；同时给厂商带来更多、更精准的目标消费者，并降低其运营和销售成本，减缓其现金流压力。

14.17 优购网

优购网上鞋城是国内最大鞋服类B2C之一，优购网上鞋城以经营优质、名品鞋类为主，以优质、时尚为网站定位，以用户体验、服务至上为宗旨，依托投资方百丽国际强大的供应链、资金及品牌优势，经营范围涵盖了男鞋、女鞋、男装、女装、运动、户外、童鞋、箱包八大品类的众多时尚潮流新品。

优购网上鞋城树立诚信为本的经营理念，为消费者提供“正品保障、7×24小时服务、10天退换货、10天补价差”的服务承诺，满足消费者个性化购物需求，提供无忧的网购体验，争做中国领先的鞋品、服饰类商品的网络购物平台。

同时优购网上鞋城汇集了互联网、电子商务、传统鞋品、服装类高级人才，优购网上鞋城希望通过互联网文化与传统鞋服类制造经验的结合带给消费者优质时尚的海量产品，让购物变得简单、轻松、快乐。

优购网上鞋城涉足深层次供应链管理，参与货品研发、设计、生产、零售等各个环节，依托百丽国际强大背景支持，拥有更为灵活的补货机制，且拥有由百丽团队专为线上用户购物习惯所量身定制的线上专销货品。

截至目前优购网上鞋城在深圳、北京、上海、武汉建立了仓储中心，范围辐射华北、华东、华南、华中等主要电子商务市场区域，用快捷、高效的服务让消费者感受到优质便捷的网购体验。

14.18 乐淘鞋城

乐淘于 2008 年 5 月，由百度原市场总监毕胜、联创策源基金（CeyuanVentures）投资创办，并由金山软件公司董事长雷军出任董事。

2010 年 5 月，全球最大的私募基金之一老虎基金、国际知名风险投资德同资本联合注资乐淘。

14.19 麦包包

麦包包诞生于 2007 年 9 月，由意大利近百年历史的箱包家族集团 VISCONTIDIFFUSIONESNC 提供天使基金设立而成。麦包包致力于打造箱包快速时尚新模式，为中国的消费者提供高性价比的多品牌时尚箱包产品。

2007 年麦包包 CEO 叶海峰凭创新模式获得中央电视台《赢在中国》创业比赛 108 将，同年麦包包获得 2007 年最具投资价值网站百强，随后获第三届消费者最喜爱的网站百强；在 2009 年第六届中国网商节上，麦包包 CEO 叶海峰获得本届网商节最高荣誉——“全球十大网商奖”；2010 年 3 月，中国皮革网络品牌 Top100，麦包包荣获箱包品牌第一名；2010 年 4 月，在品牌中国女性高峰论坛上，麦包包荣获“2010 最受女性喜爱箱包网络购物品牌”称号；2010 年 11 月，麦包包成功举办“中国·南湖煮酒论英雄电子商务高峰论坛暨派代 P18”；2010 年 12 月，麦包包 CEO 荣获“2010 中国中小企业价值榜年度十佳新锐人物”称号；2011 年 1 月，麦包包见证“蓝印中国创意联盟”的成立，并作为第一批会员加入联盟，2011 年 3 月麦包包建立“百万网购消费预赔金”，让消费者无忧购物。麦包包先进的模式被天极网、硅谷动力、网易等多家媒体报道。

麦包包在意大利水城威尼斯成立了“欧洲麦包包时尚研究中心”，并在浙江嘉兴自建箱包生产基地，完全实现研发到制造，再到用户的垂直消费，同时在日本注资成立控股子公司，进一步打开国际市场。通过对品牌的培育和对箱包产业链的深度挖掘，麦包包正在积极地推动着中国的箱包市场理性化及规范化发展，并真正为用户创造时尚价值。

目前，麦包包拥有多个时尚品牌，如浪美、飞扬空间、DUDU、JAMIEMOORE、戈尔本等；并独家网络代理薇苿、哈森等知名品牌产品。网站拥有近万款箱包品种，产品线涉及时尚、商务、休闲、户外运动等多个系列。

14.20 淘鞋网

淘鞋网是中国领先的鞋类 B2C 网站，开通于 2008 年 11 月，注册资金为 1250 万元，平台采用自主技术开发，截至 2011 年，注册用户超过 100 万，公司拥有 3 千多平方米的办公楼，超过 1 万平方米的现代仓储。

淘鞋网以“只卖正品”的经营理念，携手众多鞋类品牌，与官方深度合作，目前已经成为安踏、特步、361 度、鸿星尔克、李宁等品牌的网上最大零售商之一。荣获“2010 网上零售商城品牌 50 强”、“2011 网上零售商城品牌 100 强”等荣誉。2011 年获特步集团授予最具创新奖，361 度公司电子商务特别贡献奖、李宁公司最佳电子商务合作伙伴奖。

14.21 酷运动

酷运动（www.k121.com）作为中国领先的体育运动用品购物商城，自成立起，凭借优质的商品和专业的服务，始终致力于打造消费者值得信赖的运动装备库。

目前已与 NIKE、ADIDAS、CONVERSE、彪马、李宁、安踏、Columbia、TheNorthFace、狼爪、奥索卡、YONEX 等几十个国际国内知名运动户外品牌深度合作，所售商品涉及运动鞋、运动服、背包配饰、户外服饰、户外装备、健身器材等十几个品类，300 余个细目。

酷运动致力于垂直体育运动领域发展，为广大消费者打造一站式体育运动用品购物平台。在丰富商品品类、优化用户体验的同时，还与全国诸多知名运动场馆、教练合作，引导消费者正确运动、健康运动，传递运动的快乐。

作为北京电子商务协会会员单位，酷运动曾获得 2010 年消费者最喜爱的电子商务十佳品牌、2011 年中国最具投资价值行业电子商务网站等荣誉。

酷运动销售专柜正品的同时，提供专业优质的客户服务，旨在创造全新的网络生活，让每个人体会运动带来的健康和快乐。

14.22 名鞋库

2008 年金融危机爆发后，创始人兼 CEO 许松茂投资 6000 万元组建了名鞋库，目的很单纯：“让年轻人买得起正品名牌鞋”，并以此为名鞋库团队的使命。

名鞋库采用“网上 OUTLETS（奥特莱斯）”的差异化商业模式，以网络直营连锁的形式，在线销售耐克、阿迪达斯、李宁、卡帕、匡威、新百伦、百丽、达芙妮、玖熙等四十个著名品牌的商品，致力于为年轻消费者提供最具性价比的名牌鞋。

2009 年，名鞋库营业额达到 3860 万元。仅一年时间，名鞋库已发展成为淘宝商城、QQ 商城运动鞋类目销售的大卖家，位居中国鞋类 B2C 前三甲。

2010 年 11 月 11 日，名鞋库日销量突破 800 万元，创造了每 3 秒钟销售出一双名牌鞋的佳绩。

2010 年，名鞋库营业额超过 1 亿元，入选中国 B2C 在线零售商 30 强。

2011 年 11 月 11 日，名鞋库运动旗舰店在神棍节单日成交额突破 2500 万元，创造了鞋类电子商务单日销售新纪录。

目前，凭借共赢的理念与优异的业绩，名鞋库已获得 ADIDAS、李宁、KAPPA、斯凯奇、PUMA、NEWBALANCE、安踏、FILA、SKECHERS、百丽、达芙妮、NINEWEST 等三十多个运动休闲及时尚女鞋品牌的官方网络销售授权。

14.23 美团网

美团网一贯坚持与商家平等、互利、共赢的合作标准，作为一家本地化服务类电子商务企业，美团网竭诚服务于各城市的商家和消费者，并追求低成本、高效率。一方面为消费者提供非常好的本地化精品消费指南，另一方面为消费者带来深度的消费折扣，同时帮助商家更好地按效果付费来获得新顾客。

美团网整个运作过程中，对于商家没有任何风险，消费者如果对合作商家的产品感兴趣，可登录美团网通过支付宝或者银联卡付钱下单，之后消费者会收到美团网发送的短信密码消费券，消费者凭短信密码可直接到商家消费，商家可凭消费者消费券和美团网结算。

14.24 大众点评网

大众点评网于 2003 年 4 月成立于上海，是中国领先的本地生活消费平台。大众点评网是全球最早建立的独立第三方消费点评网站之一，致力于为网友提供餐饮、购物、休闲娱乐及生活服务等领域的商户信息、消费优惠以及发布消费评价的互动平台。同时，大众点评网为中小商户提供一站式精准营销解决方案，包括电子优惠券、关键词推广、团购等。大众点评移动客户端已经成为本地生活必备工具之一。

截止到 2012 年第二季度，大众点评月活跃用户数超过 4800 万户，点评数量超过 2000 万条，收录的商户数量超过 150 万家，覆盖全国 2300 多个城市。

截止到 2012 年第二季度，大众点评月综合浏览量（网站及移动客户端）近 10 亿，其中移动客户端的月浏览量已经超过网站月浏览量，移动客户端的独立用户数超过 3300 万户。

目前，除上海总部之外，大众点评已经在北京、广州、天津、杭州、南京、深圳、苏州、无锡、宁波、成都、重庆、武汉、西安、郑州、济南、青岛、沈阳、大连、长沙、哈尔滨、厦门、福州、合肥、常州、佛山和太原等城市设立分支机构。

14.25 拉手网

2010 年 3 月 18 日，拉手网在北京正式上线。

拉手网一直坚持模式创新，创建“一日多团”模式，开通垂直酒店频道、化妆品频道、团房频道、本地生活服务+实物性产品团购的营运模式。作为中国团购行业的领军企业，拉手网在 2012 年 3·15 之前，陆续开通国内 11 个重点一线城市 12315 绿色通道，以此确保了优质的售后服务水平。拉手网率先提出的“团购三包”服务标准，开创了团购行业先河，为团购行业树立了标杆。

2011 年拉手网获评中国互联网协会“责任与活力大奖”，共 20 家互联网企业获此殊荣，而拉手网是唯一获奖的团购企业。同年，在“2011 CCTV 中国品牌年度发布”活动中，拉手网作为新兴商业模式的代表，第一次入选中国年度品牌，这是对团购行业最大的肯定。拉手网也因优质服务获评“2010RedHerring 全球百强”称号。

14.26 糯米网

糯米网隶属于千橡互动集团，和人人网、猫扑网等同属一级部门。糯米网域名由人人网在 2004 年 12 月 26 日注册成功，并在 2010 年 6 月 9 日启用，2010 年 6 月 23 日正式上线。糯米网被千橡视为整个集团在电子商务方面的重要尝试，不设投入预算上限，不给营利压力，目的就是使糯米网在电子商务这条道上走得更远。糯米网在团购网站中相对高端的定位，依托集团旗下人人网、猫扑网的强势媒体资源，合作商家在糯米网上的信息将有效地传递给高品质的目标客户群体。

糯米网定位于“本地精品生活指南”，为商家创造“精准营销平台”，是社交化电子商务领域中的“精品版”，实现用户、商家和网站的三赢局面。不同于其他团购网站，糯米网不会向商家收取任何形式的推广费用，相反糯米网对商家的挑选“极为苛刻”，要求商家所提供服务保证优质、性价比高、有新意和有代表性。

目前糯米网开通了北京、上海、杭州、广州、武汉、西安、天津等城市，支持这些城市的本地消费团购和全国各地的通过邮寄方式送达的团购。

14.27 中国诚商网

中国诚商网（www.Trade2CN.com）是国家级、权威、诚信的贸易全流程电子商务平台，隶属于商务部中国国际电子商务中心（CIECC）。2011 年被评为商务部“重点推荐的开展对外贸易第三方电子商务平台”，目前已开通了 38 个国内和 9 个国际电子商务平台，国内外用户 1200 万，在全国有 105 个服务节点，向会员提供在线广交会、全球数据宝、M 平方计划、易天下、商洽通、诚交会等服务，实现精准匹配和交易全程的无纸化。

（本章由海博智讯（北京）软件有限公司　蔡亮华，中国电子商务协会理事　赵廷超编）

第五篇

地区篇

第 15 章　2010—2011 年各省市电子商务应用情况

各地政府积极扶持电子商务发展，建设重点集中在电子商务示范基地建设、平台建设、环境建设等几个方面。在电子商务示范基地方面，安徽、南宁、沈阳、天津等积极落实电子商务示范基地创建工作；在资金扶持方面，南宁计划每年划拨 1 亿元作为电子商务专项资金，东莞市财政局花费 4768 万元资金资助中小企业应用电子商务；在鼓励政策方面，河北省将扶持 100 家电子商务骨干企业，浙江省《关于进一步加快电子商务发展的若干意见》要求加大电子商务扶持力度。

虽然各地电子商务发展水平总体提升，但地域间发展不平衡。根据阿里研究中心《2011 年网商发展指数报告》，2011 年，全国网商发展指数为 32.76。相比 2010 年，全国网商发展的整体水平有所提升。全国各省市网商发展呈现“三个梯队”特征。在此基础上，通过观察各二级指标的相对变化发现，各省市网商发展并不完全遵循“首先绝对数量增加，然后相对规模增加”的一般规律。各省市网商发展具体表现为：第一梯队的京沪粤浙的优势越来越明显，而三个梯队之间的网商发展水平愈加不平衡。

15.1　北京市

根据国家电子商务发展规划，北京市经信委和相关部门相配合，制订了北京市电子商务发展思路，创建了西城、朝阳两个“电子商务应用示范区”以及通州等 4 个“电子商务产业园”，树立了联想等 6 家“电子商务应用示范企业”、慧聪网等 9 家“电子商务服务平台企业”和北京移动、北京联通两个电子商务体验基地。支持了新发地农产品交易平台、北京石油交易所等十多个重点项目建设。组织了“电子商务新经济新时代”系列论坛和“点击消费”等活动。制订了北京市电子商务发展指数。电子商务交易额从 2005 年的 887 亿元增加到 2011 年的 4500 亿元，年均增长率超过 30%。截至 2011 年年底，全市上网企业超过 70%，经常应用电子商务的企业超过 30%，网购渗透率已超过 70%，移动电子商务以 200%以上速度增长。电子商务发展指数超过 60。

1．电子商务整体规模居全国前列，总部型电子商务成为北京电子商务发展的重要特征

中石油、中石化、国家电网、国电集团、中航集团、中国国际航空公司等一批年交易额 100 亿元以上的国家级集团企业电子商务平台蓬勃发展。全国棉花交易市场、北京石油交易所等快速成长，有望形成千亿元以上的全国性电子商务交易平台。二商、金隅、首旅、纺织等控股公司也纷纷加快建设集团级电子商务平台。

2．电子商务已成为北京市传统企业转型升级的重要支撑

制造业领域涌现出爱慕、曲美、博洛尼、李宁等一批通过电子商务扩大了市场的典型企业，在带动产业链上下游企业协同发展方面起到了较好的引领作用。爱慕集团将电子商务作为未来海外营销的主要手段，并已经与四海商舟进行合作交流。曲美网络商城的多家分销门店渠道相继上马，并在淘宝、京东商城、拍拍、当当、乐酷天、新浪和一号店等平台上开设网店，40 天销量达近 2 万套。王府井百货开始推进电子商务系统全面升级改造，电子商务项目落户通州商务园，并计划投资超过 1 亿元建设完整的网购运营平台。国图集团与亚马逊公司合作，计划实现中国图书全球网络销售。

3．网络购物整体稳中有升，龙头 B2C 企业向产品综合化、平台开放化加快转型

2011 年，京东商城交易额达到 280 亿元，连续七年保持 200%以上的增长，京东商城旗下奢侈品网站 360top 正式上线，图书海外购、虚拟点卡等新业务不断增加，并开放平台。当当网也逐步从图书音像等单一低价商品向更加丰富广阔的社会消费品零售转型。银泰网、乐淘、红孩子等 38 家垂直 B2C 企业与淘宝商城达成战略合作。网络购物导航类网站兴起，中国网络电视台电子商务平台（CNTV 商城）上线。

4．电子商务服务企业集聚，支撑体系较为完善

2011 年，第三方电子商务服务平台交易规模约 3000 亿元，涌现出慧聪、金银岛、敦煌等一批高速成长的龙头电子商务服务企业。全市专业化物流企业超过千家，物流公共信息服务平台应用成效明显。第三方支付企业近百家，人民银行总行按照《非金融机构支付服务管理办法》颁发的 101 家支付牌照中，北京占 1/4，电子认证服务企业达到 7 家，基于服务全国的 315 诚信投诉平台启动建设，一批以北京为核心、服务全国的电子商务支付结算中心，信息安全中心和诚信管理、投诉服务中心正在形成。

5．创新驱动成为首都电子商务和网络购物发展的重要特征

慧聪、敦煌等推出免费建站和深度行业服务，用友推出全程电子商务平台，百度正在建设打造生活类服务电子商务平台，凡客、京东、当当、卓越大力推广移动电子商务，京东商城计划在亦庄建设 20 万平方米的物流基地，淘宝商城首家线下家装体验馆“淘宝商城·爱蜂潮”开业试运营，“网上购物”、“线下体验”和“一站式送货安装服务”实现无缝对接与整合，提出了 F2C（工厂到个人）的营销新渠道。与此同时，全市电子商务技术、应用和模式创新持续加快，投融资市场活跃，占据国内电子商务融资市场首位。

6．电子商务发展环境进一步优化，形成了较好的社会氛围

北京市相继出台了《北京市信息化促进条例》、《关于贯彻落实〈北京市信息化促进条例〉加强电子商务监督管理的意见》、《关于促进网上零售业发展的意见》等系列政策措施，建设了以企业登记注册信息和日常监督管理信息为基础的企业信用系统。

（北京市经济和信息化委员会）

15.2 天津市

1．得天独厚的区位、产业和政策优势为电子商务发展营造广阔的空间

天津作为经济繁荣、社会文明、科教发达、设施完善、环境优美的国际港口城市、北方经济中心和生态城市，服务、辐射、带动和示范作用日益明显。2011 年，天津市全年口岸进出口累计完成 1972 亿美元，同比增长 20.3%，其中外省区市进出口 1179 亿美元，占天津口岸进出口总额的近 60%。天津独特的区域优势和北方经济中心的定位，进一步辐射和带动环渤海乃至中国北方电子商务和区域经济的协调快速发展。

近年来，天津经济持续快速发展，综合实力不断增强。2011 年全市生产总值为 1.1 万亿元，在经济总量排名前 15 位的城市中，天津的经济增速、服务业增速、投资额、投资增速、社会消费品零售总额以及实际利用外资总额等指标均居于首位。工业对经济的支撑作用明显，总产值达到 2.1 万亿元，拉动全市经济增长近 10 个百分点。产业聚集效应进一步显现，航空航天、石油化工、装备制造、电子信息、生物医药、新能源新材料、国防科技和轻工纺织八大优势支柱产业占工业总产值比重一直保持在 90%以上，高端化、高质化、高新化产业体系初步形成，产业结构不断优化，为 B2B 电子商务发展应用提供了重要的产业支撑。

国家已经明确把天津滨海新区开发、开放纳入总体发展战略布局，滨海新区作为我国经济发展新的增长极，担负着带动区域经济发展的重要使命。经过近年来的发展，滨海新区已经进入了一个由点到面、由局部到整体全面开发、开放的新阶段，北方对外开放的门户、高水平现代制造业和研发转化基地、北方国际航运中心和国际物流中心、宜居生态新城区建设取得重要进展，服务辐射能力明显增强。同时，作为国家综合配套改革试验区，充分依托先行先试的政策优势，重点领域和关键环节的改革不断实现新的突破，多层次金融市场体系逐步完善，外汇改革取得突破性进展，基金产业快速发展，金融创新的先行示范带动效应进一步显现。滨海新区开发、开放的不断加快，必将为天津市电子商务领域的创新发展发挥重要的推动作用。

2．城市信息化处于全国先进水平，为电子商务发展构建高效的运行平台

“十一五”期间，天津市着力加强与城市功能相适应的信息化基础设施建设，完善以高速光纤骨干网、无线宽带网、信息交换平台为骨架，覆盖全市的宽带城域网，形成了覆盖全市的宽带骨干网，“三网”融合进程加速。全市互联网出口带宽为 605Gbps，光纤入户的能力已达 160 万户，全市手机用户有 1200 多万户，3G 网络覆盖核心区域，网络传输质量及稳定性大大提升。全市有线电视用户达到 276 万户，城市双向覆盖率达 90%以上，并正式列入国家第二批“三网”融合试点城市。大型计算机和云计算应用逐步深入，曙光高性能计算机研制和生产基地初步建成，国家超级计算中心、国家数字出版云计算中心、惠普云计算中心、腾讯云计算中心均落户天津。据中国互联网络信息中心发布的《2010 年中国互联网络发展状况统计报告》显示，2010 年天津市互联网普及率达到 52.7%，高于全国平均水平（34.3%），在全国 31 省区市中居第 5 位，网站数量达到 25138 个。

3．企业两化融合不断深入，为电子商务发展提供了全新的发展机遇

规模以上企业基本完成信息技术对单项业务环节的全面覆盖，并开始在关键环节切入渗透，实现应用系统间的协同、集成和创新应用，两化融合发展指数达到 55.4。重点行业和骨干企业电子商

务应用不断深化，全市 60%的企业建立了网站，35%的企业开展了电子商务，电子商务采购额占企业采购额的 20%左右，销售额占企业销售额比重达到 15%。钢管集团、金锚集团等制造业企业与供应商和销售商实现网络互联，将产品打入国际市场，南马路五金城、环渤海建材中心等商贸流通企业依托实体卖场建设网上电子交易平台，与传统商业模式形成有效互补。

4．重点项目建设顺利实施，为电子商务发展奠定了坚实的基础

以天津市八大优势支柱产业为重点，启动行业 B2B 电子商务平台建设，滨海汽车商务网汽车电子商务平台上线运行，天津市成为国内首个搭建汽车消费主题电子商务平台的地区，平台打破传统经营模式，通过网络为用户提供选车、购车、支付等一条龙服务，同时也整合金融、保险以及售后服务等增值服务，形成产业聚集；“易商通”电子商务平台由天津一商集团、中国移动天津分公司、建设银行天津分行联手打造，面向化工行业提供挂牌交易、电子支付、仓储运输、安全监管和行情分析等具有专业特色的服务，同时与移动查询、移动交易、移动支付等移动商务技术融合，除化工品网上大宗交易外，还包括高端百货零售网购、家电网购、日用百货网上批发、茶叶网上批发、网上拍卖等，初步形成了新型电子商务模式；北方棉花、稀有金属等行业电子商务平台也已初具规模。天津港散货交易网等批发交易市场通过电子商务系统及时发布商品价格，形成生产资料的“天津指数”，天津股权交易所、铁合金交易所、排放权交易所和渤海商品交易所均建成了较为完善的网上交易平台，在国内的影响力日益增强。天津金融资产交易所和矿业权交易所建成了项目营销、登记清算、实时竞价、会员服务等网络交易辅助系统，实现了网络竞价、登记以及管理等功能。B2C 电子商务平台建设步伐加快，作为中国邮政电子商务平台试点城市之一，天津邮政依托邮乐网，打造市内 B2C 网络购物平台，着力推介市内名优特产品的网上销售，将天津特色产品推广到国内和国际市场；“环渤海宜家网”入选了商务部国家级电子商务示范企业，“品乐汇购物网”入选了 2010 年度中国商务网站“综合类网上零售”40 强。

5．国内外知名电子商务云集天津，为电子商务发展创造了浓郁的氛围

2010 年，当当网华北总部落户本市武清区，总投资为 4 亿元，2012 年销售额预计将达到 10 亿元，到 2015 年这一数字能达到 50 亿元，项目全部建成后，将成为当当网最大的仓储中心；2010 年，亚马逊中国天津运营中心正式启用，成为亚马逊在中国的第 11 家运营中心，一期工程面积逾 9 万平方米；2012 年年初国内最大的鞋类电子商务销售平台之一好乐买公司电子商务总部项目落户中心生态城，2012 年预期营业收入为 15 亿元人民币。目前，天津已汇集了 58 同城、网聚优众、淘宝商城爱蜂潮家居体验馆、国美运营结算总部、李宁公司运营结算总部、京东商城、亿玛在线等一大批业内大型电子商务企业，同时形成了以滨海区、和平区、南开区、武清区为代表的电子商务产业聚集区和产业园，电子商务产业规模呈现蓬勃发展的态势。

6．公共事业服务领域逐步扩展，利用电子商务手段实现便民惠民

通信、电力、数字电视已开通网上缴费服务，自来水、燃气实现移动 POS 收费。2011 年天津市在全国率先推出了集社会保障和金融服务功能于一身的社保金融 IC 卡，除覆盖原有“医保卡”功能的同时，具有信息记录、信息查询、业务办理、金融服务等功能，并实现在终端机的预约挂号和缴费。天津城市一卡通有限公司也开始全面受理金融 IC 卡，市民持银行发行的金融 IC 卡将可在公交车、地铁站、轻轨刷卡乘车。今后，总数超 200 万张的金融 IC 卡可实现社保、城市交通、公用事业多领域应用。

7．支付、信用等配套服务体系逐步完善，为电子商务发展提供有力支撑

银行卡用卡环境不断提升，银行卡累计发卡总量同比增长 23%，银行卡特约商户同比增长 14.5%，

ATM 和 POS 机具同比增长 30%，持卡消费额占社会消费品零售总额的比例达到 43%。支付服务组织不断完善，市电力公司电子支付业务试点项目通过国家电网公司验收，渤海易生、城市一卡通公司获得第三方支付许可证，7 家获得支付许可证的机构在天津设立了分公司。诚信体系建设逐步加速，成立了中小企业信用体系建设试验区、颁布了《天津市社会信用体系建设实施方案》、《关于加强社会信用体系建设的意见》、《天津市个人信用信息基础数据库管理办法》和《天津市企业信用信息基础数据库管理办法》。信息安全保障建设不断加强，建成了电子数据司法鉴定中心、综合网络信息安全应急处理中心，电子认证服务已应用在网上纳税、网上社保、网上社区管理和服务等方面。

8．移动电子商务试点应用成效明显，促进电子商务的创新发展

天津电信和天津联通，针对工业企业、医院、学校等部门便捷生活、学习和管理的需求，以移动终端为载体，提供内部身份识别和认证、小额消费等后勤服务，结合综合信息应用服务和个人通信信息应用服务以及 RFID 应用，实现了图书借阅、门禁考勤、上课签到、上机登记身份识别、宿舍管理、班车刷卡功能。天津移动码易通移动电子商务平台应用行业涵盖电影、卖场、餐饮、流通等行业几十家企业，采用了成熟的二维码及 T-code 条码识别技术，通过电子条码凭证来实现公共用户的身份识别与验证，会员达到 30 万人，2010 年交易额超过千万元。加强产学研合作，依托高校、科研院所、国家级科研和产业基地等资源，激发企业创新活力，探索电子支付、物流、信用服务、安全认证等支撑体系建设与电子交易的集成创新，促进技术应用与商业模式创新的有机结合。

9．政府支持力度不断加大为电子商务发展构造良好的政策环境

天津市委、市政府高度重视电子商务发展，2007 年以来先后出台了《关于进一步加强天津市商务系统信息化建设指导意见》、《关于推进我市中小企业信息化的实施意见》、《关于进一步加强我市中小企业信用担保体系建设工作的意见》等一系列重要法规和文件，并正在研究制订专门的政策措施，不断加大支持和鼓励中小企业应用电子商务的工作力度，天津市已被国家批准为全国电子商务示范城市，天津滨海高新区被商务部授予国家电子商务示范基地。

（天津市经济和信息化委员会）

15.3 河北省

2011 年，按照河北省委、省政府的决策部署和《2011 年河北省信息化工作要点及任务分工》安排，全省电子商务工作取得了一定成效。

1．2011 年电子商务发展情况

电子商务已被列为“十二五”期间我国战略性新兴产业的重要组成部分，在推动社会经济转型升级中将发挥越来越重大的作用。2011 年，我省电子商务交易额达到 3000 亿元，网络购物额突破 330 亿元。

① 电子商务“十二五”规划颁布执行。结合河北省实际，提出了河北省电子商务“十二五”期间实现快速发展的总体目标和工作思路。规划提出了十二期间河北省电子商务发展的指导思想和 4 项推进原则，制订了六个量化性的发展目标、四大主要工作任务、三项保障措施。规划已颁布实施，将加速推动河北省电子商务产业的快速发展。

② 认真开展电子商务示范工程。为进一步推动河北省电子商务的示范试点工作，河北省对电子商务企业进行了梳理和督导，2011年命名了16家企业为河北省电子商务示范企业。试点示范企业通过对电子商务应用的探索、尝试，取得了许多行之有效的成功经验和做法，对于因地制宜地推动河北省电子商务起到了积极作用和预期效果。应用电子商务的各类企业已达6万多家，涌现出一批在全国有一定影响力的电子商务网站和电子商务交易平台。

向商务部推荐了国家级层面的电子商务示范企业，启动了开展国家电子商务示范城市和电子商务园区的创建工作。通过开展电子商务示范城市和电子商务园区创建工作，将为解决当前制约电子商务发展的关键问题提供实践依据。同时，也为更好地发挥电子商务的辐射带动作用，在局部取得突破性进展的基础上，开创河北省电子商务发展的新局面。

③ 积极推动电子商务应用。按照河北省电子商务“十二五”规划“推动电子商务应用普及和深化”的工作任务，在推荐、核查的基础上，河北省确定了100家电子商务企业为省商务厅重点联系企业，并组织实施了省商贸流通发展专项资金支持项目，对12家电子商务企业给予了资金奖励，以进一步推动其电子商务发展。2012年，重点推动了大宗商品电子商务交易平台建设工作。协调和促进河北渤海大宗商品电子交易市场和河北航证电子商务有限公司的中国纺织原料电子交易市场的做强做大工作。推动河北钢铁集团国际物流公司的网上河北钢铁交易中心平台建设和河北冀中能源集团国际物流有限责任公司的网上河北煤炭交易中心平台建设。按照省里要求，将河北钢铁、煤炭交易平台建成国内规模最大、最具影响力，在国际上有一定影响力的大宗商品交易平台，逐步向产业链上下游延伸扩展，发展成为国内钢铁和煤炭现货交易中心、物流服务中心、价格形成中心、商品投资中心和金融服务中心。通过推动电子商务应用项目建设，提升河北省电子商务应用水平。

④ 推动电子商务信用认证工作。河北商务信用平台已建成并正式上线，是全国首个省级第三方信用监管、信用认证、信用评级的信息平台，它的建设对有效监管各类电子商务平台规范经营，推进商务领域信用体系建设将发挥积极作用。51家电子商务企业通过了BCP诚商信用认证。

⑤ 组织参加电子商务展会。组织河北省商务主管部门及30家电子商务企业88人参加了在北京举办的2011（北京）电子商务大会暨电子商务博览会和在山东济南举办的电子商务博览会。通过会展充分展示了河北省电子商务的发展现状，提高了河北省电子商务企业的知名度。

⑥ 组织举办电子商务专业人才培训班。2011年10月举办了首期电子商务专业人才培训班，来自唐山、秦皇岛、保定等地的19家电子商务企业业务骨干20余人参加了一周的培训。12月举办了第二期电子商务人才培训，近百家电子商务企业参加了培训。

⑦ 利用电子商务服务“三农”。实施农村商务信息服务工程建设，督导试点县继续发挥农村商务信息服务站点作用，并对试点工作进行总结评估。积极组织参加商务部举办的冬季、夏季农产品网上购销对接会，实现销售农产品7.79亿元。

为保障农产品质量安全问题，按照商务部的工作部署，河北省启动了农产品质量安全追溯体系建设，选定石家庄作为试点城市，通过物联网技术建立对肉类和蔬菜类食品流通的安全追溯信息管理系统。为加强对河北省畜禽屠宰企业管理，对全省屠宰企业建立了实时视频监管系统，实现猪肉从屠宰到销售全过程信息可追溯。

2. 2012年推进重点

全面贯彻落实《河北省电子商务“十二五”发展规划》，推动全省电子商务产业的快速发展。全面支持100家电子商务重点联系企业，重点扶持30家大型电子商务企业，同时积极建设30家特色产业基地网站，加快建设5家大型国有企业电子商务平台，积极创建3个电子商务园区，重点推动3家企业战略重组，做大做强河北省电子商务企业。2012年，全省电子商务交易额力争达到5000亿元。

积极构建电子商务 3 大服务体系。依托河北商务信用平台，构建电子商务信用体系，规范电子商务平台经营行为；制订科学合理的指标评估体系，对电子商务平台内容、性能和组织保障等进行评价，促进其服务功能的不断提升；构建电子商务统计监测体系，及时反映河北省电子商务发展总体情况、发展趋势和存在问题；加强对电子交易市场的监管，规范电子商务交易行为，引导河北省电子商务产业健康快速发展。

（河北省电子商务协会）

15.4 辽宁省

1．电子商务推动传统企业加快转型升级

辽宁省企业的电子商务意识明显增强，规模较大的企业大多已经制订或正在制订电子商务规划，很多企业已经建立了内网、外网，引入了信息管理系统，实施各种电子商务应用。辽宁九州通医药有限公司配合传统业务推出 B2B 电子商务模式，在集团现有客户中发展会员，提供药品信息的查询选购、在线订单、在线支付、货物配送等一系列电子商务服务。辽宁兴隆百货集团在全省 20 家实体门店销售信誉和售后保障的基础上，成立了电子商务有限公司，通过整合集团各种优势资源，和上下游合作伙伴建立业务协同平台和信息发布系统，为供应商和终端顾客提供 B2B 和 B2C 特色定制服务。

辽宁省对 450 家省内企业进行调查，发现大部分中小企业已经意识到电子商务的重要性，对电子商务应用走向多元化，从内部信息化改造发展到网上查找客户和供应商信息、网上采购、网上销售、电子支付、品牌推广等业务。考虑到自身缺乏相应的资金、技术、人才，大约 50%的中小企业开展电子商务的第一选择是加入电子商务服务平台，对电子商务专业平台有很大需求。

2．电子商务服务平台应用率提高

① B2C 交易规模迅速扩大。2010 年辽宁省淘宝网网购交易额为 97 亿元，同比增长 70.2%，多家网店的全年交易额破千万元。

② B2B 平台及服务体系进一步完善。鞍山钢材市场推动现货市场和 B2B 网上交易相结合，已有 275 家企业注册成为平台会员，带动了大批钢材制造、销售企业产供销综合业务的发展，2009 年通过网上实现交易的钢材达 50 万吨，占总销售量的 30%。

③ 物流等电子商务业务服务平台发展迅速。沈阳金道网络科技有限公司建设的中国物流联合网，由物流门户网站、物流信息平台、物流管理系统、第三方物流结算平台、物流公共诚信体系等五大部分组成，通过网站、客户端软件、车载信息终端、手机物流信息、GPS 定位管理等服务方式，为物流供需双方提供网上物流服务。

④ 电子商务平台成为对外贸易新出口。大连国际电子商务应用平台为外贸企业搭建网上国际营销渠道，集成了展览展示、市场信息、咨询互动、贸易促进、统计分析等服务功能，2010 年已经拥有 1800 多家企业会员，展示有效产品信息 12000 多条，已有 700 余家会员利用这一渠道与外商建立了联系，达成意向成交金额 5000 多万美元。

（摘自商务部《中国电子商务报告（2010—2011 年）》）

15.5 黑龙江省

1．黑龙江省电子商务发展现状

（1）电子商务发展环境逐步改善

“十一五”期间，黑龙江省网络基础设施不断改善，用户规模快速增长，2011年互联网普及率达31.5%，网民规模达到1206万人，移动电话用户数达到2566万户，其中3G用户数达到282万户。网络服务能力不断提升，截至2011年年底，互联网宽带接入用户达到386.7万户，其中：xDSL用户达到307.4万户，LAN用户达到78万户，WLAN用户达到1.2万户。日趋完善的网络基础设施，为黑龙江省各类企业开展电子商务活动提供了日益充分的通信保障。

（2）电子商务应用领域快速拓展

购物、订票、水电气交费等生活领域电子商务逐步普及。电子商务在生产流通领域开始进入外贸、能源、制造、金融等行业，许多大型传统行业也纷纷涉足，建立起电子商务网站，电子商务服务及网络公司自身正在向产业化方向发展，形成了初具规模的电子商务服务业。

（3）电子商务模式创新日益活跃

服务于行业、区域及中小企业的第三方电子商务交易与服务平台加快发展，新型业务模式不断涌现。更多的企业为了实现节约成本、减少流通环节从而直接打造面向消费者的交易平台，消费者与企业之间的电子商务交易模式也随即应用起来，还有消费者与消费者之间的电子商务模式，企业、中间监管与消费者之间的电子商务模式，企业与政府之间的电子商务模式。随着3G时代的来临，移动电子商务也逐渐发展起来，它利用手机终端移动化的特点，可以为用户提供随时随地的服务。

2．黑龙江省电子商务重点项目

《黑龙江省国民经济和社会发展信息化“十二五”规划》所确定的重大工程中包括电子商务协同应用工程。

（1）积极创建电子商务示范城市（区），开展电子商务园区建设

充分发挥电子商务在经济和社会发展中的战略性作用，通过创建“电子商务示范城市（区）”，增强城市竞争优势，促进战略性新兴产业发展，推进现代化市场体系建设。开展电子商务园区建设，设立电子专项扶持资金，吸引省内外第三方电子商务平台企业入驻，整合网上交易资源，积极推进黑龙江省电子商务事业发展。

（2）推动电子商务普及应用

加快建设政府网上采购业务系统，逐步形成统一的政府采购电子商务平台。推动骨干企业开展电子化采购和销售，引导上下游关联企业深化电子商务应用。

（黑龙江省工业和信息化委员会）

15.6 上海市

1．上海市电子商务发展总体情况

近年来，在全球经济保持平稳增长和互联网宽带技术迅速普及的背景下，世界主要国家和地区

的电子商务市场保持了高速增长态势。如今，电子商务不仅是加速商业发展、促进人们消费的需要，也是与国际接轨、提高国际市场竞争力的需要。

而作为国内电子商务前列的城市，上海一如既往的保持领先优势，2010 年上海市电子商务交易额达 4250 亿元，继续保持电子商务交易总额全国领先地位。2010 年上海电子商务交易额占全国的 11.4%。而在 2011 年上海完成电子商务交易额为 5507.8 亿元，同比增长 29.5%，2011 年上海电子商务交易额占全国的 9.36%。其中 B2B 交易额为 4775.1 亿元，占交易总额的比重为 86.7%，B2C（C2C）交易额 732.7 亿元，占交易总额的比重为 13.3%。

预计“十二五”期末，全市电子商务的交易规模将达 1.2 万亿元。口岸税费电子支付系统入网企业累计 7012 家，全年电子单证传输量为 17047 万张，实现电子支付金额 9110 亿元，比上年增长 4.8 倍。因此，上海已经出现了多种形态的电子商务共同发展的局面。

上海电子商务应用环境进一步完善。据中国互联网信息中心（CNNIC）统计，截至 2011 年年底，上海网民数量达 1525 万人，互联网普及率为 66.2%，增长率为 23.1%。网站数量为 237680 个，占国内网站总数的 10.4%。网民普及率、网民增速排名均居全国领先，接近发达国家水平。预计 2012 年上海电子商务交易总额有望实现 25%～30%的增幅。

2．上海电子商务发展特点

（1）B2B 电子商务占据主导地位

上海 B2B 交易额在电子商务交易总额的比重已连续多年超过 90%，上海 B2B 电子商务发展呈现以下突出特点。

一批有代表性的骨干企业带动产业链为基础、供应链管理为重点的电子商务应用。以宝钢集团通过“东方钢铁”、上海电气集团通过“商和网”，电子商务的应用不断推进制造业企业建立电子化的业务流程，以求精简业务环节，降低制造成本，提高经营效率和服务水平，达成增强企业竞争力的目的。

围绕优势产业形成一批行业性第三方电子商务平台，如“爱姆意机电”提供第三方机电产品贸易服务，“火速网”旗下的“一比多”打造以搜索引擎为依托、中小企业一站式托管服务的平台，银联、汇付天下等提供第三方电子支付服务。

（2）B2C 电子商务服务业发展活跃

一批与市民生活密切相关的网络购物、在线资讯服务、人才服务、数字娱乐、移动商务等生活服务类电子商务得到迅速发展。例如，号码百事通、携程、一号店、京东、蚁族（进宝网）等具有国际国内影响力的 B2C 电子商务企业正迅速崛起。随着电子商务发展的应用普及，一些传统零售以及品牌企业也开始涉足电子商务，如经营老字号的五芳斋、百联集团打造“百联 e 城”等。

（3）电子商务发展环境日趋完善

信息网络基础设施水平全国领先。上海市信息网络已基本实现全覆盖，形成了广泛覆盖、高速互联的主干网络，接入网络规模日益壮大。信息化的基础设施建设，如“云计算”、“物联网”、“互联网”等与“智慧城市”有关的具体内容都会在上海“十二五”规划中体现。至 2011 年年末，集约化信息管线累计敷设 6258 沟公里，比 2010 年年末增加了 437 沟公里。全年新增移动通信宏基站 500 个，室内覆盖站点 800 个。至 2011 年年末，互联网用户有 1691 万人，普及率为 72%。无线局域网场点达到 12000 个，比 2010 年年末增加 5000 个。上海成为国内“光纤入户”发展最快的城市，截至 2011 年年底，上海的城市光网覆盖能力超过 420 万户，光纤到户（FTTH）用户近 140 万户。

电子支付环境明显改善。国内四分之一在线支付服务商云集上海，各种新电子支付工具和手段层出不穷，央行发放的从事第三方支付牌照，上海上榜的有34家电子商务企业，不仅从数量上超过了三分之一，形成了集聚效应，并且全面涉足了各种第三方支付类型，成为国内提供第三方支付业务类型最为丰富的城市，也是国内银行卡发展最快、应用最广的地区。

上海市不断加强电子商务的物流支撑能力建设，着力建设一体化的口岸物流信息平台，努力实现与长三角、长江流域及国内国际主要口岸城市联网，提高电子商务物流的通行速度。上海拥有国内领先水平的第三方物流体系，国有大型企业有中海、中远、中外运、中铁、中邮、中储、德邦物流等特大型企业进驻上海，上海市属国有企业有交运、大众、百联、海烟、长发、云峰等，众多国际著名货代企业、船运公司，如UPS、DHL、MAERSK、P&O等落户上海，提高了上海现代物流产业的发展水平和地位。此外，以“物流汇”为代表的第四方物流的崛起，为客户度身定作出与行业生态链完美结合的物流企业公共服务平台，探索服务于中小型物流企业的新方向与新模式。

双推工程推动第三方平台跨越式发展，2010年5月启动了推动电子商务企业创新发展、推动中小企业应用电子商务的工作（简称“双推”工程）。通过政府引导、企业参与，利用本市有较强影响和品牌的第三方电子商务平台企业的技术优势、市场资源和规范服务，采用“政府、平台企业各出1/3，应用电子商务平台的中小企业支付1/3”的方式，开展中小企业依托第三方电子商务平台应用电子商务试点工作，帮助中小企业与第三方电子商务平台企业对接。

信用体系建设不断优化。良好的电子商务信用体系还可以增强公民的诚信观念，带动整个社会的诚信环境建设，营造社会诚信大环境。上海市消保委、电子商务行业协会、电子商务投诉服务中心等中介组织的建立，促进了电子商务的行业监督和自律、服务规范、诚信建设，初步建立了电子商务投诉服务、争议解决机制；逐步建立基于电子商务交易信息的管理制度，建设电子商务企业诚信联盟，构建电子商务诚信评估体系，为电子商务的诚信运行提供支撑和保障。

3．上海电子商务产业细分和行业发展特点

（1）传统制造业

传统制造业企业的电子商务在新的环境下业务进一步深入融合、规模不断扩大，电子采购和电子分销系统日趋完善。2011年制造业实现电子商务交易额560.18亿元，其中占到整个电子商务总额的百分之十。其中B2B为559.87亿元，B2C为3149万元。

基于第三方横向和纵向电子商务平台的交易模式得到了企业的广泛关注。上海本地多个以钢材为代表的原材料网上信息共享和交易平台发展尤为迅猛。钢铁电子商务市场出现了显著的差异化竞争的良性态势，从而更好地服务于不同细分市场的客户。

（2）商贸类B2B及B2C电子商务平台

商贸类批发零售业2011年实现电子商务交易额913.7亿元，其中占到整个电子商务总额的17%。其中B2B为498.3亿元，B2C为3415.4万元。

商贸B2B电子商务平台不断积极探索寻求模式的创新，上海电气商和网从一开始的单个招标到集中采购，通过电子商务平台实现招标业务全程网络化；东方钢铁从供应链需求出发，不断探索融资交易、电子采购等新的商务交易模式。而B2C电子商务平台也通过营销创新获得了爆发式的增长，如1号店在保持自身原有经营特色的同时，在地铁站等人流密集区域推出了二维条码扫描购物等新颖的在线购物方式，以月均28%的业绩飙升速度成长为国内领先的B2C网上购物平台。

（3）物流行业

在物流行业中，第三方物流和电子商务的结合日益紧密。企业通过物联网技术在自动及半自动分拣系统中的应用，进一步提升了企业自身服务质量。而在线下单和运单在线查询等业务已经成为快递业的基础性服务，GPS、RFID等相关先进技术在仓储、运输业务中的应用也日益普及。

（4）信息技术服务产业

信息技术服务产业中，第三方运维服务提供商通过先进的信息技术手段，改进信息技术产业内部和对外的连通性，从而大幅降低了客户企业开展商务活动中的运营成本。2011 年信息技术服务产业实现电子商务交易额 3947.35 亿元，其中占到整个电子商务总额的 72%。其中 B2B 为 3635.3 亿元，B2C（含 C2C）为 312.9 万元。

信息技术中又以“云计算”技术发展势头最为迅猛。“云计算”技术通过计算机资源从单纯的信息的共享扩展到平台以及设备，帮助企业以低廉的成本迅速建立庞大的销售渠道。

（5）金融行业领域

金融行业领域中，《上海市推进国际金融中心建设条例》规定，上海市鼓励发展金融外包服务，支持金融软件开发、数据处理、客户服务、电子支付等金融专业化服务产业发展，鼓励设立金融专业化服务机构。伴随着电子商务的快速发展，互联网支付的市场需求强烈，交易规模增长迅速。根据艾瑞咨询《2010—2011 年中国网上支付行业发展报告》的统计数据显示，2011 年全年交易额规模达到 21610 亿元人民币，较 2010 年增长 99%。根据艾瑞统计数据显示：2012 年第二季度中国互联网支付交易规模达 8761 亿元，同比增长 91.9%，环比增长 12.9%。互联网支付交易规模中网络购物较第一季度上升幅度较大。

上海市银行卡支付系统也日趋完善，银行卡支付规模逐渐增大；2010 年据上海市统计局统计，上海市银行信用卡累计发卡量超过 190 万张，信用卡交易金额为 150 多亿元，同比增长近 20%；信用卡透支余额为 26 亿元，同比增长 24%，发展速度非常稳健；银联卡可以在上海市范围内实现 ATM 跨行消费、跨行交易、转账等活动。同时，银行系统也更加重视“无卡”服务。同时，第三方支付平台企业致力于电子商务中资金流的服务，将眼光聚焦于金融支付和产业链支付两大业务方向，提供定制化的综合支付运营方案，客户遍及基金、航空旅游、B2C 商城、数字娱乐、保险行业、教育培训、物流、商业连锁等行业。

（上海市电子商务协会）

4．浦东新区电子商务的创新实践与应用

2010 年 8 月，工信部批准浦东新区为“国家电子商务综合创新实践区”，唐镇成为首个“国家电子商务创新试点镇”，浦东新区按照批复要求，加大创新与推动力度，有效促进了新区电子商务产业的发展。2011 年，浦东电子商务商品交易额达 3106.6 亿元，占全市的 58.4%；服务类电子商务交易额达到 1.5 万亿元，比 2010 年增长 1.9 倍。

1）建立机制制定政策，营造电子商务良好的发展环境

（1）成立国家电子商务综合创新实践区建设联合领导小组

上海市经信委和浦东新区人民政府共同成立了“国家电子商务综合创新实践区”建设联合领导小组，由上海市政协副主席、浦东新区区长姜樑担任领导小组组长，市经信委领导担任副组长，决策和协调创新实践区建设的重大事项。同时，市区两级经信委的分管领导及其工作部门组成工作办公室推进日常工作开展。在工作过程中，新区还多次邀请工信部和上海市经信委的领导和专家到浦东指导工作，及时加强部市区沟通，共同推进实践区建设，获得了上级的高度肯定。

（2）出台新区电子商务发展整体规划计划

深入思考，着眼全局，编制发布了《智慧浦东建设纲要（iPudong 2015）——浦东新区国民经济和社会信息化“十二五”规划》、《浦东新区推进电子商务发展三年行动计划》等文件，并开展浦东新区电子商务发展“十二五”规划研究，明确了浦东电子商务的发展思路、主要任务和重点工程，

形成“十二五”期末浦东新区电子商务年交易额达到6000亿元的目标。

（3）制订鼓励电子商务发展的政策措施

浦东新区发布了《浦东新区加快推进电子商务发展实施意见》、《浦东新区促进商贸业发展财政扶持办法》等政策，将电子商务产业作为国际贸易中心核心功能区建设的重要组成部分，围绕财税支持、资金扶持、基地平台建设、融资服务、人才扶持、行业促进等方面对电子商务发展给予大力的政策扶持。

（4）建立浦东新区电子商务行业协会

支持建立了浦东新区电子商务行业协会，搭建电子商务上下游产业链企业交流和共享商机的平台，促进新区电子商务领域健康和规范发展，目前会数员已达到50余家。同时与区统计局合作，研究电子商务统计制度，探索将电子商务交易分为商品类电子商务和服务类电子商务两大类，形成电子商务发展较为完整的统计体系。

（5）开展电子商务宣传活动

组织召开2010年中国（上海）电子商务创新发展论坛、电子商务发展与软件产业机遇高峰论坛等活动，并受工信部、市经信委委托，成功承办全国电子商务和物流信息化干部培训班、上海市电子商务双推工作会议等电子商务培训及会议。工信部领导、市经信委领导、国家信息化专家委员会专家，以及行业组织、企业的专家学者与会共同探讨电子商务的创新与发展。推荐新区优秀企业申报上海市电子商务“双推”专项、上海市高新技术产业化项目、上海市软件和集成电路专项等项目资助，获得资助的项目有10余个，电子商务“双推”平台企业占全市的40%。

2）探索电子商务全方位创新，新模式、新应用不断涌现

（1）供应链电子商务应用趋势明显

浦东新区促进电子商务与先进制造业的融合发展，利用电子商务的中枢作用，带动浦东传统优势的制造业优化升级。行业龙头企业电子商务应用向产业链上下游持续渗透，如东方钢铁建设钢铁及相关行业B2B电子商务公共服务平台为企业提供了多个专业的供应链服务整合产品，上海电气旗下商和网转型为第三方电子商务平台推动制造行业上下游共同发展。同时，以春宇、怡亚通为代表的第三方供应链服务提供商发展迅猛，越来越多的制造业企业采用供应链整体外包的方式提高竞争力。

（2）大宗商品交易市场逐渐形成聚集效应

新区领导非常重视大宗商品交易市场建设，浦东新区区长姜樑同志多次召开专题会议，要求既要保证大宗商品交易市场合法规范，又要鼓励其发展壮大。近几年来，浦东的大宗商品交易市场呈健康发展趋势，并陆续引进了五矿有色、上海有色金属交易平台等企业和项目，在钢铁、化工、农产品等大宗商品交易市场上形成了一定规模，特别是在钢铁领域，上海市场的钢铁价格已成为全国市场风向标，以东方钢铁、西本物流、我的钢铁网、锦商网等企业为核心，“不生产一吨钢”的浦东对钢铁行业资源有效配置、提高钢铁产业链核心价值发挥了特殊贡献。

（3）移动电子商务日渐火红

浦东新区经信委与三大电信运营商都已签署战略合作框架协议，移动电子商务在浦东率先步入快车道。中国移动入股浦发银行并建设移动支付运营中心，B2C龙头企业1号店开拓手机购物“掌上1号店”，钢联电子与中国联通合作的钢铁移动电子商务平台发展了过万名客户，2011年钢联电子成为国内第一家上市的钢铁行业网站。

（4）第三方支付产业蓬勃兴起

新区以金融中心建设为契机，利用先进的IT技术打造完善的电子支付体系。上海市发布了《关

于促进本市第三方支付产业发展的若干意见》，新区也通过政策聚焦、提升服务，推动以第三方电子支付为代表的新型专业服务业发展。人民银行颁发的101张支付业务许可证中，浦东新区银联商务、快钱、通联支付、盛付通、富友金融等13家企业获得，占上海市的38%，在产业发展中已占据先机。例如银联商务作为我国规模最大的第三方支付服务企业2011年交易额超过4万亿元。

（5）跨境电子商务蓄势待发

浦东新区拥有“三港三区”保税区政策和进出口贸易优势，2011年外贸进出口总额达到2260亿元，具有得天独厚的跨境电子商务发展优势，并在跨境结算、跨境物流以及国际贸易电子商务平台建设上开展了有益的探索。例如快钱建设的境外收单和在线外贸支付平台以及兴之邦、三凯、亿康科技等建设的跨境电子商务贸易平台，打造集交易、分销、支付、物流、税务等环节解决方案于一体的“一站式”外贸电子商务平台。

3）以唐镇电子商务港为基地，建设电子商务集成服务功能区

唐镇2010年被工信部授予“国家电子商务创新试点镇”后，认真规划建设唐镇电子商务港，目前已有142家电子商务贸易和服务企业注册和入驻，2011年交易额达到33.8亿元人民币，销售额为22亿元人民币，税收为1.04亿元人民币。2010年唐镇电子商务创新港被评为“上海市电子商务示范园区”，2011年获批上海市生产性服务业功能区和浦东新区创意产业园。

作为首个“国家电子商务创新试点镇”和上海市首批电子商务示范园区，唐镇电子商务创新港努力集聚电子商务服务企业，积极探索构建创新公共服务平台，打造电子商务服务集成功能区，为传统产业、中小企业提供全产业链的一站式电子商务应用服务，以“产业基地+服务平台+集成创新”的方式推动园区建设。唐镇电子商务港引进TCL移动电子商务软件研发中心、新蛋科技研发（上海）公司等企业，提供电子商务技术支撑；引进上海火速网络科技等企业为传统的企业开辟网络营销和一站式托管服务；引进海航电子商务公司、大新华物联网、宅急便物流等为应用电子商务的企业提供必备的物流、仓储解决方案；引进快钱支付、通联支付、开联支付等企业优化线上支付解决方案；引进股权投资管理公司，为电子商务企业开展金融服务。同时，与云南电子商务港公司合作，利用东部和西部两地优势，共同打通对东盟乃至欧美的跨境电子商务通道，连接国内与国外两个市场。

2012年2月，唐镇电子商务港和东方网、承大网络三方共同投资建设的上海市电子商务集成服务平台正式实施，建成后将提供包括基础IDC运营环境配套服务、一站式电子商务技术解决方案、一站式行政审批服务、电子商务代运营服务、电子商务培训、营销服务、网上支付、供应链配套服务（物流、仓储、客服）、贷融资九大集成服务，使开展电子商务的商家特别是中小企业以较低的成本就能获得更先进、更全面、更适合的功能和服务，快速开展和应用电子商务。

（浦东新区经济和信息化委员会）

15.7 江苏省

1. 江苏省重点生产性企业电子商务发展现状

“十一五”期间，江苏省电子商务在工业、农业、商贸流通、交通运输、金融、旅游和城乡消费等各个领域的应用不断拓展，应用水平不断提高，正在形成与实体经济深入融合的发展态势。截至

2010年年底，全省50%以上的工商企业开始涉足电子商务，电子商务交易总额达到约5800亿元，比“十五”末增长近2倍，约占全国的12.8%。据不完全统计，截至2010年年底，全省拥有各类电子商务服务企业近2000家，约占全国的8%，全省网络零售交易额达300多亿元，约占全国的5.8%。2010年江苏省中小企业网上交易和网络营销利用率达到40%以上，大型企业网上交易和网络营销利用率达到70%。全省有线宽带接入比例达96%以上，传输骨干网带宽达到600Gbps，城域网出口带宽超过240Gbps，城市接入带宽4Mbps以上超过50%，乡（镇）接入带宽2Mbps以上达45%，行政村接入带宽1Mbps以上达35%，3G网络实现了乡（镇）以上重要地段全覆盖。移动电话用户有1.3亿户，计算机互联网用户已达到2200万户。

总体来讲，江苏省电子商务不断普及和深化，电子商务发展的内生动力和创新能力日益增强，正在进入密集创新和快速扩张的阶段。大型企业网上采购和销售的比重逐年上升，部分企业的电子商务正在向与研发设计、生产制造和经营管理等业务集成协同的方向发展。中小企业电子商务的普及率迅速提高。电子商务平台服务、信用服务、电子支付、现代物流等支撑体系逐渐完善，电子商务信息和交易平台正在向专业化和集成化的方向发展。网络基础设施不断完善，社会电子商务应用意识不断增强，应用技能也不断提高。

但江苏省电子商务的发展仍然存在着一些比较突出的问题。一是电子商务商业模式缺乏创新，停留在对传统商业模式和生产经营模式简单模仿的水平上，与传统生产经营活动的融合不够紧密，部分环节矛盾和冲突凸显，服务能力、服务水平、服务范围有待提高和创新。二是企业信息化水平较低，企业作为电子商务的主体，业务流程和管理过程的信息化是企业开展电子商务的必要前提，企业信息化建设的落后严重制约着电子商务在江苏省的发展。三是电子商务的支撑体系还不完善，相关法律法规建设滞后，专业人才匮乏，信用体系、电子支付体系和信息安全体系亟待完善和加强。

2．江苏省重点生产性企业电子商务面临的形势

当前，国内外宏观环境正在发生深刻变化，世界经济回升比较缓慢，国际贸易保护主义抬头，汇率风险增大，国内市场竞争更加激烈，资源环境约束以及运行成本增加的压力加大。无论是外部环境，还是企业自身生存和发展的现状，都促使江苏省企业要加快转型升级。

信息技术是覆盖面最广、渗透性最强、倍增效应最大的技术，是经济增长的“倍增器”、发展方式的“转换器”和产业升级的“助推器”。在经济全球化和信息技术飞速发展的时代，企业转型升级没有信息化的支撑是难以实现的。企业实现信息化的路径有多种，其中电子商务是企业提高信息化水平的有效路径。通过电子商务，不仅可以改变企业营销模式，而且可以改变企业业务流程，提升经营管理水平和运营效率，促进企业转型升级。

江苏省企业在通过电子商务争夺资源配置主动权，提高竞争力的同时，要密切关注电子商务发展中的不确定性，加强市场风险防范，结合“引进来”和“走出去”战略，提高产业和资源的组织能力，优化企业在产业分工中的定位布局，提高企业竞争力。

（江苏省经济和信息化委员会）

3．南京市电子商务发展总体情况

近年来，南京市电子商务应用普及率不断提高、网络购物发展势头迅猛。目前南京市城市居民每百户家庭接入互联网的计算机达到154台，网民数超过200万人，网民数每年均以20%以上的速度增长。2011年，南京约50%企业开展电子商务应用，40%中小企业经常应用第三方电子商务平台。工商注册的电子商务相关企业达2.1万家，电子商务服务企业超过100家，重点电子商务企业交易额达到3100亿元，网络购物销售额达到160亿元，成为南京促进经济发展、拉动内需的强劲动力。

一是龙头企业迅速崛起，发展潜力十分巨大。南京市一批重点电子商务企业发展速度近年来成倍增长，如苏宁易购、焦点科技、途牛旅游网、宏图三胞、科泰集团等。苏宁易购2010年上线，当年实现销售额20亿元，2011年超过60亿元，规划到2020年销售额将超过3000亿元，是现在整个苏宁销售总额的两倍。一批传统商贸企业已经把电子商务放在重要位置上，苏果超市、宏图三胞和中央商场等正在进行电子商务基础设施升级建设和运营模式规划论证。

二是工业领域积极运用，助推作用异常显著。南京市工业企业积极运用电子商务助推企业发展，取得了显著成效。南京钢铁联合有限公司2011年电子商务系统注册客户数达154家，全年客户网上订购总量达275.9万吨，占南钢总产能的43%，全年电子商务系统客户访问量达30万人次。电子商务系统依托稳定运行的ERP系统基础数据支撑，把企业内部物流供应链充分向外延伸，大大提高了南钢产品市场竞争力。焦点科技自主开发运营的中国制造网电子商务平台拥有600多万稳定、活跃的注册会员，2011年通过中国制造网实现贸易交易总额380亿美元。

三是运营模式多种多样，专业特色逐步显现。南京市电子商务的发展呈现多样化、专业化特征，并取得了良好业绩，如途牛旅游网、孩子王、育儿网、厚学网、猎宝网、江苏欧飞等。另外，与专业批发市场相结合的网络交易平台逐步形成规模，如钢铁交易数码港、南京亚太化工交易网、农副产品物流中心等。西祠胡同不断拓展经营模式，开创了BBS社区商业的先河。“途牛网”2011年销售额超过10亿元，跻身全国同类网站三甲。以承接电子商务外包服务的首屏科技、欧飞数卡等年营业收入已超亿元。

四是园区建设步伐加快，集聚效应不断增强。近年来，南京着力打造软件名城，使南京包括电子商务企业在内的软件园、服务外包园区取得了突破性发展，如江苏软件园、南京软件园、世界之窗软件园、雨花软件园、徐庄软件园、江苏电子商务产业园、珠江路电子商务集聚区、鼓楼软件城等，一批园区（集聚区）已经初具规模。软件企业的集聚，为南京市软件行业实现了跨越式发展，2011年，南京市软件业务收入超过1500亿元，增长50%以上。软件行业发展优势为南京市电子商务迅猛发展提供了有力支撑。

五是人才培养速度加快，为企业发展提供帮助。南京市利用南京大学、东南大学、南京财经大学、江苏经贸学院等大专院校电子商务专业教育平台，鼓励高等院校面向市场需求，设立电子商务专业，改进教学方式，加大学习的实践性、操作性，提高学生实际动手能力。利用苏宁电器、科泰集团、奥成人才、江苏万和等优势企业员工培训平台，利用企业和社会专业培训机构，对在职员工进行再培训，提高员工的实际工作能力和就业率。利用高新区三创人才中心、海外人才创业助飞计划、南京市各类人才引进平台，充分发挥南京现有人才引进机制与政策作用，积极引进电子商务急需的高层次专业人才。目前，每年可以培养、培训电子商务人才3000～5000名。

（南京市经济和信息化委员会）

15.8 浙江省

1. 浙江省电子商务总体发展状况

浙江电子商务发展始于20世纪90年代初，现已成为我国电子商务最发达的地区之一。目前，浙江省传统产业及社会各领域电子商务应用快速推进，技术、支付、物流等支撑服务取得重大突破，各项主要指标均处于全国前列。截至2010年年底，浙江省拥有各类电子商务网站近4000家，其中行业电子商务网站约2000家，占全国的20%。浙江省60%以上的工商企业开始涉足电子商务领域，企业间电子商务交易额达到7000多亿元，约占全国的16%。浙江省现有各类零售网站2000余家，在第三方平台上经营的网商50多万个，实现网络零售额500多亿元，约占全国的10%。浙江省拥有全球最大的B2B平台、C2C平台和第三方支付平台及一大批全国领先的行业电子商务平台，在我国规模最大的十大行业性B2B网站排名中，浙江省占有八席，其中阿里巴巴已成为会员数量世界排名第一位的B2B网站。

2011年，浙江省电子商务交易额大幅攀升，已达到9520亿元，约占全国的16%。其中，企业间电子商务交易额为8000亿元，与2010年的7000多亿元相比，增加了近千亿元；网络零售总金额为763亿元，约占全国的10%，与2010年的500多亿元相比，增加了160多亿元（表15-1）。

表15-1　2010—2011年浙江省电子商务交易额　单位：亿元

项目 年份	电子商务总交易金额	企业间电子商务交易金额	网络零售总金额
2011	9250	8000	763
2010	7500	7000	500

（1）B2B、C2C、B2C电子商务模式遥遥领先

① B2B电子商务服务平台。浙江省以阿里巴巴、中国化纤网、全球化工网为典型代表。

② B2C电子商务服务平台。浙江省以淘宝商城、麦网为代表。

③ C2C电子商务服务平台。浙江省以淘宝网为代表。

（2）行业、区域电子商务平台发展全国领先

浙江省有一批专业电子商务平台处于全国同行业领先地位。绍兴的轻纺、温州的皮革、诸暨的袜子、嵊州的领带和杜桥的眼镜等都是产业集群的代表，同时培育出中国化工网、中国服装网、化工机械网、中国化纤网和中塑在线等一系列国内行业电子商务网站的领军者。根据中小企业电子商务大会评选结果显示，在2010年度和2011年度全国行业电子商务网站100强中，浙江省保持40席以上，继续保持全国领先地位。

2010年，在中国电子商务协会首次发布的10个中国电子商务最具创新活力城市奖中，浙江省的杭州、宁波入选，同时在首次发布的电子商务百强县和百强乡镇中，浙江省占了13席。

（3）农村电子商务蓬勃发展

截至2011年12月，浙江省行政村宽带村通率达到98%，电话村通率达到100%，移动通信信号覆盖率达到100%，可上网的农业龙头企业6890家，达到100%；可上网的农产品批发市场449家，达到100%；可上网的农业种养大户22.4万户，占23.9%；可上网的农产品购销专业户9.1万户，占30.4%。

“浙江农民信箱”集通信联系、电子政务、电子商务、农技服务于一体。每个用户在系统中发出的信息都有记录、可追溯，有效地解决了网上信息不真实、不诚信的问题，创建了一个互联网信息的诚信管理模式。农民信箱实名用户已达250万，用户之间可以方便地进行一对一、一对多的通信和短信联系。

（4）网上交易助推市场大省建设

截至2011年年底，浙江省商品交易市场成交总额达到1.45万亿元，同比增长14.1%。从数量上看，2011年年底，浙江省共有各类商品交易市场4212家，与2010年同期相比增加66家。相比有形市场，截至2011年年底，浙江省已登记网上商品交易市场100家，较2010年同期相比增加33家，1～12月实现成交总额955.5亿元，同比增长8%。其中，网上生产资料市场成交额达到754.9亿元，

占网上市场成交总额的 79%；网上消费品市场数量和成交额分别为 71 家和 199.3 亿元。

（5）电子商务配套产业链逐步形成

浙江省具有最大平台服务商阿里巴巴；软件服务商如阿里软件；支付与金融服务商包括支付宝等第三方支付公司、四大国有银行、股份制银行等；物流服务商覆盖中国邮政、民营快递公司、外资快递企业与电子商务服务商自建物流配送公司。浙江省各大电子商务园区正朝着建设完善配套的电子商务产业集聚区努力，使其成为集人流、物流、资金流和信息流的统一园区，以促进电子商务市场的繁荣发展。

2. 浙江省电子商务支撑环境

浙江省电子商务的快速发展与支付、技术、物流和认证等电子商务支撑服务的突破性发展相互促进。

（1）电子商务金融支付

2011 年，浙江省网上支付的网民比例在全省网民中占比为 40.3%，高于 32.5%的全国网上支付的网民比例；浙江省网民使用网上银行的比例为 38.0%，高于全国平均水平 32.4%。截至 2011 年年底，支付宝注册用户突破 6.5 亿，日交易额超过 45 亿元，日交易笔数峰值达到 3369 万笔，已成为全球最大的第三方网上支付平台。

截至 2011 年 12 月，浙江省获得牌照的第三方支付企业有支付宝（中国）网络科技有限公司、杭州银通数码信息技术有限公司、浙江商盟企业商务服务有限公司、宁波银联商务有限公司、浙江易士企业管理服务有限公司等。

2011 年，浙江省银行卡联网通用交易金额达到 1.6 万亿元以上，已连续 4 年保持全国第一位，也是全国第一个突破万亿元大关的省份；交易笔数达到了 3 亿笔以上。浙江省 40 多家银行发行银行卡 1.5 亿张以上，人均持卡量 3 张，其中农村地区人均持卡量达到 1.9 张，远高于全国平均水平。

（2）电子商务物流服务

2010 年以来，浙江省物流业发展全面提速，物流业增加值和社会物流总额年均增长率不断提升。2010 年浙江省实现物流业增加值 2550 亿元，分别占全省服务业增加值和生产总值的 21.7%与 9.4%；实现社会物流总额 8.75 万亿元，约占全国总量的 7.0%。但从物流成本看，2010 年浙江省物流总费用与生产总值的比率约为 17.6%，仍大大高于发达国家 10%左右的水平。2010 年浙江省有物流法人单位 1.1 万余家，3A 级以上物流企业 105 家，占全国总数的 12.27%。

2011 年，浙江省规模以上快递服务企业业务量累计完成 49660.8 万件，同比增长 99.5%；业务收入累计完成 844874.2 万元，同比增长 59.6%。截至 2011 年年底，浙江省拥有快递经营许可业务企业 115 家，全国民营快递前 10 强中浙商占了 7 席。

（3）电子商务电子认证

截至 2011 年 12 月末，浙江省累计发放各类证书 68 万余张。其中，在网上交易、电子化采购及电子合同签订等商务领域进行了积极探索，已在珍诚医药、盾安集团等企业电子商务领域应用取得了一定进展。中国工商银行浙江省分行就企业数字证书在银企间办理账户年检年审、电子对账、在线签署委托协议等已确定应用意向，目前已在账户年检、年审的项目中实施了试点，可通过企业数字证书提交银行账户年检资料，不需再到营业网点提交纸质资料。

3. 浙江省电子商务发展环境

（1）电子商务基础设施环境

截至 2010 年年底，通信网络规模持续扩大，无线网络实现从 2G 到 3G 的升级，3G 网络建设实现省内乡镇以上城镇、高速公路、铁路、港口和重点旅游景点等重要地段全覆盖。

截至2011年年底，全省固定电话和移动电话用户数均居全国第四位，固定电话和移动电话普及率分别达35.6部/百人和105.19部/百人。（固定）互联网宽带接入用户1074万户，比上年增加205.66万户，普及率为19.63户/百人；移动互联网用户3830万户，比上年增加777万户。

截至2011年年底，浙江省网民人数已达到3052万人，居全国第四，网民普及率高达56.1%。使用手机上网用户数达到2379万人，占全省总体网民规模的78.0%，比全国平均水平高8.7个百分点。全省城镇网民比例占全省网民的68.6%，网民规模为2094万人。

（2）电子商务政策法律环境

2011年6月，《浙江省电子商务产业“十二五”发展规划》（浙政发〔2011〕45号）由浙江省政府正式发布。这不仅是浙江省第一个电子商务产业发展的专项规划，也是全国首个以省级政府名义颁布的电子商务产业规划。2010年4月，杭州市发布的《关于网上创业就业认定和扶持有关问题的通知》规定，网上创业就业可申请享受小额担保贷款、创业补助、社会保险费补贴等扶持政策，还可参照城镇个体劳动者参加基本养老、医疗保险。温州市政府办公室于2011年4月20日出台《关于印发2011年温州市服务业发展行动计划的通知》（温政办〔2011〕58号），对电子商务和物流业发展也提出新的要求。金华市于2010年出台了《金华市网商创业就业认定管理办法》，网上创业就业在金华市首次列入就业扶持范围。2010年10月，义乌市政府出台了《关于加快电子商务发展的意见》，对全市进一步优化电子商务发展环境，提升电子商务发展水平，促进市场转型升级，增强市场综合竞争力起到了积极的推动作用。

（3）电子商务人才发展环境

浙江省高等院校和培训机构的电子商务人才培养体系也逐渐完善。在杭州市、金华市等地相继出台关于网上创业就业相关扶持政策的带动下，利用电子商务开展的网上创业、就业的热潮再一次来临。浙江省电子商务服务企业直接从业人员超过15万人，间接带动的就业人数已经超过70万人。

截至2011年年底，浙江省的浙江工商大学、浙江财经学院、浙江师范大学、杭州电子科技大学、浙江理工大学、杭州师范大学、湖州师范学院、浙江农林大学、浙江万里学院和浙江树人大学等普通本科院校，浙江大学宁波理工学院、浙江工商大学杭州商学院等独立学院，以及浙江商业职业技术学院等一批高职院校开设了电子商务专业。

4．浙江省各领域电子商务应用扩展

文化产业、数字出版、社区服务、旅游、教育等领域纷纷采用电子商务手段提升行业服务水平。浙江省现有从事网络游戏运营和相关增值服务的企业49家。数字图书馆、数字博物馆和数字艺术馆相继建成，主流传统媒体实现数字化服务。除此之外，有8个地级市开通了社区服务电子商务平台。房产、票务等中介服务实现网上预订。各大旅游景点依托互联网开展旅游票务、餐饮和住宿等网上营销。农村电子商务应用逐步兴起。

5．宁波市电子商务发展现状

（1）电子商务应用比较广泛

大宗商品交易市场繁荣。截至2010年年底，宁波市拥有各类电子交易市场35家，交易额达到2000多亿元，居沿海城市首位。中国塑料城、中国液体化工交易网、宁波神化化学品经营公司等大宗商品交易市场具有较大影响力。中国塑料城年交易额已超过600亿元，是全国最大的塑料原料网上交易市场和专业市场。中国液体化工交易网是国内首家提供全方位液体化工产品电子交易服务的第三方平台，在会员数量、保证金总额、交易量、交易金额等方面均一直占据国内电子交易市场的首位。

行业门户网站集聚效应初显。拥有中国文具网、宁波模具网、中国废品网、中国海商网等各类行业门户网站，其中中塑在线、宁波模具网等十多家网站先后荣获“中国行业电子商务网站TOP100”称号。集聚了一批全国的行业网站，已孵化行业网站公司180家，涉及家居、智能建筑、装饰、小家电、服装、纺织机械等几十个行业，初步形成行业网站总部基地，促进了网络经济的集聚发展。2009年出台《宁波市行业网站技术孵化平台管理暂行办法》，平台采用政府引导建立，市场化运作，企业自愿入驻，政府择优扶持的运作方式。3年来共孵化行业网站336家，通过培育，一些行业网站开始盈利，发展了信息服务业。

企业电子商务应用全面展开。企业应用信息技术的意识强，整体水平较高。宁波市30%以上的企业开展了电子商务活动，90%以上的外贸进出口企业利用互联网开展商务活动。雅戈尔、维科、杉杉等知名企业积极发展电子商务，大部分拥有独立的网上购物中心，或通过加入行业网站和利用第三方平台等方式进行品牌推广和网络营销。截至2010年年底，宁波拥有9917家一级域名网站，开设网店11023家。

（2）电子商务支撑体系初步建立

现代物流体系逐步完善。拥有物流企业4000多家，以第三方物流企业和供应链管理企业为主体的现代物流体系基本形成。近年来重点建设了第四方物流市场、电子口岸、集装箱海铁联运、大宗货物物流枢纽、国际空港物流园区等现代物流平台和基地。在国内率先建立了第四方物流平台信息标准体系，实现了国际、国内物流全程跟踪，已注册企业7000多家，发布信息总量100余万条，实现交易额7.5亿元。电子口岸已成为国内外一流的口岸公共信息平台，用户数已突破12000家，每出口1亿元货物节省成本50万～60万元，每一票出口货物节省2～4小时通关时间，带来了巨大的经济效益。

电子支付体系建设成效显著。截至2010年年底，宁波共有网银客户16.4万家（其中电子商务企业8.6万家），个人客户658.2万户；共发生网银支付交易1.3亿笔，交易额6.1万亿元。建立了为单位和个人提供实时清算服务的宁波市票据电子交换系统，特别在网上交易模式和资金监管制度上有所突破，针对第四方物流市场网上交易创建了商业银行监管下交易资金收取制度，针对余姚塑料城网上交易创建了政府审计监管和商业银行第三方存管的备付金双监管制度。

信用体系建设成果丰硕。信用宁波系统已整合了18个部门的信用信息3400万条，指标涉及70类429项。全市所有在册、已吊销、已注销企业及个体工商户基础信息全部入库并实时更新。已整合工商、国税、劳动、海关、检验、人民银行6个部门各自评定的信用等级，为全市实施信用联合监管奠定了基础。累计发放企业数字证书10万多份，在企业注册登记、企业年检、社保申报、信用查询等领域开展应用，为电子商务活动提供了基本的安全和信用保证。

（3）电子商务发展环境不断优化

宁波市政府高度重视电子商务发展，为贯彻落实国家关于加快电子商务发展的政策法规，积极推进地方立法研究，加强市场监督与管理，相继出台了《宁波市电子商务试点专项资金管理暂行办法》、《宁波市信息化公共服务平台认定管理办法》、《宁波市行业网站技术孵化平台管理暂行办法》等政策和《宁波市人民政府关于培育第四方物流市场的试行办法》、《关于促进宁波市网络经济快速健康发展的若干意见》等文件，每年投入1000万元扶持电子商务试点企业。

（浙江省电子商务协会）

15.9 福建省

1．福建省电子商务基本现状

福建省是国内较早开展电子商务的省份之一，拥有一批电子商务企业和网商，开展 B2B、C2C 以及企业自建 B2C 零售平台等电子商务服务与创新模式，在信息基础设施、安全认证、物流等支撑领域具有一定的特色和成效，是我国电子商务应用普及程度较高的省份之一，并逐步向全面普及与深层次实施阶段发展。

2．政府高度重视，积极推动

福建省政府先后出台《福建省关于加快发展电子商务的意见》、《福建省电子商务"十一五"发展规划》、《福建省电子商务"十二五"发展规划》、《福建关于加快移动电子商务发展的实施意见》等规范性文件；认定 72 个电子商务示范项目（网站），连续举办 5 届海峡两岸"中国海峡电子商务博览会"，参会人数达 10 多万人次。连续举办 3 届"海峡两岸电子商务展示对接会"；闽台双方签署了海峡两岸电子商务《战略合作框架协议书》，达成多项合作意向和协议；实施全省农村商务信息服务体系建设，深入全省 70 个县（市、区）开展农村信息化基础培训，累计培训场次 99 场，培训人数 5097 人，建立农村商务信息服务站（点）4274 个，初步形成了以县（市）级农村信息服务站为核心，以涉农网站为依托，以流通大户及广大农民为终端服务对象的农村商务信息服务网络体系。

3．信息化基础建设不断完善

2010 年，有线宽带千兆光纤已通达全省各市县区，出省带宽达 640Gbps，宽带端口容量超过 400 万个，城市商务楼宇光纤通达率达 100%，网络覆盖全省所有乡镇和 90%以上的行政村。全省无线宽带城市用户数有 169 万户，移动用户有 3324 万户，普及率达到 90.94 部/百人。全省域名总数为 661617 个，占全国域名总数的 7.6%，其中，".CN"域名数达 241211 个，域名总数和".CN"域名数均位居全国第 5 位。网站数量达 23.9 万个，占全国网站总数的 5.5%，居全国第 6 位。IPv4 地址总数约为 358.94 万个，占全国总数的 2.1%，排第 12 位。网民数为 1848 万人，网民普及率达 50.56%，居全国第 6 位。

4．电子商务产业规模不断扩大

2010 年全省电子商务交易额近 300 亿元，B2B 电子商务平台有 159 个网站，交易额为 200 亿元人民币，B2C 网站 349 个，交易额约 60 亿元人民币，C2C 网站 605 个，交易额约 38 亿元人民币。2010 年 11 月，由中国国际电子商务中心牵头组建的中国国际信息技术（福建）产业园项目于安溪南翼新城正式开工，预计三年内建成国内完善的高端服务外包产业—电子商务交易—支付结算平台—投融资环境四位一体的综合性平台，海峡两岸三方签署、共建海峡电子商务基地，申请入驻的电子商务企业达 80 余家。

5．传统产业电子商务应用逐步普及

截至 2011 年 7 月，在中国制造网国内站上注册的企业共有 3 万余家，淘宝网有 124427 家网店，福建网商发展指数位列全国第 6 位，网商普及指数位列全国第 5 位，发展规模指数位列第 7 位。随着中国电子商务发展进程的加快和整体战略的提升，福建省农业电子商务也迎来发展良机，成为提高农业经济运行质量和效率的有效手段，成为促进农产品资源要素的流动，降低交易成本，赢得资源配置优势，提高市场竞争力的有效手段。

6．电子商务支撑服务基本构建

基本形成电子商务与信息技术、信用服务、物流、网络支付、安全认证等支撑服务相互合作相互促进的良好态势。在电子商务服务企业区域的分布上位列全国第10位。建成福建CA中心，证书已经广泛应用于工商、税务、社保、医药招标、办公自动化、信息服务、企业信用信息查询、安全电子邮件、网上招投标等多个应用领域，已有45万多户企业申请了企业数字证书。

7．福建省电子商务存在的主要问题

一是电子商务产业集聚尚未形成规模，电子商务应用网站数量少，地域分散，实力弱；二是电子商务应用层次与水平有待提高，B2B 电子商务平台大多停留在供求信息交互的阶段，绝大多数企业电子商务活动仅限于在网上信息发布、收集、洽谈，线下签约、支付和交易，传统产业电子商务应用层次低，网上零售规模较小、经营主体较少；三是电子商务应用发展不平衡，商业模式单一，应用企业和消费群体主要集中在福州、厦门、泉州等地，其他各地区没有系统的电子商务扶持和推进政策；四是电子商务支撑体系亟待完善，缺乏第三方支付平台等金融服务环境。法律制度、信用评价与物流配送仍是福建省电子商务发展的瓶颈。高校电子商务教育与产业需求脱节，缺少复合型中、高级管理人才与业界领军人物。

安溪中国茶都集团有限公司建设的“茶多网”，以茶叶贸易为主，采用“网店+实体店”的经营模式开展 B2B 商务活动；福建讯网网络科技有限公司旗下的“环球鞋网”，立足泉州、晋江鞋业，建设全球领先的鞋行业门户、主流网络媒体与B2B电子商务网站，是商务部电子商务示范企业，拥有超过32万的注册会员、超过4万条经销商数据库，月访问量超过2700万人次；“福建商城网”以“汇聚名、优、特，老字号企业，特色产品一网打尽”为理念，集网上开店、网络购物、产品宣传、市场营销与便民服务为一体，进驻商城的商户有上千家，注册用户数为21846户，成为福建省最大的电子商务平台之一；厦门七匹狼服装营销有限公司经营的七匹狼官方网站取得了良好的经济效益，获批商务部国家示范电子商务企业，2011年在线业务超过2亿元；“尚客茶品”2009年上线，是一个集合团购、B2C、B2B模式的交易平台，获得“全球十佳网货品牌”、“淘品牌”、中国网络购物网站“最具发展潜力奖”、“最具创业精神网商”、“蓝网商最创新网商”等诸多荣誉称号。

（福建省经济贸易委员会）

15.10　山东省

近年来，山东省经信委通过认真贯彻国家有关产业政策，努力营造良好发展环境，大力发展信息化，为全省电子商务推进提供强有力的支撑和保证。2010年，省政府制定下发了《关于加快新信息产业发展的若干政策》（鲁政发〔2010〕85号），明确把电子商务作为新兴战略性产业的重点以加快发展；2011年，山东省出台了《山东省电子商务企业认定培育管理办法》，在全国率先开展了电子商务企业培育工作，进一步明确了山东省推动电子商务发展的方向。

1. 山东省电子商务的发展现状

经过几年共同努力，山东省通过加快信息基础设施建设、提升网络通信服务水平、加快推进信息技术应用，有力支撑了电子商务的持续、快速发展。2011 年，山东省以电子商务贸易方式实现的经济总额超过 6000 亿元，规模以上工业企业和商贸流通企业全部具备在线交易的条件和能力，90%以上的中小企业都能从电子商务中获益，提高了企业尤其是中小企业的存活率，增强了企业竞争实力。同时，山东省在电子商务支撑体系建设、应用普及、相关产业培育和环境营造等方面也取得了长足进步。电子商务在优化产业结构、提高经济运行效率、方便社会生活等方面的作用日益显现，全社会对电子商务的认知程度和应用水平明显提高，为山东省电子商务的持续、健康、快速发展奠定了良好基础。

（1）电子商务市场规模逐年增长，电子商务企业和电子商务网民迅速增加

2009 年以电子商务贸易方式实现的经济总额为 4000 亿元，2010 年全省网上贸易额突破 5000 亿元，2011 年更是突破 6000 亿元大关。调查结果显示，全省规模以上企业中，有近 95%以上的企业建立了企业网站，70%以上企业开展了电子商务。一批重点企业形成了网上订货、网络营销、物流配送为一体的电子商务运营模式，部分大型商品集散中心和批发交易市场建立了网上信息发布系统，大多数中小企业对电子商务进行了多种形式的探索。2011 年山东省网民规模达 3625 万人，比 2010 年增长 8.8%。全省网上交易人数迅速增加，目前已超过 2000 万人。网络售物和旅行预订也已经初具规模，与网络购物密切关联的网络支付发展十分迅速，目前使用的网民规模已经达到 1015 万人，较 2010 年增加了 185 万人，增幅超过全国平均水平，有力地推动了山东省电子商务的发展。

（2）企业信息化水平普遍提升，电子商务应用基础进一步夯实

一是中小企业信息化意识增强，信息化投入力度逐步加大，办公自动化、财务管理等基础管理软件在各类企业广泛应用，80%以上的中小企业从电子商务中获益。二是大中型工业企业信息化程度在全国继续保持领先，计算机辅助设计（CAD）、企业资源计划（ERP）、供应链管理（SCM）、客户关系管理（CRM）等应用系统在大中型企业推广应用，覆盖了企业的产品设计、生产、销售各环节。计算机监控技术在 95%以上的化工、建材、造纸、冶金等连续性生产企业得到了广泛应用。计算机集成制造系统已在近 30%的制造型企业中开展。三是有近 60%的规模以上企业成功或部分实施了企业资源计划系统（ERP），信息技术应用使企业产品设计周期缩短 75%，开发成本降低 37%，生产自动控制率达到 95%，电子商务营销率达到 35%。

（3）龙头企业电子商务的主导作用日益显现，大批电子商务网站开展了经常性应用

随着各类电子商务运营企业不断涌现和电子商务应用领域不断拓展，网络化的生产经营与消费方式逐步形成。农产品、石化、钢铁、机电、医药等行业 B2B 电子商务平台的建设带动了大批企业的信息化建设与电子商务应用。以山东银座信息科技有限公司、利群集团青岛电子商务有限公司为代表的传统零售企业，将电子商务发展作为未来几年的重点发展方向，银座网开通 8 个月的时间，网上交易额超过 1 亿元，并提出电子商务本地化，网上、网下相结合的运营路线。禹王集团 2008 年成功搭建了覆盖集团 30 多个销售分公司，200 多家经销商的电子商务平台，实现了集团的网上交易、网上服务和分销业务流程的电子化、数字化，减少了中间流通环节，使企业销售成本降低 80%，加快了信息反馈速度，采购提前期缩短 50%，提高了集团的运营效率和竞争实力，年增收益 1600 多万元，利润 800 万元。隆腾精准营销网拥有 30 万家化工企业用户，注册企业用户可实现免费企业商铺，自动生成供应链商圈，自动锁定来访客户，实现线上线下即时沟通。临沂商城电子商务有限公司是国内领先的全程电子商务运营服务商和物流信息系统解决方案提供商。建有国内领先的综合交易专业市场集群“临商网”、网上超市“临沂超市”，更适合企业的在线支付平台“商付通”以及商贸物流整合平台“商运通”四个自营网站。临商网包括信息平台、交易平台、支付平台、物流平台、融

资平台、国际平台六大平台；中国临沂商城电子交易中心自2009年9月份开通运营以来，注册会员达到25万家，收录产品信息200万条、求购信息30万条、资讯信息10万条，累计交易3万笔，日访问量已突破10万人次，临商网现已成为鲁南苏北地区最大的电子商务平台之一，两年的发展时间交易商已达到100万户，在线年交易总额突破200亿元，成为中国具有重要影响力的综合交易批发平台。山东栖霞苹果电子交易市场、天地红辣椒电子交易市场、山东滨海盐化交易平台已成为在全国有影响力的专业化电子商务交易中心，成为带动和繁荣地方经济的新亮点。

（4）支付、物流、信用、安全建设取得明显进展，电子商务应用发展环境明显改善

一是电子支付环境日益改善，全社会对电子支付的接受度不断提高。银行卡跨行交易网络逐步完善，银行卡自动取款机（ATM）、银行卡受理终端（POS）的跨行交易全面实现，网上银行的服务功能进一步拓展，持卡消费比例处于全国领先水平。二是山东省电子商务支付平台初具规模，成为山东省唯一经中国人民银行备案的网络支付机构，为政府、企业和个人提供专业的第三方电子支付服务，山东一卡通、城联一卡通等在全省所有地市开通运行，目前发卡量已超过500万张，为市民缴付各类公用事业费提供便利的支付手段。三是物流服务水平显著提升，支撑电子商务应用发展的物流服务体系逐步形成。现代物流业规模和效益不断提高，物流支撑体系日渐完善，青岛港、烟台港、日照港等一批综合交通基础设施建设取得重大突破；济南、青岛等市重点物流园区建设取得阶段性成果，重要物流园区信息网络服务平台陆续建成，支撑支柱产业和连锁商业的现代物流配送体系逐渐形成，电子商务配套物流环境逐步完善。四是社会诚信体系建设取得明显进展。以市场化、专业化为导向的个人与企业信用联合征信系统相继建立，初步营造了全社会知信用、守信用、用信用的良好环境。五是电子商务行业协会等中介组织的建立，促进了电子商务的行业监督、行业自律、服务规范和诚信建设，初步建立了电子商务投诉服务、争议解决机制。六是安全认证服务体系基本确立，全社会信息安全意识普遍增强。信息安全测评、等级保护等制度逐步完善；数字证书、应急防范体系等信息安全基础设施建设步伐加快；截至2011年年底，山东累计发放各类数字证书200万张，在电子商务安全认证方面发挥了较大作用。七是政府决策、办公及公共管理与服务等多项重大信息化项目建设中，电子商务已成为为城市、社区、居民办实事的重要内容。电子政务、电子商务互相促进、互相补充的态势已经凸显。八是电子商务专业人才教育受到重视，山东大学、山东建筑大学等50所院校开设了电子商务专业。

“十一五”以来，山东电子商务发展虽然取得阶段性成果，但在促进社会服务功能提升、产业结构优化升级等方面的作用尚未充分发挥，主要表现在：企业电子商务应用发展不平衡，普及与深化应用的水平亟待提高，中小企业受自身管理水平、资金、人才等因素的制约，电子商务发展水平明显滞后；以第三方服务为主的电子商务服务业发展相对比较薄弱，尚未形成规模优势；电子商务支撑体系还不能全面满足电子商务快速发展的需要，仍须进一步深化建设；电子商务发展的政策法规环境不够健全，电子商务交易纠纷处理、消费者权益保护等公共服务尚须完善，监管与服务的工作合力有待进一步增强。

2. 山东省电子商务的主要做法

要按照“积极作为、科学务实”的总要求，紧紧围绕“保增长、调结构、扩消费、惠民生”的中心任务，坚持完善发展环境、创新发展模式、提高应用水平的原则，抓好“六大任务”，切实推进山东省电子商务持续、快速、健康发展。

（1）正确处理政府企业关系，提高电子商务应用水平

充分发挥企业在电子商务发展中的主体作用，坚持市场导向，运用市场机制，优化资源配置，整合资金、服务等推进电子商务发展。鼓励、引导大型企业在电子商务应用中的带动作用，促进

企业业务流程和组织机构的重组与优化，增强产、供、销协同运作能力，从采购、运输、仓储、配送、市场等各个环节推进电子商务集成创新，实现资源的优化配置和高效利用，增强企业的市场竞争能力。

（2）有效推进第三方电子商务平台、农村电子商务的发展，充分发挥中介组织作用

扶持、培育一批专业化、网络化、社会化的第三方电子交易与服务机构，为广大企业特别是中小企业提供电子商务应用服务，鼓励和引导企业开展产品销售和进出口贸易，提高企业电子应用水平。积极创建网上专区，发展网上展会，鼓励会展企业举办网上展会，发布重点招商项目，开展多形式的网上招商活动。积极推广面向消费者的 B2C 和 C2C 电子商务模式的应用，建立和完善在线交易的信息机制，支持利用电子商务开展社区便民服务企业的发展。积极拓展农村电子商务，为“三农”提供商务信息服务，促进农民增产增收。培育和发展农村电子商务市场，尤其是大力发展特色农产品交易网站，促进工业品下乡和农产品进城的网上互动，扩大农村消费，提升农村经济。

（3）重点抓好典型示范，引导电子商务发展新模式

大力开展电子商务企业试点示范，通过不断总结企业探索电子商务发展的经验，以点带面，推动电子商务的广泛运用和发展。选择基础条件好、发展环境优的区域，率先推进电子商务发展，打造电子商务示范区；选择带动力强、辐射面广的优势行业，领先发展电子商务，打造电子商务示范行业，重点发展电子、钢铁、煤炭、建材等行业；选择供应链完善、品牌优势突出的大型企业，优先发展电子商务，打造电子商务示范企业，重点发展外贸企业、商贸流通企业。

（4）进一步加强电子商务支撑服务体系建设，营造电子商务发展的良好环境

一是诚信体系建设。以诚信山东为基础，建立信用资源共享机制，实现信用数据的动态采集、处理、交换和考核，建立全省权威性的信用服务机构和信用信息服务平台。严格信用监督和失信惩戒机制，对参与电子商务的企业、事业及个人进行信誉记录、评测及履约能力等级认定，以保障电子商务应用中的可靠性、安全性和可信度。二是安全认证体系建设。根据国家有关法律法规，规范证书、认证机构管理。充分发挥和整合现有资源，完善安全认证基础设施，建立健全全省布局合理的安全认证体系，实现行业、地方等安全认证机构的交叉认证，为全省范围内电子商务及其他各种认证需求提供服务。三是支付体系建设。研究制定电子支付服务的相关法规，引导国有和商业银行、中国银联济南分公司等机构，建设完善、安全、快捷、方便的山东电子商务支付平台等在线支付平台，大力推广使用银行卡、网上银行等在线支付工具。加快制定、实施山东省电子商务支付业务规范和技术标准，落实风险防范措施，加强业务监督和风险控制。四是现代物流体系建设。发挥电子商务与现代物流的整合优势，大力发展第三方物流，提高物流产业的社会化、集约化、专业化和信息化水平，逐步形成有效支撑电子商务广泛应用的现代物流体系。加快建设综合性现代物流系统，把济南、青岛等市建成国内电子商务的重要汇集地和电子交易及支付的中心之一，基本实现信息流、资金流、物流的信息化和网络化。五是信息服务体系建设。积极扶持各类电子商务信息服务、咨询和中介机构的发展，充分利用山东省电子商务协会在全省电子商务发展中的监督、管理和桥梁纽带作用，规范行业行为，形成行业自律机制；积极支持企业、社会、个人建设各类专业化电子商务系统和网站，促进信息、知识、市场营销、技术创新、法制宣传等交流与应用。

（5）加大培训力度，为电子商务发展提供持续动力

进一步推进教育培训机构和主要电子商务服务企业联合开展形式多样的普及培训工作，重点推进信息技术和电子商务知识培训，培养电子商务人才和管理人才，不断充实和提高企业特别是中小企业实施电子商务的综合能力。邀请国内外著名研究机构和学院的有关专家、教授进行电子商务讲

座，适时组织举办“电子商务重点课题研讨会”，推动区域性电子商务应用和发展。

（6）创造良好的法制环境，推进电子商务健康持续发展

积极探索监督管理电子商务活动的模式，查处利用网络的侵权行为，打击电子商务领域的欺诈行为，优化网络交易环境，为电子商务发展创造良好的法制环境。规范电子商务信息传播行为，规范电子商务信息发布的内容传播方式，维护交易信息安全，保障信息的有效传播，规范电子商务合同文本，逐步建立电子商务交易安全管理制度和电子商务系统安全漏洞的检查制度。

3．济南市电子商务发展现状

济南市根据国家《2006—2020年国家信息化发展战略》、《国民经济和社会发展第十二个五年规划纲要》和《国务院办公厅关于加决电子商务发展的若干意见》的要求，积极开展电子商务工作。“十一五”期间，济南市电子商务保持了持续快速发展的良好态势，交易总额较“十五”期间增长近2.5倍，2011年达到约300亿元。电子商务发展的内生动力和创新能力日益增强，正在进入密集创新和快速扩张的新阶段。

电子商务不断普及和深化。电子商务在济南市工业、农业、商贸流通、交通运输、金融、旅游和城乡消费等各个领域的应用不断得到拓展，应用水平不断提高，正在形成与实体经济深入融合的发展态势。跨境电子商务活动日益频繁，移动电子商务成为发展亮点；大型企业网上采购和销售的比重逐年上升，部分企业的电子商务正在向与研发设计、生产制造和经营管理等业务集成协同的方向发展；电子商务在中小企业中的应用普及率迅速提高，2011年大中小企业网上交易和网络营销的利用率达到42.1%。网络零售交易额迅速增长，“十一五”期间年均增速达100.8%，占社会消费品零售总额比重逐年上升，成为拉动需求、优化消费结构的重要途径。2011年济南市网络零售用户规模达1.6万户，交易额达到300亿元左右，占社会消费品零售总额比重达到3.3%。其中银座网上交易量达15亿元，九阳小家电网上交易量为9.6亿元，韩都衣社电子商务平台交易额为6亿元，永鼎汽车配件商务平台交易额为5亿元。

电子商务支撑水平快速提高。“十一五”期间，电子商务平台服务、信用服务、电子支付、现代物流和电子认证等支撑体系加快完善。围绕电子商务信息、交易和技术等的服务企业不断涌现，电子商务信息和交易平台正在向专业化和集成化的方向发展。社会信用环境不断改善，为电子商务的诚信交易创造了有利的条件。网上支付、移动支付、电话支付等新兴支付服务发展迅猛，第三方电子支付的规模不断增长。现代物流业快速发展，对电子商务的支撑能力不断增强，特别是网络零售带动了快递服务的迅速发展，电子证书正在电子商务中得到广泛应用。通信运营商、软硬件及服务提供商等纷纷涉足电子商务，为用户提供相关服务。

电子商务发展环境不断改善。“十一五”期间，济南市信息基础设施规模和技术水平达到国内先进水平，基本构建起以光纤通信为主，卫星通信、移动通信、微波通信为辅的城市信息高速公路。全市移动电话用户达到857万户，普及率为137%。互联网宽带用户达117万户，普及率为45%。互联网出口带宽达到400Gbps，互联网站有3.8万家，上网人数达293万人，网络服务能力不断提升，资费水平不断降低。全社会电子商务应用意识不断增强，应用技能得到了有效提高，电子商务国际交流与合作日益广泛。相关部门协同推进电子商务发展的工作机制初步建立，围绕促进发展、电子认证、网络购物、网上交易和支付服务等主题，出台了一系列政策、规章和标准规范，为构建适合国情和发展规律的电子商务制度环境进行了积极探索。

（济南市工业和信息化局）

15.11 广东省

1．广东省电子商务发展状况

近年来，在省委省政府的高度重视下，全省各地各部门大力改善电子商务发展环境，引导和促进电子商务健康发展，进一步发挥其在扩大内需、促进消费、带动产业转型升级等方面的突出作用，取得了一定的成绩。概括起来，主要开展了五个方面的工作。

一是抓规划。省经信委出台了《广东省电子商务“十二五”发展规划》、《推动电子商务取得新突破行动方案》等一批政策，省工商局出台了《关于鼓励支持我省网络商品交易及有关服务健康发展的若干意见》，广州、东莞、中山等市启动了《电子商务“十二五”发展规划》编制工作，深圳市出台了放宽电子商务企业工商登记的政策措施。

二是抓应用。大力支持制造企业、商贸企业和中小微企业应用电子商务。一是鼓励骨干企业开展供应链电子商务，发展电子采购、电子分销，出现了广州本田等一批年电子交易额超过 100 亿元的骨干企业。二是引导专业市场通过电子商务实现转型升级，太平洋电脑城从传统的 IT 卖场转型为拥有 5 个行业电子商务平台的企业，线上经营收入超过 6 亿元，税收贡献约为实体卖场的 4 倍。三是支持中小企业应用电子商务，广州市通过财政专项资金减免服务费用 2000 多万元，支持 13000 多家中小企业应用电子商务。

三是抓示范。开展了电子商务示范工程，带动了全省电子商务发展。全省共有 3 个城市获批开展国家电子商务示范城市创建工作，1 个城市被认定为国家移动电子商务示范城市，2 个基地获批开展国家电子商务示范基地创建工作，有 5 家企业被评为国家电子商务示范企业，有 1 个镇级“国家电子商务试点”，认定了 36 家省级电子商务示范企业。

四是抓引导。一是加大财政资金引导。2012 年，省政府一次性安排 5 亿元电子商务专项资金，2008—2011 年，广东省每年安排 1 亿元省级流通业、服务业发展引导专项资金，2.6 亿元省级信息服务业专项资金对电子商务在内的现代服务业给予支持。广州、深圳、东莞、汕头等地也设立了电子商务发展专项资金，广州每年 20 亿元的战略新兴产业专项资金，深圳市每年 5 亿元的互联网专项资金都将“电子商务”列入支持范围。二是注重舆论引导。经信委联合有关单位连续举办了 4 届广州网货交易会，举办了中国（广州）国际电子商务大会、“电子商务产业发展峰会”，深圳定期举办“电子商务大讲堂”。三是加强行业组织引导。成立了广东省电子商务协会、广东省南方电子商务创新服务中心、广东省网商协会等一批行业组织，通过行业组织，开展电子商务培训、宣传和服务工作。

五是抓基础。一是加强法规建设，出台了《广东省电子交易条例》、《广东企业信用信息公开条例》等一批有利于电子商务发展的法规。二是加强信用建设，“广东南方国际电子商务信用平台”2011 年成功上线运行，开展了广东省打击网络购物领域侵犯知识产权专项行动，发布了《广东网商经营诚信公约》。深圳被国家工商总局列为“电子商务可信交易环境建设试点”。三是加强标准化建设，成立了国内第一家地方电子商务标准机构——广东省电子商务标准化委员会，深圳市制定的《企业与消费者（B2C）电子交易平台信用规范》入选国家标准计划。四是加强融资支持，举办了“广东省电子商务行业风投对接暨精英交流大会”等活动，着力解决电子商务融资难题。五是加强统计研究，制定了电子商务统计指标体系，抽取了部分样本对 2011 年电子商务数据进行了实验性的核算。

经过全省的共同努力，广东省电子商务发展总体处于全国领先水平，与长三角、京津唐地区成为我国电子商务发展的三大增长极，正处于快速扩张、密集创新的阶段，呈现专业化、规模化、集聚化发展的特点，电子商务与其他产业的融合加快，助推了扩大消费、经济结构调整和产业转型升级。

一是电子商务交易规模不断扩大。据广东省电子商务协会测算，2009 年广东省电子商务交易额接近 7000 亿元，2010 年超过 8000 亿元，2011 年达到 1.1 万亿元，占全国交易额近五分之一，高于浙江、江苏、上海、北京等地，其中广州和深圳市电子商务交易额占全省近 70%。2011 年，全省网民数达到 6300 万人，互联网普及率达到 60.4%，宽带网民比例达到 59.7%。据阿里巴巴《2010 年网商发展指数报告》，广东网商发展综合指数排名全国第一。

二是网络零售快速发展。2011 年，全省网络购物普及率达到 41.2%，高于全国 3.4 个百分点。根据艾瑞咨询的调查，2011 年，广东省网络购物市场交易规模全国最大，占全国的 10.1%，约为 780 亿元，来源于广东的网购总订单为 3.53 亿单，位居全国第一，遥遥领先于随后的浙江和江苏省，3 倍于上海，数倍于北京。据阿里巴巴统计，2011 年，淘宝网上，各个主要数据广东均居全国首位。网络购物方面，广东的注册买家达到 4750 万人，全年消费额达到 600 亿元。广百、友谊、天虹商场、王府井、金海马等传统商贸企业纷纷布局网络零售市场，发展线上、线下一体化经营模式（O2O）。

三是垂直细分行业亮点纷呈。电子商务在广东省各行业的应用不断拓展，与实体经济融合程度不断提高。据艾瑞咨询的调查，广东的 B2B 网站占到全国 B2B 网站总数的 16.11%，居全国第二位。在钢铁、石化、塑料、粮食等行业涌现出一批年交易额超过 100 亿元的大宗商品电子商务平台，广东塑料交易所年交易额超过 2500 亿元。依托传统优势行业，在 3C 数码、服装、家具、音像、鞋业、木材、电子信息等行业快速成长起一批专业性强的国内电子商务“单项冠军”。“梦芭莎”抓住产业链“微笑曲线”上附加值最高的设计和营销两端，大力开创“网络自主品牌”模式，仅用 5 年时间就成为中国服装行业领先的电子商务企业。移动电子商务快速发展，涌现了 UC、3G 等全国领先的移动电子商务服务机构。

四是电子商务企业快速成长。据艾瑞统计，2011 年，广东省共有 QQ 商城（第 5 位）、唯品会（第 13 位）、梦芭莎（第 14 位）、走秀网（第 19 位）4 家平台进入中国（B2C）网络零售商前 20 强，唯品会开创了“网上奥特莱斯”的商业模式，仅用 3 年半时间就成功上市，腾讯拍拍网市场份额长期位居“C2C”领域全国第 2 位。环球市场、唯品会等一批龙头企业陆续成功在国内外上市融资。此外，国内外大型电子商务企业，如阿里巴巴、京东商城、亚马逊，都纷纷在广东省设立了区域总部。

五是电子商务成为内外销新途径。据调查，广东省企业利用电子商务开拓市场的比例约为 30%。据阿里巴巴统计，2011 年，阿里巴巴的广东注册会员超过 1000 万家。淘宝网上，广东卖家总数为 104 万家，销往全国的总成交额约 1200 亿元，广东卖家销往广东以外的地区，俗称“广货北上”的金额约 850 亿元，广东与内地的“贸易顺差”全年超过 500 亿元。据艾瑞咨询和行业领先的敦煌网的联合调查，敦煌网的 10 大行业，广东卖家的数量均居第一位。环球市场打造的 GMC 优质制造商电子商务平台，成为广东省高端制造业企业开拓外销市场的重要途径，该平台 2011 年共撮合 440 亿元外贸交易额。一批传统制造业企业通过电子商务销售的产品逐年增多，2012 年上半年，TCL 网络销售额已经突破 4.1 亿元，真维斯公司 2011 年网络销售额达到 1.36 亿元，同比增长 600%，中山歌瑞尔连续 3 年位居淘宝内衣销售第一名。

六是电子商务支撑体系逐步完善。目前，广东省共有 4 家电子商务认证公司，截至 2012 年 6 月，共发放数字证书超过 2071.44 万张，约占全国的 40%。物流快递业迅速发展，配送网络体系健全，有 118 家 A 级物流企业，其中 5A 级 9 家，有 1800 多家快递企业，其中：深圳的顺丰快递在全国快递行业排名第 1 位，“深圳递四方公司”是国内最专业的跨国电子商务物流供应商，2011 年收入约 12

亿元。网上支付、移动支付、电话支付等新兴支付方式快速发展，有 18 家机构获得央行颁发的第三方支付牌照，占全国的 10.65%，其中腾讯“财付通”位居中国第三方网上支付市场份额第二，占 19.3%。

广东省电子商务发展虽然取得了一定的成效，但与广东省经济和制造业发展水平相比，也还存在一些亟待解决的问题。

一是龙头企业地位不突出。广东省虽然拥有腾讯、环球市场、唯品会、梦芭莎等一批优秀的电子商务企业，但是在电子商务领域缺少阿里巴巴、京东商城这种在国内具有重要影响力的龙头企业。B2C 领域，交易额排名全国前十位的网络零售商，广东省只有 QQ 商城 1 家（交易额为 53 亿元），且仅排名第 5 位，交易额不到“天猫”（原淘宝商城，交易额为 920 亿元）的 6%；C2C 领域，腾讯拍拍网的交易额仅占淘宝网的 5%左右，这显然与经济第一大省，社会消费品零售总额第一大省的地位不相适应。

二是配套政策不完善。近年来，上海、浙江、重庆等地纷纷出台了一系列支持电子商务发展的优惠政策，将电子商务纳入战略性新兴产业扶持范围，支持力度前所未有。而广东省省级政府层面一直没有出台针对电子商务的发展政策，各地市出台的政策支持力度也偏弱，明显落后于国内先进地区。

三是全社会的认识和重视不够。广东省对加快电子商务发展的重要性尚未形成广泛的共识，没有形成良好的发展氛围，企业“单兵作战”的现象突出，电子商务应用水平有待进一步提高，区域发展差距尤为明显。例如在传统零售领域发展电子商务的步伐明显滞后，广百 2011 年网上销售额占总销售额不到千分之一。

（广东省经济和信息化委员会）

2. 深圳市电子商务发展状况

（1）电子商务成为深圳互联网产业中发展最强劲的板块

近两年深圳涌现出了一批覆盖行业齐全，商业模式新颖的电子商务企业，显示出勃勃生机。在金融服务领域，“众禄投资”是中国证监会基金业务创新试点单位，率先将基金超市的理念引入中国，目前正在申请成为独立基金销售机构；在外贸领域，国内首家结合专业进出口代理和电子商务功能的中小企业进出口环节外包服务提供商“一达通”，2010 年 11 月被阿里巴巴收购，成为阿里巴巴从撮合交易为核心迈向以服务为核心的电子商务新战略的重要组成部分；在商旅服务领域，以航空客运销售代理、酒店预订、商旅管理等服务为主的商旅企业腾邦国际成功登陆创业板，成为国内首家“在线商旅概念”的 A 股上市公司；在消费者日常衣食住行需求服务方面，时尚电子商务领域的新锐网站“走秀网”获得了 2000 万美元的风险投资。

（2）调整经济增长方式效果初步显现

创建电子商务示范市有效促进了深圳市第三代移动通信、移动互联网、下一代互联网和云计算等高新技术的应用，并直接带动和深化了深圳市“三网融合”和“两化融合”等工作，发展壮大现代服务业，形成了新的经济增长点。据测算，2010 年深圳全市互联网服务业规模突破 350 亿元，比 2009 年增长 47%，大大高于全市 12%的 GDP 增幅；互联网产业增加值（全口径）1160.98 亿元，比 2009 年增长 16.7%，占高新技术产业增加值比重 38%，占工业增加值比重 27%；根据相关统计预计 2011 年深圳市电子商务交易额约为 2600 亿元，比 2010 年增长超过 20%；电子商务企业数约 4800 家。电子商务已成为深圳发展战略性新兴产业、优化产业结构的重要抓手。

（3）为传统产业发展注入新的活力

越来越多的传统企业已经认识到互联网的重要作用，纷纷涉足互联网和电子商务，主动运用电子信息技术手段提升企业的经营管理水平和竞争力。例如，在珠宝钻石销售领域，一批销售自有品牌产品的电子商务企业不断涌现，其中较有影响力的企业如戴维尼、柯兰钻石、佐卡伊、欧宝丽、爱度珠宝、彼爱钻石等，从开始的纯网站销售，到尝试结合线下实体店，2010年年底以欧宝丽为代表的企业，开始F2C模式的探索，用电子商务的经验改造现有生产线，实现小批量、个性化定制，完美解决钻石网上销售订货期长的难题。继好百年、天虹商场等传统零售企业涉足电子商务之后，2011年万科地产、太太药业、海王星辰、富安娜等制造企业纷纷自建网站或在第三方电子商务平台上开店，进军电子商务。沃尔玛中国也在深圳试水电子商务，旗下品牌山姆会员店于2010年年底推出网上购物服务。

（4）涌现出一批电子商务龙头企业

行业电子商务龙头企业起到了较好的领军作用，如腾讯的拍拍网在国内C2C电子商务平台中排名第二，占全国市场份额的10%，是深圳市电子商务的龙头企业之一；中农网积极探索我国农产品流通新模式，推动农产品流通行业应用电子商务，形成了全国性农产品价格参考指数，成为各零售终端、饭堂、酒店和批发点采购农商副产品价格的风向标；华强电子网一直致力于为全球电子元器件采购商、供应商、贸易商和制造商提供全程电子商务服务，目前已发展成为全国最大的电子元器件B2B网站；芒果网已成为国内提供订房、订票、自由行套票、公司差旅管理等旅游在线服务的旅游电子商务龙头企业之一。

（5）产业集聚效应进一步凸显

创建国家电子商务示范市工作开展以来，深圳的互联网产业集聚效应进一步凸显，不仅提高了深圳经济影响力和辐射力，而且有效提高了深圳的经济发展质量和单位面积GDP产出。一是吸引了阿里巴巴集团南方总部、国际运营总部、云计算研发中心和百度国际总部、华南总部、研发中心等电子商务龙头企业落户深圳，充分发挥龙头企业对产业的带动和吸引效应；二是发挥产业园的产业集聚作用，目前已形成高新区、天安数码城、福田国际电子商务产业园、南山互联网产业基地、罗湖互联网产业基地、蛇口网谷等多个互联网产业集聚区，园区面积超过40万平方米，集聚了近300家互联网企业。

（6）城市自主创新能力不断增强

经过近几年的努力，包括腾讯、迅雷等一批深圳电子商务重点企业在互联网前沿技术领域拥有完善的自主知识产权体系，有效提升了深圳的自主创新能力。据统计，截至2010年，腾讯已申请专利3358项，除3项外观专利、7项实用新型专利外，其余都是发明专利，所占比例在99%以上，2010年营业收入达到196亿元，比2009年增长57.9%。迅雷累计申请专利112项，目前已获得12项专利授权以及13项软件著作权，2010年营业收入达到3.24亿元，比2009年增长39%。融创天下共累计申请发明专利130项，涵盖国际发明专利23项，已形成以TIVC（移动极低带宽下的编解码技术）、TQOS（移动数据传输保障技术）和MCM（移动云计算中间件平台）为核心的三大技术体系，2010年营业收入达到1.6亿元，比2009年增长88%。

（深圳市经济贸易和信息化委员会）

15.12 重庆市

1. 基础与环境

重庆市已初步形成了拥有大容量程控交换、光纤通信、数据通信、卫星通信、无线通信等多种技术手段的立体化现代通信网络。建成省级互联网交换中心和12条155Mbps数据宽带专用通道，互联网出口带宽达到900Gbps，人口密集地区无线网络覆盖率达到100%。实施云端计划、跨越数字鸿沟："重庆造"电脑全国行动等活动，全市网民普及率达到42%。重庆市市民2009年网购交易额达23亿元，市民在淘宝网上的注册用户达200万，比2008年增长近一倍，全国排名第17位。

渝中区是重庆市信息化程度最高的地区，部分信息化发展指标已达到国内发达中心城市水平。据统计，渝中区每百户拥有计算机74.3台，数字电视人口综合覆盖率超过90%，互联网人口普及率达到60%，家庭宽带普及率超过65%，人口密集地区无线网络覆盖率达到100%。渝中区网民规模达到29.5万人，网购人数已达到7.4万，网上购物比例为25%，远高于全市总体水平。

2．重庆市企业电子商务应用状况

企业信息化意识有所增强，信息化投入力度逐步加大。重庆市实施了一批制造业企业信息化示范工程，建立了企业信息化ASP共享平台，开展了"百万中小企业信息化区县行"活动，成立了重庆市企业信息化联盟，加快了企业信息化进程。长安、太极、嘉陵、重钢等骨干企业的信息化达到了国内先进水平。60%的规模以上工业企业使用了计算机辅助设计（CAD）、企业资源计划（ERP）、供应链管理（SCM）、客户关系管理（CRM）等应用系统，提升了企业的竞争能力。

截至2010年6月，重庆ICP备案网站12万个，通过工业和信息化部ICP网站备案的重庆企业网站有4.6万个，占重庆网站的38.3%，重庆企业网站的普及率约为23%，电子商务的发展空间相当巨大。重庆网商在淘宝网上共计有12150家，占总量的0.72%；拍拍网上共计220483家商铺，重庆有2500家，占0.11%。

2009年全市拥有互联网企业230余家，其中160家集中在渝中区两路口、上清寺、黄花园、解放碑一带，国际国内主要互联网企业在渝机构、分公司或代理公司，大都在渝中区，其中互联网信息服务和电子商务类的有中国互联网信息中心（CNNIC）重庆注册服务机构、谷歌、百度、阿里巴巴、新浪、天极网、大龙网、猪八戒网、搜狐、网易、前程无忧、搜房网、天涯论坛、焦点网、太平洋汽车网等，本地门户网站有网上解放碑、重庆之窗、重庆生活网、重庆汽车网等，网络传媒业有比特网、晨报网、晚报网等。目前集聚了280多家互联网企业，2011年全区产值超过35亿元，占全市的49%。

作为重庆市的服务中心，渝中区电子商务服务业竞争力较强，建设了西部首个互联网产业科技园，注册的电子商务服务企业有334家。地票、生猪、药品等要素市场电子商务平台迅速起步，成效显著。大龙网、沃智在线在跨国电子商务服务领域有绝对优势，猪八戒网、中国缴费网、利安电超市在全国具有行业领先地位，网上解放碑、购物狂、斑竹网等一批电子商务平台知名度较高，外滩摩配网、云上票务网、聚焦人才网等是各自行业的龙头专业网站。

同时，作为重庆的商贸中心、信息中心，渝中区企业应用信息技术的意识强，整体水平较高。商社集团、港务物流、中冶赛迪等一批大型企业通过自建平台实现供应链管理和网上经营，利用电子商务提升了竞争力，推动了管理和经营模式的变革。同时，一大批中小企业利用第三方电子商务平台开展网上销售，转变传统业务模式，寻找到更多发展机会。

3．重庆市电子商务平台发展现状

重庆现已建成多个具有一定规模的专业化第三方行业电子商务平台，其中集聚在渝中区电子商务产业园区内的大龙网、猪八戒网等多个网站已成为国内外著名的电子商务平台网站。"城市一卡通"、"数字便民服务站"、"数字信息便民亭"、"手机电子钱包"等便民电子商务得到了广泛应用。农村电子商务顺利试点，开展了"百镇建网工程"、"移动通信农村信息网平台工程"，建立了100个乡镇网站，网站点击率已超过 180 万次。地票、生猪、药品等统筹城乡商品、要素流转的电子商务平台迅速起步。

4．重庆市电子商务支撑体系发展现状

重庆市电子商务支撑体系位居国内前列，“城市一卡通”累计发卡量达到 270 万张，“数字便民服务站”、“数字信息便民亭”、“手机电子钱包”等小额支付服务崭露头角。全社会信息安全意识进一步增强，信息安全测评、等级保护等制度逐步完善；数字证书、应急防范体系等信息安全基础设施建设步伐加快，累计发放数字证书 30 万张，在电子商务安全认证方面发挥了较大作用。已建成西南地区唯一的国家信息产业部颁发的《电子认证服务许可证》和国家密码管理局《电子认证服务使用密码许可证》的电子认证（CA）中心，成立了全国首家专门针对国际电子商务交易认证服务的重庆国际电子商务交易认证中心。

2010 年颁布了《重庆市国际电子商务交易认证管理办法》，出台了相关制度规范国际电子商务交易行为，为跨境电子商务产业发展创建了适合的政策环境。2010 年 8 月，重庆市工商局本地电子商务监管行动正式启动。

重庆市支撑电子商务应用发展的物流服务体系逐步形成，全国“八纵八横”铁路通道和“五纵七横”国道公路主干线在重庆交汇。重庆江北国际机场年旅客吞吐量已突破 1000 万人次，已启动第二跑道建设；港口货物吞吐量 6393 万吨；港口（寸滩）、铁路、空港三大物流园区和万州等八大物流基地正在加快建设。重庆市已集聚了中远、中集、中海、民生实业等 700 多家物流企业，具备 200 万标箱/年的集装箱吞吐能力。当前，重庆市正在建设长江上游现代物流公共信息服务平台。

通过成功引进全球最大的电子支付服务商——美国贝宝公司和全球领先的电子商务企业——阿里巴巴，重庆将建设成为名副其实的中国电子商务国际结算中心，并将由此形成信息流、物流、资金流三流齐全的完整跨境电子商务产业链集群，将带动重庆市电子商务产业的快速发展。

电子商务信用体系初步建立。搭建了电子商务监管平台，建立了渝中区企业联合征信系统、企业信用信息基础数据库，将企业信息管理等工作纳入了法制轨道。社会信用体系正在形成，成功引进了国内最大的企业信用评估服务商——中企信星，正在建立企业信用征集、评估和发布工作机制，搭建渝中信用网，完善企业征信数据库、企业信用信息数据库。社会诚信体系建设也取得明显进展，截至 2008 年 4 月 30 日，市企业联合征信系统累计入库数据总量为 784.90 万条。

5．重庆市促进电子商务发展的政策支持

现已逐步加大电子商务专项资金额度，市发展改革委、市经信委、外经贸委、市商委、市工商局等行业部门从各专项资金中予以积极支持，确保每年电子商务示范城市建设投入不低于 3 亿元，重点用于财税扶持、人才引进与培养、企业引进与培养、国内外市场开拓、投融资支持、知识产权保护、电子商务先进企业培育以及产业发展基础和支撑体系建设。

对符合条件的电子商务企业，优先落实西部开发鼓励类产业 15%的所得税政策，优先认定为软件企业、高新技术企业、技术先进型服务企业，享受国家和地方规定的所有优惠政策。按照《重庆市人民政府印发关于加快我市软件及信息服务外包产业发展暂行规定的通知》（渝府发〔2007〕70 号）精神，营业税前 3 年全额补贴，后 3 年补贴 50%。若企业被认定为两种或多种企业类型，由该企业自行选定企业类型，享受对应的财税扶持政策，不得重复享受。加强电子商务税制创新，积极开展名义收入与实际收入“差额”征收营业税等税制研究，争取国家有关部门批准先行先试。

（重庆市电子商务协会）

15.13 四川省

1. 四川省电子商务发展总体情况

四川省牢牢把握电子商务发展方向，加强思想发动，开展人才培训，通过全省电子商务工作会、部省联动举办的全省电子商务培训班、“千企万人”大培训市州行等会议和活动，全省上下形成了加快电子商务发展的共识，掀起了大抓电子商务的热潮。加强规划调研，电子商务“十二五”发展规划已完成初稿。加大宣传力度，牵头主办或指导举办首届年货网购节、首届春茶网购节、“中国白酒金三角·第一届川酒网购展”等10余个境内外重大节会活动，创建《商务简报》电子商务专刊并出刊8期，充分利用境内外传媒营造有利于四川省电子商务发展的舆论氛围。

通过艰苦探索，电子商务发展呈现出六个特点。

一是各级各地更加重视电子商务工作。不少市州、县区逐步将电子商务置于重要位置。目前100%市州、95%扩权试点县市区商务主管部门建立了电子商务工作队伍，明确了分管领导，指定了牵头部门，落实了专门人员。成都市荣获首批国家电子商务示范城市。宜宾、绵阳、攀枝花、广元等二级城市积极创建国家电子商务示范城市。在商务部、中组部召开的全国农村商务信息服务试点工作经验交流视频会议上，龙泉驿区、安岳县、丹棱县的工作受到了姜增伟副部长的表扬。

二是电子商务规模和位次快速提升。2011年全省电子商务交易额3200亿元，同比增长1.1倍；网络购物交易额410亿元，高出2010年同期1.4个百分点；全省商贸流通企业应用电子商务比率约达20%。电子商务企业直接从业人员突破5万人，带动电子商务间接就业人数超过40万人。电子商务发展多项指标领先中西部地区，网络购物订单量、电子商务服务企业规模均列全国第7位。

三是电子商务平台建设成绩明显。成功引进国美电器库巴网、中国网库、天涯社区、柯兰钻石等电子商务企业。培育出一大批本土电子商务平台，中药材天地网、建材第一网荣获国家首批电子商务示范企业，成都摩宝、四川商通获得央行颁发的第三方支付牌照，“四川商情”成为四川省“网购网销工程”的主要承接平台，在全省推动建立专区平台20个。

四是电子商务基地建设初具规模。成都市各区县在建设电子商务楼宇的基础上打造电子商务园区，成都传媒集团投资的四川省首家四川大宗商品电子商务交易平台已上线开市，云计算中心、音乐公园等电子商务基地建设快速推进。一批二级城市基地建设加快发展，眉山市开展“以商招商”建立采购和物流基地，内江市正积极建设西部商品电子交易中心，广安市着手打造“电子商务港”。

五是电子商务应用企业迅速发展。二三产业中应用型企业拥有电子商务自建平台超过8000家，大型企业网上购销比重逐年上升，部分骨干企业实现了在线交易、支付及物流集成应用。仁和春天百货、富森美家居、成都国际商贸城等传统商贸企业和市场应用电子商务转型升级，红旗连锁、互惠连锁、WOWO等连锁企业应用电子商务叠加服务功能。网络团购迅速兴起，外贸企业加大了应用电子商务拓展市场的力度。

（四川省经信委）

2. 成都市电子商务概况

近年来，成都市市委、市政府把电子商务作为促进经济发展方式转变、提升城市核心竞争力的战略选择，纳入全市优先发展、重点发展的战略性新兴产业。成都市电子商务呈现出快速发展的势头，招大引强成效明显，国内外知名平台加速集聚，电子商务扶优扶强成果显著，电子商务应用水平显著提高，电子商务交易和销售规模呈现井喷式增长，发展势头迅猛。据2010年对83家电子商务平台企业、44家电子商务专业服务商和1200家应用企业的初步调查，全年电子商务交易额预计接近1000亿元大关，增长率超过200%。

（成都市经信局）

15.14 云南省

1. 云南省电子商务发展现状

由于云南经济与我国中东部地区相比仍处于落后水平，因此，云南电子商务呈现出起步晚、层次低、规模小的现状。具体表现在云南各行业电子商务的发展还普遍缺乏支撑点，销售额普遍较低，网民规模、支付方式和配送系统不健全等。近年来，在互联网技术不断发展和信息设施得到不断改善的基础之上，以云南花卉和旅游为代表的部分企业也逐渐步入了以电子商务发展带动新的业绩增长的行列，涌现出了一批商务信息发布网站，到目前为止全省有40%的大型企业运用电子商务进行原料或零件采购及产品销售，如云南烟草、旅游、医药、冶金、花卉、电力、石化等重点行业和大宗农产品交易基本实现信息化。

云南省政府十分重视对电子商务发展的指导，先后出台了《云南省人民政府办公厅关于加快全省电子商务发展的实施意见》、《云南省人民政府办公厅关于印发云南省电子口岸建设总体方案的通知》、《关于加快推进我省农产品电子商务发展的意见》。同时，推动了一批公共平台建设，如云南电子口岸平台、中国—东盟自贸区商务门户网站、GMS贸易投资便利化信息服务平台、新农村商网平台、农特产品信息服务和网上交易等平台的建成，进一步改善了云南省电子商务环境，推进了云南省电子商务发展。

2. 云南省电子商务重点项目

云南省商务厅建设了市场监控信息化系统，通过对云南省流通领域重要生产资料、生活必需品、重点流通企业的跟踪和有效监督，能够随时掌握云南省本地区的供求变化以及价格异动的情况，及时做好数据分析，以便上级决策部门及时制订调控方案，提高全省市场预测、预警智能水平，增强调控能力，为合理引导民众消费提供可靠的数据保障。大力推动云南电子口岸建设，实现了电子口岸内部各协作单位对外信息发布、业务办理电子化，方便企业通关。

中国—东盟商务门户，作为中国面向东盟自贸区的第三方B2B电子商务平台，吸引了马来西亚、泰国和越南等诸多东盟国家中小企业加入。2011年6月，该网站与云南品牌企业促进会、越南农业部农业贸易促进中心、泰国中部三省签署了战略合作备忘录，销售网络逐渐铺开。

面向东盟的云商汇电子商务平台，设立了云南省农特产品电子商务专区，并根据各州市农产品的特色和产业优势建设各州市专区，实施电子商务营销“一州一策、一县一品”工程，促成了大量农产品走出云南，截至2012年3月，云南的农特产品信息已经在电子商务平台发布了近3000条，农产品成交额高达38亿元。

省农业厅建成了覆盖省、16个州（市）、129个县（市、区）、1348个乡镇四级共1494个“数字乡村”网站集群和14万个村级网页，形成全省协同合作、上下联动的农业信息服务平台，营造了信息服务三农的良好氛围，为政府部门科学决策提供了基础数据。

（云南省工业和信息化委员会）

15.15 陕西省

“十一五”期间，陕西省电子商务快速发展，电子商务基础设施、发展环境、支撑体系等方面有了明显的进展，电子商务应用不断深化。

1. 综合信息基础设施建设迈上新台阶

“十一五”末，陕西省信息化基础设施建设发展迅速，网络规模、技术层次和服务手段等迈上新台阶，西安市全市已基本形成了铜缆通信、光纤通信、无线通信等多种技术手段的现代化、立体化的信息网络，并不断向数字化、智能化和宽带化方向发展；全省信息服务市场日渐成熟，产业发展环境日益优化；信息市场规模不断扩大，服务领域逐步向偏远区县和农村覆盖，并且具备了较强的可持续发展能力。“十一五”末，陕西省光缆线路总长达到35.5万公里，比“十五”末增加22万公里。3G网络已基本覆盖全省所有县城城区及大部分乡镇，建成3G基站10392个。全省电话用户达3300万户，总普及率达到87.72%，物联网普及率超过34%，位列西部第二。有限电视用户数448万户，广播电视人口覆盖率分别达到96.71%、97.7%。

电子政务建设全面推进。基本构筑起上联国家下接各市、县，覆盖省级各部门的电子政务基础网络。建成了省、市两级电子政务统一平台。电子政务与政府核心业务日益融合，“秦税”、“金财”等“十二金”工程和重要业务系统开展应用成效显著。人口、法人单位、空间地理数据库的建成，促进信息技术应用水平有效提升。

建立了省、市、县三级农业信息服务体系。启动实施信息入村工程，累计建成信息服务站27914个，覆盖100%的行政村。完成35033个20户以上自然村广播电视村村通工程。农村中小学远程教育工程已覆盖100%的县区、2万多所学校，初步实现了城乡优质教育资源共享。建成农村党员干部现代远程教育工程接收站23377个，为提高农村党员教育质量打下了坚实基础。全面完成“乡乡有网站”工程，“三农呼叫中心”、“农信通”、“信息田园”等信息服务成效明显，年服务人数400余万，有力促进了“一村一品”的发展和新农村建设。

信息化与工业化融合发展稳步推进。58%的大中型企业信息技术应用已涵盖企业核心业务流程。50%以上企业使用互联网进行电子商务，其中10%使用了在线支付。34.5%的中小企业建立网站。大中型企业大幅增加信息化投入，2009年户均达909.5万元，是2005年的1.63倍。延长、西飞、618所、陕鼓、宝鸡卷烟厂等企业正成为行业内企业信息化建设领头羊。

城市社会信息化全面展开。教育信息化成效显著，初步形成覆盖全省的现代教育传输网络，重点教育资源库初具规模。社会保障“五险”信息系统普遍建成，全省统一的养老保险系统全面推广使用。省级人力资源市场信息系统建立。医院信息系统在大中型医院基本普及，45家三级医院开展了网上预约挂号，统一居民健康档案建设启动。科研、文化、计划生育等领域信息化建设都取得了积极进展。城市“一卡通”、社区信息服务站等项目的初步实施，已受到广大群众的欢迎。西安成为全国数字城市建设示范市，宝鸡“数字城管”和“大社保”模式达到了全国先进水平。

2. 电子商务经营环境进一步优化，成效显著

以西安市为例，西安作为陕西省省会和全国15个副省级城市之一，旅游资源得天独厚；科技实力强，高等教育发达，是我国科研教育和高新技术产业的重要基地；工业、农业、服务业协调发展，各项事业全面进步；区位优势明显，是西部地区重要的金融、商贸中心和交通、信息枢纽；确立了高新技术产业、装备制造业、旅游业、现代服务业和文化产业五大主导产业，形成了新的经济增长点，为电子商务良性发展营造了良好的发展环境。西安市电子商务发展基础环境逐渐改善，电子商务应用开始广泛渗透，区域性优势行业电子商务平台逐步形成。旅游业电子商务异常活跃，竞争力凸显；农业电子商务发展迅猛；邮政电子商务广泛开展，不断深化；社区电子商务应用频繁，成效显著。区域优势集中的高新技术开发区和经济开发区成为电子商务应用的典型区域，华商数码96128、利安社区电超市等优秀企业不断发展和创新电子商务服务模式，示范带动作用明显。电子支付、信用体系不断发展与完善。

3．B2B行业发展现状

企业电子商务快速发展。以国美电器、苏宁电器、好又多、沃尔玛、麦德龙等入驻西安的外地连锁企业电子商务发展水平较高，企业供应链管理系统比较完备；西安杨森制药有限公司、陕西重型汽车有限公司、西安海星科技股份有限公司等为代表的大中型企业电子商务应用水平不断提高，应用电子商务方式进行原材料采购、产品销售程度逐步增大；陕西大宗煤炭现货交易市场、西安康复路在线等大宗货物交易市场或批发市场均利用了电子商务模式进行物流传送；中小企业利用第三方电子商务平台经营业务的越来越多。

4．B2C行业发展现状

西安市B2C网站数量较多，有一定知名度的有：96128黄马甲、陕西特产网、嘟啦啦书城、好吃网、西部商务港等。目前，西安企业与消费者之间的电子商务主要通过电子商务网站营销、电视购物和电话营销方式进行运营。商贸行业中，各大商场电子商务逐步起步，西安开元、世纪金花等通过网上展示商品和商场实景进行电子商务应用服务。

5．C2C行业发展现状

西安市消费者与消费者间的电子商务区域性平台发展较快，西安交通大学C2C网站、古城热线网二手信息平台、优优二手网等均在西部地区享有一定名气。市民参与C2C电子商务的趋势不断上升，特别是在淘宝、E趣、拍拍等国内知名C2C电子商务平台上进行销售，购买全新或二手产品的人数不断增加。

（陕西省工业和信息化厅）

15.16 宁夏回族自治区

1．宁夏电子商务发展总体状况

一是企业电子商务稳步发展。部分大中型企业从市场需求出发，利用信息网络将企业的产、销、供等活动进行网络化和数字化管理。据统计，23%的规模以上企业应用了企业资源计划（ERP）、客户关系管理（CRM）、供应链管理（SCM）等系统，通过网上银行、电子支付等手段实现了上下游客户联系和产品交易。特别是神华宁煤集团、小巨人机床有限公司、吴忠仪表、共享集团、银川佳通轮胎有限公司等企业，积极应用信息技术开展电子商务，建立了企业网站，宣传企业产品，开展了网上采购和营销活动，实现了在线交易、电子支付和物流管理方面的应用，带动了企业对企业（B2B）电子商务的发展，在一定程度上改进了企业客户关系，降低了生产成本，提高了运行效率。全区8%的中小企业利用国家商贸网、化工、建材等行业网以及宁夏信息港、中小企业信息服务网等面向中小企业的电子商务平台，开展产品宣传、销售等活动，据统计，2011年宁夏企业电子商务交易额约为220亿元。

二是农村电子商务应用广泛。自2007年开展农村信息化工作以来，创新性地实施了“平台上移，服务下延”的新农村信息化建设模式，建设了由互联网电视（IPTV）、“三农”呼叫中心、宁夏综合信息网等农村综合信息服务平台和2802个农村综合信息服务站，广泛开展了农村电子商务的应用。通过行政村信息服务站在宁夏农村综合信息服务网、石嘴山市农产品电子商务网等平台发布各类粮油、畜牧、蛋禽、瓜果、农资、农机等农产品供求信息10.4万多条，实现农产品网上销售收入20.4亿元，发展种养殖大户、种子、化肥等生产资料供应商会员5000家。宁夏被工信部授予“国家级社会主义新农村信息化工作省域示范”。

三是个人电子商务稳步提升。随着全国网上购物的不断发展，淘宝网、卓越网、阿里巴巴等各类电子商务交易平台和网上银行、第三方支付的发展完善，以及全区商贸服务性企业电子支付条件的改善，电子商务的发展环境不断优化，电子商务逐步融入百姓生活，特别是在青少年群体中，建立网上店铺、网上购物的人数比例显著增加，带动了企业对个人（B2C）、个人对个人（C2C）电子商务的发展。全区个人利用网上购物、手机支付电子商务交易量稳步提升。据统计，2011年宁夏个人网上交易金额约为25亿元。

2．大力推动宁夏电子商务的发展重点项目

1）夯实基础，加强电子商务信息网络和平台建设

一是通过实施“宽带宁夏”工程，加快基础电信网络改造，优化网络结构，提升有线宽带光纤骨干传输网、宽带城域网、宽带接入网的建设，到2015年，实现社区光纤接入10Mbps以上，80%自然村2Mbps以上的宽带接入能力和规模。大力推进宁夏沿黄经济区无线智慧城市群建设工程，到2015年，集中在沿黄经济区乡镇以上区域的重点和繁华地带建设3万个无线宽带网络覆盖接入点（AP）、3G基站、室内接入系统和GSM基站，切实推进全区沿黄经济区无线宽带网络覆盖，为全区电子商务的发展提供坚实的网络保障。二是大力推进第三方电子商务平台建设。建设和完善宁夏移动、宁夏电信、宁夏邮政第三方电子商务平台建设，建立和完善企业、消费者在线交易的信用机制，为全区企业和消费者营造在信用服务、安全认证、在线支付、现代物流等方面的电子商务发展环境。引导企业以产业链为基础，以供应链为重点，积极利用第三方平台，发展面向上下游关联企业（B2B）的电子商务应用，鼓励企业在线销售和采购，促进企业经营方式的转变，实现企业物质流、资金流、信息流的合理有序流动。同时，带动企业与消费者（B2C）电子商务的发展，实现货物跟踪、会员服务、在线交易、智能配送等应用。

2）确定重点，不断拓展电子商务的应用领域和范围

一是重点推进骨干企业、物流行业电子商务示范应用。以神华宁煤、东方钽业、青铜峡铝业等一批信息化示范企业为龙头，促进煤炭、化工、装备制造、乳业、羊绒等特色优势产业的重点企业，在更大范围和更高层次上，推广使用资源计划管理（ERP）等信息技术，充分发挥骨干企业在采购、销售等方面的带动作用，以产业链为基础，以供应链管理为重点，整合上下游关联企业的相关资源，实现企业间业务流程的融合和信息系统的互联互通，推进企业间的电子商务，提高企业群体的市场反应能力和综合竞争力。

二是促进中小企业和消费者电子商务的广泛应用。在各地区、各行业选择一批不同类型的中小

企业作为电子商务试点，带动全区中小企业信息化的广泛应用。通过实施中小企业“数字企业”工程，在企业内部以客户关系管理（CRM）、供应链管理（SCM）为重点，推进中小企业内部管理的信息化；在外部以建立和完善中小企业信息服务平台和推进“企业上网工程”为切入点，构建信息服务体系，使中小企业普遍利用互联网开展企业经营活动，提高中小企业核心竞争力。特别是商贸零售领域，发展面向消费者的新型电子商务模式，推进实体市场和网上市场相结合，推动商业企业以网络销售带动门店销售。

3）强化措施，优化电子商务发展环境

大力优化电子商务发展环境，为电子商务稳步快速发展提供人才和安全等方面的保证。一是通过《宁夏中长期信息产业人才发展规划》的发布和实施，建立和完善信息化人才选拔、培养和使用的渠道。到2015年，实现信息化人才32%以上的增长，达到1.61万人的规模，为全区电子商务发展提供人才支撑。二是加强以网络认证（CA）为主要内容的信息安全基础设施的建设，不断拓展网上认证的应用领域，确保网上交易的保密性、可靠性和不可抵赖性，严厉打击网络欺诈等行为，为电子商务发展提供安全的网络环境。三是积极争取国家信息化资金的支持，提高自治区工业专项资金用于“两化融合”建设的比例，争取每年实现支持资金不少于1000万元，发挥政府引导电子商务发展的力度和效益。

（1）电子商务发展环境日趋完善

宁夏电子商务发展已经具备了良好的通信、金融、物流和人才基础。截至2010年年底，宁夏建设网站4049个，网民总数达到141万人，普及率为22.8%；固定互联网用户达48.8万户，移动电话用户达到450.8万户，企业网上销售、网上洽谈、网上售后服务成为一项经常性的业务。各银行业金融机构经营网点全面实现电子化，各银行以网络为基础，推出网上银行业务系统，为客户提供网上理财、网上结算、网上购物等自助金融服务。宁夏中邮、顺风快递等一批本土快递公司也得到了快速发展。宁夏大学、北方民族大学、宁夏理工学院、宁夏财经职业技术学院等院校专门设置了大专和本科电子商务专业，培养了大批电子商务应用人才。

（2）农业电子商务潜力巨大

宁夏作为全国网上购销试点省区，截至2011年4月12日，通过新农村商网购销对接平台，发布对接商家237家，发布农产品供求信息511条，其中供应信息502条，求购信息9条，共促成成交112笔，成交金额3.3亿元，产品涉及清真牛羊肉、枸杞、马铃薯、苹果、西芹、西红柿、黄瓜、杂粮、中草药等。农村商务信息服务试点为宁夏农产品走出农村，走向全国提供了便利条件。

围绕枸杞产业，宁夏发展了一批电子商务网站。宁夏枸杞电子商务交易平台将电子交易与物流配送相结合，与银行、仓储、质检等服务机构合作，省去了传统现货交易的投资销售成本，也为交易双方规避了网络销售风险。自2010年以来，每天已有万余名注册用户在这个平台上实现枸杞的线上交易。

（宁夏回族自治区经济和信息化委员会）

15.17 青海省

由青海省商务厅举办的“青海省国际电子商务平台”近期上线运行，主要定位于服务青海省中小企业，帮助企业借助电子商务手段拓展国际市场，拓展青海名优特产品走向国内大中城市高端市场，高效地进行网络推广和营销，有效地开发目标市场。

目前，青海企业在“青海国际电子商务平台”上共注册普通会员60余家，有商务厅中小企业市场开拓资金扶持高级金牌会员23家。该平台的上线将帮助青海省外向型企业拓展贸易方式，利用电子商务开拓国际市场，全面提升青海省企业的电子商务应用能力和出口竞争力，并推动青海电子商务事业的发展。

（青海省信息产业办公室）

15.18 新疆维吾尔自治区

1．电子商务发展现状

按照《国务院办公厅关于加快电子商务发展的若干意见》（国办发〔2005〕2号）要求，新疆充分发挥区域市场优势，抓住当前电子商务发展的良好机遇，推动电子商务全面、健康、快速、协调发展。

（1）电子商务发展环境不断优化

新疆全社会电子商务意识不断增强，应用网络购物、网上支付和网上银行的互联网用户逐年增多；推进电子商务发展的部门协同工作机制初步形成；电子商务相关政策、法律、规章和标准相继出台；电子商务市场逐步规范；电子商务支撑体系不断完善。金融服务信息化发展趋势良好，跨行、跨区域的电子支付体系已经建立，网上支付、结算等问题也基本得到解决。除银行间的资金清算和转账系统外，许多企业与银行建立了实时的资金划转机制，企业和个人都能够随时随地方便地使用电子支付。新疆各地高等院校增设了电子商务专业，培养了大量的电子商务人才。

（2）电子商务应用日益拓展

电子商务在新疆各个经济领域的应用不断拓展，应用水平不断提高，正在形成与实体经济深度融合的态势。截至2010年年底，通过备案且正常运行的新疆企业网站有3654个，其中中文企业网站3530个，少数民族语种企业网站124个。从区域分布来看，新疆零售类网商分布与当地经济和信息化发达程度紧密相关，主要分布在乌鲁木齐、伊犁哈萨克自治州、巴音郭楞蒙古自治州、克拉玛依市和石河子市。从行业分布来看，新疆零售类网商主要集中在食品（干果）、珠宝（玉石）、户外用品等，与新疆本地有影响力、有特色的商品关系紧密。从信誉分布来看，大部分新疆零售网商信誉在三钻以下，但拥有一定固定消费群体、在本行业内有一定影响的大卖家超过百家，其中皇冠以上大卖家127家，双金冠（累计成交笔数超过百万）以上超级大卖家2家。

2010年5月至2011年5月，淘宝网上新疆零售网商成交600多万笔、6.23亿元。

个人网上交易更是爆发式增长。据统计，截至2010年年底，基于淘宝网的新疆个人网商已有12000余家，其中1钻以上新疆个人网商2400余家，1皇冠（成交10000次以上）以上新疆个人网商150余家，金皇冠（成交500000次以上）以上新疆个人网商2家。经过新疆个人网商的努力和推动，新疆干果日销售600吨左右，并在淘宝网食品类商品中位于销售额的前列。

新疆已出现多家人员在50人以上、销售额上千万的个人网商团队。

（3）电子商务服务业快速发展

新疆电子商务服务业持续较快发展。2010年2月25日，中国官方电子商务平台“中国供应商”在新疆恢复开通。2010年9月1日，新疆亚欧国际物资交易中心在奎屯市挂牌成立，这是我国首个面向中亚的电子商务交易平台。2010年9月，慧聪网下属的40个工业品行业网站启动独立域名。2011

年，特色农产品销售网基本覆盖国内六大区域和东南亚、东北亚市场。农产品电子商务单日销售刷新全国纪录。

2. 电子商务重大项目——新疆特色林果电子商务平台建成

新疆拥有许多享誉国内外的特色林果产品，1600 万亩林果即将进入盛果期，长期以来，一直沿袭传统的销售模式，制约着新疆林果产业的做大做强。为解决这一问题，自治区经信委积极协调自治区林业厅、供销社、商务厅等部门，采取“政府引导、企业化运作”的方式，充分发挥网络的快捷、低成本优势，拓宽林果产品销售渠道，减少交易环节，为林果企业、种植大户、经纪人、专业合作组织、用户等提供方便、快捷、安全、实用的网络交易服务，促进新疆林果产业发展，2010 年，历时半年，筹建了新疆特色林果电子商务股份有限公司，建设了我国第一家林果业电子商务网站——新疆特色林果电子商务平台，该平台于 2010 年 11 月 1 日正式开通。目前，该网站已实现年营业收入 1000 万元，访问量达到日均 10 万人次，会员用户数达到普通会员 5000 人、高级会员 1000 人、VIP 企业会员 100 家以上，电子商务交易额达到 2 亿元/年。

3. 存在的问题

① 新疆企业中以电子商务为主要商务方式的电子商务企业很少，绝大部分传统企业的电子商务应用不主动、不活跃、应用水平低，被动性特点十分明显。

② 电子商务服务企业发展较快，在电子商务服务上形成一定能力，尤其在面向中亚和独联体市场的推广上有一定的优势，但群体数量少、规模小、推广能力弱。

（新疆维吾尔自治区经济和信息化委员会）

（本章由中国社科院信息化研究中心　叶秀敏，中国电子商务协会　许增元编）

第六篇

国际篇

第 16 章　国际互联网及电子商务发展概况

16.1　全球互联网渗透率

截至 2011 年 12 月 31 日，全球互联网络使用人数达到 22.67 亿人（表 16-1），已经占到世界人口的 32.7%[1]。如此庞大的网民人数，为电子商务的发展奠定了雄厚的交易基础。世界主要地区的互联网渗透率北美最高，非洲最低，详细为：中东 39%、东欧 45%、北美洲 77%、西欧 70%、亚洲 24%、非洲 11%、南美洲 36%、大洋洲 57%（图 16-1）。

表 16-1　全球主要地区网民数（截至 2011 年 12 月 31 日）

地　区	总人口（人）（估算）	2000 年 12 月 31 日网民数（人）	2011 年 12 月 31 日网民数（人）	互联网普及率	增长率 2000—2009 年	占全球网民数量比率
非洲	1037524058	4514400	139875242	13.5%	2988.4%	6.2%
亚洲	3879740877	114304000	1016799076	26.2%	789.6%	44.8%
欧洲	816426346	105096093	500723686	61.3%	376.4%	22.1%
中东	216258843	3284800	77020995	35.6%	2244.8%	3.4%
北美洲	347394870	108096800	273067546	78.6%	152.6%	12.0%
南美洲	597283165	18068919	235819740	39.5%	1205.1%	10.4%
大洋洲	35426995	7620480	23927457	67.5%	214.0%	1.1%
总　计	6930055154	360985492	2267233742	32.7%	528.1%	100.0%

根据 Netcraft 调查，截至 2012 年 1 月底，在侦测时共收到全球 582716657 个站点的反馈信息。其中，活跃网站数量约 1.8 亿个[2]。从 20 世纪 90 年代末开始，全球互联网站一直保持快速发展的势头。2010 年 8 月以来，网站数量的增加速度更是越来越快，如图 16-2 所示，对全球经济的影响也越来越大。

1 数据来源：Internetworldstats. Com.. World Internet Users and Population Stats [EB/OL](2011-03-31)[2012-03-20]. Internet World Stats website: http://www.internetworldstats.com/stats.htm

2 Netcraft. January 2012 Web Server Survey[EB/OL](2012-01-04)[2012-03-20]. Netcraft Website: http://news.netcraft.com/archives/2012/01/03/january-2012-web-server-survey.html

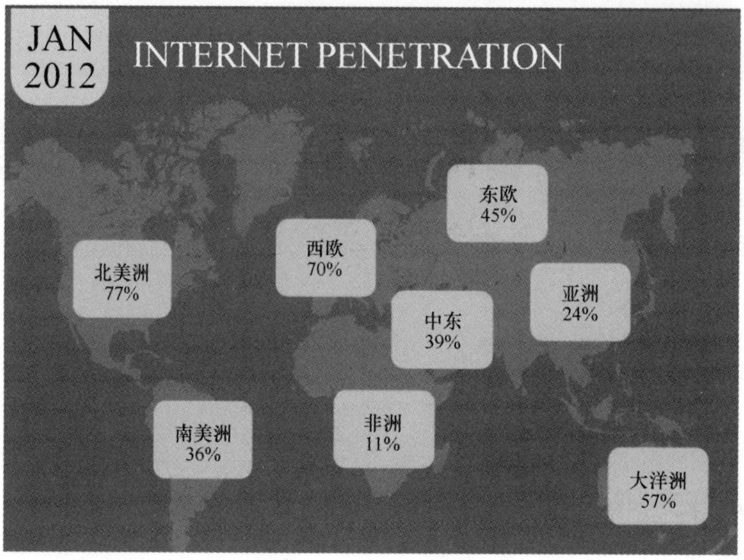

资料来源：《we are social》• JANUARY 2012。

图 16-1　互联网渗透率

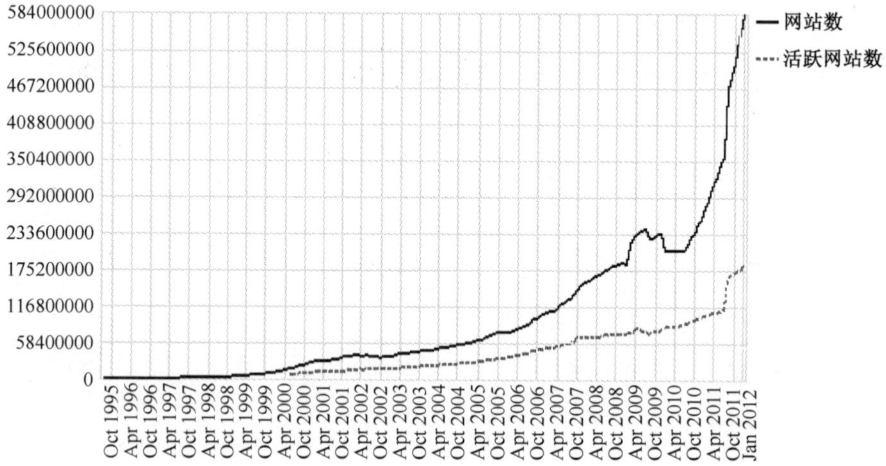

图 16-2　全球互联网站的发展（1995 年 10 月—2012 年 1 月）

资料来源：Netcraft 网站，2012 年 1 月。

16.2　全球网络就绪度指数

世界经济论坛发布了其本年度《全球信息技术报告（2012）》，“网络就绪指数”给全球 142 个经济体 2011 年的网络竞争力进行了大排名。

其中，瑞典高居榜首，而中国内地则排在第 51 位。报告称，尽管在排行上，中国居金砖国家之首，但仍被发达国家远远甩在后面。

根据网络就绪指数，瑞典和新加坡在利用信息与通信技术提升国家竞争力方面，在 2012 年的报告中高居榜首。位居前十的还有瑞士、荷兰、美国、加拿大和英国。此外，中国台湾和中国香港也分别排在榜单第 11 和第 13 位。

报告称，发达经济体和发展中经济体之间仍然存在数字鸿沟。尽管许多竞争力驱动因素在过往得到了改善，但以中国为首的金砖国家仍然在如何更全面地应用及利用信息与通信技术上面临着重大挑战。

技能基础欠缺和制度缺陷（尤其在其商业环境中）造成大量的薄弱环节，因而阻碍了创业和创新。金砖国家中，除中国大陆地区排名第 51 位外，俄罗斯排名为第 56 位，巴西在 65 位，印度在 69 位，而南非则排在 72 位。

网络就绪度指数是由世界经济论坛推出的一套指标体系。通过该指数对全球主要经济体利用信息和通信技术推动经济发展及竞争力的成效进行打分和排名，从而对各经济体的信息技术水平进行评估（表 16-2）。

表 16-2 网络就绪指数（2012）

排名	国家（地区）或经济体	分数	排名	国家（地区）或经济体	分数
1	瑞典	5.94	31	立陶宛	4.66
2	新加坡	5.86	32	塞浦路斯	4.66
3	芬兰	5.81	33	葡萄牙	4.63
4	丹麦	5.70	34	沙特阿拉伯	4.62
5	瑞士	5.61	35	巴巴多斯	4.61
6	荷兰	5.60	36	波多黎各	4.59
7	挪威	5.59	37	斯洛文尼亚	4.58
8	美国	5.56	38	西班牙	4.54
9	加拿大	5.51	39	智利	4.44
10	英国	5.50	40	阿曼	4.35
11	中国台湾地区	5.48	41	拉脱维亚	4.35
12	韩国	5.47	42	捷克	4.33
13	中国香港地区	5.46	43	匈牙利	4.30
14	新西兰	5.36	44	乌拉圭	4.28
15	爱尔兰	5.33	45	克罗地亚	4.22
16	德国	5.32	46	黑山共和国	4.22
17	澳大利亚	5.29	47	约旦	4.17
18	日本	5.25	48	意大利	4.17
19	奥地利	5.25	49	波兰	4.16
20	以色列	5.24	50	突尼斯	4.12
21	卢森堡	5.22	51	中国大陆地区	4.11
22	比利时	5.13	52	土耳其	4.07
23	法国	5.12	53	毛里求斯	4.06
24	爱沙尼亚	5.09	54	文莱	4.04
25	爱尔兰	5.02	55	哈萨克斯坦	4.03
26	马耳他	4.91	56	俄罗斯	4.02
27	巴林	4.90	57	巴拿马	4.01
28	卡塔尔	4.81	58	哥斯达黎加	4.00
29	马来西亚	4.80	59	希腊	3.99
30	阿拉伯酋长国	4.77	60	特立尼达和多巴哥	3.98

（续表）

排　　名	国家（地区）或经济体	分　　数	排　　名	国家（地区）或经济体	分　　数
61	阿塞拜疆	3.95	102	巴基斯坦	3.39
62	科威特	3.95	103	菲律宾	3.38
63	蒙古	3.95	104	伊朗	3.36
64	斯洛伐克	3.94	105	纳米比亚	3.35
65	巴西	3.92	106	秘鲁	3.34
66	马其顿王国	3.91	107	委内瑞拉	3.32
67	罗马尼亚	3.90	108	柬埔寨	3.32
68	阿尔巴尼亚	3.89	109	赞比亚	3.26
69	印度	3.89	110	乌干达	3.25
70	保加利亚	3.80	111	巴拉圭	3.25
71	斯里兰卡	3.88	112	尼日利亚	3.22
72	南非	3.87	113	孟加拉	3.20
73	哥伦比亚	3.87	114	塔吉克斯坦	3.19
74	牙买加	3.86	115	吉尔吉斯坦	3.13
75	乌克兰	3.85	116	马拉维	3.05
76	墨西哥	3.82	117	贝宁	3.05
77	泰国	3.78	118	阿尔及利亚	3.01
78	摩尔多瓦	3.78	119	伯利兹	3.01
79	埃及	3.77	120	莫桑比克	2.99
80	印尼	3.75	121	苏里南	2.99
81	佛得角	3.71	122	科特迪瓦	2.98
82	卢旺达	3.70	123	坦桑尼亚	2.95
83	越南	3.70	124	津巴布韦	2.94
84	波斯尼亚	3.65	125	喀麦隆	2.93
85	塞尔维亚	3.64	126	马里	2.93
86	菲律宾	3.64	127	玻利维亚	2.92
87	多米尼亚	3.60	128	尼泊尔	2.92
88	格鲁吉亚	3.60	129	叙利亚	2.85
89	博茨瓦纳	3.58	130	埃塞俄比亚	2.85
90	圭亚那	3.58	131	尼加拉瓜	2.84
91	摩洛哥	3.56	132	东帝汶	2.84
92	阿根廷	3.52	133	莱索托	2.78
93	肯尼亚	3.51	134	马达加斯加	2.73
94	亚美尼亚	3.49	135	布基纳法索	2.72
95	黎巴嫩	3.49	136	斯威士兰	2.70
96	厄瓜多尔	3.46	137	布隆迪	2.57
97	加纳	3.44	138	乍得	2.55
98	危地马拉	3.43	139	毛里塔尼亚	2.55
99	洪都拉斯	3.43	140	安哥拉	2.49
100	塞内加尔	3.42	141	也门	2.41
101	冈比亚	3.41	142	海地	2.27

资料来源：《全球信息技术报告（2012）》。

16.3 全球宽带建设情况

2012年5月11日，国际电联（ITU）发布了2012年版《电信改革趋势》，该报告强调了建立坚实的监管框架在加速宽带建设及刺激新数字产品和服务方面的重要作用。

2012年报告的副标题为“宽带世界的智能监管”，它详细说明了随着宽带日益无所不在，并越来越成为其他经济行业发展的推动力时逐渐出现的复杂法律和监管问题。该报告以简要介绍ICT发展趋势开头，随后分章节详细探讨了国家宽带政策、战略和规划，为普遍宽带接入融资的开放接入监管和战略，宽带促成创新，社交媒体，移动银行，知识产权和电子废弃物等领域的重要问题。

在过去的5年中，固定宽带用户数量已翻了一番多，预计将在2012年年初达到5.91亿户，但发达国家和发展中国家之间仍存在着巨大的差异。

工业化国家的固定宽带普及率达到了26%，与发展中国家4.8%的普及率形成了鲜明的对比。可承受性仍是一个主要障碍，特别是在非洲国家，这里的固定宽带接入费用平均为月人均收入的3倍。

国际电联的数据显示，活跃的社交媒体用户数量现已突破10亿，其中许多人采用移动设备进行连接。但移动宽带普及率的统计数字显示，2011年，发展中国家中只有约8.5%的人可以接入移动宽带业务，近一半的宽带电话使用集中在为数不多的几个高收入国家，低收入国家的使用只占全球总量的5%。

随着宽带变革的发展，报告显示世界人口的很大一部分正不断被抛弃滞后。50多亿人仍然甚至从未体验过低速互联网，或者只是在公共场合体验或与他人共享过互联网。

与此同时，新应用和平板电脑等新设备的出现正在生成海量的数据流量，将现有网络的容量推至极限，而云计算和在线购物等所谓的“越顶”（OTT）业务正在危及电信运营商为铺设成本巨大的网络而提供资金的积极性。

固定和移动宽带应用产生的海量数据意味着绝大多数国家的ICT基础设施正面临着严重不足。鉴于宽带对于各国持续发展的重要性，这种不足正在成为一个重大的公共政策问题，需要制定新的跨部门宽带政策框架。令人感到鼓舞的是，目前已有130多个国家的政府已经通过或正在计划通过促进宽带发展的国家政策、战略或规划。

“确保投资和创新，同时不压制竞争是现今ICT监管机构面临的一项重大挑战。”国际电联秘书长哈玛德·图埃博士指出。

当涉及提供传统的电信业务时，高速网络正在对开放接入、普遍接入和普遍服务的融资手段等陈旧模式提出挑战。

在过去的20年中，普遍服务和普遍接入（UAS）的范畴得到了扩展，UAS越来越被重新定义为将互联网甚至广播包括在内。原先侧重于为供给面干预提供资金，现正越来越倾向于为刺激需求的干预提供资金。

宽带也在深刻改变其他经济行业的模式，如像“移动银行”这样提供金融服务。随着市场的发展，这可能意味着ICT监管部门将要承担新的重要职责。近年来，越来越多的传统电信监管机构已扩展了其职责范围，将信息技术和广播涵盖在内。近来，对网络安全、隐私和环境等复杂问题的关注已走到前台，且目前与大量使用不断演进的在线应用和业务有关的问题也随之而来。

最后，报告指出，如何保护知识产权（IPR）、如何生态化地处理堆积如山的电子废弃物以及如何保护社交网络中的隐私权等一系列新问题，正在进一步耗尽ICT监管部门的精力和资源。

（中国信息产业网官方微博）

16.4 全球电子商务发展情况

2008 年全球电子商务市场交易规模首次突破 10 万亿美元大关。2010 年，全球电子商务交易额接近 20 万亿美元，同比增长 20.7%，2011 年达到 26.8 万亿美元（图 16-3）。

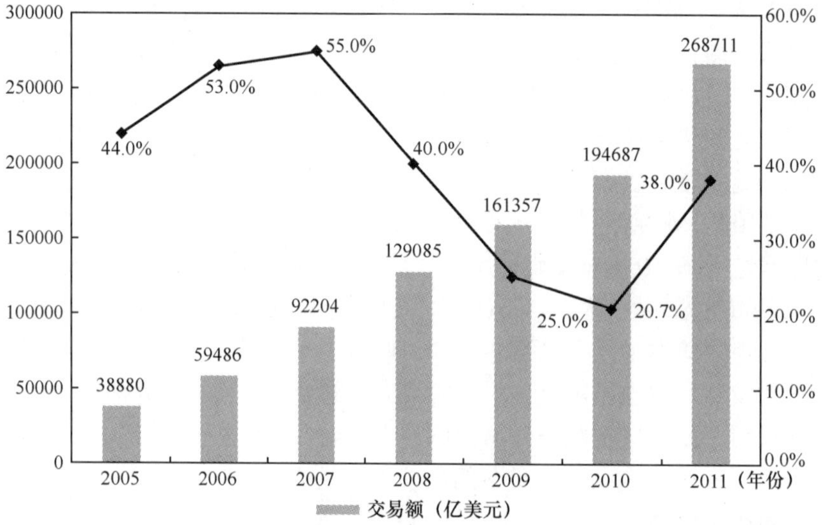

图 16-3 2005—2011 年全球电子商务交易额及增长

世界各国经济疲软，需求减弱，欧债危机持续演变，中东地区动荡不安，但电子商务仍体现出其顽强的增长态势。不但亚洲和非洲拉美地区电子商务交易量增长，欧美发达国家电子商务也得到了长足的发展。日本、俄罗斯、马来西亚这些电子商务起步相对较晚的国家增幅尤为显著。全球电子商务市场规模的高速度增长，有力延缓了全球经济的衰退。

网络购物已经逐渐成为不可阻挡的消费潮流。全球网络购物用户已占全球网民的 43%，电子商务正在促成新的消费模式和经营模式的诞生和推广。2010 年全球网络购物交易规模达 10100 亿美元，同比增长 19.4%；在 2010 年全球整体网络购物交易规模中，西欧（23%）、美国（19%）和亚洲（30%）占比总和达 72%，呈现三足鼎立格局。表 16-3 显示了全球网络购物情况（2010 年）。

表 16-3 全球网络购物状况（2010 年）

国家与地区	交易额（亿美元）	占　比	国家与地区	交易额（亿美元）	占　比
美国	1934.3	19.15%	韩国	430	4.26%
西欧	2352	23.29%	印度	288	2.85%
日本	1047.6	10.37%	其他地区	2832.1	28.04%
中国	1244.6	12.32%	全球	10100	100.28%

（赛迪顾问综合整理）

16.5 美国电子商务发展概况

2011 年美国零售电子商务交易额（retail e-commerce sales）达到 194.3 亿美元，比 2010 年增长 16.1%，已占到美国社会全部零售额的 4.6%。美国市场研究公司 CB Insights 发布的最新报告显示，美国电子商务行业正进入迅猛发展时期，并购活动猛增，风投大量进入，而每日交易团购业务依然为并购活动最主要驱动力。

报告显示，近期美国风投公司对电子商务领域内的总投资快速增长。在经历长达 1 年多的相对低迷后，美国电子商务于 2010 年年末开始吸引大量风投资金。尽管 2011 年第三季度对电子商务行业的投资增长率不及 2010 年同期，交易数量以及总投资金额均在 2010 年同期的基础上翻番。

报告认为，过去两年间，美国电子商务行业内并购活动大幅增加，而这也是推动投资总额上涨的重要因素。同时，每日交易团购业务为电子商务行业并购的最主要驱动力。自 2008 年年初以来，针对每日交易业务的并购交易达到 74 笔。

近年来折扣电子商务网站，特别是经营每日团购交易业务以及快闪销售业务的电子商务网站迅速发展。尽管 2011 年第三季度针对每日交易业务的投资规模和交易量小幅下滑（可能因为风投公司对此类网站的发展前景持短暂怀疑态度），进入快闪销售业务的风投资金超过以往。

风投公司不会一直青睐美国电子商务行业，但近期的数据暗示美国风投公司认为电子商务行业拥有广阔的发展空间。2011 年，电子商务对美国消费者的重要性凸显，感恩节周末美国零售数据同比大幅增长，而电子商务网站收获颇丰。如果投资人继续支持电子商务，目前网络销售所经历的火暴可能只是起点。

美国零售业在 20 世纪 90 年代开始信息化，并在之后大举进军电子商务，目前呈现出纯电商企业与传统零售电商企业并存的态势。美国网民最喜爱的十大购物网站中超过一半以上的是传统企业，两大阵营又分别以亚马逊和沃尔玛为代表。

作为全球最大网络购物零售商的亚马逊，顾客遍布世界 200 多个国家，拥有销售量最大的书店及其他 400 多万种商品。而事实上，在 2002 年之前，亚马逊多数年份都出现巨额亏损，而到 2011 年公司已实现销售额 481 亿美元，盈利达 6.31 亿美元。而传统零售触网则是电商行业的另一个大趋势，根据零售市场现有规模，传统企业网络销售量未来占据电商总额大半江山将是大概率事件。零售企业在上游供应商资源、品牌资源和客户依赖、实体门店的物流配送支撑等方面积累了大量的优势，触网后将快速发展，苏宁电器等企业网络销售额呈现爆发性增长则是佐证。当然，谁能更快整合线上线下、突破模式冲突，占据先机，谁就可能成为最后的王者。

（国研网）

16.6 欧盟电子商务发展概况

16.6.1 欧盟电子商务发展总体情况

1. 电子商务销售额

欧洲诸国中，英国、法国和德国的电子商务销售额远远高于欧洲其他国家，销售排名一直处于前三位。

2010年统计数据见表16-4。

表16-4　2010年欧洲主要国家电子商务销售额

序　号	国　家	销售额（亿欧元）	增长比例（%）	备　注
1	荷兰	82	11	
2	德国	253	17	
3	英国	694	18	总额最大
4	法国	310	24	增长最快
5	西班牙	73	27	
6	意大利	66	14	

2011年统计数据见表16-5。

表16-5　2011年欧洲主要国家电子商务销售额

序　号	国　家	销售额（亿欧元）	增长比例（%）	备　注
1	荷兰	90	9	
2	德国	300	17	
3	英国	800	16	总额最大
4	法国	377	22	
5	丹麦	49	14	
6	意大利	80	19	
7	比利时	12	24	增长最快

2. 企业在线采购和在线销售的比例

2010年统计数据见表16-6。

表16-6　2010年欧洲主要国家和地区电子商务在线采购和在线销售的比例

序　号	国　家	在线采购比例（%）	在线销售比例（%）
1	挪威	57	34
2	瑞典	53	24
3	比利时	51	26
4	丹麦	48	25
5	英国	45	16
6	德国	43	22
7	荷兰	32	22
8	欧盟27国	28	14
9	葡萄牙	22	19
10	西班牙	22	12
11	法国	19	12
12	意大利	17	4

2011 年统计数据见表 16-7。

表 16-7 2011 年欧洲主要国家和地区电子商务在线采购和在线销售的比例

序 号	国 家	在线采购比例（%）	在线销售比例（%）
1	丹麦	71	28
2	挪威	61	36
3	奥地利	59	15
4	德国	54	22
5	英国	50	19
6	瑞典	49	26
7	比利时	36	27
8	欧盟 27 国	35	15
9	荷兰	33	24
10	意大利	27	5
11	法国	27	13
12	西班牙	23	12

3. 网络零售额

2010 年欧洲主要国家网络零售额为 1719 亿欧元，增幅高达 19.6%。欧洲网上零售额已占欧洲零售总额的 5.9%。英国电子商务发展处于领先位置，且保持 12%左右的增长率。波兰和法国是增长最快的国家。2010 年，波兰网络零售额增长了 36.4%，法国也达到了 31.4%的增长率（表 16-8）。2009 年，欧洲电子商务在企业中的普及率已经超过 10%。

表 16-8 欧洲主要国家 2009 年和 2010 年网络零售额、年增长率和占零售额比例

国 别	2009 年网络零售额（10 亿欧元）	2010 年网络零售额（10 亿欧元）	年增长率（%）	2010 年网络零售额占零售总额比例（%）	2010 占零售总额的增长率（%）
英国	42.7	48.0	12.4	10.5	1.7
德国	33.4	39.2	17.2	7.9	1.9
法国	24.7	32.5	31.4	6.3	1.3
意大利	8.2	9.9	20.5	1.0	0.2
西班牙	6.3	7.9	25.0	1.2	−0.1
比（利时）荷（兰）卢（森堡）经济联盟	8.3	10.2	22.8	4.3	1.5
挪威	3.3	3.9	20.7	7.5	1.7
瑞典	3.8	4.5	18.0	5.6	1.7
丹麦	3.9	4.6	17.9	7.0	1.4
瑞士	3.8	4.6	21.0	5.6	1.7
波兰	2.5	3.4	36.4	2.6	2.0
芬兰	2.6	3.2	23.0	5.9	1.4
总计	143.7	171.9	19.6	5.5	1.4

资料来源：Kelkoo Press Centre，2010 年 2 月。

4. 欧洲零售电子商务的增长点

在电子商务中有更好进展的领域：

① 在线旅游业，销售增长了 20%。

② 垂直专业网站，增长 15%。

③ 消费电子产品，增长11%。

5．网民和网购者的比例

2010年统计数据见表16-9。

表16-9　2010年欧洲主要国家网民和网购者的比例

排　名	国　家	家庭上网比例（%）	网购者比例（%）	备　注
1	荷兰	91	67	
2	瑞典	88	66	
3	德国	82	59	
4	英国	80	67	
5	欧盟27国	70	40	欧盟27国平均值
6	法国	74	56	
7	西班牙	59	24	
8	意大利	59	15	
9	葡萄牙	54	15	

2011年统计数据见表16-10。

表16-10　2010年欧洲主要国家网民和网购者的比例

排　名	国　家	家庭上网比例（%）	网购者比例（%）	备　注
1	荷兰	94	69	
2	瑞典	91	71	
3	德国	85	71	
4	英国	83	64	
5	欧盟27国	76	53	欧盟27国平均值
6	法国	73	43	
7	西班牙	64	27	
8	意大利	62	15	
9	葡萄牙	58	18	

（中国旅法工程师协会（AICF）电子商务专业委员会主席　邢镔，委员　李菁）

16.6.2　欧洲电子商务的新特征

欧洲电子商务的发展过程尤其独特性，表现出来的主要特征有以下几个方面。

1．彰显消费者的个性化

在电子商务交易过程中，客户的个性化的信息处理得以充分体现，尤其是在B2C和C2C模式中，客户（个体）在众多信息源前不是被动地接受，而是以主动的姿态去剪裁和定制信息，电子商务信息处理的过程实际是一个个性化数据定制的过程。一个客户的一个需求，会触发在线交易不同环节中的多种信息（数据），客户可以主动地取舍数据，选出一条交易路径，满足其需求。例如，仅仅配送环节，客户可以获得多种配送信息及多种选择。配送可以是付费或免费的，可以是加急或非加急的，可以送货上门也可以客户自取，可以就近自取或到商家门店自取等。为了实现这个在线信息定制的过程，电子商务产业链上的每个环节，都会有多个商家参与电子商务平台数据的贡献和分享。

其特征是 1 to n to n to n …，即一个客户对 n 个商家，n 个商家又对应另外 n 个商家。众多商家共同的贡献，才满足了一个客户的一次个性化采购需求。

2. 社交媒体成为电子商务市场营销的重要方式

使用社交媒体网络，如 Facebook、Twitter 等，已经成为欧洲人不可或缺的生活内容，变成了日常生活的习惯。2011 年以来，全欧洲访问量最大的就是社交网络平台，在上面所花时间也最长。根据最近的 ComeScore 研究数据统计，在法国，使用社交网络平台已经增长了 35%。而使用别的网络产品，如即时消息服务、电子邮件等，都相对有所下降。

2011—2012 年，英国和德国在社交网络上的广告推广分别增加了 47%和 50%，法国则高达 64%。虽然欧洲广告主长期以来一直不情愿投资在社交多媒体广告上，主要原因是相对较低的点击率，但是现在他们也意识到这种类型的广告的影响力，意识到客户的网络品牌意识。随着客户关系的战略发展，企业也必须调整自身的市场策略，并因此制订以分众化客户群为目标的推广品牌的新战略。具体做法是：

① 通过地理定位，发送优惠的电子邮件；

② 通过移动应用查看客户的点击积分；

③ 帮助宣传实体商店；

④ 通过智能手机宣传产品信；

⑤ 通过社交网络推送广告。

根据 2011 年的一项 FOP 研究结论，在欧洲互联网用户中，有 78%是社交网络成员。多年来互联网的数据分析显示，社交网络已成为一个新兴市场，已经成为人们难以分离的沟通和娱乐场所。利用社交网络平台的客户关系项目越来越重要，也越来越多。为了提高效率和效益，必须着眼于社交网络平台，优化客户知识库和进行电子商务市场营销活动。

3. 移动电子商务销售大幅上升

自 FEVAD 实施移动电子商务的新索引（ICM）以来，数据表明通过移动设备购物的销售额持续成倍增长。2011 年第一季度以来，移动电子商务的季销量已增加 4 倍，达到整个电子商务营业额的 5%，而一年前只有 2%。CCMBenchMark 2011 年 5 月发布的数据显示，法国有 300 万网民通过移动终端购物，移动网购人数占总网购人数的 12%；而 2012 年 5 月的数据显示，已有 430 万网民通过手机购物，占总网购人数的 14%。这一切都表明移动电子商务的时代已经到来。

4. 下单量增多但每单金额下降

根据主要在线支付平台数据的实时分析，用银行卡交易的次数在急剧增加，表明在线交易下单量增多。FEVAD 在对网购者调查表明，法国网民 2012 年上半年里，平均购物 9 次，金额为 797 欧元。自 2009 年以来，平均单笔交易额下降了 4%，至 89 欧元，已恢复到 2009 年的水平。总体来讲，订单数量的增长趋势抵消了单笔交易额的下降，电子商务交易额在持续增长。

5. 市场竞争日趋激烈

电子商务持续增长的形势带动了新的商家投入进来，同时从业者之间的竞争也更加加剧。在 2011 年一年的时间里，法国的网店数量增长了 23%。目前法国有 109800 个网上商店，在近一年内新开 20300 个。这个数字显示在近五年内，网店已翻了 3 倍，相当于每半小时就有一个多的新网站上线。2010 年欧盟 27 国平均有 14%的企业开设了电子商务网站开展网上销售，2011 年则为 15%。

6. 信息源的社会化与共享

在欧洲主要经济发达国家，由于电子商务的发展，使商务信息不再只属于贸易伙伴间或行业内部，而更具有社会化特征，具体表现在以下一些方面。

欧洲市场上的产品的特性、价格、服务等信息完全公开透明。很多信息都由厂家或供应商准备好直接通过经销商向社会提供。在德国、英国、法国、荷兰、比利时、卢森堡等国家，公众可以方便地通过工商部门的信息平台，查阅到几乎任何企业的经营信息；通过海关、税务等政府职能部门信息平台，查阅进出口贸易数据；通过行业协会的市场调查统计报告，可以了解消大众的消费信息。

随着技术手段的提高和欧盟电子商务法律制度的逐步完善，电子商务信息的采集、共享和管理也逐步由整个社会来实现。已实现海关的网上通关，通过在线应用完成报表的计算机扫描识别和存档。可实现行业行为的信息采集，如在德国和法国的地铁，以及英国的所有公共交通，都可以通过通行卡采集到丰富的商业信息，供有关部门和商家用。电子商务协会，在线支付专业公司等每季度都公布各行各业的商业报表，供政府机构制定政策或商家实施贸易活动时借鉴。社交网络的发展，更使许多商务网站将其营销活动嫁接到了网络社区上，使得每个个体既是信息的就收者，也是制造者和传播者，使营销信息通过朋友之间的网络关联，迅速而高可信地传播。

7．电子商务的专业化

欧洲电子商务领域在短短的十几年内，就实现了高度和细致的社会化专业分工，涌现出了很多专业化程度很高的咨询、技术公司或专门研究机构，使电子商务的每个环节或领域都有相应的技术人才和专家。社会分工的细化一方面说明这个领域的各个环节都积聚了相当数量的专家和技术人员，希望开展电子商务的公司或个人可以得到全面的行业咨询和技术支持；另一方面也说明在欧洲电子商务已日趋成熟，并预示着这个领域不久将会有更加激烈的竞争。

8．电子商务的产业化

欧洲电子商务的专业化也同时伴随着产业化，并且相对于北美地区，西欧的产业化程度更高。美国从电子商务一兴起，传统行业就起了重要作用。如在 2010 年圣诞节期间，在美国排名前 15 位的电子商务网站中，有 6 家是生产企业建立的网上销售分支机构。而带动欧洲电子商务发展的领军者以纯粹的网络公司为主，在排名前 20 位的欧洲电子商务网站中有 15 家属于网络公司。欧洲这些纯粹的网络公司在充分利用电子商务专业技术公司资源的基础上，创立了各种模式的产业化程度很高的商业模式。

例如，法国的 NETEVEN 公司，就是一个没有自己的专门网店，而是利用现成电子商务网站（平台），专业从事零售业的公司。利用其 NETEVEN 引擎，同时在不同平台上出售商品，省去了网站宣传营销的费用（由各网站负责），也不管商品的采购存环节（由众多供应商负责），更不管配送和售后服务（由物流公司负责），而只专注于商品信息的广泛发布和接收订单这一最重要的环节。

（ACIF 电子商务专业委员会主席　邢镔）

16.6.3　欧洲电子商务的发展趋势

1．电子商务基本模式难有大的突破

欧洲包括世界大多数地区电子商务的三个基本元素：信息流、资金流和实物流，其处理方式将继续制约电子商务的发展，尤其是物流处理。

2．形式上将以网上大卖场、社区为主导

网上销售竞争将越来越激烈，客户群已经基本被网上大卖场（巨型、超大型电子商务平台）瓜分，小型网店的门槛值越来越高，前期投入周期也越来越长。社区网站、3D 网络游戏在逐步引入电

子商务的元素，使网络销售（电子商务）不再只由专业网店来实现。

3. 个性化电子商务特征将充分体现

随着 Web 2.0 的迅速发展，带来了电子商务运营方式上的很多变革，个性化网上消费就是突出例子。

（1）虚拟与真实相结合

现实与虚拟有机结合是一个重要特征。随着美国“第二人生”（secondlife.com）的上线和成功，大量现实世界的虚拟版涌现，而这些虚拟世界无一不融入了电子商务的元素。不仅大量广告很巧妙地被融入各种活动，用户在虚拟世界中在完成娱乐、交际和学习的同时也进行了实际的消费，而这个消费过程完全不同于在常规网店里单纯的买卖。

（2）定制与自创相结合

Web 2.0 的出现，网上个性化需求越来越强，导致了要求在电子商务平台上提供“定制”和“自创”功能的呼声。“定制”是根据自己的特征向电子商务平台定制专门的商品，如美国的 MVM 平台，可在 3D 环境下自由选择定制合身的衣服。自创是平台提供功能能让用户创造作品，并在网络上与他人分享。

（3）个人与群体相结合

人们已经习惯于通过网络“主动”获取信息，并发布信息。个体行为从以往的“被动接收”变为“主动认知”，甚至“积极参与”到一个产品的建立、设计和传播中。网络信息传播也更有“去中心化”特征，即创造者、传播者也是接受者。由一个个独立个体组成的小众、分众和大众群体使传播方式中的“人际传播”的覆盖面越来越广，信息可信度越来越高，电子商务商务信息传播得越来越快，效能也越来越大。

4. 手机商务将成为前导

m-commerce（Mobile Commerce）的出现使电子商务的应用领域扩大了，尤其是在文化产品的销售上。尽管从世界范围看，m-commerce 才是刚刚起步，但其发展前景是不可估量的。2011 年在法国有 14%的网民（约 430 万人）用移动终端购物，一年时间里利用手机购物的网民增加了 130 万人。

而且 m-commerce 的内涵也不仅仅是购物，它已成为一种支付模式，很大程度上将替代用信用卡在线支付这一单一支付方式，是电子商务服务的一种外延，并将引领电子商务的一场革命。

（ACIF 电子商务专业委员会主席　邢镔）

16.6.4　德国电子商务发展概况

根据 2012 年 4 月 Bundesverband des Deutschen Versandhandels（bvh）（德国电商销售协会）发布的报告，2012 年第一季度，德国 B2C 电年子商务销售达到 88.1 亿美元，同比增长 18%（图 16-4）。

该机构预计 2012 年第一季度，电子商务占德国在线和邮件订单的 70.8%，比 2011 年增长 66.2%。高速增长的一大原因是该国网民很高的网络购买普及率，eMarketer 估计 2012 年在线网购用户占网民的比例将增长至 78.3%，高于 2011 年的 74.6%，到 2013 年，超过 80%的互联网用户将成为在线购物用户。

根据 eMarketer 的预测，2011 年德国是欧洲第二大电子商务市场，仅次于英国，2012 年超过 4100 万用户在线购物。德国经济总体良好，消费者将会在线购买更多产品。

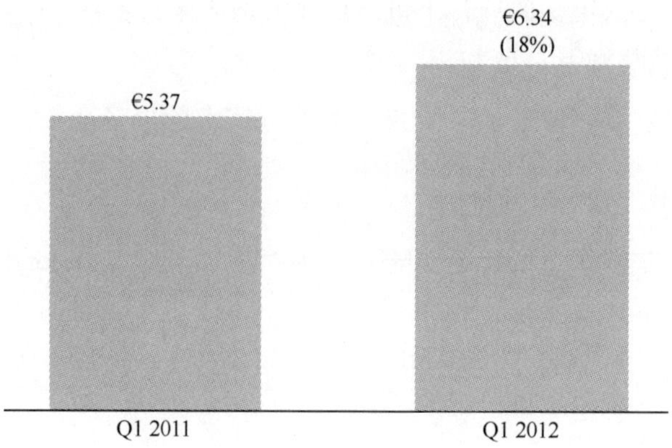

图 16-4　德国 B2C 类电子商务交易额

（单位：10 亿欧元）

资料来源：www.eMarketer.com。

2012 年 3 月，Eurostat 发布了 2011 年网络购物用户的人口特征。调查发现德国网络购物用户中，年龄在 25～34 岁的更可能在线购买，达到 79%，然后是年龄在 35～44 岁的用户，为 70%（图 16-5）。

性别	网络购物渗透率
男性	56%
女性	51%
年龄	
16～24	57%
25～34	79%
35～44	70%
45～54	56%
55～64	37%
65～74	19%
75 岁以上	7%
总体	54%

图 16-5　网络购物用户的特征

资料来源：www.eMarketer.com。

16.6.5　法国电子商务发展概况

2011 年法国电子商务持续增长。根据 2012 年 2 月 24 日 Fevad 公布的研究结果：

- 122730 万法国人在互联网上购物，与 2010 年相比，增长 12%；
- 2011 年在线交易 31 亿欧元，同比增长 24%；
- 2011 年 340 万宗交易，2010 年 280 万宗交易；
- 平均交易量为 91 欧元，恢复经济危机前的水平；
- 2011 年 65 岁及以上的人有 73%的在网上购物；
- 约 65%的网民在网上购物，同比增长 17%；

- 平均而言，一个网络买家进行了 12 笔交易，每年估计有 1100 欧元；
- 法国有 82000 家在线商店，比 2010 年增长了 28%。

（AICF 电子商务专业委员会　李菁）

16.6.6　波兰电子商务发展概况

据波兰媒体报道，到 2010 年底，波兰有 1 万家电子商店在运营，且数量呈日益增多态势。全球企业 Auchan、Gap 和 InditEX 等通过进入波兰电子商务市场得以扩展业务。波兰零售公司 Empik MEdia & Fashion 通过电子销售渠道而成为波兰电子商务市场的领导者之一。儿童商品零售商 Smyk 和 TeSCo 超市拟启动电子商店销售平台。

波兰市场调查公司 ResearchFarm 称，2010 年波电子商务市场销售额为 33 亿欧元，2015 年可望达到 59 亿欧元，成为欧洲电子商务市场的领导者。

（商务部网站，2011 年 11 月 18）

16.7　俄罗斯电子商务发展概况

俄罗斯大众传媒与通信部部长伊戈尔·谢戈廖夫在日前召开的网络安全论坛上表示，2011 年，俄电子商务交易额达 3150 亿卢布（约合 105 亿美元）。其中，网上购物占比达 80%，15%用于支付通信费及市政费用。谢戈廖夫指出，俄电子商务市场发展潜力巨大，但同时也存在一定的安全风险。目前俄罗斯共有 205 万名吸毒者，其中 150 万为青少年，大部分通过网络渠道来获得毒品，应采取有力措施严加防范。最大的电子商务销售额为家用电器，所占比重为 23%，汽车零部件部分占到 5%左右。在地区结构中，最大的电子商务份额是莫斯科市，为 58%，其次是圣彼得堡市，为 9%。

（驻俄罗斯联邦经商参处子站）

16.8　大洋洲电子商务发展概况

16.8.1　澳大利亚电子商务发展概况

2011 年澳大利亚在线广告规模达到 26.6 亿澳元，同比增长 17%，创历史新高（图 16-6）。其中，搜索和地址广告增长 25%，分类广告增长 16%，展示广告增长 4%。电子邮件广告和视频广告也有很大的增长。搜索和地址广告的市场份额最大，占 53.1%；其次是展示广告，占 23.8%；分类广告占 23.1%。

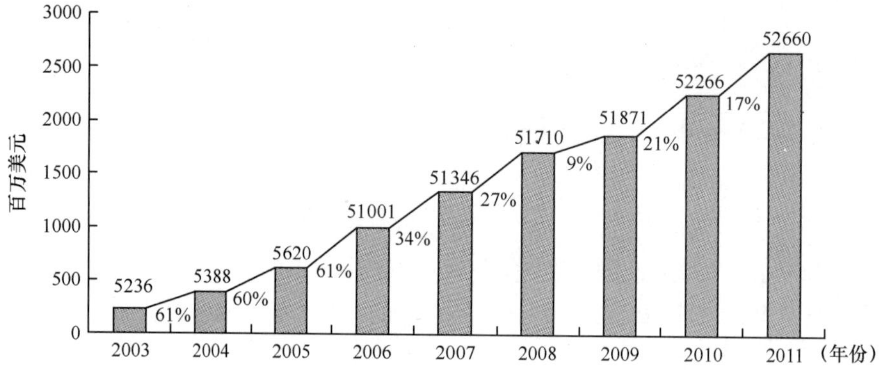

图 16-6　2003—2011 年澳大利亚在线广告发展状况

（eCommerce Report 网站）

16.8.2　新西兰电子商务发展概况

2011 年，新西兰网络用户已经达到 86%，比 2009 年增加了 3 个百分点。其中 91%的用户使用宽带。在网络应用中，商务应用的比例大幅度增长。2011 年，73%的用户使用网上银行服务，65%的用户使用网上支付，通过网络支付税款，办理证明的比例较 2007 年的 38%几乎增加了一倍。通过网络购物的用户从 2007 年的 59%增加到 2011 年的 72%，通过网络销售产品或交换自己用品的用户从 2009 年的 41%增加到 2011 年的 48%（图 16-7）。通过网络预订旅游服务在 2007 年就已超过 60%。

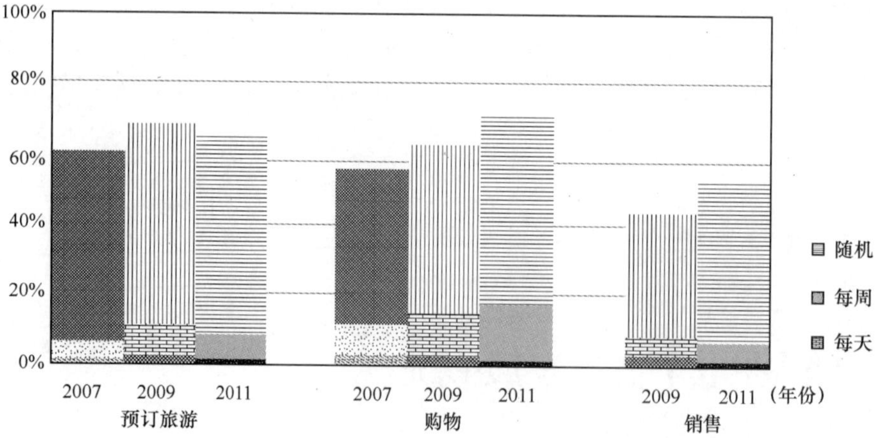

图 16-7　新西兰网络销售状况

（AUT University 网站，2011 年 12 月）

16.9 拉丁美洲电子商务发展概况

16.9.1 拉丁美洲电子商务整体发展状况

《美洲经济情报》杂志近期发布报告称，因消费者信心和安全指数的提升、电子支付方式的不断创新、政府改革和社交平台贸易的增加等良好因素，2011年拉美地区电子商务销售额同比增长42.8%，达到430亿美元。该地区国家中，巴西2011年电子商务销售额达到250亿美元，占地区国家电子商务销售额的59.1%。其他国家所占比重分别为墨西哥14.2%，加勒比地区6.4%，阿根廷6.2%，智利3.5%，委内瑞拉3.3%，中美洲2.4%，哥伦比亚2%和秘鲁1.4%。

该报告还预测，2012年和2013年拉美及加勒比地区电子商务行业将分别增长26%和28.5%。

据报道，据拉丁美洲市场研究公司Tendencias Digitales在2011年9月份进行的一项调查结果显示，拉丁美洲59%的网民2010年曾在网上购买过商品，其中阿根廷、智利和乌拉圭等国的网民上网购物比例最高，达到70%以上（图16-8）。

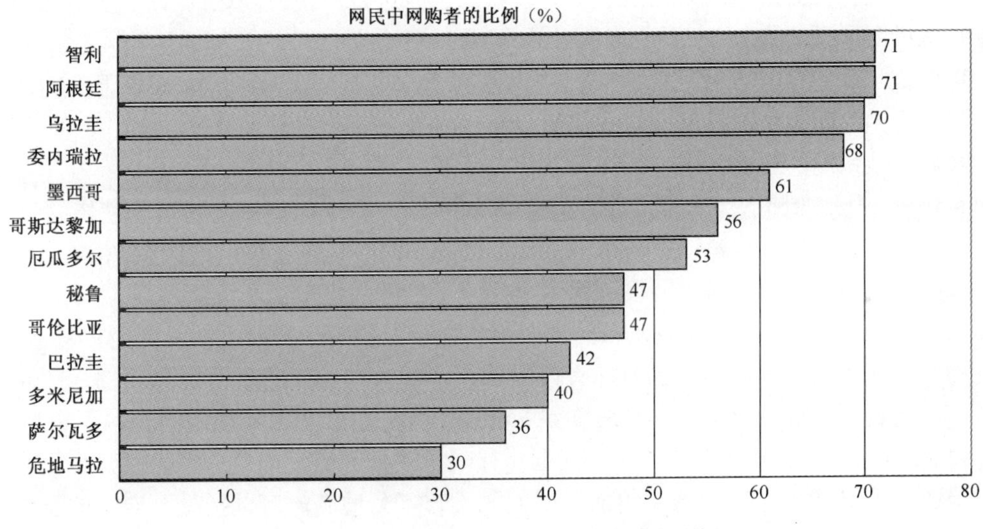

图16-8 拉丁美洲各国网民中的网购者比例

调查还发现，拉丁美洲网民上网购买数量最多的商品是与娱乐或旅行有关的各种票据，大约有30%的网民在网上购买过票据类商品，其次是电脑配件（22%）、服饰/鞋子/饰品（22%）和书籍（16%）。

电子商务市场的起飞将提高拉丁美洲的投资回报率。市场研究公司eMarketer估计，拉丁美洲地区（不含巴西）2011年的B2C电子商务销售额将达到152亿美元，预计到2015年时将增至285亿美元。

16.9.2 巴西电子商务发展状况

1. 巴西占拉美电子商务市场份额达59%

2011年巴西电子商务增长了43%，达到250亿美元，占拉美电子商务市场份额的一半多（59.1%）。其他国家与巴西相距甚远，其中墨西哥所占份额为14.2%，加勒比国家6.4%，阿根廷6.2%，智利3.5%，委内瑞拉3.3%，中美洲2.4%，哥伦比亚2%，秘鲁1.4%。

巴西以其年增长43%，成为拉美国家中第一个在线销售占本国GDP 1%的国家。

巴西电子商务的高速增长得益于在线交易的安全与诚信、新型交易平台的出现（如社会服务网络）、政府倡导的改革，以及大量电子支付工具的使用（如信用卡等）。

（中国电子商务研究中心）

2. 巴西电子商务市场前景

在当今电子商务越发流行的今天，世界上越来越多的企业或者个体商户通过电子商务来敲开巴西市场这一全球重要新兴市场的大门。那么巴西电子商务市场的前景到底如何呢？作为巴西最大的贸易伙伴，中国的商户们如何更好地抢占巴西这一市场？让我们走进巴西，通过数据来了解巴西电子商务市场的发展前景。

（1）金砖五国之一的巴西

巴西，金砖国家之一，身上有着多重的光环。2012年，巴西在金砖五国中，人均GDP排第二，南半球GDP第一，世界第六。作为南美洲经济增速最快的国家，其有着得天独厚的自然资源储备和充足的人力资源，创造了经济发展的神话，GDP年平均增长率高达5.4%。欧美发达国家经济危机的蔓延导致现在巴西的经济增长率从7.5%下降到3%，本国货币也不断升值。但经济危机终将过去，巴西政府正在通过各种对策来应对巴西经济的疲软。巴西近日出台的高达约332亿美元的经济刺激计划便很好地说明了这一点。这一计划旨在让本国在2012年的经济增长能够达到4.5%，并遏制本国货币进一步增值。除此之外，近期巴西央行的大幅度降息也为巴西的经济注入了强大的活力。其电子商务的发展将由巴西经济的发展而得到保障。

（2）网购发展快速的巴西

近期superdate research发布的报告显示，拉美地区2011年虚拟商品交易市场销售额为3.36亿美元，巴西占据了这一市场的半数以上，达到1.655亿美元，而且这一数字预计在2014年达到3.2亿美元。虚拟商品交易市场的高速发展很大程度上反应了巴西网络购物的快速发展。

Tendencias Digitales 2010年9月发布的调研报告显示，拉美一半以上的上网用户从事网络购物。作为南美洲经济实力最强的国家，巴西拥有巨大的人口基数和较低的上网用户比例，巴西和中国一样，在网购市场具有非常巨大的潜力。来自eMarketer的预计，2012年巴西的上网用户将突破8640万人，而到2016年人口总数将突破1亿。而西班牙《国家报》所发消息透露，巴西中小资产阶层已经占据全国选民的52%，而这一数字将随着时间的推移不断增高。可以预见，庞大的上网人群，高速发展的经济，再加上不断增多的中产阶级，巴西电子商务将在强劲的动力下稳健发展。

（3）电子商务高速发展的巴西

来自巴西E-BIT咨询公司的资料，2011年上半年，巴西的电子商务销售额达到53亿美元。而Translated.net公司则直接预测，2015年巴西将成为全球第四大电子商务市场，所占比例将从2011年的3%上升到2015年的4.3%。电子商务在全球越来越流行。中国外贸商们如果想通过电子商务打进巴西市场，巴西经济受到国际大环境影响而显疲弱的现在是最好的时机。

巴西2014年和2016年将依次举办世界杯和夏季运动会。这两大盛会将极大地拉动巴西经济的发展。来自法国《费加罗报》的报道，2014年巴西世界杯将为巴西带去超过70亿美金的增长量。现在进入正好在巴西市场提早布局，能够更好地抓住两大盛会给巴西电子商务市场所带来的巨大的经济效益。而为了更好地融入巴西不断壮大的电子商务市场，一条能够适应巴西本土民众消费需求的支付收款通道成为了商户们首先需要解决的问题。

（中国新闻网）

16.10 其他地区和国家电子商务发展概况

16.10.1 韩国电子商务发展概况

韩国 2011 年电子商务交易额逼近 1000 万亿韩元（约合 5.6 万亿元人民币）。

据统计厅 23 日发布的《电子商务与网购动向》报告，2011 年电子商务交易总额同比增加 21.2%，达到 999 万亿韩元，比 2006 年翻了一番，相当于国内生产总值的 80%。

2006—2010 年，电子商务交易额呈现逐年增加的态势，分别达到 414 万亿、517 万亿、630 万亿、672 万亿和 824 万亿韩元。

2011 年第四季度的交易总额达到 285.7 万亿韩元，同比提高 23.8%，环比增加 16.4%。

2011 年网购交易额为 29.062 万亿韩元，同比增加 15.3%。

按商品种类看，餐饮类食品（30.5%）、农水产品（20.4%）、生活用品和汽车用品（18.3%）的同比增幅比较显著。

（韩联社）

16.10.2 亚洲其他国家电子商务发展概况

2010 年，日本电子商务市场规模达到 18761.9 亿美元，依然是仅次于美国的全球第二大电子商务市场。在日本 B2B 业务中，通信、广播业电子商务发展速度最快，而汽车和电子信息相关产品行业依然是日本 B2B 电子商务市场中份额最大的两个行业。2010 年日本 B2C 电子商务市场规模达到 85047 亿日元，增长率为 325%，已经实现连续 3 年增长。网上零售市场中，书籍、音乐、IT 数码产品、金融服务依然是 B2C 电子商务增长最快的几个行业。

沙特电子商务用户已达 1200 万。2010 年沙特电子商务用户共进行 14.7 亿次网上电子交易，交易额达到 1240 亿美元，在阿拉伯国家中最高。

2010 年印度电子商务规模增至 3160 亿卢比，增长率为 60.5%。2011 年达到 4652 亿卢比，增长 47%。印度电子商务主要的增长点是在线旅游行业（包括在线火车票、机票和酒店预订以及旅游套餐等），其规模占整个电子商务的 81%。2011 年，这一行业增长了 50%。网络财经服务在 2011 年达到 200 亿卢比，增长 30%；网络购物增长 34%，达到 265 亿卢比。

16.10.3 哈萨克斯坦电子商务发展概况

2011 年哈萨克斯坦电子商务市场总额为 2.4 亿美元，主要来自机票购买及移动服务。目前俄罗斯电子商务规模为 100 亿美元，按照俄罗斯和哈萨克斯坦的人口比例，哈萨克斯坦市场还需要翻上三番，才能达到俄罗斯的水平。

（本章由中国社科院信息化研究中心　叶秀敏编）

第七篇

协会篇

第 17 章 2010—2011 年中国电子商务协会主要工作回顾

2010 年和 2011 年中国电子商务协会始终坚持协会宗旨——“为政府服务，为会员服务，为社会服务”。积极组织开展形式多样的电子商务活动，充分发挥协会桥梁和纽带作用，促进中国电子商务的快速发展。

17.1 2010 年中国电子商务协会工作

17.1.1 讲党性，铸灵魂，加强精神文明建设

2010 年是工信部开展争先创优活动的启动年。中国电子商务协会党支部以学习实践科学发展观为主题，以服务经济方式为主线，以电子商务服务促进两化融合。从法律、标准、信用等方面致力于改善电子商务发展环境，致力于电子商务向行业应用、区域建设、社会服务等方面纵深发展。党支部书记宋玲同志指出：“要发挥党支部战斗堡垒作用，要发挥党员模范带头作用。要与‘讲党性、重品行、奋发开展争先创优活动’相结合，端正发展思路，实施党员阳光上岗：开展党员承诺，上先锋岗、上奉献岗”。协会党员积极从本职工作开始，做好会员管理、培训等工作，提高协会服务水平，扩大协会的影响力。

17.1.2 为政府、行业、区域、会员提供服务

1. 规划与研究

2011 年 4 月 6 日～11 日，中国电子商务协会参加了全国人大常委会副委员长陈昌智带队的电子商务与物流发展实况调研，听取了杭州市、金华市、义乌市和宁波市和浙江省政府部门有关发展电子商务、物流等现代服务业情况的汇报，考察了阿里巴巴、浙江川山甲物资供应链有限公司、浙大网新科技股份有限公司、浙江移动、中国移动手机阅读基地、传化物流基地、利诚信息公司、金华 5173、义乌市国际物流园区、宁波港有限公司、宁波梅山保税港区等企业，对政府和企业推进电子商务发展情况的调研，大大加深了关于电子商务与物流业对经济发展的巨大拉动作用的认识，通过

调研，中国电子商务协会提出了在生产、流通、消费领域全面推进电子商务，促进现代服务业发展的积极建议。

2010 年 5 月，中国电子商务协会与广东省云浮市政府合作，对云浮市的三网融合开展调查研究活动。为加强战略合作，中国电子商务协会授牌云浮市为“中国电子商务三网融合创新示范城市”。

此外，中国电子商务协会还承担了南通市电子商务规划的制定。依靠南通支柱产业，运用电子商务升级，重视新兴服务业特别是设计产业（家纺服务设计、船舶与海上工程平台设计、建筑设计、旅游景观设计、动漫创意产品设计）的规划和弘扬当地教育、文卫强项，着重发展电子商务职业教育和健康物联网，提出扩大电子金融与三网融合相关社区电子商务项目的建议。2010 年 10 月 26 日，中国电子商务协会宋玲理事长，南通市市长张国华、崇川区吴书记、葛区长等领导出席“中国电子商务创新发展示范基地”揭牌仪式。

2．标准方面

中国电子商务协会承担了《基于电子商务活动的交易主体　个人信用档案规范》，《基于电子商务活动的交易主体　个人信用评价指标体系及表示规范》两个标准的起草工作。

2010 年 1 月 25 日～27 日，中国电子商务协会向工信部提交《行业标准项目计划建议书》，提出“全国电子商务服务企业分类规范”、“全程电子商务标准体系——标准体系框架”以及“关于多语言电子商务平台行业标准项目建议书”。

2010 年 8 月 8 日，申报《鲜活农产品冷链物流与电子商务系统平台规范》。

2010 年 9 月 27 日，对《非金融机构支付服务管理办法实施细则》提出修改建议。

2010 年 11 月 25 日，对商务部组织的电子商务《第三方交易平台服务规范》征求意见稿作出意见反馈。

2010 年 11 月 29 日，中国电子商务协会组织会员单位浙江盘石等单位研发起草《互联网广告行业标准草案》、《企业商用邮箱行业规范》、《中小企业网络营销网站标准》等行业规范。

2010 年 12 月 24 日，在北京召开了《基于电子商务活动的交易主体　个人信用档案规范》，《基于电子商务活动的交易主体　个人信用评价指标体系及表示规范》标准报批稿。

3．为会员服务

中国电子商务协会与会员单位北京用友软件集团公司合作组建“三网融合电子商务工程中心”，大力推进基于三网融合的全程电子商务应用。2010 年 11 月 11 日，正式推出“中国全程电子商务服务联盟”。基于“开放，分享，诚信”的原则，提出为产业链上下游企业提供集网络营销、电子交易、内部管理、企业间协同于一体的全程服务平台和解决方案。

中国电子商务协会与会员单位重庆公众城市一卡通中心合作，全面推进中国电子商务通卡在城乡信息一体化、商旅、三网融合、公共事业综合缴费、市民电子信箱等行业重点应用。2010 年 2 月，协会经过调研和考察，充分肯定了重庆公众城市一卡通中心自主研发、试点运营的支付系统、终端机具以及商业模式和相关成功案例，鼓励和支持成立推进三网融合的实体。在重庆广电主管部门的支持下，公众城市一卡通公司采用专用机顶盒，通过有线电视网上互联网，不仅能浏览信息，而且能实现网上采购和网上支付，此外，还可以实现网上买保险、医院挂号等多种业务。

2010 年，在接到境内外旅游知名服务商“芒果网”的申请和有关资质、运营数据材料后，协会向国家工商总局推荐“全国驰名商标”。

2010 年 5 月 28 日，中国电子商务协会作为主办单位，支持著名 B2B 厂商慧聪等组织优秀制造业品牌推介与颁奖大会。

4. 为社会服务

2010年1月16日下午，中国电子商务协会参与联合主办的"E消费开启经济新时代高峰论坛"在北京人民大会堂隆重举行。全国政协副主席白立忱、中国商业联合会会长何济海、中国电子商务协会理事长宋玲、人民日报新闻信息中心主任蒋秀生、中华全国工商业联合会副主席孙晓华、全国政协常委、原中央党校副校长李君如、国资委大型企业监事会主席解思忠、国务院参事室参事任玉岭以及中央和国务院相关机构领导、世界物流发展促进组织中国区总干事徐守振、行业协会和媒体代表200余人参会。E消费服务模式突出了电子商务服务刺激消费。原党校副校长李君如运用马克思政治经济学理论简单阐述了消费与生产的辩证关系，指出新模式"以人为本，有利于满足民生各种需要"，高度评价E消费"前途无量"，衷心祝愿E消费成功开启经济新时代。任玉玲参事认为，E天下信息服务平台充分利用网络技术和网络设施，在商贸与生产领域架起了一座桥梁。2011年5月1日，在国家商务部、中国商业联合会、中国电子商务协会、江阴市委市政府的大力扶持下，"中国电子商务协会E消费商业联盟"正式在江阴成立。

2010年，中国电子商务协会积极参与了2010年10月25日国际物流周活动和2010年10月28日的生态农场"有机粮仓"走进世博园活动。

2010年1月28日，中国电子商务协会代表专家龚炳铮出席广东中山信息化论坛。并作了两化融合指标研究的演讲。2010年6月底，上海公布了两化融合发展水平指数，建立起社会环境（30%权重），大型企业在（40%权重），小型企业（30%权重）3个一级指标，7个二级指标，22项三级指标，57项四级指标组成的指标体系。

2010年中国电子商务协会与广东荔湾区科技局就电子商务市场规范发展深入进行探讨。2010年中国电子商务协会与上海宝山区就庙行镇电子商务产业集聚区关于电子商务创新示范基地发展探讨合作模式。

2010年4月5日，中国电子商务协会根据自主知识产权的信用管理理论创新成果——《透明度指数》，在工信部中小企业司、信息化推进司，商务部市场秩序司与发改委、科技部相关部门支持下，发出通知，推进中小企业信用备案。探索建立电子商务第三方信用服务机构，为中小企业电子商务市场活动、交易行为和融资贷款提供基础的在线信用信息管理服务，提高中小企业在市场中的信用度和知名度，有效地降低因信用缺失带来的巨大交易风险，构建良好的市场交易环境。

2010年4月9日，中国电子商务协会宋玲理事长出席博鳌论坛。

2010年6月29日，中国电子商务协会支持内蒙电子商务协会"中国村委会网"开展农产品电子商务。2010年8月24日，中国电子商务协会考察并充分肯定云浮市新兴县政府和温氏集团运用农村小额信贷资金，致富一方的经验。中国电子商务协会e消费商业联盟强调落实城镇营销试点，在江阴竹塘镇取得显著业绩。中国电子商务协会支持的用友集团全程电子商务工程落实新疆水果电子商务平台，当年上线取得成功。

2010年11月13日，中国电子商务协会考察山东临沂大型农贸市场。

2010年10月29日，信星中国行在重庆，先后作了《诚信电子商务与农村信息化》和《电子商务与统筹城乡新机遇》报告。

2010年7月8日，中国电子商务协会、中国中小企业协会和中国信息协会为贯彻落实国务院《关于社会信用体系建设的若干意见》和积极发展电子商务，促进中小企业发展等文件精神，提高电子商务企业信用意识和信用信息透明程度，特联合推出信用之星计划工程（简称"信星计划"）并组建信星计划管理中心。按照诚信兴商国策，正式推出"信星中国行诚信电子商务发展与应用"系列活动。"（简称信星中国行）。2010年7月29日在成都，2010年9月15日在海口，2010年10月29日在重庆，2010年12月26日在三亚，行星中国行与中国的旅游电子商务应用、统筹城乡中的电子商务信用、诚信电子商务与农村信息化，移动电子商务应用等相结合，奏响了促进中小企业电子商务信用体系建设的进军号。

2010 年 6 月 10 日，中国电子商务协会宋玲理事长出席“第三届上海电子商务物流配送论坛暨钢铁电子商务发展峰会”。

2010 年 8 月中旬，中国电子商务协会与台湾财团法人电信技术中心（海峡两岸经济文化协作交流中心），针对保险电子商务、旅游电子商务合作举行交流，探讨两岸合作，互访的机会。

2010 年 9 月 15 日～17 日，中国电子商务协会宋玲理事长出席杭州（余杭）市第二届中国电子商务文化节。以“诚信、合作、创新、发展”为核心理念的电子商务文化的形成，是中国电子商务协会行业凝聚力的标志之一。继“首届电子商务文化节”已经编入共和国 60 周年献礼史册《中国信息化进程——电子商务篇》，本届文化节更汇聚众多企业家，他们响应十四部委“诚信兴商”号召，参与宣传联名倡议并公开承诺上网公示，接受公众监督，为企业开辟了诚信发展的绿色快捷通道。

2010 年 11 月 15 日，中国电子商务协会参加深圳“中国电子商务建设与发展高峰论坛”，从产业集聚向平台集约融合转型，协会专家梅绍组、王汝林分别作了“中美电子商务现状比较与我国电子商务模式创新”，“电子商务、移动商务与物联网商务融合创新及智慧营销”的主题报告。

2010 年，中国电子商务协会主办了第四届中国电子金融年会。年会讨论了移动金融创新，移动支付新模式及其发展等热门话题。根据数字 100 基于用户满意度的调查研究和专家评议，大会举行了第三届中国电子金融“金爵奖”颁奖仪式。

2010 年 12 月 18 日，中国电子商务协会代表出席了在江苏濉宁举行的由中国社科院经济学部、工信部信息化推进司、商务部信息化司、农业部信息中心和徐州市人民政府指导，由中国社会科学院信息化研究中心、阿里巴巴集团研究中心，睢宁县委、县政府联合主办的“农村电子商务暨‘沙集模式’高层研讨会”。

沙集电子商务源自孙寒 2006 年在淘宝上注册的一个网站，2007 年孙寒返乡后仿制家具，当年网上销售 170 万元，引发了全镇网上求订单，网下制家具的电子商务企业集聚。现在这个不到 6 万人的小镇，再不用拣塑料、回收。近三年来，沙集涌现出 1200 多家网上销售家具的农民网店，带动了生产厂 180 家，物流快递企业 14 家。网店 2009 年累计销售约 4 亿元，仅快递费达 4000 万元。在阿里巴巴第七届网商大会上，沙集被授予“最佳网商沃土奖”。

几年来，沙集的板式家具网商，渐渐认识到商标、品牌和设计的重要性，正在扭转山寨式简单模仿、压价竞争的原始状态，政府也在投资建设电子商务园区，修通水、电、公路。工作不出村，网聚上规模，农民直接议价，掌握自己的命运，孙寒、陈雷、夏凯三剑客成了中国第一个农村电子商务协会的骨干。

2010 年 12 月 28 日，第 13 届中国国际电子商务大会在北京召开。中国电子商务协会授牌北京西城区为“中国电子商务最具创新活力示范区”。

17.1.3 开展教育培训，培养实战型电子商务人才

中国电子商务协会高度重视电子商务人才的教育培训工作。2010 年 4 月 23 日在北京工业大学通州分校，2010 年 5 月 24 日在中国统一教育网，2010 年 6 月 5 日在北京科技经营学院，2011 年 10 月 28 日在武汉，2011 年 11 月 16 日在青岛恒星职业技术学院，2011 年 12 月 20 日在北京电子科技职业学院进行调研，畅谈发挥行业在电子商务教育培训中的作用等热点话题，深入探讨务实推进电子商务职业教育，加强电子商务人力资源服务等项目合作事宜。

17.2 2011年中国电子商务协会工作

17.2.1 为政府、行业、区域、会员提供服务

2011年3月15号，中国电子商务协会参加浙江绍兴市在人民大会堂组织的“全球纺织网”推介活动。绍兴市拟投入10亿元打造网上轻纺城，中国电子商务协会支持浙江中国轻纺城网络有限公司注重实效，铸就全球竞争力。

2011年3月4日，中国电子商务协会接到深圳电子商务协会关于“SSK”公司的推荐，并核实其资质和运营数据后，同意向国家工商总局推荐“全国驰名商标”。

2011年3月31日，中国电子商务协会走访敦煌网，培育标准化工作试点，支持外贸电子商务发展。

2011年4月15日，中国电子商务协会与中国物流采购联合会信息中心联合主办中国电子商务物流大会。中国电子商务的竞争格局在未来很大程度上将由物流来决定，两业融合亟待突破。大会发布了《2011中国电子商务物流调查报告》。会议以①电子商务时代的物流变革，②电子商务时代，协同创造合力——仓储篇，③电子商务时代，协同创造合力——配送篇，④电子商务物流人才缓流之策为分论坛。代表们更加关注行业发展趋势，对仓储技术、逆向物流对成本的影响，以及最后一公里配送等问题进行了研讨。

2011年“4•16论坛”主题为“和谐社会与信用建设”，该论坛对“十二五”规划与信用，城市化进程中的信用建设等话题进行了交流。论坛提出了中国应该建立立足世界的信用评估机构，论述了社会信用与社会公平、公正关联，提出要优先考虑政府公信力，同时在经济领域和社会服务管理领域努力推进信用体系建设，树立企业品牌，降低交易成本。

中国电子商务协会提出，物流对电子商务供应链领域日显重要，国家政策密集出台，有力地指导了行业的发展。我们要特别强调优化服务模式，提升服务质量，加强联盟协作，紧密团结，为电子商务和物流迎接下一个发展高峰做准备。此外，大会上优秀企业发起建立中国电子商务物流联盟，大会通过了联盟《宣言》。

2011年5月20日，中国深圳网博会期间，中国电子商务协会特别推出“花甲挚友——养老与电子商务”论坛。论坛围绕养老服务战略性新兴产业和电子商务能力建设展开研讨，书画歌舞、老龄献艺和康复保健产品展示多元互动交流，“引领现代老人新生活”主题活动让人耳目一新。

2011年6月27日，中国电子商务协会与重庆科学技术研究院合作，支持其研究成果——科技成果转化流程规范研究，达成标准化试点合作意向。

2011年7月7日，中国电子商务协会支持计算机用户协会组织的2011中国电子商务运营创新论坛暨2011中国最具价值行业电子商务网站推广活动。2011年中国团购用户占比达到4%，已经高于韩国的3.5%。

2011年7月15日，中国电子商务协会在杭州主办了“中国电子商务与物流协同发展大会”。工业和信息化部政策司有关领导、协会领导和专家，以及企业代表等参加了本次大会，会议对关于建设物流信息服务平台服务电子商务物流行业问题进行了探讨。

2011年9月16日，中国电子商务协会与朝阳区决定共同举办2011北京CBD商务节电子商务专题活动。该活动中发布了《全球电子商务与CBD发展之北京倡议书》，并由中国电子商务协会向朝阳区授牌“中国电子商务国际化创新发展示范区”。

2011年12月1日，中国电子商务协会和中国电子商务物流企业联盟组织了首届中国电子商务物流企业家年会。年会总结了物流行业的特点：①高度重视电子商务物流行业服务的信用与安全，提出强化信用体系建设，加强服务规范。②中国电子商务协会旗下第一次出台《中国电子商务物流发展报告》。③深度战略思考。针对中国物流业发展的阶段性特点和中长期发展规划，在全方位开放和激烈竞争的格局下，提出网络化、一体化、全球化、绿色化、智能化、持续创新战略。④务实注重运营策略。例如，商康医药电子商务物流采用一个工厂、一个物流基地、一个运营平台、一个呼叫中心，以及终端网络和配送网络的模式，组成以顾客为中心的供应链系统。

2011年12月8日，中国电子商务协会主办的第五届中国电子金融年会同样是高朋满座。年会上，全国人大常委会副委员长陈昌智指出，电子金融是电子商务条件下金融创新的产物。电子商务的发展极大地拓展了电子金融服务的发展空间。“十二五”期间，服务业增加值将占GDP的47%，因此应抓住机遇。陈昌智副委员长提出三点希望：一是贯彻落实《2006—2020年国家信息化发展战略》，加快发展电子商务和电子金融新型服务业，鼓励从事电子商务的企业、工业企业、商贸流通企业与金融企业加强合作，更好地促进电子商务信息流、资金流和物流的融合协调发展，积极采取措施，支持中小电子商务企业发展。二是加强电子金融公共信息服务平台建设。电子商务不仅与生产性服务业有关，也与商品采购、文化消费、旅游消费等生活服务息息相关，随着网上银行、电子交易、移动支付等电子化金融产品日益深入企业和公众，要持续强化数据库的安全保护，防范风险，更好地为企业发展和群众生活服务。三是深入研究电子金融的新趋势、新特点，加强技术创新，推进三网融合，加快物联网创新技术的普及和应用。陈昌智副委员长的讲话，集中体现了这次大会的核心内容。

2011年12月2日，中国电子商务协会参加了在三亚举行的首届“金砖国家友好城市暨地方政府合作论坛”，并组织了电子商务发展分论坛。

2011年12月22日，协会召开大会，学习中央经济工作会议精神；并根据协会章程完成了换届工作，产生了新一届理事会，张会生任理事长、法人代表。

2011年12月29日，中国电子商务协会贯彻“实施文化数字化建设工程”，“培育发展新兴文化产业”文件精神，发起主办“中国数字商务节——数字时代产业大会”。新闻出版署原署长于有先、中央统战部原部长万绍芬、中国新闻出版研究院院长郝振省等出席。这次会议以“数字产业加快企业升级与经济增长”为主题，围绕“加速文化企业数字化创新，推动文化产业跨越式发展”等内容发表演讲。此外，会上还举行了“中国数字商务联盟”和“北京媒体艺术联盟”的揭牌仪式。

17.2.2 开展教育培训，培养实战型电子商务人才

2011年2月20日，国家职业教育研究院成立大会暨揭牌仪式在北京师范大学隆重举行。教育部部长袁贵仁发来贺信。副部长鲁昕、王晓初，北京师范大学刘川生书记、钟秉林校长，国务院参事黄尧院长出席并讲话。宋玲理事长代表中国电子商务协会签署了合作协议，支持合作培养高层次人才、开展重大课题研究和国际交流，促进电子商务领域人才培养和国家职业教育研究院的建设。

（本章由中国电子商务协会　陈震编）

400-000-0583

易买购 emg365.com 杭州百本电子商务有限公司

杭州百本电子商务有限公司

易买购

www.emg365.com

公司简介

杭州百本电子商务有限公司于2011年8月份正式成立，成立之时，已经数年的市场调查和项目分析，定位之后，重磅出击。总部设在杭州北部软件园，是拱墅区重点扶持的高新技术企业，享受园区的特殊政策和待遇，在市政府的领导和支持下，公司快速建成一个立体化，全方位、线上线下互动营销的电子商务平台，公司战略目标鲜明，发展势头强劲，吸引了全国各地的有志之士前来加盟，公司提供了使其充分施展才能的有效平台。

2012年7月，公司全面进入转型期，公司旗下有易买购（www.emg365.com）网站、控股子公司、线下实体超市等，走线上线下相结合的OTO电子商务模式，是一家拥有巨大发展潜力和良好发展前景的现代化电子商务公司。易买购的定位是：服务于本地同时结合全国的休闲娱乐购物平台。

2012年，公司将在三线城市通过“直营、加盟、改造”的方式打造30家线下易买购连锁网超，让每一家网超都是“生活体验超市”物流中转站可以解决快递最后100米的问题，同时，以易买购网超为辐射点，公司将大力发展“娱乐休闲”相关的加盟商，加盟商与易买购网超组成一个线下大超市商圈，更好地服务于本地生活。

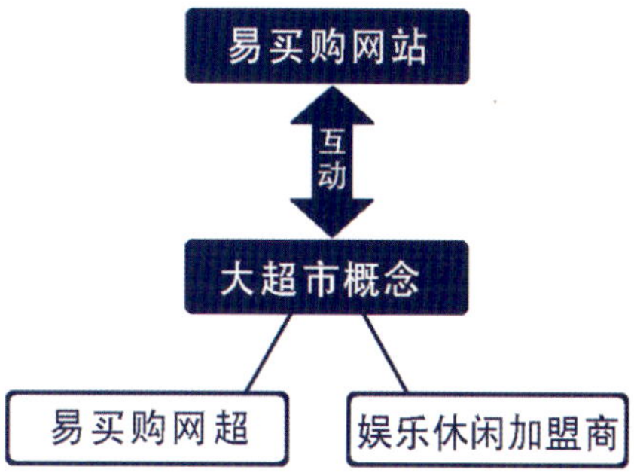

易买购商业模式：

易买购是面向中国消费行业和数亿消费者提供基于促销联盟和促销回馈（赠送E金币、E积分、E购券）的第三方营销服务平台；以“线上网购+线下OTO实体店+线下超市”为核心项目，一体化多价值运作，给消费者回馈是我们的特点，线上线下互动营销，协助商家“吸引新客户、留住老客户”，增加营业额。

天天易买购，生活好帮手！

地址：杭州市拱墅区北部软件园
泰家园B座413室
传真：0571-88929863
全国免费热线：400-000-0583

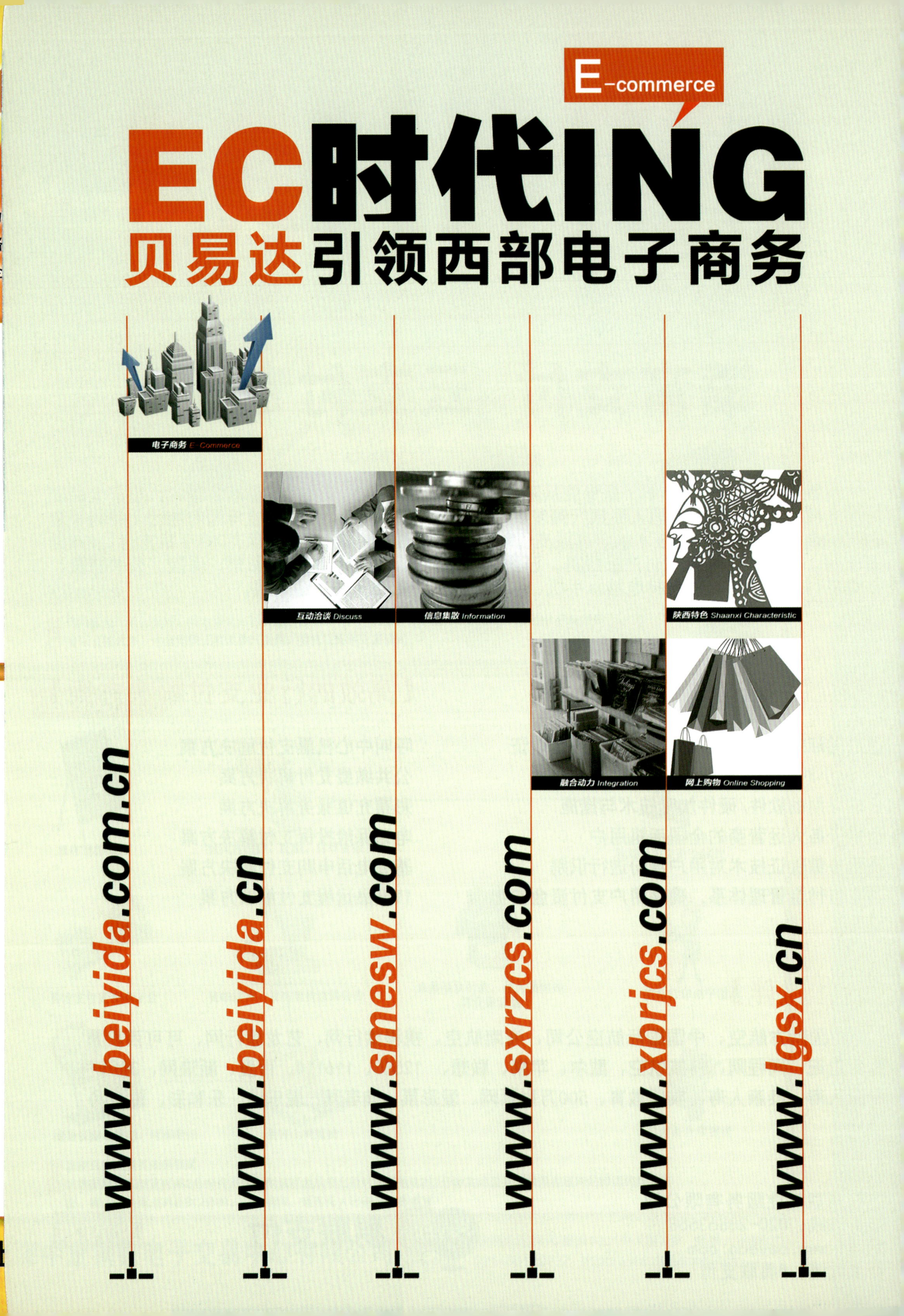
E-commerce
EC时代ING
贝易达引领西部电子商务
电子商务 E-Commerce
互动洽谈 Discuss
信息集散 Information
陕西特色 Shaanxi Characteristic
融合动力 Integration
网上购物 Online Shopping
www.beiyida.com.cn
www.beiyida.cn
www.smesw.com
www.sxrzcs.com
www.xbrjcs.com
www.lgsx.cn